MW01591925

actes de congressos
10

Francesc Massip, Pere Navarro i Montserrat Palau (eds.)

TEATRALITAT POPULAR I TRADICIÓ
Actes del II Congrés Internacional
de Balls Parlats

Tarragona, 24-26 de setembre del 2014

editorial afers
Catarroja – Barcelona
2015

Edició:

LAiREM - GRC 2014 SGR 894   Iconodansa - FF12013-42939-P

editorial afers

GRILC - GRC 2014 SGR 755

DEPARTAMENT DE FILOLOGIA CATALANA

Amb el suport de:

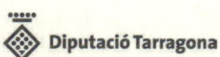

Comitè organitzador:

Jordi Bertran (Gestor cultural), Marta Badia (ICE URV), Raimon Casals (Vilafranca), Xavi Gonzàlez (Ajuntament de Tarragona), Lenke Kovács (URV-Universität Bremen), Francesc Massip (URV), Pere Navarro (URV), Montserrat Palau (URV), Salvador Palomar (Carrutxa), Lluís Puig i Gordi (Direcció General de Cultura Popular, Associacionisme i Acció Culturals; Institut Ramon Muntaner), Esther Roca (Aj. Tgna.), Menu Tàpias (Dames i Vells), Eloi Ysàs (URV).

Comitè científic:

Beatriz Aracil (Universitat d'Alacant), Josep Bargalló (ICE URV), Demetrio Brisset (Universidad de Màlaga), Alexandra Gouvêa Dumas (Universidade Federal de Sergipe, São Cristóvão – Campus Laranjeiras, Brasil), Charlotte Huet (Université Catholique de l'Ouest – Bretagne, Nord Bretanya, França), Eugenia Jurado (Mèxic), Francesc Massip (URV), Pere Navarro (URV), Montserrat Palau (URV), José Manuel Pedrosa Bartolomé (Universidad de Alcalá).

primera edició: abril 2015
© els autors, 2015
© d'aquesta edició: Editorial Afers, 2015
apartat de correus 267
46470 Catarroja (País Valencià)
www.editorialafers.cat
afers@editorialafers.cat
correcció lingüística: Mireia Grangé, Núria Grau i Anna Pallarès
disseny de la col·lecció: Miquel Rosselló
disseny de la coberta: Aranda & Rosselló
imatge de la coberta: Arxiu del Ball de Dames i Vells de Tarragona
fotocomposició: Pep Aranda
imprès: La Imprenta CG
Paterna (País Valencià)
ISBN: 978-84-16260-05-8
dipòsit legal: V-820-2015

Sumari

Francesc Massip

Proemi

L'any 1990 es va celebrar un primer Congrés sobre «Els Balls Parlats a la Catalunya Nova (Teatre Popular Català)» sota la presidència de l'enyorat Jaume Vidal Alcover. Encara recordo la carta de la Dr^a. Montserrat Palau convidant-me a participar-hi amb una ponència. Jo, que havia publicat el 1984 un estudi sobre el *Teatre religiós medieval als Països Catalans* i que el 1986 havia llegit una tesi doctoral sobre la Festa d'Elx i els misteris medievals europeus (és per aquest motiu, doncs, que em convidaven), vaig quedar intrigat perquè no sabia de què em parlaven. Així ho vaig confessar als organitzadors: què són els Balls Parlats? Llavors van tenir l'enorme gentilesa d'enviar-me un paquet amb els pocs llibres que hi havia sobre la matèria, sobretot estudis i edicions d'alguns balls parlats fets per Montserrat Palau, Pep Bargalló, Magí Sunyer, Pere Anguera, Albert Palacín, Salvador Arroyo, Jordi Bertran, Pep Blay, Pep Martorell, Imma Cartañà, etc. Me'ls vaig llegir tots i només així vaig poder fer la meua aportació sobre els «Elements de la tradició medieval en l'escenificació dels balls parlats». M'apareix que els va agradar força, perquè l'any següent em convidaven a les Festes de Santa Tecla, que vaig viure per primera vegada, i poc després m'oferien la possibilitat d'optar a una plaça de professor a la tot just estrenada Universitat Rovira i Virigli.

Per tant, puc dir que és gràcies a aquell primer congrés i amb motiu de les festes majors tarragonines, que jo sóc aquí, i per aquest motiu m'he abocat amb tot l'entusiasme quan, aprofitant l'avinentesa del 500 aniversari del ball parlat més antic de Tarragona, el *Ball de Dames i Vells*, documentat ja en una entrada arquebisbal de 1514, es va plantejar la necessitat d'un segon congrés que després de tants anys havia de donar compte dels avenços de la investigació a casa nostra i, molt particularment, d'haver constatat la vigència del gènere en altres cultures d'arreu del món. Per això li hem donat la dimensió internacional i per això hem tingut ocasió de prendre contacte amb escenificacions similars d'arreu de la Península Ibèrica, de distints països Iberoamericans, de l'Àfrica co-

Director del Departament de Filologia Catalana. Universitat Rovira i Virgili.

lonitzada per la cultura portuguesa, d'Anglaterra i d'Orient. Lamentablement, la veu italiana prevista no podrà escoltar-se, tot i que també en aquell país es conserven expressives mostres d'aquest gènere popular de representació escènica, com molt bé ens va ensenyar l'enyorat Gastone Venturelli (1942-1995).

Els anomenats *balls parlats* (balls amb parlaments) constitueixen un dels gèneres més celebrats del teatre popular de carrer els vestigis del qual són presents en moltes de les festivitats mediterrànies. Combinen evolucions coreogràfiques elementals, dansades al compàs de músiques rudimentàries, amb uns parlaments dialogats i en vers, cantats o recitats, de transmissió fonamentalment oral, que només es fixen per escrit de forma tardana i bastant descurada. Les danses són col·lectives i generalment tenen una mera funció d'enllaç entre les diferents parts de la representació i més concretament per desplaçar-la d'un lloc a un altre de l'espai urbà, en la mesura que el ball s'escenifica de manera itinerant al llarg dels carrers i places de la població.

L'anàlisi de les pervivències documentals i escèniques dels *balls parlats* permet de posar-los en relació amb la manera tradicional de representació, mantinguda en l'àmbit popular i en la qual podem entreveure certs procediments i inèrcies pròpies del teatre medieval i postmedieval. De fet, la majoria d'entremesos i danses que perviuen en els múltiples festejos de les poblacions catalanes tenen les seves més profundes arrels en el context festiu i teatral de la processó de Corpus Christi i altres seguicis espectaculars associats a les festes patronals o esdeveniments extraordinaris de la comunitat (entrades reials, principesques, episcopals) que van sorgir a finals de l'edat mitjana i a principis del renaixement. Així els diversos balls de diables, de bastons, de cercolets, els cossiers mallorquins, la variadíssima col·lecció de dracs i cucaferes, d'àguiles, bous i mulasses, o els balls dialogats de pastorets, malcasats o gitanes.

Aquest tipus d'espectacle popular versa sobre un ampli ventall d'arguments: herois populars, fets novel·lescos, combats llegendaris inspirats en una remota realitat bèl·lica, repàs satíric de la realitat anual, i tot el prolífic filó de tema religiós. Així, els que tracten aspectes hagiogràfics relacionats amb la vida i martiri dels sants generalment vinculats a la població on es representa el ball; o els que tracten temes marians o altres dedicats a arguments bíblics (Fill pròdig, Judit), que recorden els entremesos més o menys complexos que ja desfilaven entre els segles XIV i XVI en les processons de Corpus. D'entre tots ells cal destacar el combat entre sant Miquel i els àngels caiguts, que està en l'origen dels celebrats *balls de diables* (un ball parlat com una catedral, malgrat que hi hagi batlles que ho ignorin), que profereixen els seus irreverents i satírics versots entre el vòmit igni dels sortidors i l'esclat de les carretilles que guspiregen al capdamunt de les maces i els ceptrots. També n'hi ha de tipus pietós-llegendari, com el *Ball del Sant Crist de Salomó*, que podria tenir el seu origen més remot en la batalla de Lepant i que tracta de la recuperació d'un miraculós crucifix en mans dels sarraïns.

De tema profà destaquen els herois, com el cèlebre *Ball de Serrallonga*, al voltant del bandoler Joan Sala, ajusticiat el 1633, que en el seu origen s'entreveu la voluntat col·lectiva de conjurar una realitat amenaçadora a través de la imitació i sublimació artística, i ja les primeres versions conegudes (c. 1750) es caracteritzen per l'exageració burlesca i l'acudit desenfadat. Al principi, el *ball de Serrallonga* era d'una gran vivacitat, a les antípodes de la forma reiterativa i del caràcter estàtic que ofereixen les versions que es representen actualment. L'heroi dialoga amb la seva companya Joana, el seu fill i fins amb catorze bandolers que disparen contínuament els sorollosos trabucs al llarg del ball. L'estructura coreogràfica és la més habitual en aquesta mena de manifestacions: els ballarins-intèrprets disposats en dues fileres encarades amb els protagonistes al capdavant i el diable al capdavall, fora de la formació.

Una altra tipologia va referida a la recreació de fets històrics, com la secular lluita de *moros i cristians*, especialment viva a Pollença (Mallorca) i en diferents poblacions del País Valencià, particularment de la Vall d'Albaida, l'Alcoià, el Comtat, l'Alt i Baix Vinalopó, l'Alacantí i la Marina on es construeix un castell de fusta ocupat pels cristians, hi ha intercanvi de missives entre els combatents, es produeix una primera lluita amb victòria àrab, facció que s'apodera de la fortalesa, i en una segona topada al dia següent, es reconquesta la fortalesa gràcies a la intervenció de Sant Jordi. A Biar es conserva un gegant amb el nom de Mahoma, que cedeixen anualment a la població veïna de Villena per a la seva respectiva representació. Un gegant paregut, amb negra barba, surt a Agullent, Atzeneta d'Albaida, Castalla, Callosa d'En Sarrià, Onil, Saix, Petrer, Beneixama, Banyeres de Mariola i Bocairent, on fins a 2005 acabava esclatant-li el cap ple de petards (*abotà*), extrem que ha estat suprimit per un excés de correcció política.

La sàtira de costums apareix amb vigor en el *Ball de Dames i Vells*, vinculat a l'entremès burlesc d'origen tardomedieval i basat en l'enfrontament eròtico-sexual de matrimonis malavinguts a causa de la diferència d'edat (l'home vell, impotent i garrepa versus la dona jove, salaç i desvergonyida), que eleven les queixes a l'alcalde, el capellà i l'agutzil. També costumista i amb elements grotescs és el *Ball de pastorets* i, particularment, les *pastorades* de la Llitera i la Ribagorça, diàleg entre rabadà i pastor que s'aprofita per passar revista als fets més importants de l'any, des d'una òptica naturalment burlesca. D'acord amb l'ús secular, els integrants de les representacions eren homes que fins i tot feien els rols femenins, com encara es manté en els grups més tradicionals, cosa que de vegades contribuïa, i contribueix, a subratllar el caràcter burlesc de les escenes.

En resum, els *balls parlats* són representacions populars, algunes rudimentàries, altres d'alguna complexitat, que combinen l'acció dramàtica i el diàleg, cantat o recitat, amb el moviment coreogràfic, la pantomima i la música instrumental. Per conèixer els seus paral·lels a Mèxic, Brasil o algunes de les ex-colònies portugueses d'Àfrica, i altres manifestacions semblants a Europa o Àsia, fullegeu aquest llibre, que hi trobareu el bo i millor de cada casa.

1. Àmbit històric

Demetrio E. Brisset

Modelos y transformaciones
de las danzas habladas

En este congreso estamos abordando un vasto universo expresivo que aquí intentaremos estructurar, y señalar las posibles influencias que lo han modelado.

1. Clasificaciones iniciales

Moverse rítmicamente en grupo para divertirse, es una constante del ser humano en todas las culturas. En la hispánica, una palabra genérica designa un amplio conjunto de bailes y representaciones: *danza*.

1.1. Sobre las danzas

Un primer abordaje coreográfico del fenómeno nos llevaría a diferenciar entre bailes de cortejo o de índole sexual, que pueden ser de salón (rígidos) o callejeros (improvisados), y danzas rituales.

La división clásica de las danzas españolas fue formulada por Juan de Esquivel en 1642: las *de cuenta*, porque habría que ir contando los pasos para hacer las mudanzas correctamente y de modo acordado con los demás (propias de la clase alta); y las *de cascabel* (del pueblo llano y callejeras), donde el bailarín solía, ante la escasez de instrumentos musicales, ceñirse las piernas con sartales de cascabeles. «Todos los maestros [de danza] aborrecen las de cascabel y con mucha razón, porque es muy distinta a la de cuenta, y de muy inferior lugar [...] porque la danza de cascabel es para gente que puede salir a dançar por las calles [y] el dançado de cuenta es para príncipes y gente de reputación» (1642:45).

Universidad de Málaga.

Las danzas rituales se pueden considerar *danzas de cuenta* insertadas en la cadena de actos que embellecen la liturgia de alguna festividad religiosa.

Por otro lado, Esquivel, que era bailarín y maestro de danza con formación militar, señala: «Ha habido muy pocos que dancen, que no hayan frecuentado las armas [y] el danzar y el juego de armas los tengo por hermanos» (1642:35). Aquí aparece la conexión militar, que profundizaremos luego.

1.2. Uso de la palabra

Ciñéndonos al subconjunto de las danzas rituales, tendríamos luego una división binaria entre habladas o no, aunque esta división es porosa ya que a veces se utiliza la palabra, y otras no. Ahora bien, las habladas pueden ser monólogos a cargo de un recitador o diálogos entre personajes; los argumentos se pueden relatar con ayuda de palabras o basarse en mímica y acciones; los textos pueden ser fijos o improvisados. Para avanzar dentro de esta complejidad comunicativa, acudamos a los documentos.

A.- Muy poco antes del tratado de Esquivel, Sebastián de Covarrubias define en 1611 el término *dança* en ese precursor diccionario que fue su *Tesoro de la lengua castellana o española*:

> Va uno delante que es el que la guía, y los demás le siguen [...] Antiguamente había muchas diferencias de danças; unas de doncellas coronadas con guirnaldas de flores y estas hacían corros y cantaban y bailaban en alabanza de los dioses. Otras eran de hombres en dos diferencias: unas Mímicas, que responden a los de los matachines, que dançando representaban sin hablar, con solos ademanes, una comedia, o tragedia. Otras danças había de hombres armados, que al son del instrumento y a compás, iban unos contra otros y trababan una batalla. Estos se llamaron Pyrricos, del nombre de Pyrro, inventor de este género de dança para acostumbrar a los mancebos a sufrir las armas, y a caminar y a saltar con ellas [y] este género de dança es muy antiguo en España, de que hace mención Silio Itálico.[1]

Respecto a su remota antigüedad hispánica, para Jº Mª Blázquez debió haber danzas y juegos de toros relacionados con el culto a la luna desde la *cultura de Almería* (inicios II milenio a. C.). También se admite la existencia en las honras fúnebres de los íberos de «danzas con los movimientos de las armas y cuerpos», tal como realizaron en el campamento cartaginés de Aníbal (Blázquez 1977:68 y 465). En el siglo I, por dos veces menciona Estrabón en su *Geografía* las danzas de los galaicos. En su Libro III, 3, 7 dice: «mientras beben danzan en círculo al son de la flauta y la corneta saltando y arrodillándose [...] los hombres y las mujeres bailan juntos cogidos de las manos» y más adelante (4,

---

[1] Según Platón, «El baile llamado Pyrrhicha ensaya aquellos quiebros con que se hurta el cuerpo a las heridas y flechas, ya encorvándose, ya extendiéndose, ya saltando en el aire y ya cosiéndose con la tierra, y también aquellos movimientos con que se acomete hiriendo con lanzas y flechando con saetas», lo que podría también ejecutarse a caballo (parecido a nuestro juego de cañas (Bances 1970: 108).

16) añade: «veneran a un cierto dios las noches de luna llena y toda la familia canta y baila durante toda la noche delante de su casa». Estas citas nos presentan danzas con saltos cayendo de rodillas, muy frecuentes en el folklore peninsular, no sólo en el gallego, y pruebas de la existencia de danzas religiosas «pero es difícil deducir la presencia de aspectos dramáticos».[2]

En cuanto a los celtíberos, en ese mismo siglo informa Diodoro de Sicilia que «es su costumbre, cuando están formados para la batalla, salir de la formación para desafiar al más valeroso de sus enemigos a un combate individual, blandiendo las armas para aterrorizar a los adversarios» (Libro V, 29-2,3).[3]

B.- Jean L. Flecniakoska, en su estudio sobre las fiestas del Corpus de Segovia en torno a 1600, examinando las actas notariales de su Archivo Histórico Provincial, encuentra 51 danzas que divide en tres categorías: a) Danzas habladas o pequeñas representaciones escénicas, siendo «probable que la coreografía fuese acompañada por un texto recitado», entre ellas, la *Danza de cuatro osos y cuatro pastores*, enfrentándose luego todos contra cuatro monos que escalan un pino (1608); *Los Siete Infantes de Lara* (1611); La *Danza de la ystoria del rey Saúl y gigante Golias*, interviniendo el gigante con alfanje, judíos enmascarados con espadas, David de pastor, el rey con corona y larga barba, la reina muy adornada, once personas en total, «y han de hacer su entrada y danzar con cuenta» (1622).

b) Mixtas, las más numerosas: de negros, gitanos, salvajes, turcos, portugueses … incluyendo las de tipo militar, como la de *matachines* batiendo sus espadas y escudos (1608) y la del mimado juego de cañas entre Moros y Cristianos (1611); así como la de zancudos (1598), los cojos con sus muletas (1622) y los salvajes con bastones (1628). c) De paloteado, toqueado y zapateado, con diversas mudanzas (Flecniakoska 1954: 14-37 y 225-45).

C.- A finales del siglo XVII, Bances Candamo considera a las «danzas castellanas que llaman historias», como «la primitiva y ruda Comedia Castellana nuestra, no sin gran similitud a los primeros juegos escénicos que cuenta Livio de Roma». Se trataba de danzas mímicas vigentes en «muchos lugares del reino de Toledo, en las fiestas más célebres» y que define así:

> Escrívese primero en un desaliñado Romance el suceso que quieren representar, antiguo o moderno, en forma de Relación. Esta la va cantando un Músico en voz alta y clara y conforme va nombrando los personajes, se van ellos introduciendo a la escena, vestidos con la mayor propiedad que pueden, y enmascarados como los antiguos Histriones. No representan ni articulan palabra alguna, pero con acciones y gestos [...] van ellos significando cuanto el Músico canta, y haciendo cada personaje los movimientos que le tocan del suceso que se va cantando [...] introducen en sus historias casos y personajes heroicos, donde es lo más gracioso ver aquellos rústicos revestirse de la Magestad que no conocen, y hacer las acciones más descompasadas (1970:86).

---

[2] Según González Montañés (2002-2009), consultado el 25-7-2014.
[3] *Exposición Celtas y Vettones*, Ávila, 2001.

Este texto es trascendental, por su descripción de esas «danzas mímicas castellanas» en las que los aficionados actores miman los romances que el músico canta, y que se pueden considerar una de las más arcaicas expresiones teatrales, posiblemente emparentadas con ciertas 'pastorales vascas'. También las menciona Cervantes en el episodio del *Quijote* de las «Bodas de Camacho», cuando el Caballero de los Leones queda entusiasmado al contemplar la «danza de artificio y de las que llaman habladas» que muestra la liberación de la doncella encerrada en el *Castillo del buen recato* (Tomo II, cap. XX).

Conocemos casos en los que existe la representación teatral sin danzantes, pero que en el momento de la batalla se sitúan ambos bandos en filas enfrentadas y luchan batiendo sus espadas semejando una rudimentaria o esquemática danza de espadas. Esto puede indicar tanto que es la manera más simple de reflejar coreográficamente la batalla como que ha quedado un residuo de una ya olvidada danza.

1.3. Organizadores

En cuanto a los Organizadores de estas actividades, tendríamos las siguientes opciones: Iglesia (diocesana o monástica), Corte (real o señorial), Cabildo, Cofradía, Gremio, Compañía profesional, Pueblo llano. Está suficientemente atestiguado, y no entraremos en pormenores. Su propósito es conseguir un espectáculo brillante que inculque al público la ideología dominante.

1.4. Esferas

Una división fundamental es la que ubica las danzas (o bailes rituales) en estas dos esferas:

Religiosa o sagrada / Profana o civil

A.- Podemos considerar dentro de la primera, aquellas danzas vinculadas a ceremoniales litúrgicos. Para Lázaro Carreter el concepto de *auto religioso* está estrechamente ligado al del teatro, y éste tiene sus límites en la «representación dialogada en la que unos actores encarnan ante el público personajes distintos a ellos mismos [y] se admite generalmente que el teatro religioso fue el origen del teatro en España, en la Edad Media [...] de aquel primitivo teatro litúrgico pocas muestras nos quedaron [*Misterios* de Elche y de la catedral de Valencia, *Canto de la Sibila* mallorquina, *Asunción de Madona* tarraconense, *Danza de la Muerte* de Vergés, *Pastoradas* leonesas, *Pasiones* de Semana Santa [aunque] pervive aún hoy en muchas ceremonias de la liturgia particular de muchos pueblos de España» en sus celebraciones religiosas.(Trapero 1991: 20-26)

Para M. Trapero, nuestros actuales *autos religiosos* se pueden clasificar genéricamente en:

a) Ciclo de Navidad   b) Ciclo de Pasión   c) Corpus Christi
d) Ciclo Mariano   e) Vidas de Santos   f) Temas bíblicos
g) Dances (Aragón)   h) Moros y Cristianos

Esta clasificación se podría resumir en dos bloques: sagrado y bélico-religioso.

B.- En lo que respecta al ámbito profano, aunque no se hace referencia concreta a representaciones, ya en el siglo VI, los concilios 1º de Lugo (¿565?) y 1º de Braga (572) condenan los cánticos y bailes profanos en las iglesias, lo que será confirmado por concilios posteriores, extendiéndolas a quienes se disfracen (González Montañés 2008).

Unos siglos después, Alfonso X el Sabio en sus *Siete Partidas* (1256-1265) prohíbe los *juegos de escarnio* o burla, que podemos presumir dirigidos en contra de las autoridades, proclamando luego:

> Representaciones hay que pueden los clérigos hacer, así como del nacimiento de nuestro señor Jesucristo, que muestra cómo el ángel vino a los pastores y díjoles como era nacido y otrosí de su aparición como le vinieron los tres reyes a adorar, y de la resurrección, que muestra cómo fue crucificado y resurgió al tercer día. Tales cosas como estas que mueven a los hombres a hacer bien y tener devoción en la fe, hacerlas pueden. (*Partida 1, Título 6: De los clérigos y de las cosas que les pertenecen hacer y de las que les son vedadas, Ley 34*)

Aunque de esta ley se haya deducido la existencia en los templos de la época de representaciones tanto burlescas como piadosas, para recientes investigadores como López Morales (1991) no se trataría de una prueba, sino más bien de un deseo.[4] En todo caso, la voluntad política regia queda explícita.

Volviendo a las *Partidas,* más adelante tratan:

> *De los caballeros y de las cosas que les conviene hacer*: Apuestamente tuvieron por bien los antiguos que hiciesen los caballeros esto que dijimos [y por ello] ordenaron que así como en tiempo de guerra aprendían hecho de armas por vista y por prueba, que otrosí en tiempo de paz lo aprendiesen de oídas y por entendimiento, y por eso acostumbraban los caballeros, cuando comían, que les leyesen las historias de los grandes hechos de armas que los otros hicieran, y los sesos y los esfuerzos que tuvieron para saber vencer y acabar lo que querían. Y allí donde no había tales escrituras, hacíanselo retraer a los caballeros buenos y ancianos que se acertaron en ello, y sin todo esto aún hacían más, que los juglares no dijesen ante ellos otros cantares sino de gesta, o que hablasen de hecho de armas. (*Part. 2, Tít. 21, Ley 20*)

Vuelven a aparecer los juglares (del latín *joculares,* músico de instrumento y voz, pantomimo y representante) en la muchas veces citada *Partida 7*:

---

[4] «Los textos que sirven de base a esta ley son todos extranjeros: la carta de Inocencio III y las *Decretales* [promulgadas por el papa Gregorio IX en 1234] que la reproducen y, sobre todo, las glosas que comentan ambos textos […] no testimonian la existencia en Castilla de tradición dramática de ningún tipo. Tampoco lo hacen los concilios y los sínodos de la época, lo que parecería muy extraño de haber habido entonces las celebraciones obscenas y pecaminosas [que se condenan] Esta ley, igual que casi todas las de la primera Partida, carece de valor testimonial y no debe ser esgrimida como testigo de la existencia de una tradición teatral profana y litúrgica en la Castilla del siglo XIII.» (López Morales 1991:252).

Otrosí son infamados los juglares, y los remedadores y los que hacen los zaha-
rrones, que públicamente ante el pueblo cantan o bailan o hacen juegos por pre-
cio que les den; y esto es porque se envilecen antes todos por aquello que les dan.
Mas lo que tañasen instrumentos o cantasen por solazar a sí mismos o por hacer
placer a sus amigos o dar alegría a los reyes o a los otros señores, no serían por
ello infamados. Y aun decimos que son infamados los que lidian con bestias bra-
vas por dineros que les dan (*Título 6, Ley 4*).

Francesc Massip, en sus investigaciones sobre el teatro catalán, constata que
en el Medioevo hubo un teatro sin teatros; que en el siglo XII la mayoría de
testimonios de la actividad juglaresca emanan de las reiteradas condenas ecle-
siásticas hacia tales profesionales de los juegos; que con el renacimiento urba-
no del siglo XIII se revitaliza la actividad dramática mediante los juglares, quie-
nes «*conduint la dansa, tocant els més diversos instruments, cantant i recitant un
amplíssim repertori de temes literaris: cançons de gesta, de mitologia antiga, de
passatges bíblics o de les vides de sants, a més de les composicions que els troba-
dors els encarregaven de difondre [...] seran durament condemnats per l'Església,
especialment perquè aquests sabers es basaven en la corporeïtat*», y que mientras
la actividad juglaresca empieza a decaer a lo largo del siglo XIV su lugar va
siendo ocupado por agrupaciones gremiales o cofradías no profesionales que
se ocupan de un tipo particular de representaciones vinculadas a la fiesta cívi-
ca. Pero también por incipientes compañías de actores.[5]
Llegados a este punto, será útil repasar la evolución del teatro profano.

1.4.1. *La tradición teatral griega*

Para César Cantú, «Las representaciones teatrales estaban siempre mezcladas
con el culto de los dioses a que debían su origen. Se supone la tragedia oriunda
de las fiestas dionisíacas [y] la comedia nació de representaciones campestres
[...] El coro ejecutaba danzas lúbricas» (1856: t. VII, 668). Avanza en esta di-
rección García de Villanueva: «Las primeras comedias representadas en Atenas,
siglo VI A. C., eran diversiones groseras de aldeanos y gente soez, llenas de bur-
las y motes, sátira de demagogos» (1802:10). Entre febrero-marzo se celebra-
ban las *Antesterias*, «que para Tucídides eran las fiestas más antiguas de Dioni-
so», con un cortejo que representaba la llegada del dios a la ciudad sobre una
carroza, terminando con su unión carnal con la reina de la ciudad. Estos tres
días, especialmente el del *triunfo de Dioniso*, eran nefastos, ya que retornaban
las almas de los muertos (Elíade 1978:377). Para Rodríguez Adrados (1972),
«Una fiesta griega suele comenzar por una procesión del *como* que representa
a la colectividad, o de los varios *comos* que representan a fracciones de ella»,
siendo el *como* un «coro que se desplaza para realizar una acción cultural, con
procesión y danza» (p. 398). Considera luego crucial el *agon*: «enfrentamien-
to, proveniente de la esfera ritual, ya de acción, ya de palabra, entre un coro y

---

[5] Massip 2008: 242 y otros escritos que incluimos en la bibliografía.

un actor o entre dos coros o incluso entre dos actores» (p. 613). «Es un ritual universal, de origen mágico: una lucha o expulsión o búsqueda que precede y estimula un cambio natural [buen tiempo, cosechas…]» (p. 404). Aparece entre las danzas armadas o pírricas (guerreras antes de la batalla) o «con significado agrario como la de los curetes, que luchan contra los titanes en torno al niño Dionisio que los primeros despedazaban, lo que se representa en los *misterios*» (p. 419) «En las Panateneas cada tribu presentaba una tropa de danzantes al concurso de danza pírrica» (p. 420). Los *agones* individuales acabaron por dominar la tragedia […] Entre el campeón de un coro (que interviene) y otro héroe enfrentado […] Muchos se celebraban en honor a héroes» (p. 422). «El *agon* es el núcleo del teatro, el que le confiere unidad» (p. 479). «La totalidad del teatro se ha centrado en torno al *agon*, que con gran uso de palabras ha quedado mitologizado, útil por tanto para servir de modelo a la puesta en escena de la leyenda heroica y de las fantasías de los cómicos» (p. 403). Es muy destacable en el siglo VI A. C. la inclusión de lo épico en las *Panateneas* de Atenas, cuando «Pisístrato introdujo el recitado completo de Homero» (tras mandar recopilar la *Ilíada* y la *Odisea*). (p. 400)

Los colonos griegos asentados en las costas mediterráneas de la Península Ibérica, es de suponer reproducirían aquí las diversiones propias de su cultura.

1.4.2. La tradición teatral romana

Son numerosos los restos de anfiteatros y teatros que, de acuerdo con los modelos griegos, el imperio romano construyó en Hispania, utilizados por multitudes en las grandes ocasiones festivas.

Tenemos varios datos interesantes mencionados por Bances. Por un lado, Tertuliano (siglo II D.C.) «¿no dice que los teatros estaban dedicados a Baco y Venus, donde se ejecutaban torpezas de uno y otra?» (1970:17). Por otro, «En las fiestas de Bacho, a quien estaba dedicado el teatro, andaban por las calles danzando, coronados de yedra y con unas cestillas de flores» (1970:128). «Los juegos Florales, Bacanales y Lupercales, con otros, llenos de todas las abominaciones del vicio, duraron hasta Arcadio y Honorio que los reformó»[6] (1970: 28).

Para Bances, los tipos de espectáculos romanos (a menudo mezclados) eran: a) De gladiadores, lucha y carrera, en los circos arenarios; b) Monterías y luchas de fieras, en los anfiteatros; c) Juegos circenses; d) Juegos escénicos, en los teatros. Estos Juegos escénicos se hacían en las fiestas más solemnes, como las *Juvenales*, formando escuadrones opuestos y fingiendo batallas, a veces como danza de espadas, entrenamiento para la guerra. Los que los ejercían en público se llamaban *ludiones*, «que corresponde en nuestro castellano a juglares» (1970:114).

A las comedias y tragedias griegas o latinas del imperio romano sucedieron los mimos y pantomimos que ocuparon su lugar con los últimos emperado-

[6] El emperador Honorio, de inicios siglo V, pierde Hispania para el imperio. Antes, en la Magna Grecia (siglos IV Y III A.C.) floreció la *comedia fliácica* de tipo grotesco, con burlas a ridículos dioses olímpicos.

res (Fdez. Moratín 1944:168). Estos *mimos*, «en Roma eran representaciones dramáticas en que un solo actor improvisaba, en versos groseros, monólogos, acompañados de gestos, visajes, contorsiones, para exponer a risa un personaje, un carácter, una profesión» (Cantú 1856: VII, 669). A inicios del siglo XX todavía perduraban por Andalucía representaciones populares dramáticas conectadas con estas pantomimas, como luego veremos.

1.4.3. Inicios del teatro en España

Podemos partir de dos referencias en el mismo siglo VII. Por un lado, «San Isidoro, con el pretexto de que el teatro procedía de las fiestas de Baco y Venus, intentaba disuadir a los cristianos de su participación». Por otro, en 620 el rey Sisebuto depuso a Eusebio, obispo de Barcelona, porque según Mariana, «en el teatro los farsantes representaban cosas tomadas de la vana superstición de los dioses» (Fdez. Moratín 1944:166).

En 1112 Ramón Berenguer III adquirió el condado de Provenza, que siguió bajo la casa de Barcelona hasta 1245, y en esta época se propagaría el drama sagrado por Cataluña, así como la poesía provenzal y trovadoresca. «Entre los trovadores del siglo XIII y siguientes era frecuente la *tensó* en la cual dos interlocutores se enfrentaban en coplas de la misma medida sobre cuestiones de moral, amor o caballería, a veces improvisando».[7]

Por entonces, los mercados y las ferias propagaban diversiones comunitarias. Y la fiesta del Corpus Christi, celebración político-religiosa en clave festiva del jerárquico cuerpo estamental, se convirtió en el más importante espectáculo callejero, integrando formas festivas procedentes del resto del ciclo anual, trasladando sus invenciones y escenografías a otras ocasiones de alegría pública, e influyendo desde las ciudades los modos de festejo de los pueblos. Durante el siglo XVI al concejo municipal y gremios se unieron cofradías y hermandades en la tarea de costear las danzas para el día del Corpus.

Es tanta la documentación sobre esta fiesta central en el calendario hispánico, que nos limitaremos a añadir unos ejemplos a los antes aportados, bien claramente dialogados o que posiblemente lo fueran.

- 1404, en el Corpus de Valencia constan como 'misterios', *El Paraíso terrenal* y *Los Inocentes*. En 1408 había representación de los *Tres Reyes Magos*, que visitan a Herodes, quien da un bando con pormenores locales, y termina con la degollación de los niños (Milá 1895: 227).

- 1609, en un Corpus de Levante sale «una danza de cascabel intitulada *Danza de don Gayferos y rescate de Melisendra*, con cuatro franceses, cuatro moros, la infanta, un castillo encantado, un caballo de papelón pintado y don Gayferos». (Pérez Pastor 1911: CLXXIV) Aquí se introduce un episodio de novela de caballerías de tema carolingio dentro del espectáculo semi-litúrgico.

El funcionamiento de las fiestas religiosas callejeras debía ser como el que todavía hoy día se ejecuta. La procesión con la imagen sagrada es acompañada por una danza ambulatoria. Al llegar a la plaza mayor, atrio del templo o una

---

[7] José Sol y Padrós, en nota a Moratín 1944:151-153

era, se detiene la comitiva. Los danzantes efectúan varias mudanzas con cintas, palos y/o espadas. A su término, se colocan en dos filas, que encarnan los dos bandos antagónicos, y comienzan los parlamentos. Tras la representación teatral, nuevas mudanzas y continuación de la procesión hasta el regreso a la iglesia o ermita donde se custodia la imagen.

Parece que tal es la primitiva modalidad ceremonial, donde la parte teatral es un ingrediente de la danza en su conjunto. Y hay que resaltar el trascendental papel de los gremios, oficios o colegios de artesanos en el desarrollo de estos espectáculos callejeros a lo largo de varios siglos, hasta el XIX.

1.4.4. Apogeo del teatro en España: comedias 'a lo divino' y 'a lo humano'

«En España la representación escénica que más se cultivó fue la de Navidad», afirma E. Schmidt, y el Concilio Provincial de Aranda (1473) prohibió a los clérigos que por Navidades no celebrasen ni permitiesen «las diversiones escénicas en que intervenían máscaras, figuras monstruosas, coplas indecentes, bufonadas y otros desórdenes indignos de la majestad del templo, que hasta entonces se había acostumbrado, permitiendo, no obstante, que continuasen las representaciones sagradas y honestas, que fuesen a propósito para excitar la devoción de los fieles» (Schmidt 1930:4).

«La aparición del teatro profano, tímido en su inicio, enlázase en su forma pastoril con aquellas farsas plebeyas supervivencia del paganismo; y su procacidad de lenguaje y falta de respeto al tratar materias de religión ocasionaron recriminaciones de algunos moralistas», pidiendo en 1548 las Cortes de Valladolid al emperador que prohíba la impresión de farsas feas y deshonestas. (Cotarelo 1904:17).

Para Cotarelo, «dudoso es responder a la pregunta de si esta clase de dramas populares, comunes con Italia, fueron importados de ella o son el fondo y residuo común de antiguas representaciones latinas [si bien] la comedia improvisada no es patrimonio exclusivo de Italia» (1896: t. I, vol. 1, p. LXIII).

Durante el reinado de Felipe II se multiplican los corrales de comedias, complementando con obras profanas los teológicos autos sacramentales del Corpus, hasta el punto que al francés Barthélemy Joly, en su *Voyage en Espagne* (1603-4) le asombra la pasión de los españoles por el teatro, distinguiendo dos clases de comedias: »las piadosas, que llaman *a lo divino*, y las que llaman *a lo humano*, que son de un asunto ordinario [...] tomado de las proezas de las Españas» (Bataillon 1964: 205).

Tal intensidad de la afición teatral no era del todo apreciada por los moralistas, empeñados en controlar los temas profanos. Una lúcida argumentación sobre tal necesidad es propuesta por el jesuita Pedro de Fonseca en 1583, en un manuscrito hasta hace muy poco desconocido:[8]

---

[8] Conservado en la Universidad de Granada, ha sido digitalizado en la Biblioteca Cervantes Virtual.

Quatro fundamentos hay por los quales se deven prohibir en este reyno las come-
dias cuotidianas que oy se ven representar con mugeres, por hombres vagabundos,
y reducir las representaciones a la costumbre antigua de los autos y farsas que de
quando en quando, por ocasión de alguna fiesta se representan por hombres de la
tierra y mancebos honestos sin los escándalos y daños que se siguen de las come-
dias que ahora se usan [mencionando entremeses torpes y mujeres desenvueltas,
lascivas y provocativas de sensualidad, que] están en pecado mortal [considerán-
do que tales comedias son] puertas de herejías.

Unas son a lo divino de cosas sagradas y santas, como en las que se representa la
conversión de la Magdalena y San Pablo, y que estas no solamente no pueden ser
prohibidas, pero deben ser loadas pues mueven al pueblo a devoción e imitación
de la penitencia y vida de santos; en otras se representan historias humanas e in-
diferentes, como la vida de Julio César o la destrucción de Troya, en las quales
el pueblo no aprende mal ninguno. Otras son de materia de amores, con algunas
palabras blandas y también un poco lascivas, pero no son ilícitas en sí [pero] por
la cualidad infame de las mujeres representantes, deben prohibirse todas las que
hagan, aunque sean de las anteriores [...] Aunque se muestren al Santo Oficio
las letras, y entremeses, como no se van a cotejar lo que representan con lo que
mostraron, dizen quanto quisieren en el teatro. No bastará ponerles penas, por-
que el pueblo que les había de acusar, huelga de oyrles, ni lo espías pueden tener
suficiencia para notar faltas desta calidad [y] la asistencia siempre de un oficial
del Santo Oficio es imposible, pues sería necesario andar tras ellos por las villas
y lugares del reyno, y de noche por las casas de los particulares. Fuera desto, me-
neos y gestos no se escriben para que puedan ser primero examinados, y es evi-
dente quanta fuerza tienen y quan provocativo son para todo mal los requiebros,
el ayre del rostro y ojos de tales mujeres.

Para este moralista jesuita, perspicaz en descubrir los trucos para evadir la
censura, las comedias oficialmente toleradas en esta época de esplendor del im-
perio español se agrupaban en: a lo divino; a lo humano didáctico; de amoríos.
Esta clasificación se podría extender a los temas de las danzas.

Representar comedias era costoso, y sólo se realiza en las ciudades, siendo a
menudo imitadas por actores aficionados en los pueblos, que se aprendían de
memoria parte de los parlamentos.

1.5. Clasificación temática

Mientras que las acciones básicas de los argumentos de las danzas son limi-
tadas (siendo preponderantes los enfrentamientos o *agones*); con casi infini-
tas las características formales de los personajes, elementos escenográficos y
el supuesto universo geográfico-temporal dentro del que suceden los hechos
representados. La labor de ubicarlos dentro de bloques temáticos es ardua, y
puede ser suficiente con la genérica división entre hechos religiosos (o míti-
cos), heroicos (o legendarios), históricos (reales, anacrónicos o falsos) y fic-
ciones (más o menos elaboradas).

1.6. Resumen clasificatorio

A) Coreografía:
Danzas rituales / Bailes de cortejo (de salón y callejeros)
B) Uso de la palabra:
Danzas habladas (textos fijos o improvisados) / Danzas mudas
C) Organizadores:
Iglesia / Corte / Cabildo / Gremio /
Cofradía / Compañía profesional / Pueblo llano
D) Esferas:
Religiosa / Profana
E) Temas:
Religioso / Heroico / Histórico / Ficciones

2. Aproximación antropológica

Para discernir los modelos constructivos, podemos apoyarnos en la antropología, que reconoce que los rituales cumplen la función de construir identidades colectivas y sociales.

En un magistral ensayo sobre el sincretismo religioso, Julio Caro Baroja (1978) aborda la conciliación o unificación de creencias de origen distinto como una tendencia que «vemos de continuo» (p. 22). Ya Hecateo de Mileto encontró equivalencias entre los dioses griegos y los egipcios, fenicios y de otros pueblos. En Iberia o Hispania parece evidente «que el culto a Hércules y sus templos se hallan en relación con los cultos de fenicios y cartagineses, aunque las fábulas griegas acerca de las expediciones de Hércules a Occidente tengan un gran arraigo», según cuenta Estrabón (p. 9).

Luego elabora un esquema en cuyo centro se halla un *modelo* (en su caso, de la bruja), que según «exista y sea observado en una época y en un país determinado, se le carga de atributos distintos. Pero no ocurre esto solamente. Dentro de una misma sociedad y en una época cada grupo de los que la integran, le atribuyen actuaciones, conexiones y significados diferentes entre sí» (p. 12).

Para ahondar en la similitud de cultos, se puede acudir a Plutarco de Queronea (46-120 d.C.), neoplatónico y sacerdote de Apolo en Grecia, quien viajó por Egipto y estudió los parecidos entre las religiones de ambos países, lo que le llevó a afirmar la unidad esencial de todos los cultos, ya que correspondían a idénticos tipos divinos, a las mismas ideas aunque con distintos nombres y apariencias: «Las ideas divinas, que representan a Isis y Osiris, fueron conocidas siempre en todo el mundo, el culto que se les rendía, sin conocer sus nombres, era universal» (1976:105).

Osiris enseñó a la humanidad a sembrar, cultivar frutas, producir vino... Según Diodoro de Sicilia: «descubrió la vid [...] y fue el primero que bebió vino, enseñando a los hombres el cultivo de las viñas, la preparación y conservación del vino [luego] reunió un gran ejército con objeto de recorrer la tierra y enseñar a los hombres a cultivar la vid», sin prescindir de la influencia del mito del Adonis fenicio sobre el Osiris egipcio (1976:72-73).

Ahora bien, «Osiris es el mismo que Dionisio [cuando entierran al buey Apis] nada difiere de cuanto sucede en las fiestas de Baccos. En efecto, visten gamuzas, llevan tirsos, gritan y se agitan como los poseídos por Dionisio cuando celebran sus Orgías» (1976:27). «Lo representaban por medio de un ojo y un cetro [...] En todas partes de Egipto pueden verse estatuas de Osiris representado en forma humana, con el miembro viril erecto, para indicar su virtud generadora y nutritiva.» (1976:39-40).

En cuanto al dios-toro Apis,[9] narra Plutarco que «Durante la época del solsticio de invierno, llevan procesionalmente una vaca con la que dan siete vueltas al templo, Este circuito se llama *Busca de Osiris* porque la diosa, durante la estación del invierno, desea el agua que produce el sol, Este número de siete evoluciones se debe a que el sol emplea siete meses en llegar al solsticio de verano» (1976:40). Este ritual puede esclarecer las siete vueltas que fieles con animales siguen dando hoy día en torno a varias ermitas granadinas en la procesión de la fiesta local.

2.1. El culto a Hércules en España

Desde fines del siglo VI A. C. tropas mercenarias ibéricas luchan en Cerdeña, Sicilia y Grecia, primero a favor de los cartagineses. A su regreso, son células de semitización, helenización o romanización, haciendo penetrar sus religiones en Iberia. Consta que Melkart-Herakles-Hércules, el gran héroe civilizador hijo de Zeus que liberó de monstruos el Mediterráneo y terminó elevado a dios olímpico, fue venerado por los celtíberos, como testimonian muchos hallazgos. El culto a Hércules Egipcio en Cádiz, en cuyo templo se creía estaban sus restos, duró hasta el emperador Teodosio (Blázquez 1977:28). Según Pedro de Rojas, Hércules fue muy sabio en la magia y reinó en España, donde trajo «sus supersticiones, y la Idolatría que su padre el rey Ossiris había dejado» (1654:55).

Por otro lado, «de la época romana son abundantes las representaciones de motivos báquicos en honor del dios del vino, Dionisos, que en fiestas y ceremonias era homenajeado con danzas, rituales orgiásticos y con la interpretación de cantos acompañados de instrumentos musicales» (Rey 1992:27).

En la *General Estoria* de Alfonso X de Castilla, redactada a mediados del siglo XIII, se menciona la que se puede considerar más antigua fiesta legendaria peninsular: la que organizó el mismo Hércules en el campo de Lucena, don-

[9] El egipcio Hap (Apis para los griegos) era el más importante de sus animales sagrados: un toro divino cuyo culto remonta a la prehistoria, asociado al Nilo y símbolo de la fertilidad, la potencia sexual y la fuerza física. Desde las primeras dinastías su núcleo cultual fue Menfis, y a partir del Imperio Nuevo se asocia al dios Ra y se representa con el disco solar entre los cuernos. En ciertas fiestas recorría las calles, adornado con joyas y flores, y tenía la capacidad de ser oráculo del futuro. Al morir, se asimila al dios Osiris, como protector de los difuntos, reencarnando pronto en otro becerro. En la Época Ptolemaica su culto cobró nuevo esplendor, siendo integrando con Osiris bajo la forma del nuevo dios Serapis, que subsiste hasta los romanos. Según la tradición, Apis había sido concebido por medio de un rayo celestial, que fecundó a una ternera virgen, que jamás volvería a parir otro becerro. Su madre también se honraba en su templo de Menfis.

de «fizo y sus juegos y sus alegrías grandes por aquella batalla en que vencieron a Gerion» (En *Jueces*, cap. CDXX, según la edición de Madrid, 1930: 32).

Terminemos este recorrido por el complejo mítico Osiris-Dioniso-Baco-Hércules, con dos conexiones dadas por Massip: «Jasón presenta estrechos paralelos con Hércules, el otro héroe de la Antigüedad convertido en modelo de la caballería medieval»; y en el siglo XVI: *«La figura de botarga sovint s'associa a genis de la natura («daemones»), potencialment perillosos, però vinculats als ritus de renovació estacional, esperits tel·lúrics sovint benèfics per l'home i la porra d'Arlequí pot ser considerada una versió en clau còmica de la maça d'Hèrcules i la clava dels salvatges».*[10]

2.2. La persistencia de elementos culturales: los matachines

En la época de cristalización de los rituales festivos tal como han llegado hasta nosotros, tenemos varios casos de gran interés que ilustran la figura de los matachines como modelo de personaje.

- En 1570, al llegar a Burgos Dª Ana de Austria, sobrina del rey Felipe II convertida en su cuarta esposa, fue recibida con alegrías públicas entre las cuales: danzas de espadas; «matachines que hacían tales mudanzas, gestos y fuerzas, que dicen de Hércules»; y como colofón, diez galeras, un galeón y una fragata representaron «una parte del Amadís de Gaula», incluyendo embajadas, desafíos y un torneo. Para el extasiado cronista presente, este espectáculo era «comparable a aquellas Naumaquias o Juegos Navales, que los Emperadores Romanos en el tiempo pasado celebraron» (*Relación* de 1571).

- En 1603 actúan por la comarca de Guadix unos titiriteros italianos, acusados de representar dentro de las iglesias «la guerra naval [y] unos matachines.» (Rivera 2013:3).

- Ya vimos que en 1608, en la procesión del Corpus de Segovia salió una danza militar de matachines, y que Covarrubias al definir *dança* en 1611 hablaba de las mímicas de los matachines «que danzando representan sin hablar, con solos ademanes, una comedia o tragedia», prosiguiendo luego que «es muy semejante a la que antiguamente usaron los de Tracia [que] armados con celadas, escudos y alfanjes, al son de flautas, saltan y danzan, y al compás se daban fieros golpes». Cotarelo añade que «solía ser grotesca» y la mención más antigua es de 1559 (1911: CCCIX).

Refiriéndose a los mimos romanos, dice Bances que «Llegaron a tener tanto aplauso que hicieron cierto género de introducción ligera para entablar la burla que imitaban, como nosotros hemos hecho también con los matachines» (1970: 125). Podrían ser el núcleo de nuestras danzas habladas.

---

[10] Massip, 2011:176 y «Botarga; de disfressa a personatge» *Mediateca, Festes.org* :5. Consultado el 5-8-2014.

2.3. Las mascaradas invernales

Terminemos con el subconjunto de danzas habladas profanas, lúdicas y burlescas centradas en torno al que se puede considerar *ciclo festivo de las mascaradas invernales* (que se inicia con la fiesta de san Nicolás el 6 de diciembre y culmina el martes de carnestolendas), refugio de las antiguas celebraciones de la fecundidad en el paganismo, donde triunfaban los placeres orgiásticos, y los sensuales juegos eróticos se entrelazaban con la crítica satírica a las autoridades, alabando al dios de la embriaguez.

Son diversos los *agones* o enfrentamientos rituales que siguen escenificándose en estas mascaradas: oso contra pastor, toro contra domador, generales de pueblos limítrofes entre sí, diablillos contra el pelele, carnaval contra cuaresma... que camuflan el básico combate entre vida y muerte, día y noche, verano e invierno, placer y dolor, naturaleza y religión (Brisset 1988).

En lo que respecta a los retos, elemento básico en las representaciones de lucha entre Moros y Cristianos, apreciamos parentesco con las *pastorales vascas*, especie de parodias de las pastorales trágicas, como el que *Pansart* dirige a su rival cobarde, *Bacchus*: «Sal al campo, sal, Bacchus, rey de los borrachos! Vas a pagar cara tu temeridad. Verás cuál es mi potencia, y lamentarás haber sido tan ambicioso». (Herelle, 1923:549). En similares desafíos de las *embajadas* resuenan los míticos retos del babilónico dios Marduk a la malvada Tiamat; los lanzados entre homéricos héroes griegos y troyanos; el bíblico entre David y Goliat; los bélicos retos de los celtíberos así como los épicos de cantares de gesta carolingios y caballeros del romancero viejo, que desde el siglo XI siguen reviviéndose ritualmente en numerosos países.

Finalmente, sobre la persistencia de argumentos bufos, podemos establecer una línea directa entre mimos clásicos y campesinos sevillanos del Siglo de Oro y del siglo XX. Disertando sobre las representaciones mímicas, el ya citado Bances refiere de los griegos que «representaban un género de comedia antigua en prosa, como para introducción de su burla», y que se percibe «en unos juegos que usan hoy en Andalucía» (ligados con otros más licenciosos) a cargo de los mozos, y como ejemplo menciona «uno que vi en Osuna [que] he escogido por compararle con los antiguos Mimos, de quien dice [el renacentista] Scalígero que entre los Lacedemonios solía ser el argumento ir a hurtar fruta y otros semejantes»: un hambriento estudiante halla una viña y come de ella, apareciendo el colérico guarda de la viña con un arcabuz, quien le obliga a devolverlas defecando, con gran aspaviento de ambos. Por una treta, el estudiante le arrebata el arma y le obliga a ingerir las uvas defecadas. Luego cuenta el de «la mujer del escultor», con obscenos desnudos, y termina mencionando autores clásicos para quienes la comedia mímica imitaba acciones ridículas de modo lascivo y con palabras irreverentes, llegando hasta fingir estupros (Bances 1970:126-128).

Hacia 1900, Luis Montoto estudia las representaciones populares en Andalucía, diferenciándolas entre Religiosas y Cómicas (juegos de vendimia o de cortijo), Estas últimas suelen representarse en los caseríos de los cortijos, «usando los objetos de la vida cotidiana que les rodean», con acciones simples a cargo de unos personajes estereotipados: fanfarrón, alcalde, sacristán, estudiantes, médico, rústico, bobo. Sus argumentos los divide en: a) satíricos: los juicios; los jugadores; el cura y el aguador; el santo; los dos rústicos y su criado. b) puramente burlescos: el sastre; la zorra, las gallinas y el perro; la parturienta; el milagro del santo; y el estudiante y la viña. Este último se mantiene en esencia sin variación desde hace más de veinte siglos.

Y con ellos se podrían emparentar los *balls de dames i vells* mencionados ya en 1514 en Tarragona.

EN RESUMEN, hallamos para estas danzas o bailes lúdicos sometidos a un poder que los ritualiza y convierte en espectáculo, una triple función: ideológica, religiosa y militar. Sus argumentos abarcan tres ámbitos: sagrado, heroico y satírico. Su modelo inspirador podría ser el culto dionisíaco-báquico, conservado bajo el patrocinio de Hércules, paradigma de la masculinidad muy honrado en Hispania, donde las bacanales estaban arraigadas. Pero la presión moralista apenas les dejó espacio público.[11]

Tipos de danzas rituales habladas:

RELIGIOSAS «A lo divino»	*PROFANAS* «A lo humano»	
	BÉLICAS	*LÚDICAS*
Misterios/Moralidades	Enfrentamiento/*Agon*	Estéticas
Vidas de santos	Matachines	Amoríos
Autos Sacramentales	Épicas (Legendarias/Históricas)	Farsas
Luchas de conquista *Moros y Cristianos*		Mascaradas invernales

Bibliografía

BANCES CANDAMO, Francisco (1970). *Teatro de los theatros de los passados y presentes siglos (1689-1694)*, ed. por D. W. Moir. Londres: Tamesis Books.

BATAILLON, Marcel (1964). *Varia lección de clásicos españoles. (Ensayo de explicación del Auto Sacramental)*. Madrid: Gredos.

BLÁZQUEZ, José Mª (1975). *Diccionario de las religiones prerromanas hispánicas*. Madrid: Istmo.

— *Imagen y mito. Estudios sobre religiones mediterráneas e ibéricas*. Madrid: Cristiandad, 1977.

---

[11] Más información en mi ensayo «Historia y evolución de las danzas habladas» (2014), *www.riuma.es*.

BRISSET, Demetrio E. (1988), *Representaciones rituales hispánicas de conquista*. Tesis doctoral. Madrid, Editorial de la Universidad Complutense (Colección Tesis Doctorales n° 443/88).

CANTÚ, César (1856). *Historia Universal*. Madrid: Gaspar y Roig.

CARO BAROJA, Julio (1978). «Sobre el sincretismo religioso», *Revista de Dialectología y Tradiciones Populares* [Madrid] XXXIV, p. 3-26.

COTARELO Y MORI, Emilio (1896). *Estudios sobre la historia del arte escénico en España*. Madrid. 3 vols.

— (1904). *Bibliografía de las controversias sobre la licitud del teatro en España*. Madrid:m RABM.

ELÍADE, Mircea, (1978). *Historia de las creencias y de las ideas religiosas*, Madrid: Cristiandad.

ESQUIVEL NAVARRO, Juan (1642). *Discursos sobre el arte del dançado*. Sevilla: Iuan Gomez de Blas.

FERNÁNDEZ MORATÍN, Leandro (1944). *Orígenes del teatro español*. Madrid: BAE II.

FLECNIAKOSKA, Jean Louis (1954). «Les fêtes du Corpus a Ségovie (1594-1636)». *Bulletin Hispanique* [Bordeaux] 56 (1-2), p. 14-37 y (3), p. 225-240.

FONSECA, P. Pedro de (S.J.) (1583). *Fundamentos por los cuales parece se deben prohibir las comedias que oy se representan*. Mss. Lisboa.

GARCÍA DE VILLANUEVA, Manuel (1802). *Origen, épocas y progresos del teatro español*. Madrid: Imprenta de Don Gabriel de Sancha.

GONZÁLEZ MONTAÑÉS Julio I. www.teatroengalicia.es (2002-2009), [consultado el 12-8-2014].

HÉRELLE, G. (1923) «Les tragi-comedies de carnaval», *Revue International Études Basques* XIV, p. 541-557.

LÓPEZ MORALES, Humberto (1991). «Alfonso X y el teatro medieval castellano». *Revista de Filología Española* [Madrid]. Tomo LXXI, p. 227-252.

MASSIP, Francesc (2008). «El teatre en l'època del *Libro de buen amor*», en *El 'Libro de Buen Amor': Texto y contextos*, Barcelona: UAB, p. 237-255.

— (2011). «Motivos caballerescos en el teatro medieval» en *Epica e cavalleria nel medioevo*. Alessandria: Edizioni dell'Orso, p. 167-194.

— «Botarga; de disfressa a personatge» *Mediateca, Festes.org*, 1-5.

MILÁ Y FONTANALS, Manuel (1895). *Orígenes del Teatro Catalán*, en *Obras Completas*, T. VI. Barcelona.

MONTOTO, Luis (1904). *Representaciones populares dramáticas en Andalucía* (tesis doct.). Sevilla.

PÉRES PASTOR, C. (1911). «Nuevos datos sobre el histrionismo español», en COTARELO Y MORI, *Colección de entremeses, loas, bailes, jácaras y mojigangas*. Madrid: NBAE.

PLUTARCO (1976). *Los misterios de Isis y Osiris -'De Iside'*. M. Meunier, tr. y notas. Barcelona: Glosa.

Relación Verdadera, del re-/cebimiento, que la muy Noble y muy/ mas leal Ciudad de Burgos, cabeza de/ Castilla [...] hizo a la Reyna N^a S^a Doña Ana de Austria [...] Burgos, 1571. Digitalizado por la UGR.

REY, Emilio (1992). «Las danzas rituales en España», en V.A. *Tradición y danza en España*. Madrid: CEAC, p. 17-33.

Rivera Tubilla, José. *elaccitano.com*, 9-9-2013 [consultado el 3-8-2014].

Rodríguez Adrados, Fco. (1972). *Fiesta, comedia y tragedia. Sobre los orígenes griegos del teatro.* Barcelona: Planeta.

Rojas, Pedro de (1654). *Historia de la imperial y esclarecida ciudad de Toledo.* Madrid : Diego Díaz de la Carrera.

Schmidt, Expeditus (OFM) (1930). *El Auto Sacramental y su importancia en el arte escénico de la época*, Madrid: [Blass S. A.].

Trapero, Maximiano (1991). «Autos religiosos en España» en V.A. *El auto religioso en España.* Madrid: CEAC, p. 13-30.

Reconstrucción de la procesión con el dios-toro Apis en Egipto.

Vueltas con las caballerías en la procesión de san Antón en Guadix (Granada).

«Triunfo de Baco» en un mosaico romano de Zaragoza (siglo III d.C.).

«Triunfo de Baco» en una representación actual de Baños de Valdearados (Burgos).

El dios Marduk contra el monstruo del mal Tiamat, en el *Poema de la Creación* babilónico.

Garcilaso de la Vega tras vencer al moro Tarfe (imitando a David contra Goliat) en los *Moros y Cristianos* de Aldeire (Granada), con unos parlamentos del romancero viejo, vía una comedia de Lope de Vega y otra de autor desconocido.

El Hércules niño de Tarragona evidencia un culto local.

El Hércules de Lisipo (Roma 210 d.C.), modelo de masculinidad.

Actores con máscaras de Herakles (izquierda) y el grotesco borracho Sileno en una obra satírica (vaso pintado griego, 410 a.C.).

Verano e Invierno en las mascaradas invernales de Silió (Cant).

Captura del oso en los carnavales de Prats de Molló (Fr).

Cristiano encadena al Moro en A Franqueira (Po).

Diablillo Cristiano lleva atado al Moro en Trevélez (Gr).

⇐Ángel y Demonio en la romería de La Balma (Zorita).

⇒ Hércules contra la Hidra (mosaico romano Liria s. III d.C.).

Josep Bargalló Valls

Joan Mañé i Flaquer:
una definició teatral dels balls parlats (1853)

El 8 de setembre de 1853, el *Diario de Barcelona* publicava una crònica de la Festa Major de Torredembarra amb el títol «Fiesta popular». Tenia forma literària de carta al director, estava datada a Torredembarra mateix dos dies abans, anava signada amb les inicials «J. M. y F.» i, de fet, seguia el relat i l'estil periodístic d'una crònica de la mateixa festa de santa Rosalia de l'any abans, publicada també al *Diario*, el popular *Brusi*.[1]
La crònica de 1853 (vegi's Annex II) començava amb un to brivant:

> Muy señor mío y apreciable amigo: á dejarme llevar por las impresiones del momento daría comienzo á esta mi carta con el «arna virumque cano» del inmortal Virgilio; que bien son dignos de exaltación épica los rasgos de pujanza y heróico denuedo de que ha sido teatro esta villa durante los días 4 y 5.
> Comprenderá V. fácilmente que hago referencia a los castells, á esta diversión propia y exclusiva del Campo de Tarragona, que es aquí como las corridas de toros en Andalucía, un verdadero arte tan admirable por lo difícil y arriesgado como el de Pepe Hillo y Montes.
> V. lo sabe ya; tengo una verdadera pasión por esas costumbres características en que se ve reflejado todo un país; pero tampoco ignora V. que necesito verlas en armonía con cuanto los rodea, que no disuenen con las fisonomías, los trajes, las manera, el habla ni el génio de los habitantes, y que hasta el aire y la luz vengan á armonizar con el cuadro todo entero. Por esta razón me repugnan en Cataluña y me agradan en Andalucía las corridas de toros, expresión de la gracia, agilidad y desenvoltura propias de aquel país; por esta razón también gozo infinito aquí

Institut de Ciències de l'Educació. Universitat Rovira i Virgili.
[1] Es tracta (vegis' Annex I) d'una altra «carta al director», sense títol i sense cap mena de signatura aquest cop, publicada al *Diario de Barcelona* del 8 de setembre de 1852 i datada a Torrredembarra el dia 5. El *Diario* era conegut popularment com a *Brusi* perquè aquest era el cognom de la nissaga dels seus propietaris.

con el espectáculo de los *castells*, expresión de la fuerza y el sufrimiento, que son cualidades características de nuestros paisanos.

El que ens interessa, però, és el paràgraf següent:

En los pueblos de esta comarca, lejos de disminuir la afición á los *castells*, aumenta cada día, y con la afición progresa el arte de hacerlos, que debe también parte de sus adelantos al estímulo de la competencia. En las fiestas mayores de los pueblos -que son las que se celebran en honor de sus santos patronos- los *castells* formaban antes parte de la fiesta, pero ahora la constituyen casi exclusivamente en todo aquello que no son funciones religiosas. V. sabe que en este país también se veían en tales fiestas multitud de *balls*, que son la representación de una especie de *farsas* ó *misterios*, composiciones sagradas ó profanas que nos recuerdan el origen de nuestro teatro. Pues bien; á pesar de la afición que había a las tales piezas, que la gente del pueblo representaba, con trajes más o menos apropiados, en las calles y en las procesiones, este año sólo hemos tenido el de *diablos*, porque según vengo diciendo los *castells* absorben toda la atención de vecinos y forasteros.

(...) La fama de los obsequios de estos habitantes tributan á su querida patrona Santa Rosalía de Palermo, y la anunciada lucha de dos *collas* (cuadrillas) de *castellés* atrajeron una afluencia extraordinaria de forasteros, que deben de haber quedado muy satisfechos de su viaje, pues que las funciones religiosas han sido dignas del fervor religioso de mis paisanos y las proezas de las *collas* ha superado las esperanzas de todos.

La crònica continua amb una pormenoritzada i extensa explicació de la diversa tipologia de castells del moment i de comentaris sobre la tècnica castellera, a més d'esmentar les construccions que es varen poder veure a Torredembarra aquell 1853. I acaba amb breus consideracions sobre la característica del seguici popular festiu del Camp de Tarragona:

En estos pueblos los *castells* escitan el mismo entusiasmo que las corridas de toros en otros puntos de España: hay personas que ni comen ni duermen para verlos, y que pasan el año disputando sobre lo que se ha hecho en las fiestas pasadas y lo que se hará en las próximas. Confieso que también soy uno de los que rinden tributo á esos hombres de hierro, mal alimentados casi todo el año, dando caídas espantosas y repetidas, sufriendo la presión casi continua de brazos hercúleos que parecen magullarlos, dando y recibiendo enormes porrazos, y á todo eso tan firmes, tan serenos al empezar como al concluir. (...)

La Torredembarra y las *collas* de Valls han aumentado su bien adquirido renombre en las últimas fiestas, lo cual hará que el año próximo sea mucho mayor la afluencia de forasteros, apesar de que en el presente formaban una masa compacta en las calles y tenían atestadas las casas particulares y las fondas. (...)

Felicito de corazón á mis paisanos por el brillo y atractivo que saben dar á sus fiestas y porque jamás en ellas se altera el órden; pero desearía que no relegaran al olvido al *ball de valencians*, el de *pastorets*, el de *bastonets*, y otros que eran un grande adorno de la fiesta y grato entretenimiento para los forasteros.

L'autor de la crònica -i de la de 1852, en conseqüència- és, sense cap mena de dubte, Joan Mañé i Flaquer,[2] la personalitat més significativa de la premsa barcelonina de la segona meitat del segle XIX, el renovador del periodisme català vuitcentista. Mañé va saber i va voler trencar amb la tradició d'una premsa antiga, de gasetilles, avisos i simples notícies, i fer el salt a una de moderna, de cròniques, opinions i notícies més desenvolupades. I ho va fer, bàsicament, a partir del vell *Diario de Barcelona*, el diari dels Brusi fundat el 1792 i que va transformar, primer a partir de la seva decisiva influència com a col·laborador de prestigi -que va arrossegar tant la propietat del mitjà com els que hi treballaven- i després ja com a director, durant dècades, de 1865 fins a la seva mort, el 1901.

Mañé i Flaquer va néixer a Torredembarra, el 15 d'octubre de 1823, fill d'un petit industrial tarragoní que, acabada la Guerra del Francès, el 1814, se'n va anar a fer les Amèriques, a Argentina. De retorn al país, es casà i s'establí a Torredembarra, en una casa davant mateix de la rectoria de l'església de Sant Pere -a l'actual carrer Joan Güell, que du de l'Ajuntament (ara vell) al temple parroquial. Allí va néixer Joan, l'únic fill mascle del seu matrimoni.

Sobre Mañé i Flaquer s'han escrit molts llibres i articles i algunes tesis doctorals. Encara avui, però, la millor biografia és la que li va dedicar Joan Maragall[3], que el va conèixer molt de primera mà: el poeta va ser molts anys, no endebades, el seu secretari al *Diario de Barcelona*. Maragall ens hi ofereix un extens retrat, bàsicament centrat en els seus anys de periodista, però que també ens dibuixa alguns moments de la seva infantesa a Torredembarra:

> De petit fou malaltís i entremaliat, posant-se en sos jocs, a cada punt, en perills que cercava a dretes pel plaer que li donaven, ocasionant grans espants i trastorns a la seva mare (...). Feu la creixença molt ràpida i era molt prim i delicat, però de gran vivor i els ulls com esperitats, de modo que entre sos petits companys i en tot lo poble era conegut per *l'animeta*.[4]

El nen entremaliat i malaltís que vivia gairebé davant mateix de l'església i a tocar de l'Ajuntament va veure i viure les festes torrenques sense haver ni tan sols de moure's de casa, i devia seguir el seu seguici amb la mateixa atenció, si més no, que el viuen els nens d'avui. Era la seva festa, la seva gent, els seus balls, els seus castells...

Arran de la guerra carlina de 1835, el pare, que era un milicià liberal convençut i militant, es refugià a Tarragona, on es traslladà a viure tota la família.

---

[2] L'autoria no ha estat mai discutida. Per les inicials, evidentment, però també per les dades autobiogràfiques (parla de «mis paisanos» i, en un moment que no hem reproduït, de «mi pueblo natal») i pel periòdic mateix.

[3] Va ser un dels últims treballs de Joan Maragall. El va datar el 24 de maig de 1911, mig any abans de la seva mort, i el va escriure amb motiu de la col·locació d'un retrat de Mañé i Flaquer en la Galeria de Catalans Il·lustres de l'Ajuntament de Barcelona. L'acte no es va dur a terme fins el 1912 i, per això, la lectura pública de l'extensa biografia al Saló de Cent ja no la va poder fer Maragall, sinó Eusebi Corominas, president de l'Associació de Premsa, que havia estat, a més, alcalde de Barcelona uns anys abans.

[4] Joan MARAGALL (1912), *Biografia de D. Joan Mañé y Flaquer, Obres Completes. Sèrie Catalana. Escrits en prosa II. Elogis. Discursos. Necrologies*, Barcelona, Gustau Gili, p. 230.

Mañé i Flaquer tenia, doncs, uns 12 anys. I a Tarragona va créixer, va començar a formar-se i a ajudar el pare en el negoci familiar, el comerç de gra. I a Tarragona, també, va continuar vivint el seguici festiu i la consolidació, en el seu si, del nou fet casteller. Malgrat tot, però, Mañé i Flaquer no va deixar mai de sentir-se un torrenc, com es pot comprovar en les cròniques de 1852 i 1853.

Amb encara no 20 anys, el 1843 es va instal·lar a Barcelona, on va començar a col·laborar en diversos mitjans, entre els quals *El Genio*, la publicació impulsada per un altre jove il·lustre, Víctor Balaguer, i *La Discusión*, de Pau Piferrer, de qui fou alumne i amic. Pifarrer l'introduí com a professor de l'Instituto Barcelonés i, en poc temps, de la Universitat de Barcelona, per donar-hi classes de retòrica i literatura. Tot anava molt ràpid: el 1847 Mañé s'estrenava com a crític teatral al *Diario de Barcelona*, el 1850 guanyava la càtedra de llatí i castellà a la Universitat...

El 1852 i el 1853, doncs, quan escrivia les seves cròniques de la festa major de Torredembarra, Mañé i Flaquer no arribava als trenta anys, però ja era catedràtic d'universitat i un col·laborador assidu i prestigiós de la premsa barcelonina més influent, articulista i crític teatral del *Diario* i director durant un temps, fins i tot, de *La Discusión*. Exercia, a més, una notable influència sobre el propietari del *Diario*, Antoni Brusi i Ferrer, i començava a notar-s'hi la seva mà en l'evolució de l'estil periodístic del que s'hi publicava. També del seu vessant ideològic: un Mañé i Flaquer aleshores en trànsit del liberalisme al conservadorisme hi deixà anar el seu tarannà polític, especialment des de 1854, amb les conseqüències de diversos exilis obligats, a França i a Roma.

Retornem, però, a la crònica de 1853. Ja he dit que ens interessa especialment, i per aquesta afirmació:

> V. sabe que en este país también se veían en tales fiestas multitud de *balls*, que son la representación de una especie de *farsas ó misterios*, composiciones sagradas ó profanas que nos recuerdan el origen de nuestro teatro.

Mañé i Flaquer hi efectua, malgrat la brevetat, quatre consideracions cabdals:

1. Manté la denominació estricta de «balls»
2. Els emparenta amb les «farses» i els «misteris», però no els assimila
3. Distingeix entre balls «sagrats» i balls «profans»
4. I, el que em sembla, més cabdal: en remarca l'origen -i, per tant, l'adscripció- teatral

La seva definició és molt més diàfana que algunes de posteriors, fins i tot del segle XX, que o bé obvien -o menystenen- el nom tradicional o no la centren en l'àmbit teatral.[5] De fet, les cròniques de Mañé i Flaquer de 1852 i 1853 al *Dia-*

---

[5] Una primera aproximació a aquesta diversitat de definicions la podeu trobar a Pere AN-GUERA i Josep BARGALLÓ (1986), «Religió, ideologia i literatura popular: els balls parlats al Camp de Tarragona», *Universitas Tarraconensis. Divisió de Geografia i Història*, núm.

rio de Barcelona són plenament modernes. En el camp casteller són fonamentals: són les dues primeres cròniques periodístiques que podem qualificar com a tals, les dues primeres d'autor conegut i -especialment la darrera- els primers tractats de nomenclatura i tipologia. Els balls hi són, podríem dir, col·laterals, com a component tradicionalment essencial d'un seguici popular en què s'hi començava a fer lloc preeminent el fet casteller.

Malgrat això, la seva clara definició dramatúrgica dels balls parlats és la primera que podem adduir des d'aquesta perspectiva que supera la simple descripció i la situa en un àmbit alhora festiu, popular, tradicional i teatral. I és molt anterior a les altres que anem trobant en la segona meitat del segle XIX: la d'Antoni de Bofarull (*Costums que's perden y recorts que fugen*, 1880); Josep Pin i Soler («Intermezzo» a *La família dels Garrigas*, 1887); Josep Aladern (*Costums típicas de la ciutat de Valls*, 1895); Manuel Milà i Fontanals (*Orígenes del Teatro Catalán*, 1895); o Josep Yxart (*Teatre català*, 1896).

De les dues cròniques de Mañé, a més, en podem extreure dues altres conclusions:

- l'extrema popularitat del seguici festiu al Camp de Tarragona i el Penedès -Torredembarra era a leshores la principal població de la cruïlla entre ambdós territoris-, que convertia les seves festes majors en un focus d'atracció de forasters, malgrat el que es podria pensar avui per les condicions de l'època -la línia de ferrocarril Tarragona-Martorell-Barcelona no és operativa fins a mitjans anys 60 del segle XIX.

- els primers anys de la dècada dels 50 són l'inici de l'esplendor del fet casteller, una vitalitat que remou la travada organització interna del seguici popular i que la posa en qüestió. Malgrat això, a la segona meitat del segle, els balls parlats viuran un evident reviscolament. Així, tot i que Mañé es dol dels pocs balls de la festa major de Torredembarra de 1852 i 1853, tenim una pofusió de dades de la riquesa del seguici popular de la vila en els anys posteriors fins el tombant cap al segle XX (vegi's Annex III). Serà en aquest moment que el model del seguici viurà una evident decadència:[6] els castells aconseguiran de renéixer a partir de mitjans anys 20, però molts balls desapareixeran.

Les primeres cròniques castelleres conegudes i la primera definició clarament teatral dels balls parlats van ser escrites, doncs, per un autor que havia viscut

---

VIII (1985-86), p. 99-110. Més mostres a les actes del Primer Congrés sobre Balls Parlats : Montserrat PALAU i Magí SUNYER (ed) (1992), *Els balls parlats a la Catalunya Nova (Teatre popular català)*, Tarragona, El Mèdol.

Si hi repassem les denominacions que utilitzen els estudiosos o literats -de la segona meitat del segle XIX i inicis del XX-, podem veure una evident diversitat i una predilecció per no utilitzar el nom popular: Bofarull, «quadros històrics»; Pin i Soler, «balls literaris»; Yxart, «danses populars»; Bové, «quadros històrics»; Capmany, «balls representatius»; Amades, «danses dramàtiques» i «balls de parlaments»...

[6] Per a entendre millor aquest procés podeu veure l'article de Pere ANGUERA (1992): «Liberalisme i cultura popular: ascensió i caiguda dels balls parlats», *Els balls parlats a la Catalunya Nova*, pp. i Josep BARGALLÓ VALLS (2001): *Un segle de castells. De 1900 a 2000 en dades*, Valls, Cossetània.

la festa, que coneixia el seu seguici popular, que disposava de la solidesa d'un jove catedràtic d'universitat, que era un periodista i crític teatral reconegut i que estava immers en una operació conscient d'evolució cap a la modernitat de la manera i la intenció de fer cròniques de premsa.

Un personatge, Joan Mañé i Flaquer, que, amb el temps, va esdevenir una personalitat de primera magnitud, especialment a partir de la seva etapa més productiva i duradora, la de la direcció del *Diario*, que assumeix el 1865. Anà moderant les seves posicions ideològiques; centrà el seu catalanisme des de posicions burgeses i catòliques (explicitades al seu llibre *El regionalismo*, de 1887); donà ple suport a la causa foral basca (amb dos dels seus assaigs més reconeguts encara avui, *La paz y los fueros*, de 1876, i *El oasis: viaje al país de los fueros (Provincias Vascongadas y Navarra)*, volums publicats entre 1876 i 1880)... Però, sobretot, convertí el *Diario de Barcelona* en una capçalera de referència i en un model del nou periodisme que ja s'havia afermat a Europa.

Bibliografia

ANGUERA, Pere; BARGALLÓ, Josep (1986): «Religió, ideologia i literatura popular: els balls parlats al Camp de Tarragona», *Universitas Tarraconensis. Divisió de Geografia i Història*, núm. VIII (1985-86), p. 99-110.

BARGALLÓ VALLS, Josep; GRAS, Rosalia (1988): *La Festa Major de Torredembarra a la segona meitat del segle XIX*. Torredembarra: Centre d'Estudis Sinibald de Mas.

BARGALLÓ VALLS, Josep; PALAU, Montserrat (2010): *Bandolers, santes i criades. Quatre balls parlats de la Torredembarra vuitcentista. Els manuscrits Llorens-Cortasa*. Torredembarra: Arxiu Municipal.

MARAGALL, Joan (1912): *Obres Completes. Serie Catalana. Escrits en prosa II. Elogis. Discursos. Necrologies*. Barcelona: Gustau Gili.

PALAU, Montserrat; SUNYER, Magí (ed) (1992): *Els balls parlats a la Catalunya Nova (Teatre popular català)*. Tarragona: El Mèdol.

Annexos:

I. *Diario de Barcelona,* 8 de setembre de 1852

>Torredembarra 6 de Setiembre de 1853.- Sr. Director del «Diario de Barcelona».-
>Muy señor mío:
>Tengo el gusto de participar a V. que la fiesta mayor de esta villa ha estado este
>año sumamente animada, muy divertida y pacífica como siempre. El motivo de la
>mayor afluencia de este año es digno de ser conocido.
>V. sabe que para las poblaciones de este Campo de Tarragona, los *castells* o torres
>son lo que para los andaluces las corridas de toros. Hay hombre que los sueña un
>año para otro, que habla doce meses de lo que serán y otros doce de lo que fueron;
>que en teniendo a la vista tal diversión, no hay poder humano que le distraiga de
>ella. También aquí tenemos nuestro Chiclana de los que se dedican a esta profe-
>sión: Valls hasta ahora ha sido el pueblo privilegiado, el semillero de esta clase de
>artistas. Pero lo más chocante es que los de Valls no pueden hacer un *castell* por
>entero, ni ningún otro pueblo puede logralo tampoco. La Riera, Tarragona, To-
>rredembarra y algún otro pueblo prestan sus hombres hasta los *terceros*, como si
>dijéramos el primer cuerpo de la torre, y los de Valls concluyen. Sin estas circuns-
>tancias difícilmente se haría uno con toda perfección.
>Es el caso que el año pasado se hizo en Tarragona *lo castell de nou*, considerado
>hasta entonces como imposible. Después se hizo en Valls, y en algún otro punto.
>Como este pueblo goza la bién adquirida fama de no quedarse nunca atrás en estas
>cosas, pués sus naturales se distinguen en todo el Campo por su fuerza, agilidad,
>valor y constancia, todos esperaben maravillas en la fiesta mayor de este año; y
>efectivamente las hubo. Al arrojo de estos naturales se agregaba la competencia
>de dos *collas de Valls* que se estimulaban mutuamente y accedían a todo lo que se
>les proponía por atrevido que fueran.
>No se contentaron ya con el «castillo de nueve limpio desde los segundos», sinó
>que hicieron torres de ocho empezando por la cúspide, que es lo mas asombroso
>que se puede ver. Esto consiste en poner un chiquillo con un pié en cada espalda de
>dos hombres que están de frente cogidos por los brazos; levantar los tres y poner-
>les dos debajo; levantar los siete y pornerles otros dos debajo, y así sucesivamente,
>hasta que son trece los que se levantan para poner encima de los que forman la base.
>Hubo también castillos de cinco pilares y otros prodigios que jamás se habían visto.
>La fama que goza este pueblo por los *castells*, fama nuevamente confirmada, y el
>reputado talento del predicador que hemos tenido, que es el reverendo P. Camps,
>de esa ciudad, han atraído una multitud de forasteros que no se había visto en
>ninguna de las fiestas anteriores. Por lo tanto, se ha festejado a nuestra querida
>patrona Santa Rosalía de una manera digna de sus altas virtudes.

II. *Diario de Barcelona,* 8 de setembre de 1853

>FIESTA POPULAR
>Torredembarra 6 de Setiembre de 1853.- Sr. Director del «Diario de Barcelona».-
>Muy señor mío y apreciable amigo: á dejarme llevar por las impresiones del mo-
>mento daría comienzo á esta mi carta con el «arna virumque cano» del inmortal
>Virgilio; que bien son dignos de exaltación épica los rasgos de pujanza y heróico
>denuedo de que ha sido teatro esta villa durante los días 4 y 5.

Comprenderá V. fácilmente que hago referencia a los castells, á esta diversión propia y exclusiva del Campo de Tarragona, que es aquí como las corridas de toros en Andalucía, un verdadero arte tan admirable por lo difícil y arriesgado como el de Pepe Hillo y Montes. V. lo sabe ya; tengo una verdadera pasión por esas costumbres características en que se ve reflejado todo un país; pero tampoco ignora V. que necesito verlas en armonía con cuanto los rodea, que no disuenen con las fisonomías, los trajes, las manera, el habla ni el génio de los habitantes, y que hasta el aire y la luz vengan á armonizar con el cuadro todo entero. Por esta razón me repugnan en Cataluña y me agradan en Andalucía las corridas de toros, expresión de la gracia, agilidad y desenvoltura propias de aquel país; por esta razón también gozo infinito aquí con el espectáculo de los *castells*, expresión de la fuerza y el sufrimiento, que son cualidades características de nuestros paisanos.

En los pueblos de esta comarca, lejos de disminuir la afición á los *castells*, aumenta cada día, y con la afición progresa el arte de hacerlos, que debe también parte de sus adelantos al estímulo de la competencia. En las fiestas mayores de los pueblos -que son las que se celebran en honor de sus santos patronos- los *castells* formaban antes parte de la fiesta, pero ahora la constituyen casi exclusivamente en todo aquello que son funciones religiosas. V. sabe que en este país también se veían en tales fiestas multitud de *balls*, que son la representación de una especie de *farsas ó misterios*, composiciones sagradas ó profanas que nos recuerdan el origen de nuestro teatro. Pues bien; á pesar de la afición que había a las tales piezas, que la gente del pueblo representaba, con trajes más o menos apropiados, en las calles y en las procesiones, este año sólo hemos tenido el de *diablos*, porque según vengo diciendo los *castells* absorben toda la atención de vecinos y forasteros.

No extrañe a V. pues que, al hablarle de esta fiesta mayor me ocupe casi exclusivamente de los *castells*; no será porque este asunto sea de mi predilección, sino porque así lo exige la verdad del relato. La fama de los obsequios de estos habitantes tributan á su querida patrona Santa Rosalía de Palermo, y la anunciada lucha de dos *collas* (cuadrillas) de *castellés* atrajeron una afluencia extraordinaria de forasteros, que deben de haber quedado muy satisfechos de su viaje, pues que las funciones religiosas han sido dignas del fervor religioso de mis paisanos y las proezas de las *collas* ha superado las esperanzas de todos. Pero antes de entrar a referirlas, permítame V. que le dé una idea de lo que son los *castells*, cosa desconocida para los que no han viajado por este país en cierta época del año.

La traducción literal de la palabra *castell* es *castillo*, pero á lo que más se parece la cosa á que da nombre es á un campanario ó *torre* de iglesia, por lo cual algunos lo traducen con esta última palabra. No le doy yo esta traducción porque la *torre* es una especie del Género *castell*, según veremos después.

Consiste el *castell* en número de hombres puestos en pie uno en los hombres de los otros, como se ha visto hacer alguna vez en el teatro por gimnastas árabes. La palabra *castell* denota el género que está dividido en varias especies. Estas son: *Espadats ó pilá*. Nombre que se dá al *castell* cuando no tiene por base más que un hombre. Los *espadats* de *cinco* hombres caminan en las procesiones y hasta suben escaleras si las encuentran al paso. Los de *seis* han logrado también andar y aún subir escaleras, por medio de apoyo á los pies del segundo. Este año se ha visto aquí el prodigioso fenómeno de andar catorce pasos los *espadats* de *siete*, con *forros* o puntales hasta los pies de los terceros. Es de advertit que antes del año pasado no se coniguió hacer los *espadats* de *siete* limpios y fijos.

Torre. Consiste en dos *espadats* puestos frente á frente y unidos con los brazos. La torre se había logrado hacer de 7 limpia, pero este año la hemos visto de 8 *servan peus de tersos*, esto es, sosteniendo con puntales los *pies* de los *terceros.*

Castell. Esta palabra sirve tambien para designar una especie, que es cuando el *castell* tiene tres hombres por base y el todo forma una pirámide triangular. Años atrás, no muchos, cuando se lograba hacer el castillo de ocho ya no se pedía más, y se daba por salvada la honra: ahora el castillo de ocho se considera como un juego, pues que el año pasado se hizo una vez el de nueve y este año se ha logrado hacerlo siempre que se ha intentado. El de nueve es una cosa asombrosa, pues se ven a los últimos hombres asomar por encima de los tejados. El de ocho se hace ya empezando por la cúspide, de manera que llega un punto en que se ha de levantar toda aquella enorme masa para colocarla encima de su base.

Este año se ha hecho, por segunda vez solamente, los *cuatro pilares* de 9. Este último consiste en una pirámide cuadrangular; y, por primera vez, los cinco pilares de 8. Este último consiste en una pirámide cuadrangular que en el centro lleva una aguja ó pilat desde la base a la cúspide.

Los *castells* tienen la forma piramidal por el cuidado que hay en ir disminuyendo la estatura de los que lo forman á medida que se van acercando a la cúspide donde se coloca un niño de ocho á diez años.

Para los que no han visto este juego, diversión, arte ó lo que sea, la descripción que de él acabo de hacer apenas podrá darles una idea confusa de lo que es; pero creo bastará para inspirarles el deseo de verlo. Si este deseo llega á realizarse no dudo que les causará más que admiración asombro al ver á unos hombres rudos, sin ninguna clase de instrucción ni aprendizaje, hacer verdaderos portentos de fuerza y agilidad, no exentos de arte y gusto.

En estos pueblos los *castells* escitan el mismo entusiasmo que las corridas de toros en otros puntos de España: hay personas que comen ni duermen para verlos, y que pasan el año disputando sobre lo que se ha hecho en las fiestas pasadas y lo que se hará en las próximas. Confieso que también soy uno de los que rinden tributo á esos hombres de hierro, mal alimentados casi todo el año, dando caídas espantosas y repetidas, sufriendo la presión casi continua de brazos hercúleos que parecen magullarlos, dando y recibiendo enormes porrazos, y á todo eso tan firmes, tan serenos al empezar como al concluir.

La lucha de las dos *collas* ha dado por resultado este año una emulación estraordinaria y un éxito inaudito en casi todo lo que se ensayó, siendo así que se han probado cosas que hantes se tenían por imposibles.

La Torredembarra y las *collas* de Valls han aumentado su bien adquirido renombre en las últimas fiestas, lo cual hará que el año próximo sea mucho mayor la afluencia de forasteros, apesar de que en el presente formaban una masa compacta en las calles y tenían atestadas las casas particulares y las fondas.

Como digo á V. antes, los *castells* han absorbido toda la fiesta, así es que no considero digno de mencionarse más que un regular castillo de fuego que se quemó en la noche del 5. Felicito de corazón á mis paisanos por el brillo y atractivo que saben dar á sus fiestas y porque jamás en ellas se altera el órden; pero desearía que no relegaran al olvido al *ball de valencians*, el de *pastorets*, el de *bastonets*, y otros que eran un grande adorno de la fiesta y grato entretenimiento para los forasteros.

Celebraría mucho, amigo mío, que estas mal pergañadas líneas le decidieran á acompañarme el año próximo á la fiesta mayor de mi inolvidable pueblo natal se despide de V. etc.- J. M. y F.

III. El seguici popular vuitcentista (1771-1903) de Torredembarra, a partir de fonts i dades documentals (BARGALLÓ I PALAU 2010)

	Document d'arxiu	Manuscrit	Notícia de premsa	Tradicional segons[7]	Primera i última data
Ball de bastons			1855, 1862, 1878, 1881, 1882, 1890, 1903	Amades, Capmany, Mañé i Querol	1853 / 1903
Ball de cercolets			1862	Amades	1862
Ball de criades		1875-1885 (aprox.)	1849, 1877, 1890, 1896		1849 / 1896
Ball de dames i vells			1849, 1853, 1861, 1862, 1877, 1886		1849 / 1886
Ball de diables			1849, 1853, 1876, 1877, 1878, 1880, 1881, 1883, 1890, 1891, 1892, 1895, 1903	Mañé	1849 / 1903
Ball de gitanes			1853	Amades	1853
Ball de malcasats			1849	Amades	1849
Ball de pastorets			1849, 1853,1861, 1882, 1883	Amades i Mañé	1849 / 1883
Ball de la Rosaura			1853, 1882	Amades	1853 / 1882
Ball de santa Rosalia	1791	1875-1885 (aprox.), 1891	1891		1791 / 1891
Ball de Sebastiana del Castillo	1862	1857, 1876	1876, 1881	Amades i Querol	1857 / 1881
Ball de Serrallonga	1877	1877	1877, 1881, 1882, 1886	Querol	1877 / 1886
Ball de Valencians	1771 1786		1849, 1853	Amades i Mañé	1771 / 1853
Moixiganga			1863, 1883	Amades	1863 / 1883
Ball de la Xiribita			1883		1883

[7] La columna fa referència a l'article de Joan Mañé i Flaquer de 1853 i als volums de Joan AMADES (1952): Costumari català. El curs de l'any, Barcelona, *Salvat; d'Aureli CAPMANY* (1945): El ball i la dansa popular a Catalunya, Barcelona, Millà; i Ferran de QUEROL (1902), Clichés, Tarragona, Estampa de F. Arís i fill.

Lenke Kovács

Presentació del projecte
«Els balls parlats. Inventari, anàlisi i classificació»

El projecte que avui presento aquí neix de la voluntat de crear una base de dades que serveixi d'inventari dels balls parlats documentats al llarg de la història en terres catalanes. Aquesta base de dades que actualment es troba en procés de creació està pensada des d'una òptica eminentment pràctica: vol arribar a ser un punt de referència per a tothom que busqui dades concretes sobre els balls parlats, tant si es tracta de persones avesades en la temàtica com si es tracta d'algú que s'hi aproPa per primera vegada.

La gran quantitat de material documental que s'ha anat generant al llarg de les últimes dècades a l'entorn dels balls parlats és una molt bona notícia perquè demostra la immensa vitalitat i eficàcia del gènere. Al mateix temps, però, es fa evident, més que mai, la necessitat de recollir, d'analitzar i de classificar tot aquest material per arribar a copsar i entendre aquest fenomen artístic i cultural en tota la seva complexitat.

Els balls parlats, l'objecte d'estudi del present projecte de recerca, són uns espectacles populars –amb argument i basats fonamentalment en un text dialogat–, que es representen a les places o en el transcurs de les processons, formant part dels seguicis festius que caracteritzen les celebracions solemnes o les festes majors de les poblacions d'algunes comarques de Catalunya. Aquesta forma de teatre popular de carrer ha tingut, tradicionalment, una àrea d'expansió limitada a la Catalunya Nova, en el mateix territori on històricament van arrelar altres manifestacions festives, com per exemple els castells o el ball de diables. Hi ha, però, excepcions significatives, com el ball de Serrallonga, ben present a les poblacions de la Catalunya Vella. I encara, arreu del país, es troben altres formes de teatre popular de carrer força properes al que es consideren balls parlats. Així, per exemple, la representació de la vida de sant Antoni Abat –coneguda com a ball de Sant Antoni al Camp de Tarragona– és ben vigent a

Universitat Rovira i Virgili / Universität Bremen.

les terres de l'Ebre, el Matarranya i el nord del País Valencià. Algunes representacions del període de Setmana Santa o peces de teatre hagiogràfic dins les festes majors són també exemples d'aquesta difusió. Convé, però, diferenciar entre el ball parlat i altres formes de teatre popular, que hi poden estar vinculades o ser-ne precedents. Definir, doncs, aquest gènere separant-lo d'altres tipologies de teatre popular no sempre és fàcil.

La base de dades que s'està creant en el marc del present projecte vol ser una eina per a facilitar la comparació de les mostres inventariades i també per a contrastar-les i diferenciar-les d'altres formes d'espectacularitat festiva.

Prenem com a punt de partida la feina duta a terme per investigadors i investigadores que ens han precedit i amb qui compartim la voluntat de recollir i sistematitzar el material que tenim al nostre abast a l'espera de ser catalogat i analitzat. En aquest context cal fer referència a Salvador Palomar i Lourdes Albi que el 1990 en el marc del primer Congrés sobre Balls Parlats van donar a conèixer l'inventari que havien establert dels entremesos, els balls parlats i les danses de processó catalogades a l'arxiu del Centre de Documentació del Patrimoni i la Memòria, Carrutxa, referents a les poblacions del Baix Camp i el Priorat. Un altre precedent del present projecte és l'inventari de balls amb parlaments que Jordi Bertran i Salvador Fa Vallverdú van elaborar a finals dels anys vuitanta, becats pel Centre de Promoció de la Cultura Popular i Tradicional Catalana. El seu treball se centra en sis poblacions del camp de Tarragona, del Penedès i del Garraf: Tarragona, Arboç, Vilanova i la Geltrú, Vilafranca del Penedès, Sitges i Sant Quintí de Mediona. El material inventariat inclou la tipologia de balls de cercolets, balls de pastorets, balls de gitanes, balls de diables, balls de Serrallonga i el ball de dames i vells.

També són de màxima importància per a l'inventari que estem creant els nombrosos treballs monogràfics que aporten informació detallada i contrastada sobre diferents tipologies de balls parlats, sobre la seva història, la seva difusió i el seu significat. Cal esmentar, a tall d'exemple, la recerca d'Albert Palacín sobre l'escriptor vallenc de balls parlats, Marc Fusté i Olivé, Marquet de la Dona, premiada al certamen literari de les festes Decennals de la Mare de Déu de la Candela del 1991; el treball de Josep Milan sobre els balls perduts de la festa major de Sitges, guardonat el 2001 amb el Premi Folklore; o l'estudi de Ramon Vallverdú sobre els balls de diables tradicionals del Penedès i el Camp de Tarragona, que va guanyar el II Premi Rafael Tudó de l'Esbart Català de Dansaires l'any 2003.

Un altre puntal pel nostre inventari és el gran nombre d'edicions de textos de balls parlats amb la bibliografia corresponent. Així cal que ens felicitem, per exemple, de l'edició del Ball de Sant Ramon de Penyafort de Masllorenç, de Robert Vallverdú i Rafel Miquel, guardonat el 2001 amb el Premi Sant Ramon de Penyafort del Museu del Vi de Vilafranca del Penedès. També celebrem la publicació del recull històric *Folklore d'Albinyana i les Peces* de Salvador Arroyo i Manuel Bofarull, publicat el 2004, que inclou l'edició del text català del ball de sant Bartomeu; i ens alegrem de l'estudi molt recent de Josep Bargalló i Montserrat Palau sobre els quatre balls parlats del Llegat Llorens-Cortasa de Torredembarra, acompanyat per l'edició facsímil i la transcripció dels textos a càrrec de l'arxivera municipal Núria Canyelles.

En col·laboració amb Francesc Massip vaig dur a terme un treball sobre el Ball de Serrallonga, becat pel Centre de Promoció de la Cultura Popular i Tradicional Catalana. La versió ampliada d'aquest estudi, incloent-hi l'edició del text del Ball de Serrallonga de Perafita, es va publicar el 2004. Posteriorment vaig editar una versió del 1880 del ball que havia localitzat a l'arxiu històric de Valls.

Un cop entrades les referències a aquestes i altres fonts primàries i secundàries en una única base de dades serà més fàcil fer-se una idea de la dimensió i de la importància del fenomen artístic i cultural dels balls parlats. La informació recollida en primera instància serà d'origen bibliogràfic, que és la tasca per la qual m'ha estat concedit un ajut de l'Institut Ramon Muntaner, gràcies a l'aval de Carrutxa i l'Arxiu del Folklore. Així que, en cada cas concret, remetem el lector a les edicions o les versions manuscrites del ball. Amb l'ajuda de bibliografia secundària seleccionada i inclosa a la base de dades per a cada ítem inventariat, l'investigador o l'usuari comú podrà documentar-se encara més detalladament sobre el ball en qüestió.

La inclusió de material fotogràfic i d'enregistraments audiovisuals, en canvi, només serà indirecta, és a dir en els casos en què localitzem imatges i filmacions dels balls parlats inventariats, s'inclourà a la base de dades la referència que permeti a l'usuari accedir a aquest material complementari. Així, per exemple, podem remetre l'usuari de la base de dades a l'enllaç a un blog o una pàgina web, o a la referència a una foto en una monografia o en una publicació periòdica.

Si bé la bibliografia i l'edició de textos de balls parlats, especialment de les comarques tarragonines, ha experimentat un fort auge a partir de principis dels anys noranta del segle XX, a la vista dels estudis existents es fa palesa la necessitat de dur a terme un treball globalitzador, que permetrà posteriors estudis detallats de les diferents tipologies de balls parlats.

L'objectiu principal del present projecte és la creació d'un inventari que posi a l'abast dels investigadors i del públic en general les notícies entorn d'aquelles manifestacions festives que formen o havien format part dels seguis i processons del Corpus, festes majors o solemnitats, i que pel contingut de la història, per la simbologia dels personatges, pels accessoris i per l'escenografia pertanyen o bé a l'àmbit profà o religiós.

A l'hora d'inventariar els balls parlats, s'elabora una fitxa per a cadascun dels exemples documentats que inclou les dades següents: el nom del ball, altres noms, la síntesi argumental o la descripció, la pervivència textual en forma manuscrita o editada, l'autoria i l'any, la música, els personatges i la indumentària, les referències documentades (lloc i any de la representació), observacions, bibliografia i fons documental.

L'estudi s'organitzarà a l'entorn de tres blocs, que anirem desenvolupant en etapes successives. La primera etapa de la recerca estarà dedicada a l'elaboració d'un inventari dels balls parlats documentats al llarg de la història en terres catalanes, partint dels existents inventaris de balls parlats a nivell comarcal, i completant el panorama a base de fonts arxivístiques i del treball de camp. En la segona fase, contrastarem les diferents mostres inventariades entre elles, destriant-ne les característiques i analitzant-ne els diferents components: personatges, desenvolupament argumental, coreografia, música, indumentària, etc.

Un cop establert el corpus de peces, dedicarem la tercera i última etapa del projecte a establir una classificació del material inventariat i prosseguirem a la valoració global del nostre objecte d'estudi en el seu entorn històric, socioeconòmic, geogràfic i cultural. El treball de recerca que ens proposem de dur a terme promet aportar una valuosa visió de conjunt dels balls parlats.

Bibliografia citada

ARROYO, Salvador (1992). «Balls Parlats al Baix Penedès: marc geogràfic i catalogació». A: *Els Balls Parlats a la Catalunya Nova (Teatre Popular Català)*. Tarragona: El Mèdol, p. 220-222.

BARGALLÓ VALLS, Josep; PALAU, Montserrat (ed.) (1983). *El Ball de Santa Rosalia*, Torredembarra: Centre d'Estudis Sinibald de Mas.

BERTRAN, Jordi (1992). «Inventari dels balls parlats documentats al 'Diario Mercantil de Avisos y Notícias' y al 'Diario de Tarragona', 1856-1900». A: *Els Balls Parlats a la Catalunya Nova (Teatre Popular Català)*. Tarragona: El Mèdol, p. 217-219.

BERTRAN LUENGO, Jordi; FA VALLVERDÚ, Salvador (1989). *Inventari de balls parlats*. Treball de recerca sobre el patrimoni etnològic català, becat pel Centre de Promoció de la Cultura Popular i Tradicional Catalana, en l'àmbit de la Fonoteca de Música Tradicional Catalana http://catalegbeg.cultura.gencat.cat/iii/encore/record/C__Rb1118376, [Consulta: 23/09/2014]

GARRICH, Montserrat [*et al.*] (2004). *Serrallonga, Déu vos guard: història, cultura i tradició del bandoler Joan Sala, àlies Serrallonga: el ball parlat de Perafita (Lluçanès, s. XVIII)*. Prats de Lluçanès: Centre d'Estudis del Lluçanès.

KOVÁCS, Lenke; MASSIP, Francesc (2004). «El Ball de Serrallonga. Passat i present d'una tradició». A: GARRICH, Montserrat [*et al.*] (2004), p. 79-138.

PALOMAR, Salvador; ALBI, Lourdes (1992). «Inventari d'entremesos, balls parlats i danses de Processó (Baix Camp i Priorat)». A: *Els Balls Parlats a la Catalunya Nova (Teatre Popular Català)*. Tarragona: El Mèdol, p. 226-231.

VALLVERDÚ MARTÍ, Robert (2006). *Foc en dansa. Els balls de diables tradicional del Penedès i el Camp de Tarragona*. Ajuntament de l'Arboç, l'Esbart Català de Dansaires i Carrutxa.

VALLVERDÚ MARTÍ, Robert; MORGADES, Rafel Miquel (2001). *El Ball de Sant Ramon de Penyafort de Masllorenç*. Masllorenç: La Torratxa.

Pau Plana i Parés
Robert Querol i Butia

Balls parlats i representacions a Lleida a través de la bibliografia. Assaig de catàleg[1]

Ja fa uns anys, escrivíem: «Parlar de festes i cultura popular a Lleida, i més concretament al pla, esdevé, avui dia, si més no, un fet apassionant, ja que si bé uns anys enrere potser s'hauria pogut caure en una visió força més pessimista, actualment podem entendre que estem en un procés, és cert que a diferents velocitats i des de diferents punts de partida, però, positiu» (Fontova, et al. 2007: 9). Continuem creient que aquesta afirmació és vàlida, que hem avançat en moltes aspectes, però que no estem en un procés tancat.

La recuperació i creació de diferents balls parlats, entre molts d'altres grups i comparses festives, seria una mostra d'aquest procés i és en aquest mateix marc que hem volgut plantejar el nostre treball, mostrant unes primeres notes, a mode d'assaig; és a dir, no d'obra definitiva, d'una descripció raonada i ordenada de balls parlats i representacions a les terres de Lleida.

No és l'objectiu d'aquesta presentació fer una anàlisi exhaustiva dels balls que presentem: ni tenim el treball tancat, ni tenim l'espai per fer-ho; sinó que el nostre objectiu és mostrar una primera ordenació que ens permeti seguir treballant, contrastant i aprofundint en els materials que s'hi recullen i, si cal, ampliar-ne el contingut amb noves informacions que poden aparèixer.

És evident, doncs, que, per tal de dur a terme una bona sistematització i tenir una informació completa i acurada dels balls, caldrà dur terme tasques d'investigació, d'arxiu, de remenar papers i buscar notícies, un treball que en algunes zones ja s'ha anat realitzant i que ens caldrà saber engrescar a més gent i/o col·lectius a dur-lo a terme; però, com ja indiquem en el títol, ara us presentem una primera aproximació, un assaig a través de la bibliografia, per tal

Centre de Cultura Popular i Tradicional de Lleida.

[1] Volem esmentar i agrair la participació i aportacions de Ramon Fontova i Carles a aquest treball.

de recollir i recopilar les primeres informacions recollides i poder establir un estat de la qüestió.

Al pla de Lleida, com s'apuntava en començar, es continua amb la recuperació i el treball de documentació argumentada de les festes i dels aspectes que la configuren. Un d'aquests, evidèntment, són els diferents balls i representacions, així com comparseria, rituals i maneres de fer. Essent els balls parlats el tema que ens ocupa, volem aportar una mostra o una notícia del treball que estem realitzant conjuntament des de l'Associació de Cultura Popular i Tradicional Aurembiaix i el Centre de Cultura Popular i Tradicional de Lleida, envers de la catalogació i classificació dels balls i representacions festives de les terres lleidatanes.

Així doncs, en el recull que hem anat realitzant, hem pogut localitzar diferents tipus de representacions que es duen a terme a les terres de Lleida, des de balls parlats «a l'antiga» (per exemple *Ball de Moros i Cristians* de Lleida o diferents balls de diables), danses amb parlaments (Gitanes de Cervera), o la creació de noves propostes (*La representació de la Morisca* a Gerri de la Sal o la Batalla i les Ambaixades de la Festa de Moros i Cristians de Lleida), i evidentment notícies d'antigues mostres de balls i teatre popular avui perdudes. Cal reconèixer que algunes de les referències que podem apuntar, ara mateix, tan sols ho podem fer a nivell d'hipòtesi, ja que no tenim cap referent que ens corrobori de forma absolutament certa que les danses, per exemple, tinguessin parlaments. Així mateix, cal apuntar que hem contemplat, com a mínim en aquesta primera relació, la presència d'anotacions de títols corresponents a noms de balls en diferents llibres d'orgue com el de Lleida (Crivillé i Vilar 2003) o el de Maials, als quals, si bé, de moment, no hem pogut localitzar més informacions que ens relacionin els balls que s'hi apunten, com a mínim, ens constaten el possible ús d'unes músiques. Caldrà doncs, en un proper estadi més aprofundit del treball, classificar i ordenar bé aquests materials i esclarir en quina justa mesura hem de considerar cada un dels elements.

El treball no està exempt de problemàtiques, sigui per l'extensió territorial o per la dispersió de moltes de les notícies que podem trobar al voltant d'aquests elements. Si bé és cert que, en els darrers anys, ens hem anat dotant de monografies i estudis més aprofundits sobre el tema, amb notícies contrastades i reflexions articulades en profunditat, també és cert que, al costat de la dispersió, moltes vegades la mala praxis de no citar fonts i no raonar les consideracions o conclusions, així com el fet de no enfrontar-nos a les publicacions amb una visió crítica, ens ha dut a equívocs i arrossegar errors d'un autor a un altre.

Anteriorment, hem apuntat l'extensió territorial com una de les, com a mínim, possibles problemàtiques a l'hora de dur a terme la feina de recerca. El que en tot cas hem pogut constatar és la preeminència històrica d'un eix central que establiríem entre Lleida, Tàrrega i Cervera, al voltant del les quals trobaríem la majoria d'aquestes representacions.

La quantitat de cites que trobem dels balls també ens fan trontollar, en certa manera, la vella classificació dels models festius estancs. No tant sols els balls, siguin representacions o simplement les cites de les seves músiques, etc., sinó que, en general, el fet de poder contrastar certes dinàmiques festives ens apropa, per exemple, al model festiu que hem convingut a anomenar del Camp de Tarragona-Penedès.

Pel que fa al mètode, el que hem pretès en aquest primer pas del treball ha estat recopilar informacions que hem trobat en la bibliografia, començant per les consultes que hem realitzat a obres clàssiques i centrals com el *Costumari Català* de Joan Amades (1989) o diferents volums dels *Materials* publicats per l'Obra del Cançoner Popular. Algunes d'aquestes obres ens aporten informacions, sovint de caire generalista, però en alguns casos, a banda de ser l'única font, ha estat interessant per localitzar melodies, il·lustracions sobre possibles personatges i, fins i tot, algun detall de la representació.

Les obres temàtiques també ens han aportat dades, i, si més no, ens poden ajudar a establir el context on hauríem d'inserir els balls parlats. Com a exemple d'obra de referència marc d'aquest àmbit, trobaríem la publicació *Els balls parlats a la Catalunya Nova. Teatre popular català* (1992), encara que les cites i referències a les terres de Lleida són molt escadusseres.

Si anem a l'àmbit local, ens trobem amb monografies, revistes, programes de festa major, etc. que recullen de diferents maneres les informacions relacionades amb els balls. Cal reconèixer que, a hores d'ara, encara no ens ha estat possible arribar a consultar de forma exhaustiva totes aquestes publicacions, fet que no obsta per presentar algunes de les principals referències bibliografies per si volem trobar, saber i conèixer dades dels balls en diferents indrets.

En l'àmbit Bellpuig-Tàrrega-Cervera destaca l'obra d' en Ramon Miró i Baldrich, que és una de les persones a qui segurament li devem més en la localització, estudi argumentat i documentat dels balls i danses d'aquestes contrades. Així es pot veure en la seva bibliografia, qualitativa i quantitativament, davant d'altres estudiosos que tot sovint s'han basat més en la llegenda o la notícia poc contrastada i o documentada. Algunes de les seves principals obres serien els llibres *Teatre Medieval i Modern* (1996) i *La processó del corpus i els Entremesos. Cervera, segles XIV-XIX* (1998); o els articles «El Teatre a Bellpuig durant l'època Moderna» (2002), «Ball de Buda» (2010) i «La Festa Major de setembre a la vila de Bellpuig» (2014).

Pel que fa a la ciutat de Lleida, durant molt temps, les principals obres de consulta i informació foren les obres com les de Xavier Massot (1986) o Jordi Curcó Pueyo (1989). Aquestes publicacions, estaven fetes, tot sovint, amb voluntat divulgativa. A nivell documental, trobaríem a faltar l'aparell crític per poder contrastar informacions que s'hi recullen com ara textos, músiques o imatges. Darrerament, cal destacar la monografia publicada sobre la festa i les seves representacions a Lleida per part de Ramon Fontova i Carles (2012), que actualitza, de forma crítica i contrastada, velles teories i informacions, i aporta noves dades sobre els balls i els elements de representació festiva de la ciutat de Lleida.

A banda, trobaríem altres publicacions amb articles específics com el de Ramon Fontova, Robert Querol i Pau Plana (2007); treballs monogràfics sobre el teatre i les representacions a Lleida amb dos publicacions clàssiques com des de Josep Rabasa Fontseré i Francesc Rabasa Reimat (1985) o Luis Rubio Garcia (1949); o publicacions específiques i de caràcter anual com els programes

que edita, any rere any, l'Associació de la Festa de Moros i Cristians de Llei-
da, i on s'hi recullen, a banda d'articles sobre la història de la ciutat, els versos
recitats en la Batalla que clou la festa anual, entre d'altres.

Tàrrega també s'ha dotat de la seva monografia en el llibre de l'Albert Fitò
(2012), que recull diferents notícies sobre la ciutat, i en el que podríem asse-
nyalar, com a aportació interèssant, entre d'altres, el fet d'incloure un CD amb
les músiques així com un recull de partitures. El llibre relata la història dels di-
ferents balls i les diferents comparses, ens cita diferents publicacions anteriors
d'on beu l'autor i documenta, de primera mà, el procés de recuperació d'algun
d'aquests elements, així com el de creació d'algunes de les actuals comparses
a la capital de l'Urgell.

A Cervera, els Diables Carranquers i Seny Major són, podríem dir i al nostre
entendre, les entitats que han dinamitzat darrerament la recuperació i el treball
al voltant del tema que ens ocupa i, així doncs, potser a falta d'una monografia
completa de la festa, i més enllà d'obres com la de Ramon Miró o diferents ar-
ticles com els de Jordi Soldevila, són els mateixos carranquers els que ens han
donat més notícies, com, per exemple, un article publicat a la revista *Carame-
lla* recentment (2014) o, sobretot, en els seus blogs i webs.[2]

De fet, a la xarxa, hi podem trobar força referències de textos i vídeos de di-
ferents balls, etc. Des de representacions o textos complets, des de fragments
a reculls de versos, quartetes de balls o textos sencers de les representacions,
així com, a dia d'avui, documentació i llibres digitalitzats, que ens apropen i
ens faciliten la recerca. Esmentem com a exemple els espais web de Cervera
per la seva activitat, però en serien més que podríem citar per anar rastrejant
diverses informacions sobre els balls.[3] Tampoc no hem d'oblidar que en les mo-
nografies citades, o en articles publicats, també hi podem anar trobant textos,
siguin parts fixes, reculls de versos o parts variables, algunes d'ells, publicats
sistemàticament, com ara els parlaments de les batalles de les Festes de Moros
i Cristians de Lleida, que en els seus programes, publiquen els versos que es
dirigeixen els capitans dels dos bàndols.

Fins ara, hem parlat dels grans centres on podem trobar exemples i notícies
de balls i representacions de teatre popular, però no és sols aquí que en podem
veure. Per exemple, a Gerri de la Sal, al voltant del *Ball de la Morisca*, s'ha ge-
nerat un relat que s'escenifica cada any a plaça, on el text, la música, la coreo-
grafia i la dansa prenen la seva importància. El text de l'obra és de l'escriptor
Pep Coll, que el creà l'any 2004. Per tenir una idea de la llegenda de la Moris-
ca podríem esmentar, per exemple, Joan Bellmunt i Figueras (1994) o Maria
Elisa Sánchez Sanz (1976).

---

[2] http://locarranquer.blogspot.com; http://senymajor.webnode.com/; o http://www.dia-
blescarranquers.cat/, on entre d'altres hi podem trobar un interessant recull de versos (anys
2004-2009) i el text del ball.

[3] A la plataforma youtube, per exemple, es poden trobar diferents vídeos de la represen-
tació del *Ball Moros i Cristians* de Lleida de l'any 2010, del ball i versos dels Dimonis Foc
Foll de Bellpuig, del Ball de Diables de Lleida etc., A googlebooks, se'ns fan accessibles al-
gunes obres antigues, així com en d'altres plataformes de digitalització, sovint nodrides per
biblioteques i arxius, que posen a l'abast de tothom els materials que custodien.

Altres pobles i viles havien tingut diferents balls, encara que actualment no se n'hi representin: Vinaixa, esmentats en el *Costumari* de Joan Amades, que ens n'aporta una somera informació; Balaguer, citat amb l'aportació de músiques i algunes indicacions d'execució als materials de l'Obra del Cançoner Popular; Os de Bala*guer*, del que ens en parlen Maria Garganté Llanes (2011), Manel Daviu Fortuny i Àngel Martín Auberni (1985);[4] o *Rocallaura* a amb l'estudi que fa del seu ball i l'evolució del mateix Jaume Torres Gros (2006).

Fins ara, hem apuntat algunes, no totes, les obres a través de les que podem trobar notes i esments del balls, però, quins són aquest balls? Es representen en l'actualitat? La llista que presentem a continuació, com ja hem comentat, no pretén ser una llista tancada, sinó tant sols una primera aportació a l'ordenació, catalogació i estudi dels balls a casa nostra.

A) BALLS QUE ES REPRESENTEN ACTUALMENT.
1. EL PALLARS SOBIRÀ
    1.1. GERRI DE LA SAL
        1.1.1. *Representació de la Llegenda de la Morisca*
2. LA SEGARRA:
    2.1. CERVERA:
        2.1.1. *Ball de Diables – Lo Joch de Llufifer i los Diables*
        2.1.2. *Ball de Gitanes*
3. EL SEGRIÀ
    3.1. LLEIDA:
        3.1.1. *Ball de Diables*
        3.1.2. *Festa de Moros i Cristians*
            3.1.2.1. Batalla
            3.1.2.2. Ambaixades
        3.1.3. *Ball de Moros i Cristians*
4. L'URGELL:
    4.1. BELLPUIG:
        4.1.1. *Ball de Diables*
    4.2. TÀRREGA:
        4.2.1. *Ball de Cavallets Moros i Cristians*

B) BALLS QUE NO ES REPRESENTEN ACTUALMENT[5].
1. LES GARRIGUES:
    1.1. VINAIXA
        1.1.1. *Ball de Marcos Vicente*
        1.1.2. *Ball de Sant Joan Degollació*
2. LA NOGUERA:
    2.1. BALAGUER:
        2.1.1. *Ball de Moros i Cristians*

---

[4] Esmentat per Salvà Ballester (2002).

[5] Hem assenyalat amb un asterisc, els balls que hem trobat registrats en llibres d'orgue i dels que no tenim cap més referència documental fins al moment.

    2.2. Os DE BALAGUER:
        2.2.1. *Ball de Santa Fe*
        2.2.2. *Ball de Galeres*
3. LA SEGARRA:
    3.1. CERVERA:
        3.1.1. *Ball de Buda*
        3.1.2. *Ball de Vells*
        3.1.3. *Ball de Pastorets*
4. EL SEGRIÀ
    4.1. LLEIDA:
        4.1.1. *Ball de Gitanos*
        4.1.2. *Ball de Gitanes**
        4.1.3. *Ball de Vells**
    4.2. MAIALS
        4.2.1. *Ball de Gitanes*
        4.2.2. *Ball de Moros i Cristians*
5. L'URGELL:
    5.1. AGRAMUNT:
        5.1.1. *Ball de Moros i Cristians*
    5.2. BELLPUIG:
        5.2.1. *Ball de Buda*
        5.2.2. *Ball de Gitanes*
        5.2.3. *Ball de Diables*
    5.3. ROCALLAURA:
        5.3.1. *Ball de la Mare de Déu del Tallat*
        5.3.2. *Ball de la Protecció de Maria o Ball de Moros i Cristians*
    5.4. TÀRREGA:
        5.4.1. *Ball de Moros i Cristians*
        5.4.2. *Ball de Vells*

Per concloure, hem de dir que el que us hem esbossat fins ara representa una primera mostra del treball que estem duent a terme. És, encara, un assaig de catàleg obert, a l'espera de noves aportacions d'informació fruit de la recerca a través del treball de camp, de la recerca en arxius i altres fonts. El catàleg es planteja com a objectiu establir una visió general de la representació històrica i actual dels balls parlats a les Terres de Ponent.[6]

Bibliografia citada

AMADES, Joan (1989): *Costumari Català. El curs de l'any, per Joan Amades.* Barcelona: Salvat Editors, 5 volums.

---

[6] Per a qualsevol aclariment, dubte o consulta us podeu adreçar a actpaurembaix@gmail.com.

BELLMUNT I FIGUERAS, Joan (1994): *Fets, costums i llegendes. El Pallars Sobirà, II*. Lleida: Pagès Editors.

CRIVILLÉ, Josep; VILAR, Ramon (eds.) (2003): *Llibre d'orgue de Lleida. Músiques diverses*. Barcelona: Dincsic.

CURCÓ PUEYO, Jordi (1989): *Fets Costums i llegendes. Segrià II i III Lleida*. Lleida: Pagés Editors.

DAVIU FORTUNY, Manel; MARTÍN AUBER, Àngel (eds.) (1985): «Relació puntual y verdadera de las solemníssimas festas que ha celebrat la insigna vila de Os est any 1769, en los dias 29 y 30 de setembre y 1 d'octubre ab lo motiu de la dedicació de son magnífich temple nou, composta per lo reverent doctor don Jaume Pasqual, canonge de Bellpuig de Las Avellanas a instància del magnífich ajuntament de Os y señor president del monastir de Les Avellanas», *La Noguera*, número 1.

FITÒ, Albert (2012): *La Festa Major de Tàrrega. Història, entremesos i elements folklòrics*. Tàrrega: Ajuntament de Tàrrega.

FONTOVA, Ramon; PLANA, Pau; QUEROL, Robert; SOLÉ, Albert (2007): Monogràfic «Festes i cultura popular al pla de Lleida». *Revista Arts* (Lleida), número 28 (Desembre 2007).

FONTOVA, Ramon; PLANA, Pau; QUEROL, Robert (2007): «Aspectes musicals de la festa de moros i cristians de Lleida», *Caramella. revista de música i cultura popular* (Prats de Lluçanès), número XVI (Gener -juny 2007), 32-34.

FONTOVA I CARLES, Ramon (2012): *Les representacions festives a Lleida.(1700-1975)*. Lleida: Ajuntament de Lleida i Pagès Editors.

GARGANTÉ LLANES, Maria (2011): *Festa, arquitectura i devoció a la Catalunya del Barroc*. Barcelona: Publicacions de l'Abadia de Montserrat.

MASSOT, Xavier (1986): *Cultura Popular a Lleida, 1150-1950*. Lleida: Ajuntament de Lleida.

MIRÓ I BALDRICH, Ramon (1996): *Teatre Medieval i Modern*. Lleida: Edicions de la Universitat de Lleida.

— (1988): *La processó del corpus i els Entremesos. Cervera, segles XIV-XIX*. Barcelona: Publicacions de l'Abadia de Montserrat.

— (2002): «El Teatre a Bellpuig durant l'època Moderna», *Quaderns de El Pregoner d'Urgell* (Bellpuig), número 15, 19-53.

— (2010): «Ball de Buda», *Quaderns de El Pregoner d'Urgell*, (Bellpuig), número 23, 29-46.

— (2014): «La Festa Major de setembre a la vila de Bellpuig». *Quaderns de El Pregoner d'Urgell* (Bellpuig), número 27, 17-38.

PALAU, Montserrat; SUNYER, Magí (eds.) (1992): *Els balls parlats a la Catalunya Nova. Teatre popular català*. Tarragona: Edicions El Mèdol.

RABASA FONTSERÉ, Josep; RABASA REIMAT, Francesc (1985): *Història del Teatre a Lleida*. Lleida: Institut d'Estudis Ilerdencs.

RUBIO GARCIA, Luis (1949): *Introducción al estudio de las representaciones sacras en Lérida*. Lleida: Institut d'Estudis Ilerdencs.

SALVÀ I BALLESTER, Adolf (2002): *Bosqueig Històric i Bibliogràfic de les Festes de Moros i Cristians*. Alacant: Instituto alicantino de Cultura Juan Gil-Albert i Ajuntament de Callosa d'En Sarrià.

SÁNCHEZ SANZ, María Elisa (1976): «La Morisca: Baile de Gerri de la Sal», *Revista Narria: Estudios de artes y costumbres Populares* (Universitat Autònoma de Madrid) , número 2, 26-27.

SOLDEVILA, Jordi (2011): Dossier «600 anys de Diables a Cervera», *Segarra* (juliol 2011).

TORRES GROS, Jaume (2006): «Ball de Moros i Cristians a Rocallaura». *Cultura Popular. Món Rural i Tradicions als Segles XIX i XX. Grup de recerques de les Terres de Ponent. Actes de la XXXVI Jornada de Treball. Agramunt 2005. Homenatge a Lluís Pons Serra. Historiador d'Agramunt i de la Ribera del Sió.* Agramunt: Grup de Recerques de les Terres de Ponent, 113-122.

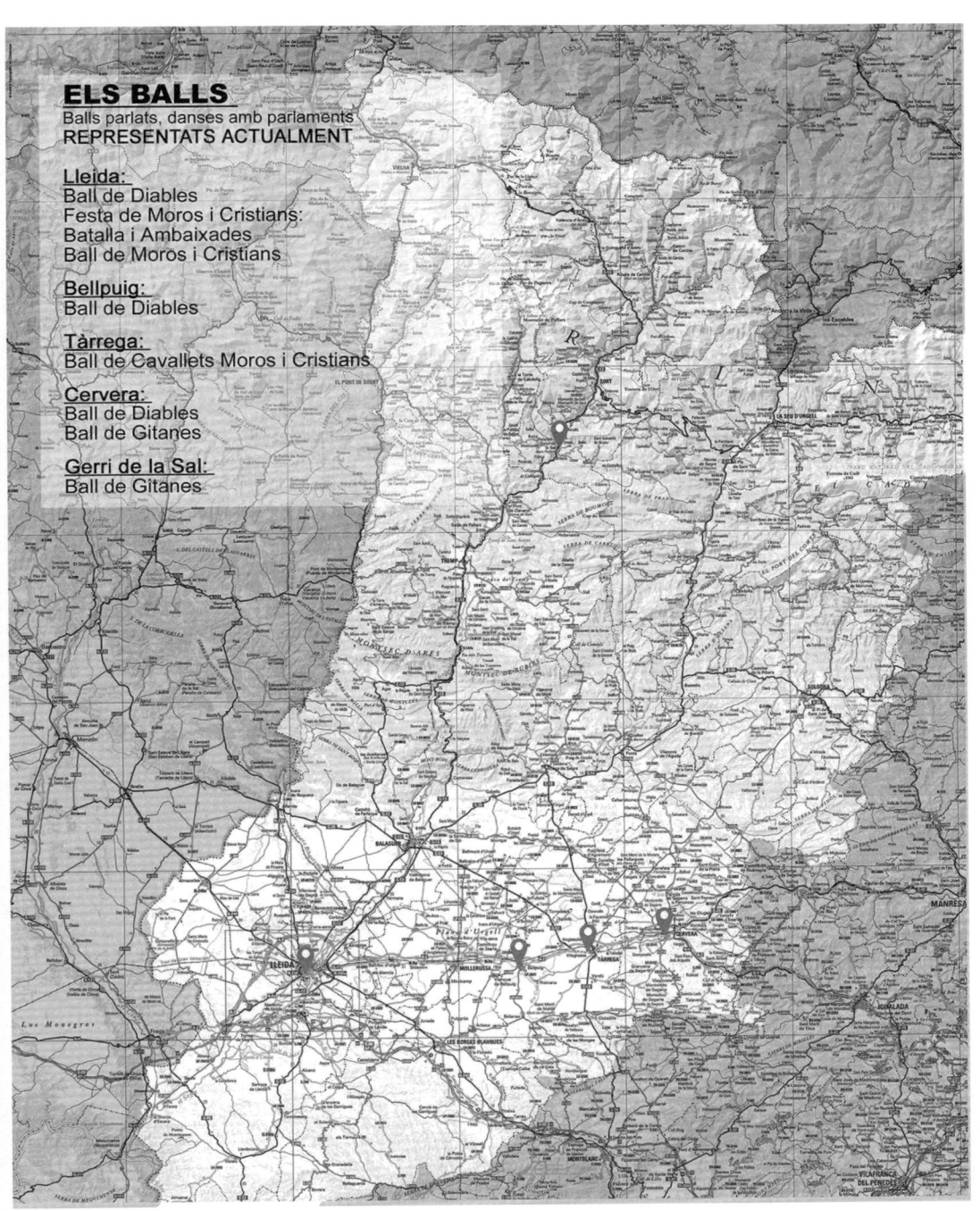

ELS BALLS
Balls parlats, danses amb parlaments
REPRESENTATS ACTUALMENT

Lleida:
Ball de Diables
Festa de Moros i Cristians:
Batalla i Ambaixades
Ball de Moros i Cristians

Bellpuig:
Ball de Diables

Tàrrega:
Ball de Cavallets Moros i Cristians

Cervera:
Ball de Diables
Ball de Gitanes

Gerri de la Sal:
Ball de Gitanes

Elisa Arévalo Vilanova

La recuperació del *Ball de Sebastiana del Castillo*

El treball que presento a continuació tracta sobre el meu treball de recerca de batxillerat, el qual vaig presentar l'any 2004. He de dir que fa uns mesos, quan l'Anna Gispert, tutora i inspiradora d'aquest treball, va engrescar-me a participar en aquest congrés no les tenia totes, ja que és un treball que no s'ha revisat des d'aleshores. Però finalment vaig decidir-me a compartir-lo perquè, tot i tractar-se d'un treball poc madur, n'estic molt orgullosa i crec que els fruits que vaig aconseguir-ne, gràcies a la col·laboració de moltes persones, van ser prou bons i amb un immillorable final: la completa recuperació del *Ball de Sebastiana del Castillo.*

Es tracta d'un treball força extens que s'obre amb una petita introducció sobre el seguici popular de Santa Tecla i on es parla sobre què són els balls parlats, però, com que no sóc ni molt menys una experta en aquest tema, aniré al gra i em proposaré exposar aquells elements més destacats de la recerca, és a dir, els resultats del treball quant a la recuperació del ball, que és l'objectiu principal d'aquesta presentació.

El ball al qual em refereixo és el de Sebastiana del Castillo, el mite d'una dona valenta que combina la idea romàntica dels bandolers amb el de la dona alliberada, capaç de trencar amb les formes establertes per tal de decidir el seu propi futur. Sebastiana del Castillo fou una dona tan tenaç i fidel als seus ideals que, saltant-se la voluntat dels seus pares de casar-se amb un home que no estimava, va fugir i va fer-se bandolera; va lluitar i feu rodar caps de familiars, amics i enemics fins a morir executada a la plaça de Ciudad Rodrigo el mateix dia de Santa Tecla. A continuació, a mode de resum, es mostra una relació de les característiques principals del ball per acabar de situar-nos en la seva introducció.

Origen	Influències foranes del sud de la Península. Basat en un romanç del segle XVIII: *Sebastiana del Castillo: Nueva y famosa relación de las atrocidades de Sebastiana del Castillo y el trágico fin de su vida después de haber muerto a su padre, madre y hermanos.*
Època	Finals del segle XVIII i segle XIX (representat del 1854 al 1929)
Tipus de ball	-Segons l'estructura: Ball parlat propi -Segons la temàtica: Ball profà de tipologia bandolers -Segons la llengua: Ball parlat castellà
Representacions	Durant les festes Patronals de Tarragona i en d'altres pobles veïns
Actors	Representat per homes

Un ball parlat que per diverses raons, de les quals ara no tractaré, va perdre's. Però tot i la seva pèrdua, sabem que fou un ball molt important dins el seguici popular de les festes tarragonines i ho podem constatar a partir de diverses fonts que el mencionen com ara Pin i Soler a *La família dels Garrigas*:

> L'ensendemà era Santa Tecla [...] la gran diada en la qual se celebrava la festa a de la patromàrtir amb tot lo soroll, animació i eixordament d'aurelles que saben donar los castellers, les colles, los balls de Dames i Vells, de Bastonets, de les Gitanes, de les Criades, de Cercolets...i els més solemnes de Sebastiana del Castillo, dels Ambussados, de Santa Usersina, de Serrallonga...

O en el seu germà baró, el *Ball d'en Serrallonga*, on Joana fa referència a Sebastiana com a model de dona a seguir.

Ara que ja ens hem familiaritzat amb el ball i coneixem una mica més qui era Sebastiana, em centraré en els elements en si que comporten la recuperació del ball: el text, la música, el vestuari i la coreografia.

1. El text

El text, com a element clau de la recerca, vaig trobar-lo gràcies a la col·laboració de Jordi Morant i Clanxet, al qual vaig recórrer amb la senzilla intenció de recopilar més informació per a la meva recerca. La sorpresa va ser per a tots dos quan parlant sobre el ball va recordar posseir-ne un manuscrit, ja que a la mort de Joan Salvat i Bové, cronista oficial de la ciutat, la seva vídua va llegar-li la seva biblioteca. I, entre tots aquells llibres s'hi trobava un manuscrit, còpia de l'original, escrit per Pau Segura el 15 de desembre de 1878, posat al dia i versificat de nou pel senyor Joan Salvat Bové. Tot i així, aquella troballa no era suficient per constatar la veracitat del text; necessitava trobar la font original d'on provenia o trobar algun element que en confirmés l'autenticitat. Va ser aleshores quan vaig decidir guiar-me pels elements claus que em descobria el propi text: la ciutat on va néixer Sebastiana (Jabalquinto), on va exercir de bandolera (Sierra Morena) o on va ser executada (Ciudad Rodrigo) i, d'aquesta manera, vaig provar de contactar amb diversos Ajuntaments i centres culturals d'aquells indrets. Finalment vaig topar amb el romanç original, dipositat al Museo del Bandolero de Ronda. En aquell moment ja no tenia cap dubte que em trobava davant del text original, ja que el romanç titulat *Sebastiana del Castillo, nueva y famosa relación de las atrocidades de Sebastiana del Castillo y el trágico fin de su vida después de haber muerto a su padre, madre y hermanos* contenia versos que es reproduïen idènticament en el text del ball. A tall d'anècdota, m'agradaria destacar el nombre de distorsions de la llengua que trobàvem en el text del ball, característica molt típica de la majoria de balls parlats que es representaven en castellà a terres catalanes.

2. La música

La música, com a altre element clau de la recuperació del ball, vaig trobar-la en una partitura del volum número 1 del *Costumari* de Joan Amades. En podia estar segura, perquè a peu d'imatge hi especificava «partitura del ball de la Sebastiana del Castillo del mestre J. Tomàs». Per tant, ja només em quedava interpretar-la i saber com sonava per veure si realment s'assimilava a les melodies populars a què tan acostumats estem d'escoltar en les nostres festes patronals. Com que, per desgràcia, jo de música no en sé gaire, vaig contactar amb el grup la Corranda, un grup de Constantí perquè coneixia la meva cosina Xere Vilanova i la meva professora de música d'aleshores Remei Tell. Ells es van encarregar de donar so a les notes, acompanyades dels instruments més adients que es corresponien a l'època. El resultat va ser espectacular.

3. Dansa i vestuari

La dansa i el vestuari van ser extrets tant de documents gràfics com de testimonis orals que en recordaven algunes imatges. Per al vestuari vaig inspirar-me a partir de balls de bandolers germans, com ara el *Ball de Serrallonga*, i, quant a l'escenografia, vaig ajudar-me de les acotacions mateixes que hi havia en el manuscrit i de la memòria d'algunes persones, com Olga Xirinacs que recordava com la seva àvia li ho havia descrit.

Així doncs, havent reunit tots els elements necessaris per la recuperació final del ball només en quedava la posterior representació, la qual va ser executada gràcies a la col·laboració de la meva família Arévalo-Vilanova, que de molt bon grat van ajudar-me a enregistrar el ball complet.

A partir d'aquest breu resum i d'aquesta petita recerca, engresco a qualsevol persona que hi tingui interès a visitar el treball complet a la biblioteca digital de Tinet.cat i a ampliar-ne el contingut sempre que sigui per afegir-hi nova informació interessant i que signifiqui una nova troballa per a l'enriquiment de la nostra estimada cultura popular.

Magí Sunyer

El ball de Serrallonga de Víctor Balaguer:
text i context

És prou sabut que la fortuna contemporània del mite de Serrallonga es deu a Víctor Balaguer. Des dels esplèndids assaigs de Joan Fuster sobre el mite literari del bandoler Joan Sala, tothom que s'hi ha referit ha assenyalat que l'any 1858 des de l'empresa del Teatro Circo de Barcelona es va encarregar a Balaguer l'arranjament per a l'escena del ball parlat que llavors es representava a les places i als carrers de bona part del país.[1] Balaguer va elaborar un breu text que es va publicar sense esment d'autoria el mateix any 1858 amb el títol *Lo ball de Serrallonga o la festa de Sant Joan* i que, amb poques modificacions, entre les quals el títol, ara *Los bandolers catalans ó lo ball d'En Serrallonga*, va inserir en apèndix del seu llibre de poesies *Esperances i records*, de 1866, i dos anys després va tornar a publicar en full solt de la casa editorial Salvador Manero, la mateixa del poemari.

S'ha afirmat que aquest encàrrec fou el germen del drama i de la novel·la de títol idèntic, *Don Juan de Serrallonga*, també de Balaguer, el primer representat i publicat el mateix any 1858 i la segona editada aquest mateix any. I encara, d'una continuació de la novel·la, *La bandera de la muerte* (1859), començada per Balaguer i continuada i acabada per Antoni Altadill quan Balaguer es va desplaçar a Itàlia a cobrir la guerra garibaldina. Enregistrem que, com ja va assenyalar Fuster, el drama i les dues novel·les, en el castellà original o traduïts al català, van tenir una llarga fortuna editorial i dramàtica durant els segles XIX i XX, amb nombroses edicions i fins i tot versions cinematogràfiques.

Universitat Rovira i Virgili.
[1] Fuster (1992), Armangué (1991 i 1992), Amades (1999), Massip-Kovacs (2004) i Torres (2004). Aquest article forma part de la investigació del grup Identitat Nacional i de Gènere a la Literatura Catalana, de la Universitat Rovira i Virgili, del Grup de Recerca Identitats en la Literatura Catalana (GRILC), consolidat (SGR 2014 755), i del projecte FFI2012-31489, finançat pel Ministerio de Economía y Competitividad.

No he sabut llegir arguments de pes per establir el primer pas de la cronologia i afirmar que el ball va suscitar l'escriptura del drama i la novel·la. Fa temps que ho vaig començar a dubtar. Aquest article pretén aclarir aquest detall i presentar els arguments literaris i ideològics que s'hi relacionen.

Representacions i edicions

Hem trobat unes dades molt clares sobre la representació d'aquestes dues peces dramàtiques. Sabem del cert, perquè figura a l'obra editada i perquè ho hem comprovat a la secció d'espectacles del *Diario de Barcelona*, que el drama en quatre actes, *Don Juan de Serrallonga*, es va estrenar al Teatro Circo Barcelonés el dia 11 de març de 1858. També sabem segur que es va publicar abans el drama en quatre actes que l'opuscle amb la versió del ball, perquè en l'edició de 1858 de l'opuscle hi figura aquesta nota comercial: «En la administración de la imprenta de Cervantes, calle de Fernando VII esquina a la Rambla, se vende el drama D. Juan de Serrallonga original de D. Víctor Balaguer» ([Balaguer], 1858: 8). Per tant, abans que s'imprimís aquest text el drama era a l'esmentada impremta-llibreria. En conseqüència, l'edició del drama és anterior a la del quadret popular. Sabem també per l'esmentada secció d'espectacles del *Diario de Barcelona*, que la versió balagueriana del ball es va representar al Teatro Circo Barcelonés el dia 7 de maig de 1858, per tant, en el mateix teatre i quasi dos mesos després que el drama en quatre actes. En la mateixa font, el dia de l'estrena, s'informa que «El librito del Ball de Serrallonga o la festa de Sant Joan, se venden (sic) en el despacho de billetes de este teatro» (*Diario*, 1858: 4.176). Per tant, el drama es va representar i editar dos mesos abans que el ball. Les evidències marquen una cronologia que indueix a pensar que l'èxit esclatant, amb polèmica inclosa, del drama que iniciava el capítol serrallonguià va fer pensar als propietaris del Teatro Circo en la possibilitat de, en expressió de Lenke Kovács i Francesc Massip (2004: 90), «fer calaix» estirant una mica més la corda del tàndem Balaguer-Serrallonga. Després especularem sobre la circumstància que ni en la representació ni en l'edició del ball no hi figuri el nom de Balaguer.

Alguns detalls de les representacions. El drama *Don Joan de Serrallonga*, «original de un escritor barcelonés, puesto en escena, dirigido y ensayado por el primer actor don Ceferino Guerra de acuerdo con el autor» (*Diario*, 1858: 2.312), es va estrenar en la data esmentada en sessió de benefici de l'actriu Catalina Mirambell. En totes les representacions s'explica que el pròleg és, en certa manera, independent de la resta de l'obra. En l'anunci de l'estrena es proporciona el repartiment i s'explica que la música de la cançó catalana del primer acte i de la castellana del tercer són obra «del reputado maestro, autor de la ópera *Gualtero de Monsonís*, D. Nicolás Manent» (*Diario*, 1858: 2.312). L'obra va obtenir un gran èxit. Després de l'estrena, es va representar els dies 13, 15, 20, 21, 22 i 25 de març, llavors es va anunciar que era l'última funció, però es va reprendre els dies 3, 4, 5, 6, 10 i 11 d'abril; es va tornar a anunciar que era la darrera funció, però el 18 d'abril, a demanda d'infinitat de persones, es van tornar a reprendre les funcions, en una nova sèrie dels dies 25 i

26 d'abril i 7, 8, 10 i 13 de maig, quan, de nou, es va anunciar que era l'última representació, però el 16 i el 24 de maig, «a petición de muchísimas personas» (*Diario*, 1858: 4.420) es va torna a representar, tot insistint que es tractava de la darrera vegada, però el 31 de maig es va tornar a programar. Quan l'empresa va decidir no tancar el teatre durant els mesos d'estiu, va aprofitar una part de les obres d'èxit a l'hivern i el drama va tornar a pujar als escenaris els dies 24, 27 i 29 de juny. No hem comprovat si en la segona meitat d'any la fortuna del drama va augmentar.

Dos dies després de l'estrena, el crític teatral del periòdic, Manuel Rimont, va publicar un article sobre l'obra (*Diario*, 1858: 2.379-2.381) que Balaguer va rebre com a advers però crec que no caldria considerar-l'hi. Rimont es declarava no partidari de l'escola que només busca grans efectes —hem de pensar que es refereix al Romanticisme— però, tot i aquest punt de partida i l'opinió que el drama té alguns defectes d'estratègia argumental, tractava prou bé l'obra: explicitava que el drama mantenia un interès constant, el color i la propietat de la indumentària, la bona actuació i el triomf entre el públic, el qual va demanar l'autor a cada acte i va forçar que Balaguer hagués de sortir tres vegades a saludar després del segon. Per la banda que realment interessava a Balaguer, Rimont donava crèdit a la suposició que el bandoler era un aristòcrata, fins al punt que, en una curiosa mostra d'erudició, afegia que un Serrallonga, suposat avantpassat del bandoler, va acompanyar el rei Pere el Gran al desafiament de Bordeus. Només discrepava, i això per a Balaguer significava negar el punt central, en què no creia que en el segle XVII els bàndols de nyerros i cadells, ja degenerats, tinguessin caràcter polític. Aquesta puntualització devia ser la que de veritat devia irritar Balaguer.

Encara un altre element relacionat amb la fortuna del drama: els dies 29 i 30 de maig i 3 de juny es va representar un sainet de Ramon de la Cruz «parodia de la comedia de nuestro teatro antiguo titulada *El catalán Serrallonga o los bandos de Barcelona* y que lleva por título *La venganza del Zurdillo o los bandos del Avapiés*» (*Diario*, 1858: 4.844). No deu ser gaire agosarat suposar que aquesta paròdia de la comèdia barroca es representava llavors per la popularitat del tema en aquella temporada.

Per altra part, el dia 7 de maig, el diari inseria la publicitat de la «grande y extraordinaria función» en benefici de Josefa Rizo, primera actriu del gènere còmic, integrada per una simfonia, el *Don Juan* de Balaguer i *Lo ball de Serrallonga o la festa de Sant Joan*. S'advertia que «Este espectáculo será puesto en escena según se representa y baila en todos los pueblos de Cataluña, exornado con coros, danzas y demás espectáculo que su argumento requiere» (*Diario*, 1858: 4.176) i que l'empresa s'havia esforçat a presentar l'espectacle amb tota la propietat, i per això havia encarregat la direcció dels balls a Josep Alzina. També que «la beneficiaria —o sigui, Josefa Rizo—, así como los Sres. Dardalla, Pardo y Guerrero, se recomiendan a la indulgencia del público, y confían en que les disimularán los defectos en que puedan incurrir en la pronunciación de un lenguaje tan desconocido para ellos» (*Diario*, 1858: 4.176). Crec que té interès copiar la composició de l'espectacle, perquè el text escrit no n'acaba de donar la idea:

1º· Salida de Serrallonga y Da Juana a caballo, acompañados de sus compañeros de armas y gentes del pueblo de Caroz y presentación de los jefes. 2º· La buenaventura de la gitana. 3º· Coros análogos a la festividad. 4º· El ball pla o sia dels rams, seguido del ballet al son de la antigua canción de Mosén Juan de Vich, por la compañía de baile. 5º· Presentación y admisión del Ferre de Tall con toda su partida. 6º· La danza armada y bailable por la compañía de baile y la partida del Ferré de Tall. 7º· y último. Gran final y vistoso grupo. (*Diario*, 1858: 4.176)

L'espectacle, amb l'amenitat que s'hi observa, s'acordava de ple amb les característiques del Teatro Circo, que responia al seu nom amb una clara tendència a presentar actuacions de gossos intel·ligents i gossos actors, jocs de globus amb els peus o, com s'anuncia amb entusiasme, funcions del tipus següent: «habiendo contratado esta Empresa los artistas suizos que componen la Compañía Organófina, conocida por Orquesta Viviente, principiará hoy sus ejercicios, imitando los instrumentos músicos, la caja de música, los platillos, la trompeta, el contrabajo, cornetín de pistón, flauta y harpa» (*Diario*, 1858: 3.036).

Durant la majoria de representacions fins a final que juny, que és quan hem aturat la consulta del diari, el ball servia de complement a l'obra en quatre actes de Balaguer, sense que en cap ocasió figuri el seu nom com a autor del ball. Això s'esdevé, a més de la primera, en les representacions dels dies 8, 10, 12 i 16 de maig, el mateix 16 al vespre serveix de complement a *Fueros i desafueros*, de Francesc Morera, el 17 de maig ho és de *Flor de un día* i *Espinas de una flor*, de Francesc Camprodon, el 23 de maig, de nou de *Fueros y desafueros*, el 24 de maig de *Don Juan de Serrallonga*, el 25 de maig es torna a representar el ball, el 31 de maig també, com a complement del *Don Juan*, el 3 de juny acompanyat del sainet de Ramon de la Cruz esmentat i els 9 i 13 de juny, de nou aparellada amb el *Don Juan*.

L'interès pel tema

És prou conegut que el mite de Serrallonga es va construir amb cançons populars, una comèdia barroca castellana de mitjans del segle XVII, *El catalán Serrallonga y bandos de Barcelona*, d'Antonio Coello, Francisco de Rojas i Luis Vélez de Guevara, i el ball parlat. L'arrelament del personatge en l'imaginari popular ve testificat per expressions paremiològiques del tipus «És més dolent que Serrallonga». També s'ha dit i s'ha repetit que don Víctor, com l'anomena Fuster, es va valer de la comèdia i de la tradició popular per construir el seu personatge, i que aviat va tenir accés al resum (Cortada, 1868) del procés del bandoler que anys abans Joan Cortada havia salvat de les flames, resum que Cortada amablement li va facilitar i del qual Balaguer va aprofitar el que li va convenir i va manipular el que no li interessava per a la seva teoria.

S'ha explicat també, però no amb prou atenció en el detall, que, un any abans que es representessin les dues desiguals peces dramàtiques de Balaguer, un amic seu i company d'ideologia, Manuel Angelon, havia publicat una extensa i excellent novel·la ambientada en els primers moments de la Guerra dels Segadors i protagonitzada, anacrònicament, per Perot Rocaguinarda, *Un Corpus de Sangre o los fueros de Cataluña*, que el 1858 va continuar amb *El pendón de Santa Eulalia o los fueros de Cataluña*.

Ara és el moment de posar l'accent en l'afirmació que aquesta insistència sobtada en els bandolers del XVII no és una coincidència fortuïta ni un detall insignificant, sinó la part central d'una operació de gran importància estratègica per a la Renaixença en el moment en què agafava una primera consistència. S'ha subratllat molt el paper que hi va tenir el grup conservador de Manuel Milà i Fontanals, Joaquim Rubió i Ors i Antoni de Bofarull, i s'ha tendit a col·locar-hi Víctor Balaguer com una flor exòtica. L'espai d'aquest breu article no està pensat per qüestionar aquest aspecte, però sí que s'ha d'assenyalar que la mitificació del bandolerisme va ser obra d'escriptors catalans dels partits progressista i demòcrata, i que va tenir com a primeres peces literàries de pes les novel·les d'Angelon i el drama i les novel·les de Balaguer.

Víctor Balaguer va confessar que, en realitat, a ell li interessava la lectura política de les lluites de bàndols i que, posat a triar un heroi, més que no pas Serrallonga, hauria preferit Rocaguinarda, i que no ho va fer perquè Angelon, amic i company, li havia passat al davant:

> Sin más datos que estos y los que había recogido referentes a *narros y cadells*, me propuse hace cinco años escribir un drama sobre este asunto, poniendo también en escena a D. Juan de Serrallonga. Mi objeto principal no era el de este personaje, sino el de los *narros y cadells*, el de hacer ver que estos bandos habían representado en nuestra historia un papel político, el de poner en escena por medio de un cuadro sintético la lucha política de dos ideas que habían tenido su teatro aquí en Cataluña como en otras partes. Y mejor que Juan de Serrallonga hubiera yo aceptado como personaje dominante, por más propio, a Roque Guinart, si no me lo hubiesen impedido por un lado Cervantes y por otro un autor compañero que acababa de escogerle como personaje de una de sus novelas. (Balaguer, 1863: 297)

Ara podem entendre per què a Balaguer li va doldre la crítica de Rimont, ni que, en el conjunt, no resultés tan negativa. La reivindicació de Serrallonga, de la qual el *Don Juan* era la primera peça, tenia per a Balaguer un sentit polític, que és el que precisament Rimont negava a nyerros i cadells. Paradoxes de la història: Balaguer hauria preferit Rocaguinarda, però Angelon se li havia avançat, Angelon era millor novel·lista que Balaguer, però Balaguer era un publicista molt eficaç i un personatge públic de més relleu, i això va provocar que Rocaguinarda, el bandoler que, a criteri de Balaguer, mereixia més la mitificació, quedés en segon rengle, a l'ombra de Serrallonga.

El ball de Serrallonga o la festa de Sant Joan

És prou clara la primacia del drama en quatre actes en detriment de la versió del ball parlat. Hi ha uns altres detalls que ho confirmen. Ja s'ha fet notar que ni en la representació ni en l'edició de 1858 del ball no s'esmenta per a res l'autoria de Víctor Balaguer. Sembla estrany. Un document ens pot ajudar a entendre-ho. En el fulletó de 1858 no hi figura una nota liminar que Balaguer va afegir les altres dues edicions i que diu el següent:

> Entre les danses parlades i declamades del nostre país n'hi ha una que se titula lo ball d'En Serrallonga. En 1858 se tractà de posar en escena en lo teatro del Circo Barcelonès i se donà a l'autor l'encàrrec d'arreglar-la i novament posar-la en vers, guardant emperò lo caràcter de la dansa antiga i procurant conservar lo tipo i fisonomia d'aquella, sense despullar-la de certa part grotesca coneguda ja del poble i admesa com moneda corrent. L'autor tractà de complir amb l'encàrrec, fent una peça dramàtica calcada sobre l'antiga i tradicional, de la que aprofità tot lo poc que li semblà tenir algun mèrit literari. La idea de l'autor ha sigut la de substituir amb una peça dramàtica d'algun valor literari, ja que no d'algun mèrit, la ridícula representació del ball d'En Serrallonga, i a fi de fer-la acceptar pel poble, li ha estat precís admetre alguna escena de cert gènero que acàs la crítica literària trobe massa grotesca. Tinga-se doncs en compte per a la crítica (Balaguer 1868: 1).

És prou clar que es tracta d'un text exculpatori, que Balaguer no se sentia gaire orgullós d'aquella breu peça i que temia les ires de la crítica literària i teatral. No és cap novetat que els romàntics catalans, que s'extasiaven davant determinades mostres folklòriques fins al punt d'elevar-les a la categoria de fonament d'una literatura, valoraven molt poc els balls parlats, que consideraven infraliteratura. Els passatges més brillants de descripció de festes majors, a *Vilaniu*, de Narcís Oller i *La família dels Garrigas*, de Josep Pin i Soler, ho il·lustren prou bé. Si ens centrem en el ball de Serrallonga, quan va escriure aquesta nota per a l'edició de 1866, es molt probable que Balaguer hagués llegit l'article de costums de Robert Robert sobre el ball parlat que s'havia publicat al setmanari *Un Tros de Paper*. Robert, des de la seva posició de republicà exaltat, considerava el ball com una romanalla de l'Antic Règim, una mostra de tot allò que ell volia que restés mort i enterrat per sempre, i se'n reia de valent. Tot això ens fa suposar que Balaguer va accedir a escriure una versió de la peça popular —o va ser iniciativa seva— perquè s'afegís, des d'un altre angle, a la campanya serrallonguiana, fins i tot per rectificar la imatge que del bandoler proporcionava el ball. Tanmateix, devia considerar —es desprèn de la nota— que valia més que el seu nom no figurés en la peça perquè la poca qualitat del text podia perjudicar el seu nom literari. Tant que quan es va decidir a reconèixer-la va sentir la necessitat de presentar-la amb la nota de disculpa. D'aquesta manera, Balaguer no hauria fet altra cosa que intentar dignificar un text que no tenia gaire solució perquè era «ridícul»; si no se n'havia sortit del tot, la culpa no acabava de ser seva.

Alliberats de prejudicis d'època, crec que podem afirmar que la versió de Víctor Balaguer és menys interessant i segurament de menys valor literari que el ball tradicional. Va aprofitar molt poc del ball parlat, tot just unes presentacions de bandolers cèlebres que, en ser acceptats a la partida, certificaven la qualitat de Serrallonga com a cap suprem dels bandolers. La rebuda que el batlle de Querós prepara per a Serrallonga el dia del seu sant el proclama «rei de les

muntanyes», amb autoritat per sobre de la del rei d'Espanya en aquella contra-
da. També justifica el recurs a la festa popular, amb ofrenes de flors, cançons
i balls populars, de gran resultat escènic. Serrallonga és idealitzat: enamora les
dones i sedueix i atemoreix els homes. La noblesa de Joana és certificada pels
versos en què s'explica que ha abandonat una vida de luxe pel seu marit: «la
que per ell ha deixat / palaus i festes, i gales» (Balaguer 1868: 2). El significat
polític de les lluites de bandolers s'explicita quan el Fadrí de Sau recita que
havia format part de la partida de Rocaguinarda, i encara més quan Rocafort,
el bandoler d'Alcover, se situa com a fanàtic del bàndol de Roca i Serrallonga:
«En ànima i cos so nyerro, / i tinc tal ira als cadells / que Déu no em guarde
de mal / com jo he d'acabar amb ells» (Balaguer 1868: 3). La intervenció dels
gitanos — en decasíl·labs de 5 + 5— vol tenir un to elevat: «Jo só la gitana
que canta les glòries / de l'antiga pàtria, la joia i l'amor» (Balaguer 1868: 4) i
acaba de confirmar la noblesa de Serrallonga: «Ton nom és la glòria. Valent ets
i noble, / i encara que diuen que ets un bandoler, / tu saps que defenses los
bons drets del poble / i ets en defensar-los noble i cavaller». El to patriòtic és
confirmat quan, en l'admissió de Ferrer de Gratallops, li diu que «i Catalunya
memòria / ne guardarà de ta gent» (p. 4) i que faran guerra al cadells, que sa-
bran «qui són / los bandolers catalans» (Balaguer 1868: 4).

Conclusions

Els detalls estan situats en el lloc que correspon: Víctor Balaguer va ser mem-
bre —potser el principal però no el primer a presentar resultats literaris— d'un
grup situat entre el progressisme i el republicanisme —amb l'excepció de Fran-
cesc Morera, que també hi participa però és conservador— que va emprendre
una campanya literària i ideològica de reivindicació de la Guerra dels Segadors
i del bandolerisme del Barroc. No es va centrar en la figura de Perot Rocagui-
narda perquè Manuel Angelon se li va avançar amb una extensa novel·la que
després va tenir continuació. El primer text de la seva campanya de mitificació
de Serrallonga va ser un drama en quatre actes i un pròleg, després va escriure
una versió del ball parlat que, en un primer moment, no es va atrevir a signar
perquè la considerava de poca categoria. A continuació del drama, va començar
a escriure la novel·la, que es va publicar el mateix 1858. L'èxit i, presumible-
ment, la voluntat de tractar la Guerra dels Segadors el van encoratjar a conti-
nuar la novel·la amb una segona part que, desplaçat Balaguer a Itàlia, va acabar
Antoni Altadill. Aquesta sembla la seqüència lògica dels fets.

Referències bibliogràfiques

AMADES, Joan (1999). *El ball de Serrallonga. Edició a cura de Rosa Mas i Joan
Menchon*. Tarragona: Edicions el Mèdol.
ARMANGUÉ, Joan (1991): «La versió de Tona del «Ball de Serrallonga»». *Estudis
Romànics*, núm. 20, p. 349-436.

ARMANGUÉ, Joan (1992): «La transmissió del mite de Serrallonga a través del ball». *Els balls parlats a la Catalunya Nova (Teatre popular català)*. Tarragona: Edicions El Mèdol, p. 254-255.

[BALAGUER, Víctor] (1858): *Lo ball de Serrallonga ó la festa de Sant Joan. Cuadro de costums catalanas, ab balls y coros del país*. Barcelona: Imp. Nueva, de Jaime Jepús y Ramon Villegas.

BALAGUER, Víctor (1863): *Historia de Cataluña i la corona de Aragón*, vol. IV. Barcelona: Salvador Manero.

BALAGUER, Víctor (1866): *Esperansas y recorts*. Barcelona: Salvador Manero, editor.

BALAGUER, Víctor (1868): *Los bandolers catalans ó lo ball d'En Serrallonga. Cuadro de costums catalanes, ab coros y dansas de la terra*. Barcelona: Manero, editor.

CORTADA, Joan (1868). *Proceso instruído contra Juan Sala y Serrallonga, (lladre de pas) salteador de caminos estractado en su parte más interesante*. Barcelona: Imprenta a cargo de A. Sierra.

Diario de Barcelona de avisos y noticias (1858).

FUSTER, Joan (1992): *Obres completes, 5. Literatura i llegenda*. Barcelona: Edicions 62.

KOVÁCS, Lenke / MASSIP, Francesc (2004). «El ball de Serrallonga. Passat i present d'una tradició», Monserrat Garrich (et al.). *Serrallonga, Déu vos guard. Història, cultura i tradició del bandoler Joan Sala, àlies Serrallonga*. Prats de Lluçanès – Perafita: Centre d'Estudis del Lluçanès i Ajuntament de Perafita, p. 79-138.

TORRES, Xavier (2004). «Serrallonga, el bandoler». Monserrat Garrich (et al.). *Serrallonga, Déu vos guard*, p. 17-78.

Montserrat Palau

Sebastiana del Castillo:
del romanç al ball parlat i les influències
en el *corrido de Teresa Duran*

1. Introducció[1]

Des del segle XVI, època en què van agafar tot el seu cos dramàtic –text, dansa i música-, els balls parlats s'han fornit de diferents fonts i motius, com és el cas de la literatura de canya i cordill. Aquest és el cas del *Ball de Sebastiana del Castillo*, que té el seu origen en un romanç del segle XVIII. També els romançós van tenir un gran ressò i versions en les diferents i antigues colònies espanyoles a Amèrica i els seus personatges i motius van passar a d'altres gèneres populars, com és el cas del *corrido* mexicà. Així, el romanç de Sebastiana del Castillo hauria estat el punt de partida del *Corrido de Teresa Duran*.

2. Sebastiana del Castillo, la dona dolenta i violenta

La literatura tradicional i popular tenia ja en el seu catàleg diversos models de dones transgressores i, per tant, «dolentes», com les madrastres, bruixes, infanticides, joves sense escrúpols o les criades venjatives. Afegim-hi a aquests personatges, el de la dona bandolera i violenta, que aporta també força sang i fetge. Tot i que les dones van tenir un paper petit o secundari en el bandolerisme a l'època moderna a la península ibèrica,[2] Sebastiana del Castillo se'ns situa en aquest context.

Universitat Rovira i Virgili.
[1] Aquest article forma part de la investigació del Grup de Recerca Identitats en la Literatura Catalana (GRILC 2014 SGR 755) i dels projectes de recerca R+D FFI2013-42939-P i FFI2012-31808.
[2] Van existir algunes dones bandoleres a les serralades castellanes de Salamanca, concretament està documentada la quadrilla anomenada «Las negras y las manolas», capitanejades per Francisca Arias (la Negra) i Manuela Álvarez (la Manola). Aquest grup de «salteadoras,

Filla d'una família noble de Javalquito (Jaén), els Gutiérrez, Sebastiana s'ena-mora del granadí Juan Gonzalez del Pino, cosa que no aproven els pares, que la sotmeten a diversos càstigs i, fins i tot, la tanquen durant més d'un any dins d'una sala, on els germans, ja casats i fora de casa, encara segueixen castigant-la. Finalment, un dia, a través del seu nebot, pot fer arribar una nota al seu enamo-rat, explicant-li els seus martiris i citant-lo a la mitjanit a casa seva. Juan Gonza-lez s'hi presenta, amb dues pistoles, una espasa i un ganivet de dues fulles. Amb aquest punyal, Sebastiana mata pare i mare i, després, els treu el cor que fregeix en oli. Com que davant d'aquest fet, l'amant es desmaia, també l'assassina i agafa el seu vestit i armes per fugir a cavall cap a Sierra Morena. Els germans marxen a buscar-la a una cova, on s'està amb dos altres bandolers escàpols de la justí-cia. En albirar els seus germans, Sebastiana els surt al pas i els mata i els talla el cap, que porta als seus dos companys d'amagatall. Com que els dos bandolers la renyen per aquesta atrocitat, també els mata. Agafa tots quatre caps i els porta a Ciudad Rodrigo on els penja al mig de la plaça amb un cartell que n'explica els motius. El corregidor ordena la seva persecució, però Sebastiana del Casti-llo, espasa en mà, va eliminant tots els que li surten al pas, fins que un dia un cop de pedra la deixa estabornida. El corregidor Pablo Jacinto l'empresona, ben lligada amb grillons, i al tercer dia fa complir la sentència de mort. Al peu de la forca, Sebastiana diu les seves últimes paraules i és penjada als vint anys, el 1725.

3. Sebastiana del Castillo, el romanç

Aquesta història és la que explica el *Curioso romance en que se declaran las atrocidades de Sebastiana del Castillo*, la data d'impressió més antiga del qual es pot datar a Lleida el 1735 i que situa els fets ocorreguts només 10 anys abans de l'edició, el 1725. El romanç va esdevenir realment popular, amb molt d'èxit i es va estendre per tota la península ibèrica –és un dels *romances* clàssics, re-produït i citat en tots els estudis sobre el gènere-, i per això passà ràpidament de l'oralitat a la impressió.

Cercant entre diversos catàlegs i fons bibliogràfics, i inventariant els més an-tics, trobem que el romanç –amb les variacions en el títol de *Curioso* o *Nuevo y curioso*- es va editar el 1735 (Lleida: Impremta Christoval Escuder); el 1765 (Barcelona: Juan Forns); i el 1775 (Madrid: Andrés de Soto). A Catalunya se'n van fer reedicions constants tot al llarg del segle XIX, amb lleugeres variacions al títol i subtítols introductoris: així, per exemple, el 1830 (Lleida: Impremta Buenaventura Corominas); el 1845 (Lleida: Impremta Vídua Corominas i Tor-tosa: José Antonio Ferreres); el 1850 (Reus: Est. de Juan Bautista Vidal) i el 1853 (Tortosa: Vídua Ferreres).

El plec de cordill editat el 1735 conté també un subtítol d'introducció que en resumeix l'argument: «Curioso romance en que se declaran las atrocidades de Sebastiana del Castillo: refierese como mató á dos hermanos suyos porque la

_____

incendiarias y dañadoras» fou condemnat a galeres després d'un consell de guerra el 1802 (De Quirós i Ardilla 1931: 236).

tuvieron encerrada mas de un año, guardandola de su amante y el castigo que en ella se execut6; con lo demas que verá el curioso lector.» A partir d'aquí, en quatre pàgines i dos-cents cinquanta-vuit versos octosíl·labs –el metre del *romancero* castellà-, en octaves -estrofes de vuit versos-, el romanç de cec, que vol causar «espanto y asombro», comença demanant auxili a la Verge Maria per relatar les més grans atrocitats que en «muger jamas se ha visto». I continua amb la tràgica història de Sebastiana del Castillo, que, atenent-nos a la datació del mateix text, va néixer el 1705, fins a la seva execució el 1725.

La història i iconografia -dona a cavall i armada- de Sebastiana del Castillo té d'altres models paral·lels en els romanços i la literatura d'aquells moments, com Serrana de la Vera o Margarita Cisneros.[3] La primera i anterior, la vida de la qual se situa al segle XVI, és la figura mítica de la Serrana de la Vera, de la família noble Carvajal de la serra de los Tormantos a Extremadura. Dona de gran bellesa i traicionada en l'amor per un parent seu, va fugir a la muntanya, on assaltava, robava i lluitava cos a cos amb els homes. Als quals també temptava, se'ls emportava a la cova on vivia i, després de seduir-los, els matava i feia servir els seus ossos i calaveres com a eines casolanes.[4] La Serrana de la Vera va fornir diverses obres literàries de diversos gèneres (Lope de Vega, Luis Vélez de Guevara, José de Valdivieso, Rómulo Gallegos, Eduardo Marquina o Julio Caro Baroja entre d'altres). La segona, més tardana, amb romanços editats a Madrid (1849) i Barcelona (1852), Margarita Cisneros, natural de Tamarite, en ser obligada pels seus pares a casar-se, mata el marit i fuig a la muntanya. Corre per les terres de Jaca i Tamarite, i fins i tot viatja fins a Lleida i Girona, matant qui s'interposa al seu pas.

El romanç de Sebastiana del Castillo va tenir molt d'èxit i, entrada la dècada de 1880, Carlos Borromeo en va publicar una versió novel·lada, de 24 pàgines i 4 capítols en l'estil del fulletó romàntic, *Historia de Sebastiana del Castillo*. I, encara al segle XX, era ben viu i es recitava a les nostres contrades, com ho demostra una fotografia de Marc Ribas Gimbernat, datada el 19 de novembre de 1922 a Riudoms, en què es veu Enric Ferré Ginjoan *Suís*, amb la guitarra a

---

[3] Encara hi podríem afegir també altres protagonistes similars de romanços del folklore andalús, com Isabel Gallardo -*Nueva relación y curioso romance en que se declara y da cuenta de treinta muertes que ha hecho una doncella llamada Isabel Gallardo, natural de la ciudad de Jaén*- i Teresa Llanos -*Xacara Nueva en que se referiere y se da cuenta de veinte muertes que una doncella llamada Doña Teresa de Llanos, natural de la ciudad de Sevilla, siendo las primeras a dos hermanos suyos, por haberle estorbado el casarse y también se declara como se vistió de hombre, y fue presa y sentenciada a muerte, y se vio libre por averse descubierto que era muger y el dichoso fin que tuvo*- (Casas 2012: 116). Aquesta segona coincideix també amb la protagonista d'un altre romanç, l'edició del qual conservada és datada a Barcelona en un plec del 1831, Inés d'Alfaro -*Doña Ines de Alfaro: dió muerte á dos hermanos suyos porque se la habian dado á Don Pedro de Aguilar su amante : huyó al campo en trage de hombre, en donde cometió muchos crímenes y asesinatos, y habiendo finalmente sido cojida y sentenciada á la pena capital, se descubrió que era muger, con todo lo demas que se verá*. Alguns estudis consideren que entre el romanç de Teresa de Llanos i el de Sebastiana del Castillo hi pot haver contaminació argumental (Iglesias 2014: 9).

[4] Alguns estudiosos (Caro Baroja 1994: 289-290), van plantejar la possible existència real d'aquest personatge, però treballs posteriors (Domínguez 1985: 120) ho descarten i s'inclinen per considerar-la «un ésser mitològic femení».

la mà i amb un penó al darrere amb els dibuixos al·lusius a l'*Horroroso crimen de Sebastiana del Castillo* (Palomar 2011).

4. Sebastiana del Castillo, el ball parlat

Si a meitats del segle XVIII apareixia i s'estenia el romanç, al cap d'un segle es popularitza el *Ball de Sebastiana del Castillo*. A partir de mitjans del segle XIX, són diverses les notícies de representacions del ball parlat: Reus (1850), Tarragona (1854), Torredembarra (1862), Vilafranca del Penedès (1868), Mont-roig del Camp i Constantí (1877), Prades (1878), Falset i Vallmoll (1880) o Vilallonga (1881) (Bargalló i Palau 2010: 56-68).

Algunes versions del ball parteixen i desenvolupen simplement el romanç a través del monòleg de la protagonista, mentre que d'altres estan més dramatitzades amb l'aparició de diversos personatges.[5] Totes les versions, però, tenen el mateix argument i segueixen l'estructura dels balls parlats de bandolers. Els paral·lelismes amb la font original els podem veure en aquests fragments finals del romanç esmentat publicat a Lleida el 1735 i el ball parlat representat a Torredembarra i conservat en uns plecs manuscrits on hi consten dues dates de representació, el 1857 i el 1876:

Romanç	Ball de Torredembarra
Padres los que teneis hijas,	Padres los que teneis hijos
no seais como los mios,	no seais como los mios
no le estorveís matrimonio,	no destorbeis matrimonios
que es Sacramento Divino.	en sacramento divino
De nuestra Madre la Iglesia,	por la sangre virginal
dispuesto del Uno y Trino:	dispuso del uno y tuno
mirad en lo que me veo,	mirat en que me veo
y en que trabajos me he visto,	y trabajos me avisto
pedirle á Dios me perdone,	pido á Dios que me perdone
y á todos perdon os pido,	ya todos perdon hos pido
alzó los ojos al Cielo,	pero hay Jesus divino
y dijo: Jesus Divino.	por toda la sangre virginal
Por la sangre Virginal	de buestro rostro Santisimo
que os vertieron los Judios;	por los asotes y clavos
por la cruel bofetada	que padecistes Dios mio
de vuestro rostro Divino,	os pido me perdoneis
y por toda la Pasion	ya todos perdon os pido
que padecisteis, Dios mio,	Señor si mal hecho me pesa
te pido que me perdones,	me pesa por que sois bos
porque Señor mala he sido.	infinitamente bueno
Mas vuestra misericordia	pero hay Jesus divino
es mayor que mis delitos.	pues buestra misericordia
	es mayor que mis delitos.[6]

[5] En la versió del *Ball de Sebastiana del Castillo* de Tarragona, datada el 1878, hi intervenen un total de 18 personatges (Arévalo 2003).

Un dels atractius del ball era la pròpia protagonista i la seva caracterització. Si la il·lustració del plec del romanç antic dibuixava Sebastiana del Castillo dalt d'un cavall, amb un barret, vestida amb una faldilla i una capa –malgrat que el text diu que fuig a cavall amb la roba del seu amant- i empunyant una espasa, en el *Costumari* de Joan Amades (1983), que aplega els materials que el folklorista anà recopilant en la primera meitat del segle XX, Sebastiana del Castillo ja està caracteritzada com en els balls parlats, amb el cap descobert i cabells llargs, dalt d'un cavallet de cartró, la faldilla del qual li tapa les cames, i empunyant una escopeta en una mà i un ganivet a l'altra.

El nom de la protagonista va servir per elaborar l'escenografia del ball, un castell. Morant i Clanxet (1980), explica que a la festa de santa Tecla de 1687 a Tarragona, el *Ball de Sebastiana del Castillo*, que feia descàrregues de pistoles, però que, especialment, el soroll era de trabuc i d'un canó que disparava fortes tronades entre un i altre parlament, portava un castell de cartró que «plegaven com un biombo el qual obrien en el lloc de l'actuació». Així també, Salvador Arroyo comenta que els balladors, al Vendrell, «portaven un castell pintat en cartró sobre un «biombo» que es desplegava en el lloc on feien la representació» (1992: 197).

Pel que fa als altres elements, cal destacar la caracterització del personatge que dóna nom al ball. Elisa Arévalo (2012: 72), seguint Amades, ens descriu que la protagonista sortia amb un cavallet de cartró –similar al *Ball de turcs i cavallets*- «i el cos per sota la gualdrapa, que simulava els inexistents peus de la falsa bèstia, i per sota el cavallet de cartró sortien les calces de vellut i les espardenyes de pagès de set vetes» de l'home que feia de Sebastiana del Castillo. A Tarragona, segons Morant i Clanxet (1980), la música que acompanyava el ball era interpretada amb un violí, una flauta i un «bombo». Sabem, pel record d'un dels actors, que, a l'Espluga de Francolí –el ball s'hi representà per darrera vegada el 1910-, es recitava amb una cantarella molt especial, martellejant –com la declamació dels diables de Sant Quintí de Mediona encara avui (Farré 1992: 216). La pólvora i els trabucs acabaven de reblar l'èxit d'aquesta figura grotesca d'un home fent de Sebastiana, insistim, amb un cavallet de joguina d'on sortien unes cames peludes i les espardenyes. Tant els components de foc i pólvora, amb batalles i trets entre els bandolers i la justícia, com la sang i el fetge dels assassinats –amb caps tallats i tot- van causar molt d'enrenou en els diferents pobles i viles on es va representar i per això, tal com recullen notícies de la premsa de l'època, el *Ball de Sebastiana del Castillo* sovint fou prohibit.

A l'igual que el romanç, el ball parlat de Sebastiana del Castillo també va perviure durant el segle XX amb la mateixa recepció, tal com explicava Xavier Amorós referint-se a una festa major de sant Magí a Tarragona el 1959:

> El primer any, el que em va impressionar més va ser el ball de la Sebastiana del Castillo. Els components del grup anaven terriblement disfressats i amb escopetes que, de tant en tant, quan no recitaven, disparaven enlaire.

---

[6] El final del *Ball de Sebastiana del Castillo* de Tarragona tampoc no difereix gaire del final del romanç: «Padres los que teneis hijos // no seais como los mios // no destorbeis matrimonios // en sacramento divino. // Pido que me perdoneis, Señor // si es que tan mala he sido // que vuestra misericordia // es mayor que mis delitos.» (Arévalo 2012: 69).

La primera vegada que vaig veure la Sebastiana de prop, vaig tenir un veritable en-surt, un veritable sotrac. La Sebastiana era com una mena de líder femení medie-val, entre Joana d'Arc i valquíria, però molt robusta, voltada de guerrers a les se-ves ordres que havien de derrotar els seus enemics. L'ensurt el vaig tenir quan em vaig aproximar al personatge i em vaig adonar que la Sebastiana no era cap dona: era un home fornit amb el rostre tot empolvorat de blanc i aquella gran cabellera rossa fins a les espatlles. El ball parlat -per cert, en castellà, com el títol indicava-s'acabava ràpid. (Amorós, 2009).

5. Sebastiana del Castillo i el corrido mexicà

El *corrido* mexicà és un gènere musical nascut a inicis del segle xix, que es va popularitzar, sobretot, a partir de la revolució (1910-1920) i que explica històries de personatges reals o mítics. Hi ha diverses tesis sobre l'origen dels *corridos*, alguns dels quals recullen temes i motius de les cultures prehispanes i, d'altres, a partir de la colonització, del romancer espanyol (Menéndez Pidal 1968: 226). Es calcula que el corpus de romanços en la tradició oral moderna americana està integrat per més de dues mil dues-centes versions d'uns cin-quanta romanços (González 2000: 24-34). Entre aquest corpus, hi ha diferents versions que tracten temes novel·lescos.

En aquest sentit, el romancer hispànic de temes novel·lescos es recreà a les colònies americanes, i en concret en aquest gènere musical mexicà, a través exemples en els quals s'origina algun conflicte personal, local o familiar que ve a destruir l'harmonia familiar. Aquests conflictes inclouen dificultats que sor-geixen a partir de la crueltat dels pares, la desobediència dels fills, la infideli-tat d'una dona, la venjança del nuvi o del marit, la deslleialtat d'un germà, o la traïció d'un compare o amic i altres faltes semblants que ocasionen desgràcies i fatalitats. Dins d'aquest cicle destaquen els *corridos* de fills o filles desobedients.

Aquest és el cas del *Corrido de Teresa Duran*, que representa el model de la mala filla, la conducta malvada de la qual la porta a assassinar els seus pares.[7] Dins d'aquesta funció exemplar, la història compleix dues finalitats comple-mentàries: acovardir els que s'allunyen de les normes establertes i inculcar en els fills obediència i amor als seus pares i mares. I el *Corrido de Teresa Duran* prové justament del romanç de Sebastiana del Castillo. Així, l'estudi de Gui-llermo E. Hernández, que explora noves perspectives sobre orígens i evolució dels *corridos* mexicans, conclou que els motius i temes de la cançó de Teresa Duran tenen el seu origen i model en Sebastiana del Castillo (Hernández, 1995: 28-36). Segons Vicente T. Mendoza, autor d'un dels primers estudis compara-tius entre els romanços i els *corridos* (1939), el de Teresa Duran, «contiene en sí una acción dramàtica, en tal forma, que apenas le falta el impulso del drama-turgo para ser trasladado a escena» (Mendoza 1997: 222).

---

[7] En d'altres estudis també es relaciona aquest *corrido* amb el motiu tòpic del beure i el vi, concretament amb el seu abús i l'alcoholisme (Muñoz-Hidalgo 2005: 234-251).

El *Corrido de Teresa Duran*, de 194 versos,[8] només explica que la protagonista mata el seu pare i la seva mare per culpa del seu amant. En aquest cas, Teresa Duran prové d'una família humil, honrada i caritativa d'Hidalgo del Parral. I, el 23 de gener de 1930, coneix Macario Hernández de Michoacán, compare en segon grau, amb qui s'emborratxa a la cantina fins que els seus pares la van a buscar, enutjats, li recriminen la seva conducta i li prohibeixen de tornar-lo a veure. Al cap d'uns dies, després d'haver dissimulat i demanat perdó, Teresa, però, havent ordit ja el pla des d'aquella primera nit amb Macario a la cantina del Chinito, clava primer 30 punyalades a la mare i, posteriorment, quan retorna de la seva feina al camp, s'abalança i apunyala el pare fins que aquest cau mort als seus peus. Curiosament, l'amant pel qual Teresa mata els seus pares, era –a Mèxic- català:

> Y sin pensar que El Divino
> la tendría que castigar,
> se tomó un trago de vino
> y luego sacó un puñal.
> Sobre su madre se echó
> sin temor al Ser Supremo,
> treinta metidas le dió
> a la que le dió su seno.
> Su padre viendo quedó
> en el mandil que llevaba
> gotas de sangre muy fresca
> y preguntó que pasaba.
> -¿Qué, mataron al gallito
> que tenía de consentido?
> y la hija respondió:
> -Sí, padre, aquí está el cuchillo.
> Terminando estas palabras
> se abalanzó sobre de él,
> dándole de puñaladas
> hasta que cayó a su pie.
> Aquel padre en su agonía
> no tuvo más que decir:
> -Anda, Teresa, hija infame,
> *tú sabes tu porvenir.*
> Así terminó la historia
> de la Teresa Durán,
> que asesinó padre y madre
> por causa del *catalán.*

---

[8] Partim de la versió de 1930 que recull Mendoza (1997: 780-782).

Bibliografia citada

AMADES, Joan (1983): *Costumari català. El curs de l'any*. Barcelona: Salvat i Edicions 62 (reimpressió).

AMORÓS, Xavier (2009): «Sant Magí. Tarragona, 1959 (II)». *Reusdigital.cat* (Reus) , 6 d'agost de 2009. http://www.reusdigital.cat/index.php?command=export&style=pdf&news_id=8674

ARÉVALO, Elisa (2012): *Els balls parlats perduts del seguici popular de santa Tecla. Recuperació del ball de Sebastiana del Castillo*. Tarragona. http://www.tinet.cat/portal/uploads/recuperacio_del_ball_de_sebastiana_del_castillo_20120309140616.pdf

ARROYO, Salvador (1992): «Els balls parlats: l'origen del teatre d'afeccionats al Vendrell i a tot el Baix Penedès», a Montserrat PALAU i Magí SUNYER (ed), *Els balls parlats a la Catalunya Nova (Teatre popular català)*. Tarragona: El Mèdol, 197-198.

BARGALLÓ, Josep; PALAU, Montserrat (2010): *Bandolers, santes i criades. Quatre balls parlats de la Torredembarra vuitcentista*. Torredembarra: Arxiu Municipal de Torredembarra.

BERNALDO DE QUIRÓS, Constancio; ARDILLA, Luis (1931): *El bandolerismo andaluz*. Madrid: Gráfica universal.

BORROMEO, Carlos (s.d.). *Historia de Sebastiana del Castillo*. Barcelona: Successors d'Antoni Bosch.

CARO BAROJA, Julio (1974): *Ritos y Mitos equívocos*. Madrid: Itsmo.

CASAS, Inmaculada (2012): *Romances con acento andaluz. El éxito de la prensa popular (1750-1850)*. Sevilla: Fundación pública andaluza Centro de estudios andaluces.

DOMÍNGUEZ, José María (1985): «El mito de la Serrana de la Vera». *Revista de folklore* (Valladolid), número 52, 111-120.

FARRÉ, Filo (1992): «Els darrers balls a l'Espluga de Francolí», a Montserrat PALAU i Magí SUNYER (ed), *Els balls parlats*, 214-216.

GONZÁLEZ, Aurelio (2000): «El romancero en América y la tradición cubana», *América sin nombre* (Alicante), número 2, 24-34.

HERNÁNDEZ, Guillermo E. (1995): «Nuevas perspectivas sobre el corrido: implicaciones de complicaciones y estudios contemporáneos». *Ballads and Boundaries: Narrative Singing in an Intercultural Context*. Los Angeles: UCLA, 28-36.

IGLESIAS, Abel (2014): «La representación de la mujer en las relaciones de sucesos». *Revista Internacional de Historia de la Comunicación* (Sevilla), número 2, 1-22.

MENDOZA, Vicente T. (1997): *El romance español y el corrido mexicano: estudio comparativo*. México: Universidad Nacional Autónoma de México.

MENÉNDEZ PIDAL, Marcelino (1968): *Romancero hispánico* (2a ed.). Madrid: Espasa-Calpe.

MORANT I CLANXET, Jordi (1980): *La festa popular de santa tecla de 1687. Altres notes de les solemnes diades de la ciutat de Tarragona*. Tarragona: Casal Tarragona.

MUÑOZ-HIDALGO, Mariano (2005): «De las canciones del vino a la cultura huachaca: marginalidad e identidad». *Universum* (Talca), número 20, 234-251.

PALOMAR, Salvador (2011): «La terrible Sebastiana», blog *La Teiera*. http://la-teiera.wordpress.com/2011/05/07/la-terrible-sebastiana/

2. SÀTIRA DE COSTUMS: ELS BALLS DE VELLS

María Eugenia Jurado Barraco

La danza dramática de los Huehuemeh en la Huasteca hidalguense

Introducción

En las danzas de los pueblos indígenas de México, interviene además de sus coreografías y el movimiento corporal de los danzantes, otras formas de expresión como las máscaras, el vestuario, los accesorios, la palabra y la música; en general es una puesta en escena que sustenta una cosmovisión ancestral, donde el intérprete y el espectador se funden, se amalgaman para decir y sentir el latido de la vida. Los nahuas de la Huasteca hidalguense no son la excepción, ya que en su danza dramática de *Huehuemeh, Huehues o Viejos*[1] se manifiestan creencias, funciones y significados que nos remiten a la *tradición religiosa mesoamericana*.[2] Por lo que el propósito de este trabajo es analizar esta danza, tomando como punto de partida sus antecedentes históricos y la descripción del contexto de su puesta en escena en la celebración del *Xantolo*.

Con este trabajo pretendo hacer una pequeña contribución a la reflexión sobre otra forma de concebir y abordar el estudio de las expresiones estéticas, -como la música y la danza-. Mostrar que los significados de la danza de Huehuemeh se han conformado a través de un largo proceso histórico y, que en el momento del rito se recrean y crean de acuerdo al contexto social actual. Que en la forma de la danza está implícito su contenido, por lo que su puesta en escena genera un saber del mundo, en la medida en que da cuenta de las cualidades afectivo-conceptuales de la sociedad, el cosmos, la naturaleza y el hombre. De ahí que los danzantes sean comunicadores sociales, intérpretes de una

---

Instituto Politécnico Nacional, México.

[1] En náhuatl *Huehuemeh* significa viejos, de *huehue* viejo y *meh* plural; mientras *Huehues* se compone del náhuatl *huehue* y el plural *es* pertenece al castellano.

[2] La tradición religiosa mesoamericana se compone de las sociedades de agricultores mesoamericanos, las sociedades indígenas coloniales hasta nuestros días (López Austin 1994: 12)

forma de sentir de su grupo, decodificadores y codificadores de su cultura, al expresar sentimientos, necesidades y emociones propios de la comunidad. Es decir, cuestionar las posturas institucionales que conciben las manifestaciones artísticas de los pueblos indígenas como pintorescas, que se están perdiendo y que deben ser «rescatadas»; por lo que las desvinculan de los saberes y la vida cotidiana de los actores sociales. La UNESCO, como cómplice de estas políticas, tiene en sus declaraciones sobre el Patrimonio Mundial de la Humanidad, una concepción en la que la cultura material e inmaterial de los pueblos se maneja como piezas de museo, que son dignas de ser vistas por el turismo por lo que es necesario «conservarlas». Mientras a los pueblos indígenas herederos de su cultura, se les sigue confinando a la explotación de su fuerza de trabajo, la depredación y el robo de sus recursos naturales, la migración, la desnutrición, el hambre y la muerte que campea triunfante en la vida cotidiana.

En el estudio de la danza de *Huehuemeh*, que se realiza en el contexto de la celebración anual dedicada a los difuntos, pretendo responder a las siguientes preguntas: ¿Quienes son los *Huehuemeh*? ¿Qué raíces culturales sustenta la dramatización de la danza? ¿Cuáles son los momentos del ciclo festivo de los nahuas en que se hacen dramatizaciones en las que participan los Viejos? ¿Qué creencias sustentan la representación dramática de la danza de *Huehuemeh*? ¿Cuáles son las funciones y significados de cada una de las etapas de la puesta en escena? ¿Qué funciones cumplen los *Huehuemeh*? ¿Cómo se vinculan la forma, el contenido, los usos y funciones de esta danza con el contexto de su vida cotidiana?

Ubicación

México, con 68 lenguas indígenas, tiene una composición pluricultural y multiétnica. En sus diversas regiones los pueblos indígenas tienen danzas en las que los personajes centrales son el viejo, viejo y vieja o viejos (*mecohmeh*).[3] La región Huasteca es el espacio en el que habitan los nahuas[4] que dramatizan la danza que nos ocupa.[5] En esta región los nahuas han establecido relaciones interétnicas a lo largo de su historia con los pueblos indígenas teenek, tepehuas, otomíes, totonacos con quienes comparten una cosmovisión alrededor de la música y la

---

[3] En el Occidente los purépechas destacan con su danza de Viejitos; en los pueblos alrededor del Distrito Federal hay mascaradas cuyos personajes son los huehuenches o huehuetones; en la mazateca baja se danza el To´oxo o Danza del Ombligo (Camilo Camacho comunicación personal), que lleva a los viejos como personajes centrales; en la región del Noroeste, entre los yaquis y mayos, la danza de pascola significa el viejo de la fiesta, relacionado con la agricultura (véase Olmos 1998).

[4] En México, en el 2005 la lengua indígena con mayor número de hablantes fue el náhuatl (1,376,026 personas), pero con los impactos de la globalización, está sufriendo una disminución acelerada ya que para este periodo se redujo en 72,910 hablantes. Entre las regiones con mayor número de hablantes de náhuatl está la Huasteca, espacio en el que se representa la danza de Huehuemeh (véase INEGI).

[5] La Huasteca comprende fracciones de los estados de San Luis Potosí, Veracruz, Hidalgo, Puebla, Tamaulipas, Querétaro. En municipios de los primeros cuatro Estados se dramatizan diversas danzas en donde los personajes centrales son los viejos.

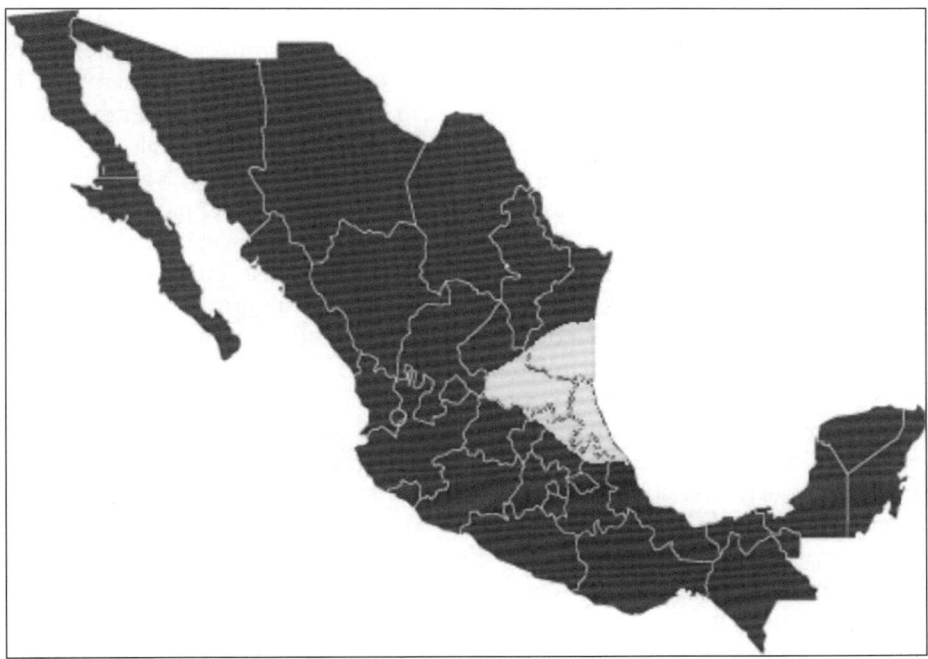

Subregión Huasteca en la que se realiza la danza de Huehuemeh, elaboración propia a partir de INEGI.

danza. Todos estos pueblos tienen danzas cuyos personajes centrales son viejo y viejas; en el análisis de sus dramatizaciones se observa que tienen creencias, funciones, forma, contenido y significados similares. Ello se debe a que derivan de una matriz cultural común que se sustenta en la *tradición religiosa mesoamericana*, donde el ciclo de cultivo del maíz es lo que brinda la lógica de su desarrollo.

La Huasteca hidalguense comprende principalmente los municipios de Atlapexco, Yahualica, Huautla, Huazalingo, Orizatlán, Xaltocán, Xochiatipan y Huejutla. En este territorio el grupo indígena que predomina es el náhuatl, quienes han compartido diversos ritos y creencias alrededor de los difuntos.

Raíces milenarias

Antes de que los nahuas conquistaran la región, estas tierras estaban habitadas por los huastecos (teenek), quienes conformaron un culto a la fertilidad que tenía como base expresiones estéticas con un directo contenido sexual, vinculado al ciclo agrícola. El nacer, crecer y morir de todo lo existente formaba un ciclo en donde el tiempo tenía la batuta.

Los huastecos, elaboraron figurillas de terracota que representan ancianos encorvados que llevan entre sus manos un bastón plantador, una serpiente o un niño, lo que los relaciona con la agricultura. Próximos a la muerte, se consideraban semillas que se depositarían en el vientre de la tierra para resucitar, a través del incansable ciclo de vida-muerte y muerte-vida. Ladrón de Guevara (2006: 68) indica que estas piezas de viejitos se les atribuyen ser libidinosos ya que «… la forma y proporción del bastón plantador alude al miembro viril, y se relaciona con la fecundación». Por lo que la alusión a ser sembradores y libidinosos se destaca su poder fertilizador. Ramírez, *et.al.* (2008: 89) señala que las figuras de viejos encorvados hace referencia a *Mam*, «que significa abuelo en teenek.» Indica que esta deidad se vinculaba con el paraíso del Este y dios del océano, quien rejuvenece cada año con su poder regenerador. Según el mito en este punto cardinal se encontraba el *Cuextecatl*, guía de los huastecos, quien tuvo que marcharse por la falta cometida al ingerir 5 tazas de pulque y quitarse el braguero, enseñando sus «vergüenzas». Por lo que caminó rumbo al oriente llevándose el conocimiento, la sabiduría, las semillas. Ese es el lugar de la muerte, de donde vienen los seres que renacerán.

Las expresiones estéticas entre los huastecos encerraban este simbolismo ligado al culto a la fertilidad. En el Códice Borbónico, se ve la figura de la diosa de la lujuria, Tlazolteotl, acompañada de jóvenes huastecos, quienes danzando en círculo, llevando grandes falos en las manos. Los mexicas, quienes establecieron profundos vínculos culturales con los huastecos, tienen en el Posclásico danzas con claro contenido sexual, ligadas a la fertilidad. Ariel de Vidas (2009: 160), con base en Van Zantwij, menciona que los aztecas tenían una danza obscena que se realizaba en la fiesta de los señores *Hueyi Tecuilhuitl*, llamada *cuecuechtli*, que significa «travieso, y desvergonzado». Fray Diego Durán nos muestra el papel del viejo y su simbolismo en las expresiones estéticas de los pueblos mesoamericanos, al mencionar que había un baile de viejitos quienes portaban máscaras de viejos corcovados, que era graciosa y provocaba la risa.[6]

En estos grupos indígenas se hacía una clara analogía entre el cuerpo humano, los niveles cósmicos y la agricultura. Los nahuas nombraban al semen como la simiente humana, *tlacaxinachtli*, y al cuerpo como la tierra y el lodo *in tlalli*, *in zoquitl* haciendo clara alusión a la agricultura (véase López Austin 2008: 173-190). Para los nahuas los viejos representaban el conocimiento, la sabiduría, la autoridad, el tiempo cíclico, la muerte y la vida; eran los engendradores. El Huehuetlacatl era el que hablaba con autoridad, con conocimiento. El «… hombre que llegaba a los 52 años de edad era un anciano. Se decía que guardaba en su corazón el fuego de las 52 posibilidades de ser de los años (combinaciones de cuatro figuras y 13 guarismos), y recibía por ello honores y cargos de su comunidad; […]» (López 2008: 91).

Cabe mencionar que los pueblos mesoamericanos tenían una clasificación dualista del cosmos, la naturaleza y el hombre. La parte superior correspondía al cielo, lo seco, luminoso, el Sol, el día y lo masculino; mientras a la parte inferior se asociaba con el inframundo, lo húmedo, lo oscuro, la Luna, la noche

---

[6] A principios del siglo XX, los nahuas de Yahualica, Hidalgo todavía hacían un ritual en el que se colocaba un falo de piedra que tiene una altura de 1.56 cm. y un diámetro de 30 cm. Por los elementos que contiene una fotografía de Nicolás León (1903), se puede formular la hipótesis que en el rito se ejecutaba una danza, pues los hombres portaban coronas como lo hacen en las danzas actuales de Tres Colores y *Xochitinij*, además que hay músicos de vara (violín y tal vez jarana) (véase Ramírez, 2008).

y lo femenino. Por lo cual el ciclo se componía de temporada de lluvias y de secas, como una lucha constante entre los dioses del cielo y del inframundo. De tal forma que los dioses del inframundo tenían la misión de generar el agua para las milpas durante la temporada de lluvias, por lo que en reciprocidad, se les ofrendaba al final del ciclo agrícola.

Por otra parte, consideraban que las almas de los hombres tenían un destino después de la muerte que dependía de la forma en que se producía el deceso. Si morían por vejez se iban al *Mictlan*; cuando se ahogaban o su muerte se asociaba con algo acuoso se dirigían al paraíso de Tláloc, donde había eterno verdor; los guerreros caídos en batalla y las mujeres muertas durante el parto se dirigían al *Omeyocan* y acompañaban al Sol desde su aparición por el oriente hasta el ocaso; si morían durante la niñez le correspondía el *Chichihualcuauhco*, lugar en el que había un árbol de que manaba leche (véase Matos Moctezuma 2013).

Los hombres de Mesoamérica hacían diversas fiestas dedicadas al culto a sus antepasados, que tenían gran similitud con la celebración del *Xantolo* entre los nahuas actuales. Pedro Carrasco (1981) indica que sus ritos se vinculaban a los solsticios y equinoccios cuando consideraban que los dioses del inframundo y las almas de sus familiares regresaban a la tierra. Sus ceremonias principales se realizaban en los meses de *Tlaxochimaco* y *Xocolhuetzi*, que entre los tlaxcaltecas y otros grupos se les conoció como *Micailhuitzintli* y *Hueymiccailhuitl* respectivamente. De acuerdo con Durán (1951) en el primero se conmemoraba a los pequeños difuntos; Sahagún (1992) menciona que los hombres y mujeres viejos comían, cantaban y bailaban. Torquemada (1975) señala que en el segundo se celebraba la fiesta mayor de los difuntos. Además, en el mes de *Quecholli* se hacían ofrendas sobre los sepulcros en donde no faltaban los tamales (véase Sahagún 1992).

Cabe mencionar que ciertos ritos dedicados a los difuntos se asociaban con el dios viejo del fuego *Xiuhteuctli* a quien se le consideraba fecundador y fertilizador. Conocido como «El Padre de los Dioses», era El Dios Viejo que estaba asociado al fuego primigenio.

Las ofrendas a los dioses y a los antepasados se hacían como parte de la reciprocidad que establecían con los hombres, la cual se basaba en la necesidad. Los hombres requerían de la fuerza fecundante y fertilizadora de los dioses y difuntos, mientras éstos necesitaban las ofrendas de los hombres para revitalizarse y regresar al inframundo para seguir su trabajo en beneficio de los hombres. De tal forma que muerte y vida formaban el ciclo, donde los difuntos tomaban parte del proceso de producción agrícola, no como la parte técnica, pero sí como la parte mágico-religiosa que tenía como fin incidir en las fuerzas de la naturaleza (véase Jurado 2001: 82-83).

La concepción de los difuntos como fertilizadores no será del todo ajena en las culturas de los pueblos cristianizados del Viejo Mundo ya que tenían fiestas ubicadas en el mes de marzo, que marcaban el paso del invierno a la primavera, donde el culto a la tierra y a las almas de los muertos era muy importante.[7]

---

[7] Caro Baroja (1986) indica que Julio César cambió el antiguo calendario romano (lunar) que iniciaba el año en marzo, por el Juliano (solar) que inicia en el mes de enero.

Entre los campesinos europeos los ciclos de la naturaleza, laborales y festivos estaban engarzados con el calendario de celebraciones católicas; en cada una de sus etapas se consideraba que los difuntos mostraban actitudes diversas hacia sus parientes vivos:

Ciclo anual de los difuntos

Fechas	Fiestas	Actitud y espacio de los difuntos
29 de septiembre-noviembre	San Miguel, Todos Santos y Fieles Difuntos	Solidarios y visitan a los vivos en la Tierra.
Diciembre-enero	Navidad, Año Nuevo y Reyes	Solidarios con los vivos y permanecen en el inframundo.
2 de febrero-marzo	Candelaria y Carnaval (Semana Santa)	Maléficos y dañan, vagan por la Tierra.
Abril-agosto	San Jorge (23 de abril) y San Juan (24 de junio)	Permanecen en el inframundo. Fertilizan los campos y son protectores.

Fuente: Caro Baroja, 1986; Hoyos, 1951; Roma, 1980, citados en Jurado, 2001:91.

El solsticio de invierno se asociaba con el fuego del hogar, y al solsticio de verano con el fuego de la fertilidad. El equinoccio de primavera se vinculaba con el florecimiento de la vida y el de otoño con guardar las provisiones para invierno como frutos, hortalizas y pisar las uvas.

El día de San Miguel, 29 de septiembre se ofrecían las primeras ofrendas a los difuntos, las cuales también se colocaban en la fiesta de Todos los Santos;[8] ellas que tenían como fin buscar la protección de los vivos. El día 2 de febrero el oso dejaba escapar a los difuntos, quienes vagaban peligrosamente por la tierra; con el Carnaval se propicia el paso del invierno a la primavera. San Jorge, en abril, empieza a recoger a los difuntos de la tierra y, en Santa Cruz regresaran a los campos a ser sus protectores y fertilizadores (Roma 1980: 60). A finales de agosto o en septiembre vuelven de nuevo a la tierra causando inquietud entre los vivos, por lo que con las ofrendas en Todos Santos y Fieles Difuntos, regresarán contentos a su morada.

La religión católica asocia todo lo bueno a un ser supremo, Jesucristo. De ahí que las personas que viven de acuerdo a sus normas, al morir su alma se cree que va al cielo; las que se han apartado de ellas al infierno y las que necesitan purificarse al purgatorio. Por lo que la celebración de los Fieles Difuntos tiene

---

[8] La celebración de Todos Santos o *Santórum*, se inició con el pontífice Gregorio IV, en el año 835 d.C., con el fin de «implorar el auxilio del cielo contra las irrupciones desoladoras de los normandos y sarracenos, que tenían en alarma a la cristiandad» (s/a, 1883: 9). En ella se celebra a los santos no conocidos que al morir inicia su verdadera vida.

como propósito interceder a través de las oraciones, por aquellas almas que no han alcanzado el descanso eterno. Sin embargo, la forma de recabar lo necesario para ayudar a estas almas se alejaba de la ortodoxia católica. Caro Baroja (1986) señala, que en la Edad Media, se realizaban mascaradas donde los jóvenes iban por las calles haciendo bromas que con cantos y danzas solicitaban donativos para pagar las misas en honor de las almas del purgatorio. En especial, durante el Carnaval se confeccionaban unos muñecos que representaban el Viejo y la Vieja quienes permanecían el tiempo de la festividad y al final de la misma eran quemados y sus restos abandonados fuera de la comunidad. Los jóvenes se disfrazaban de mujeres, el orden social se invertía. El mismo autor menciona que «los `locos´bailan en Encija para recoger dinero para las ánimas» y fiestas con las mismas características se realizan en Madrilejos provincia de Toledo en el mes de noviembre.

Mijail Bajtin (2003: 20), indica que los rasgos típicos de las formas rituales y de los espectáculos cómicos de la Edad Media, entre los que se encuentra el Carnaval, son un estado peculiar del mundo en el que se da su renacimiento y renovación, donde actores y espectadores son uno, quienes pone en escena la vida misma a través de la risa. El cuerpo juega un papel muy importante, ya que a través de él se establece la oposición de lo alto y lo bajo. Lo bajo «es la tierra; la tierra es el principio de absorción (la tumba y el vientre), y a la vez de nacimiento y resurrección (el seno materno). Donde los jóvenes vestidos de damas y con movimientos grotescos representaban ese principio.

En síntesis consideramos que la figura del viejo y su concepción como fertilizador, relacionado con la vida y la muerte se debe a los profundos vínculos con la tierra que tenían los pueblos mesoamericanos y los europeos al depender principalmente del sustento agrícola. Concepción que se reproduce en la danza de los *Huehuemeh*, como veremos en seguida.

El Xantolo

Los pueblos indígenas de la Huasteca tienen la creencia de que las almas de los difuntos están presentes en la Tierra durante dos temporadas: Carnaval y *Xantolo*.[9] Los nahuas reciben a sus difuntos durante la última celebración, también llamada *Xantoloxochitl* ya que reciben el alma de sus antepasados: *Xantolo-mijkaiwil* es el espíritu o *tonalli* y *xochitl* es la flor del alma. Los indígenas creen que el ser humano y otros seres de la naturaleza se componen de dos sustancias: una perceptible que corresponde al cuerpo, la otra son las almas, imperceptibles y ligeras (véase López Austin, 1994). Cuando el hombre muere una de estas almas-el *tonalli*-, no se destruye y regresa a la tierra para con-

---

[9] El *Xantolo* es la fiesta de los difuntos. Producto de dos tradiciones: la mesoamericana y la hispana. Antes de la Conquista, la celebración formaba parte del ciclo productivo y ritual del maíz, por lo que con la evangelización se hizo coincidir la celebración cristiana de *Santorum* con el *zintlakuas*, ceremonia de la cosecha del maíz, que se sigue practicando entre los nahuas en estas fechas.

vivir con sus seres queridos. Si no se les ofrenda, los difuntos regresaran a su morada muy tristes, pero aquellos que han olvidado su deber serán castigados con enfermedad, problemas cotidianos e incluso con la muerte.

Estas fiestas coinciden con las dos temporadas de cosecha anual del maíz: de noviembre a febrero la de *Tonalmil* (milpa de sol), y la de junio a octubre de *Xopamil* (milpa de verano o de lluvia). Para la celebración del *Xantolo*, se aprovecha la cosecha de maíz de esta última siembra, con lo que se preparan los alimentos para ofrendar a los difuntos. De esta forma los difuntos comparten las primicias que da la milpa, ya que ellos con el poder de la lluvia han propiciado la germinación de los alimentos primordiales. Los seres que habitan la parte húmeda del cosmos tienen entre sus atributos lo femenino y lo sexual.

A diferencia de Todos Santos y los Fieles difuntos, el *Xantolo* comprende un periodo más amplio que incluye ritos preliminares, liminares y posliminares (véase Gennep 1986). La primera fase inicia el 29 de septiembre, fiesta de San Miguel, ya que se tiene la creencia de que este día el santo suelta o libera a los difuntos, que desde este momento andarán vagando por la tierra. Es el tiempo en que se cosechan los primeros elotes y se ofrendan tamalitos en el altar; también se empiezan a intensificar las actividades dirigidas a confeccionar los objetos propios de la celebración, por lo que se elaboran velas, cohetes, bordados de ropa tradicional, morrales y alfarería de piezas especiales para las ofrendas. Los capitanes de las cuadrillas que saldrán a danzar van a visitar a los músicos para sellar el compromiso de su participación, pedirán un permiso en el municipio e iniciaran los ensayos. La segunda fase, conocida como *Xochitequizta* (trabajar el arco de flores), es cuando la familia confecciona los arcos para conformar el altar. Es el momento álgido de la celebración, que inicia el 18 o 28 de octubre, cuando se ofrenda a los muertos en desgracia y, termina el cuatro o cinco de noviembre, «con la octava» u Ochavario. En esta etapa se hacen diversos ritos de bienvenida: el día 31 de octubre, conocido como *Tonale* de *Pilconetzitzi* (ánimas de los niñitos) se ponen ofrendas especiales donde predominan alimentos sin picante y juguetitos; el día primero de noviembre se le denomina *Huehuexpan* (frente a los Viejos), se realiza el rito más importante en el altar de la casa en el momento de ofrecer a los padres, abuelos y otros familiares los alimentos, vestidos y herramientas agrícolas colocadas en el altar. Este periodo es de intensa emotividad, el llanto y la risa se mezclan para hacer sentir a los seres queridos, que se han ido, la necesidad de su presencia. Es cuando los danzantes tienen una gran actividad, pues sus dramatizaciones se realizan ya por solicitud del jefe del hogar o porque van pidiendo permiso de casa en casa para hacer sus evoluciones. Finaliza esta gran actividad estética con la visita al panteón, donde familiares vivos y muertos «conviven» en armonía degustando los platillos tradicionales que consisten en tamales, mole, aguardiente, refrescos, panes, etc. A la vez que los Huehuemeh danzan entre las tumbas haciendo bromas.

La fase posliminar se caracteriza por la presencia de las almas de los difuntos en la Tierra. Algunos ancianos nahuas comentan que antes los danzantes seguían haciendo sus representaciones hasta el 15 o 30 de noviembre, San Andrés Chico y San Andrés Grande respectivamente; que es cuando el santo los lleva de regreso al inframundo. Ahora, muchos jóvenes tienen que regresar a sus lugares de trabajo, por lo que el destape de los disfrazados se realiza antes, con el fin de liberarse de las almas de los difuntos. Se hace una última ofrenda en los altares familiares y se destruye el arco, dejándolos fuera de la comunidad.

La danza de Huehuemeh

Entre los nahuas de la Huasteca hidalguense se representan en estos días danzas diversas como los Cuanegros, Matlachines o Matachines[10] y Huehuemeh. Una de sus características es que en ellas participan sólo hombres, los que visten de mujer se les conoce como *Ilamalintzin* o *Tlaquechanequetl*. El acompañamiento musical es de trío Huasteco y en el caso de las dos últimas danzas, también puede participar una banda de viento.

Por la mañana el sonido de un cuerno o un caracol invade la serenidad de las comunidades, es el llamado a los jóvenes de la comunidad que participaran en alguna cuadrilla de Huehumeh. En la casa del capitán se genera una extraña metamorfosis, ya que los jóvenes que entraron alegres y llenos de vida, salen transformados en viejos y viejas. Ellos van ataviados con máscaras, paliacates, sombreros, huaraches, botas o tenis; ellas, con el vestido tradicional que consta de blusas bordadas, falda, aretes, collares, huaraches, tenis, o botas, paliacates que envuelven su cabeza y un sombrero; también pueden llevar la vestimenta que ahora llevan las jóvenes de la comunidad o vestidas de mestizas. Ellos han hecho una promesa de participar en la danza con el fin de encontrar trabajo, que un ser querido se alivie de una enfermedad, agradecer por la cosecha y esperar que el siguiente ciclo crezca adecuadamente el maíz; por lo que tienen que seguir una serie de normas que les permita recibir el alma-*tonalli* de algún difunto o «antepasado» en su cuerpo. Por lo que se purifican a través del ayuno y la abstinencia sexual; además de cumplir el compromiso durante siete años, de lo contrario pueden tener un mal sueño o enfermar. Así, la danza de Huehuemeh se usa para que las almas de los difuntos encarnen en uno de sus parientes durante el Xantolo o en ocasiones en Carnaval.[11]

Cada solar de las casas se va transformando en un gran escenario comunal, en el que el propio entorno es el marco de la dramatización dancística. Son los ancestros, los muertos transmutados en deidades engendradoras las que sacralizan el espacio. El sociodrama se divide en dos partes centrales (véase Jurado, 2001).

---

[10] Danza de Conquista. «La danza de los matachines (del ár. *Matauchihin*, enmascarado), cuyo nombre mencionado ya por Rodrigo Caro, recuerda los grupos bufones así llamados en la Europa Occidental en la Edad Media que, vestidos abigarradamente y adornados con cascabeles, se ganan la vida yendo de una corte a otra; en su versión mexicana, ésta es simplemente una danza rítmica bastante monótona, practicada en la zona que va de Sonora a la Huasteca y en ciertas partes de Arizona» (Weckmann 1996: 521-522).

[11] Entre los totonacos que habitan la región le denominan a estos jóvenes que prestan sus cuerpo para que el alma de algún difunto se corporativice como relevos.

Estructura general de la danza de Huehuemeh

Parte I: Escenificación de la danza		Parte II: Dramatización de un tema (Juegos)
IA	IB	Dramatizaciones diversas, entre las que destacan las necrófilas:
Sátira	Danza de parejas	
Diálogos, gritos, exclamaciones	Danza con trío huasteco o Banda de Viento: Sones Huastecos, Rancheras, Polkas, Cumbias, Pasito Duranguense. -Se practican barridas o limpias.	Música de Trío Huasteco o Banda de Viento, se interpretan Sones de Viejos: Venado (*mazat*), Toro (*huacach*), Difunto (*micatzi*), Caballo, La mula, La carretera, Zorrillo (*epat*), Zopilote (zopilote), Borracho (*ihuintiquetzi*), Zapateado y Despedida (*tanahuatiquetzi*). -Se practican barridas o limpias.

Fuente: véase Jurado 2001.

En la primera parte el capitán de la danza junto con los Huehuemeh, van de casa en casa pidiendo permiso al jefe de familia para hacer la representación. Entre bromas de carácter lúdico sexual alegran a los integrantes de la familia y vecinos que van acompañando a los danzantes; todos ellos como espectadores participan respondiendo a los danzantes sus comentarios; lo que hace que se fusionen actores y espectadores, que en conjunto decodifiquen y codifiquen su cultura . Durante esta primera fase salen a relucir muchas situaciones delicadas de la comunidad, que en otro momento no se dirían, por ejemplo:

Ya llegué, vengo de lejos, vengo cansado.
Ya no te acuerdas de mí. Yo te compré tus pañales,
Yo gaste mucho dinero.
Yo le daba a tu mamá para que te mantuviera.

O también pueden comentar:
-Quieres darme un recado pa´que se lo de a tu
hermana que está conmigo.
Yo me la llevé a mi casa, o que ya no te acuerdas.
Ahora tenemos un *pilquetzin* así de chiquito.

O dicen: Traje el *coachonzo* para llevar a sembrar a tu hija.
¿La vas a dejar irse conmigo a la milpa?

Pueden hacer referencia a la milpa:
Ya sembré y ahora voy a cosechar.
Voy a llevarme a tu esposa para
que me prepare el lonche.

Con frecuencia ponen de manifiesto las conductas de caciques de la regional o hacen burla de los expresidentes de México y otras partes de mundo, como por ejemplo dicen refiriéndose a Salinas de Gortari:

Ya llegué, yo he sido el que ha andado
robando por todo México,
por eso el país es una ruina.

Las frases hacen alusión a situaciones por la que pasan con frecuencia los miembros de la comunidad, pero en un ambiente jocoso. Así, lo que puede ser una afrenta y que se trata como un problema en el ámbito familiar, se expresa en colectivo, lo que en muchas ocasiones hace que el jefe de familia comparta la risa con los presentes y se destensen los individuos. Durante esta primera parte y en el resto de la dramatización, algunos integrantes de la familia en donde se está haciendo la representación piden a los Huehuemeh que les practiquen una limpia, para que se lleven una enfermedad, una pena, la envidia. Por lo que estos personajes tienen una función terapéutica. Al considerarse que estos seres son aires, ellos se pueden llevar todo lo malo que se ha acumulado en la comunidad durante un año: enfermedad, el aire malo de algún familiar difunto, la envidia y los chismes.

Los *Huehuemeh* también tienen como función el generar lazos de solidaridad y consolidar la identidad étnica, que serán necesarios en la vida cotidiana. Ellos marcan el territorio de su comunidad y el parentesco entre los miembros de la misma, ya que al hacer visitas de casa en casa se les recibe porque se reconoce la pertenencia. En ocasiones también visitan comunidades aledañas en las que son recibidos por ser conocidos como parientes y pertenecientes al pueblo indígena nahua.

Los Viejos al ser fertilizadores por mandar las lluvias, se les ofrendan en esta ocasión, por lo que los nahuas pretenden asegurar su beneficio en el próximo ciclo productivo del maíz; pero también agradecer por lo ya obtenido. De tal forma que la reciprocidad entre vivos y muertos se establece, permaneciendo los lazos afectivos con aquellos parientes difuntos que les legaron la tierra.

En la parte B de esta primera fase, se danza en pareja, los movimientos son de claro contenido lúdico-sexual. Los viejos, brincan, gritan, zapatean; mientras las *Ilamalintzin* se mueven con pasos ligeros. Cuando representan a las mujeres mestizas sus movimientos son muy provocativos y coquetos. Sin palabras las mujeres de la comunidad se diferencian de las mestizas o de las de la ciudad, la oposición con el otro se representa.

En la segunda parte, se hace una dramatización, conocida en la región como juegos. Por lo general, sólo participan los hombres. Estos juegos tienen la función de poner en escena aquello que les inquieta o les mueve a la risa. Por ejemplo, se representa el tema de la muerte donde se muestra la prepotencia de los mestizos a quienes los nahuas denominan *coyotl*, por que los consideran voraces, abusivos, mentirosos y asesinos. Es común que se ponga en escena la vida cotidiana en el campo, donde los animales, al igual que el hombre tienen un alma, que regresa en estos días. Aquí, lo lúdico-sexual está muy acentuado. En estos juegos se observa que los nahuas conocen a detalle todas las características de los animales: sus movimientos, las actividades que realizan con ellos, las formas como benefician o perjudican su milpa, etc. La alusión a lo sexual es una constantes, tal vez lo hacen tratando de incidir en la reproducción de las especies que consideran benéficas y necesarias en su vida cotidiana.

Del dos al cinco de noviembre se visitan los panteones. Los Huehuemeh danzan entre las tumbas y van visitando algunas de ellas. Hacen bromas a las personas, quienes les ofrecen bebidas y comida que «comparten» con los difuntos. Cabe mencionar que durante el brindis, todos los presentes primero vierten algunas gotas de refresco o aguardiente en la Tierra, como un reconocimiento de que ella, como una madre da el sustento a los nahuas. Es un momento de gran algarabía, ya que se da la conjunción entre vivos y muertos. No faltan los momentos de llanto, pues será hasta el próximo año que los vivos podrán disfrutar de la compañía de sus seres queridos.

Para finalizar, en la fase posliminar, los Huehuemeh tienen que dejar los cuerpos de los jóvenes, que su *tonalli* regrese a ocupar su sitio y que los difuntos abandonen este mundo, para que al regresar a su morada vuelvan a velar por sus parientes y amigos. El rito de despedida, conocido como *ixtlapus* (abrir los ojos), se hace en casa del capitán, quien junto con su esposa hace pasar a cada *huehue* por debajo de un arco florido. El *huehue* se quita la máscara y la señora, en otras ocasiones el capitán, asperja la cara del danzante con un tanto de aguardiente, mientras él tiene que permanecer con los ojos abiertos, se le coloca un collar de flores (*xochicoxcatl*). Así se logra que las almas de los difuntos se desprendan del cuerpo del danzante, ya que se piensa que por lo regular no lo quieran soltar, pues ellos desean permanecer entre los vivos. La música que se toca para purificar es la Xochipitzahua o algún Canario.

Los jóvenes han cumplido con su promesa, encarnando a los viejos. Los danzantes comentan que la danza no es un juego, pues se corre peligro al ocupar el lugar de los antepasados. Pero con la limpia los muertos regresan a su morada y los jóvenes pueden regresar a sus trabajos en los campos agrícolas o a la ciudad, donde se espera que la reciprocidad de los muertos los ayudará a soportar un poco la pobreza, la discriminación y la explotación. Mientras sus padres y sus hijos se quedan en la comunidad con la esperanza de tener un buen temporal que les de sus alimento fundamental, el maíz.

Conclusión

Las expresiones culturales para los pueblos indígenas es algo muy profundo, dan cuenta de su forma de ver, sentir y afrontar la vida cotidiana. No es expresión de lo bonito, sino una manera de asegurar el crecimiento de sus plantas sagradas, que les permite aliviar un poco sus necesidades alimentarias, conseguir la salud, estrechar la solidaridad con parientes y amigos en momentos críticos, vivir en armonía con sus familiares, vecinos, la naturaleza y los astros, poner en escena la violencia y la voracidad de los *coyomeh*. Fallar en el rito es sinónimo de vivir en la incertidumbre, ya que se ha provocado un desequilibrio entre los agentes que apoyan la vida. Por lo que la religión de los nahuas, profundamente emotiva, es para el aquí y el ahora.

Bibliografía citada

ARIEL DE VIDAS, Anath (2009), *Huastecos a pesar de todo. Breve historia del origen de las comunidades teenek (hustecos) de Tantoyuca, norte de Veracruz*, Centro de Estudios mexicanos y centroamericanos, Consejo Nacional para la Cultura y las Artes, Dirección General de Publicaciones, Colección: Antropología y Etnología, http://books.openedition.org/cemca/355 consulta: 11 de septiembre de 2014.

ANDERS, Ferdinand, Maarten Jansen y Luis Reyes García (1991). *Códice borbónico. El libro del Ciuacóatl: Homenaje para el año del Fuego Nuevo*, Colección Códices Mexicanos, FCE, Akademische Druck-und Verlagsanstalt, Sociedad Estatal Quinto Centenario.

BAJTIN, Mijail (2003). *La cultura popular de la Edad Media y en el Renacimiento. E Contexto De Francois Rabelais*, Alianza Editorial, Madrid, España.

CARO BAROJA, Julio (1986) *El carnaval. Análisis histórico-cultural*, Taurus, Madrid.

CARRASCO, Pedro (1981). «La sociedad mexicana antes de la conquista», en *Historia General de México*, Vol. I, El Colegio de México, México.

DURÁN, Diego (1951). *Historia de las Indias de la Nueva España e Islas de Tierra Firme*, Editora Nacional, México.

GENNEP, Arnold van (2008). *Los ritos de paso*, Alianza Editorial, Madrid.

HOYOS, Nieves (1951). *La muerte del Carnaval y el serrar la vieja*, Tomo V, Julio Diciembre, Instituto Bernardino de Sahagún, Antropología y Etnología, Consejo Superior de Investigaciones Científicas, Madrid.

INEGI, «Náhuatl, lengua indígena con más hablantes en México», en El Universal, Lunes 19 de mayo de 2008, http://www.eluniversal.com.mx/notas/507940.html consulta: 12 de septiembre de 2014.

JURADO BARRANCO, María Eugenia (2001). *Xantolo, el retorno de los muertos*, CONACULTA-FONCA, México.

LADRÓN DE GUEVARA, Sara. (2006) «Museo de Antropología de Xalapa», en *Arqueología mexicana*, No. 22, Editorial Raíces, S.A. de C.V./INAH, México.

LÓPEZ AUSTIN, Alfredo (1994). *Tamoachan y Tlalocan*, F.C.E., México.

— (2008). *Cuerpo humano e ideología*, Universidad Nacional Autónoma de México-Instituto de Investigaciones Antropológicas, tercera reimpresión, México.

MATOS MOCTEZUMA, Eduardo (2013). «La muerte entre los mexicas. Expresión particular de una realidad universal». En: *Arqueología Mexicana. La muerte en México. De la época prehispánica a la actualidad*, Edición Especial 52, octubre, México, pp. 835.

OLMOS AGUILERA, Miguel (1998). *El sabio de la fiesta. Música y mitología en la región cahita-tarahumara*, Instituto Nacional de Antropología e Historia, México.

RAMÍRES CASTILLA, Gustavo A. et. al. (2008). *De aquí somos. La Huasteca*, Culturas Populares, CONACULTA, México.

ROMA RIU, Josefina (1980). *Aragón y el Carnaval*, Colección Básica Aragonesa, Vol. 21, Editorial Guara, Mallorca, España.

SAHAGÚN, Bernardino de (1992). *Historia general de las cosas de la Nueva España*, Col. Sepan Cuantos, No. 300, Porrúa, México.

WECKMANN, Luis y AZUELA, Mario (1996). *La herencia Medieval de México*, Fondo de Cultura Económica.

Pere Navarro Gómez

Interrupció, represa i evolució
del Ball de Dames i Vells de Tarragona

1. Justificació

Com a component del Ball de Dames i Vells de Tarragona, tinc una satisfacció plena de poder celebrar enguany el II Congrés Internacional sobre Balls Parlats, dins els actes de commemoració del 500 aniversari de la primera documentació de l'esmentat Ball a aquesta nostra ciutat.

El Ball de Dames i Vells de Tarragona és un ball parlat de caràcter satíric, interpretat, en l'actualitat, íntegrament per hòmens. L'argument dels seus parlaments és senzill i empra un llenguatge carregat d'al·lusions eròtiques, gestos obscens, paraules i expressions de connotacions vulgars. Es caracteritza per la crítica que fa als poders establerts, mitjançant l'humor; el seu objectiu principal, per tant, és el de fer riure. Durant els dies centrals de la Festa Major de Santa Tecla, el 22 i el 23 de setembre, es passa revista a tots aquells fets locals, nacionals i internacionals que al llarg de l'any destaquen i són susceptibles de ser censurats. La representació es fa al carrer i té una durada que oscil·la entre 20 i 25 minuts.

Aquesta comunicació complementa la informació bàsica apareguda fins als nostres dies aportada, en primer lloc, per Jordi Morant i Clanxet[1] i, en segon lloc, per Pep Martorell.[2]

Universitat Rovira i Virgili.

[1] Jordi MORAN I CLANXET (1981), *El ball popular tarragoní de Dames i Vells*, Tarragona, Ajuntament de Tarragona.

[2] Pep MARTORELL (1993), *El ball popular tarragoní de Dames i Vells*, Tarragona, Ajuntament de Tarragona.

2. Interrupció

L'any 1858, l'arquebisbe de Tarragona Josep Domènec mostrava un especial interès pels parlaments que alguns Balls recitaven durant la professó de Santa Tecla,[3] a través de la carta enviada a l'alcalde de Tarragona –Joan Cabeza i Roig– on considerava els parlaments esmentats «no poco repugnantes y censurables». Al seu torn, l'alcalde remetia al governador civil de Tarragona –Pedro de Nabascués– la carta de l'arquebisbe perquè en tingués coneixement i actués com pertocava. Hem d'entendre que entre aquests Balls hi havia d'haver el de Dames i Vells. Transcric literalment la carta de l'alcalde al governador civil:[4]

El Excmo. y Ilmo. Sr. Arzobispo de esta Diocesis, con fecha de ayer me dice lo siguiente: „M. I. S. = segun mis noticias y las que leo en un cuaderno, que tengo á la vista, en los primeros dias de fiestas se recorren las calles de esta Ciudad y van delante de la procesion de Sᵗᵃ Tecla varias comparsas de hombres bailando y recitando algunos trozos que llaman parlamentos. = Hay entre estos no poco de repugnante y de censurable por ser ofensivo á la buena moral, á las bellas letras y a la cultura y civilización por las que tanto debemos interesarnos. = Conociendo el ilustrado criterio de Vs. me atrebo a rogarle le sea servido ordenar dos cosas: - 1ª que se presenten a la digna autoridad de Vd. los llamados parlamentos, los cuales tanto con arreglo á las leyes como por especial favor, hé de merecer de Vs. se sirva comunicarmelos antes de su aprobacion, pues si no estoy mal informadao, se advierte en los mismos una indigesta mescolanza desagrado (sic) y profano. = 2ª que Vs. tenga á bien designar para cada comparsa un sugeto responsable el cual asegure que no permitirá exceso alguno ni en palabras ni en gestos ni ademanes que de cualquier modo sean contrarios a la religion, a la moral y a la cultura de una Ciudad tan antigua, noble y respetable como la presente.»
Lo traslado a Vs. a fin de que se sirva informarme acerca de las costumbres que recitan por el Señor Arzobispo, con remision de un ejemplar de los llamados parlamentos para acordar en su vista lo que corresponda.
Dios guarde a Vs. muchos años. Tarragona, 22 de septiembre de 1858.
(Signa) Pedro de Nabascués (governador civil de Tarragona)

Així doncs, els poders fàctics d'aquell moment –ara tot just acaba de fer 176 anys– podien exercir una censura sibil·lina a través d'un confident que els informés d'amagat sobre els parlaments que havien de ser interpretats durant la professó de la patrona de Tarragona.

Ja abans de la darrera guerra civil espanyola, la premsa s'havia fet ressò de la gran acceptació que el Ball de Dames i Vells havia rebut per part de la població tarragonina i en destacava la gran popularitat de què gaudia el Ball. El 19 de setembre de 1929, el diari *La Tarde* publicava, a la secció «Pórtic», l'article

---

[3] Essent ell mateix bisbe de Barcelona, havia estat deportat pel govern espanyol a Cartagena, atesa la seva manifesta oposició a les doctrines liberals que aleshores s'estenien per l'Estat espanyol.

[4] L'original d'aquesta carta es troba dipositat a l'Arxiu Històric de la ciutat de Tarragona, amb la referència *Núm. 550 Set. funciones religiosas*; duu la data de 22 de setembre de 1858.

«Una súplica urgente al señor alcalde» on es demanava la inclusió del Ball de Dames i Vells a la programació de la Festa Major de Santa Tecla d'aquell any:

> Y dentro de este atractivo tan nuestro, de tan extremada característica local, como son nuestros celebrados «balls populars» falta precisamente la danza de más renombre netamente tarraconense, como es el «ball de dames i vells».
>
> Una numerosa comisión de vecinos de esta ciudad nos ha visitado para que nos hiciéramos eco del disgusto que les causa que haya sido excluída del programa la tan popular danza típica, tan celebrada por nuestro pueblo. Nos dicen que antiguamente había hijos de Tarragona que venían a presenciar la fiesta mayor tan sólo aquellos años en que las «dames i vells» lucían sus habilidades y soltaban sus graciosos parlamentos por las calles de Tarragona. Y nosotros recordamos perfectamente que el año 1923, la gente dejaba las músicas, las sardanas y todo festejo, para correr y solazarse ante la alegre y divertida comparsa.
>
> Cómo aún estamos a tiempo, nos atrevemos a trasladar esta súplica urgente a nuestro dignísimo alcalde, amante y protector de nuestras tradiciones, para que ordene sea contratada la referida comparsa, por ser aspiración sentida por un gran sector de Tarragona.

Los individuos que forman la danza, están perfectamente ensayados y a disposición de actuar.

Ahora, el alcalde y el concejal-delegado de ceremonias tienen la palabra».

Aquella sol·licitud no va ser atesa, el Ball de Dames i Vells no va sortir al carrer l'any 1929. Malgrat aquestes mostres de simpatia pel Ball de Dames i Vells, no només el poder eclesiàstic i el civil s'alien contra els parlaments dels Balls tarragonins, sinó que també, des d'algun mitjà de comunicació escrit, s'alcen veus a favor de la supressió del Ball de Dames i Vells. Lluís Maria Mezquida, sota el pseudònim de Petrófilo, arremetia contra el Ball de Dames i Vells, el dia 15 de setembre del mateix any 1948, en un article aparegut al *Diario Español*, titulat «A propósito de las Fiestas»:

> El programa ofrecido, como podrán colegir nuestros lectores, no ofrece ningún número de relieve y que en realidad pueda destacarse. Todo transcurre hajo los cánones de lo tradicional –«castells i Ball de Bastonets, nanus i gegants, ofici a la Catedral i pilar de quatre pujant i baixant les escales»–, no apareciendo después de varios años de continuas ridiculeces y anacronismos el «Dames i Vells». Y a propósito de este particular la Alcaldía llamó a su despacho al «cap de colla» exponiéndole el caso y la necesidad de que saliera el olvidado «Ball de Cercolets». Si bien aceptaron en principio la oferta, ella no pudo realizarse porque exigían un mínimo de tiempo de seis meses para llevar a cabo los entrenamientos oportunos. Quizá, pues, el próximo año será factibte la salida de los «Cercolets», pero en estas fiestas al «Dames i Vells» se le ha dado el cerrojazo definitivo.

I tan definitiu com va ser el «cerrojazo», Dames i Vells no va sortir al carrer l'any 1948 i va estar absent de les festes tarragonines durant trenta-tres anys! Entrada ja la dècada de 1960, la premsa tarragonina, concretament el *Diario Español*, en plena dictadura franquista, col·labora per donar una imatge de modernitat de la ciutat. J. Potau Compte, el dia dos de juliol de 1964 –disset

anys després de la darrera representació del Ball de Dames i Vells– escriu a la
secció «Postal para hoy» l'article «No a la propaganda aldeana», on es pot lle-
gir, contràriament a la postura de Moragas:

> Es bueno, digno y saludable mantener nuestras costumbres y nuestros
> pequeños o grandes detalles tradicionales siempre que no vayan en de-
> mérito del señorío de la ciudad. Acaso por esta razón desapareció —y
> en buena hora— hace muchos años aquella mascarada que se llamó el
> «Ball de Dames i Vells». El botijero, como el organillo y el afilador son
> supervivencias de otros tiempos. Pero en modo alguno constituyen el
> prototipo de nuestro tiempo. Podemos admitir que subsistan, a con-
> dición de que sean un complemento. A1 visitante —foráneo o indíge-
> na— hemos de atraerlo por la limpieza de la ciudad, por el ambiente
> confortable de su (sic) alojamientos, por la buena presencia de sus ves-
> tigios históricos —ahí esta la iluminación del Paseo Arqueológico— y
> la precisa urbanización de sus playas. Cuando hayamos lanzado, y lo
> estamos haciendo con mucho éxito, esta propaganda de una Tarragona
> «universal», podemos ofrecer aquí sin mayor riesgo las pequeñas estam-
> pas de un costumbrismo puesto al servicio del «tipycal». Pero es ino-
> portuno brindar como «affiche» de nuestra propaganda estos flecos de
> nuestra guirnalda. Vaya, pues, en este mensaje el aplauso a una decisión
> municipal. En «Ca la Ciutat» saben ser señores, y esto le cuadra a la
> línea fecunda, precisa limpia que sigue la Tarragona de nuestro tiempo.

Pere Anguera, en la ponència presentada al Primer Congrés sobre els Balls
Parlats a la Catalunya Nova,[5] exposa les causes externes i internes de la da-
vallada dels Balls Parlats durant el segle XIX. Entre les causes externes, només
una no s'ajusta al cas concret del Ball de Dames i Vells: la castellanització del
text. Com ja s'ha dit anteriorment, tots els textos conservats estan escrits en
català. La resta de causes externes afecten plenament el nostre Ball: el trans-
vestisme –que, segons Anguera, «a les darreries tenia més voluntat grotesca
que de versemblança»–,[6] el canvi de sensibilitat amb la irrupció de la cultura
industrial i la fallida dels gremis. La causa externa, el reaccionarisme ideolò-
gic, va afectar particularment els Balls Parlats hagiogràfics més que no pas el
de Dames i Vells.

---

[5] «Liberalisme i cultura popular: ascenció i caiguda dels Balls Parlats», a Montserrat PA-
LAU i Magí SUNYER (ed) (1992), *Els balls parlats a la Catalunya Nova (Teatre popular cata-
là)*, Tarragona, El Mèdol, p. 33-49.

[6] «Liberalisme i cultura popular...» (1992), *Els Balls Parlats*, p. 44: «Mentre en el segle XVIII
i primer terç del XIX, els balls són l'epicentre de les festes, amb el ple suport institucional
i de les classes dirigents, en el darrer quart del XIX passsen a ser els referents festius dels
grups, socialment i econòmica, marginals i marginats, sovint en pugna amb l'autoritat que
en vol impedir la representació. Els balls es convertiren en la festa dels que s'havien que-
dat fora de joc en la nova societat capitalista que anava refermant les seves estructures amb
tota crueltat i amb la delimitació d'un classisme progressivament accentuat. Ras i curt, es
confirmaven com la festa dels perdedors» (p. 44).

Segons es desprèn de la informació extreta dels programes[7] de la Festa Major de Santa Tecla, des de l'any 1900 fins a 1950; i després d'haver examinat la premsa tarragonina[8] del mateix període, es pot afirmar que durant la primera meitat del segle xx, el Ball de Dames i Vells va ser representat només en onze ocasions durant l'esmentada Festa Major: 1908, 1921, 1922, 1923 –durant el regnat d'Alfons XIII–; 1931, 1932 –durant la Segona República–; 1943, 1944, 1945, 1946, 1947 –els primers anys de la dictadura franquisata. Durant aquest període, les interrupcions del Ball de Dames i Vells són prou significatives: set anys, des de 1900 fins a 1908; dotze anys, des de 1908 fins a 1921; 7 anys, des de 1923 fins a 1931; i deu anys, des de 1932 fins a 1943.

La darrera Guerra Civil espanyola retornarà a l'antic règim totes les prerrogatives que havia perdut. La percepció que els Balls eren una mostra del sentiment més arreladament tradicional de la societat ens permet entendre que el de Dames i Vells tornés a ser representat durant la dictadura del general Franco –i en català!– encara que només fos fins a 1947.

3. Represa

Tot just estrenats els ajuntaments democràtics, el de Tarragona es proposa recuperar per a la Festa Major de Santa Tecla antics balls i elements del Seguici que havien quedat arraconats des de feia anys. Un d'aquest elements va ser el Ball de Dames i Vells. En un primer moment es va proposar la seva represa als membres de l'Escola Municipal d'Art Dramàtic (EMAD) de Tarragona, dirigida en aquells moments per Josep Anton Codina i Pere Salabert, que van desestimar la proposta.

L'any 1981, Sergi Xirinachs, que era regidor de cultura de l'Ajuntament de Tarragona, va fer la proposta a la Colla Sardanista Joventut Tarragonina de tornar a portar al carrer, per la Festa de Santa Tecla, el Ball[9] de Dames i Vells. Segons ens va informar l'aleshores presidenta de l'esmentada entitat, Marta Padró, l'encàrrec es deuria produir cap als mesos de juny o juliol. Amb tan poc temps, la Colla Sardanista no es va veure amb cor de tirar endavant aquella empresa. És per aquest motiu que es va fer una crida pública perquè els possibles voluntaris a participar en la represa del Ball s'apuntessin en una llista que havia estat dipositada a la llibreria La Rambla. Com que la crida no va tindre èxit, es va tornar a recórrer a la Colla Sardanista Joventut Tarragonina perquè acceptés l'encàrrec. L'esmentada entitat va demanar deu dies per replantejar-s'ho i per donar una resposta.

Durant aquest temps, el pare de Marta Padró –Josep Padró–, treballador de RENFE, va contactar amb Raimundo Alcalà, company seu de feina, que havia

---

[7] Consultats a l'Arxiu Històric de la Ciutat de Tarragona.

[8] *Lo/El Camp de Tarragona, Catalònia, Catalunya Nova, Diari(o) de Tarragona, Tarragona, Veu de Tarragona.*

[9] Cal dir que el terme «ball» ja apareix en el document de 1514; en canvi, l'any 1696 es parla de «mestre de danse» per referir-se al *mestre del ball* –Francesc CORTIELLA I ÒDENA (1987), *El gremi dels forners de Tarragona*, Barcelona, Montagut Editors, p. 211.

representat el paper de Dama a les darreres actuacions dels anys quaranta del segle passat. Raimundo Alcalà, amb tot l'entusiasme, els va cantar les melodies de les dues danses del Ball, els va ensenyar els passos corresponents a les esmentades danses i els va comentar que els bastons retorçats que duien els Vells estaven fets de branques d'oliver. Marta Padró recorda amb emoció el diumenge al matí que ella mateixa, acompanyada per Josep Maria Salvadó –aleshores tresorer de la Joventut Tarragonina– i per Carles Jansà –que fou el primer mestre del Ball, atès que ell havia fet teatre a Vila-seca– van anar a tallar sis branques d'oliver al tros on encara avui hi ha en funcionament una de les petroquímiques als afores de Tarragona. Aquests són els bastons que es fan servir actualment.

El Butlletí d'Informació de l'Ajuntament de Tarragona donava la notícia de la recuperació del Ball de Dames i Vells –després d'una pausa de 34 anys!– en dos dels seus números (23-24 i 25) corresponents als mesos de juliol-agost i setembre de 1981, respectivament:

> Vista l'acceptació i resposta dels ciutadans, que van gaudir les festes de l'any passat, per a enguany s'ha intentat seguir les mateixes directrius. I encara, però, ampliant més el nombre d'actes populars. I es continua recuperant la tradició festiva: enguany hi haurà els contes de dames i vells.[10]
>
> La Festa oficial i protocolària va complir amb els mínims, però de tota manera amb una projeccció a la Ciutat. El pregó, molt viu per part d'en Cirici Pellicer, va suposar també un doble acte d'homenatge: a Pere Lloret, alcalde republicà que fou i també a les Ciutats Germanes d'Orleans, Avinyó i Siena, en ser-hi presents els seus primers representants municipals, dins d una nova dimensió d'agermanament, en el sentit de participar conjuntament en la Federació Europea de Ciutats Unides, a la qual pertany Tarragona. Finalment es va fer la presentació de tres noves publicacions que realitza l'Ajuntament: la reedició del llibre «Tarragona en el siglo XIX», d'Antoni Magrinyà; «El ball tarragoní de dames i vells», precisament resuscitat en la Santa Tecla d'enguany, de Jordi Morant i Clanxet; i finalment l'edició del Premi Gramunt «La revolució de setembre de 1848 a Tarragona».[11]

El text que es posava en escena l'havia proporcionat el mateix Sergi Xirinachs a la Colla Joventut Tarragonina. Era el transcrit pel senyor Josep Vives i Miret que, segons Jordi Morant (1981: 35), «és d'una major intenció expressiva i d'interpretació picaresca, que en alguns moments pot ratllar fins i un erotisme molt ben envoltat per la pròpia rima». Els personatges eren les cinc parelles –cinc Vells i cinc Dames–, el Rector i el Batlle. Els dimonis no tenien paper. Els personatges masculins van ser representats per hòmens i els femenins per dones, d'aquesta manera es trencava la tradició que s'havia mantingut fins als anys quaranta del segle XX. Però aquesta situació només va durar cinc anys. El 1986 es reprèn el costum antic que tornin a ser hòmens els que representin els papers femenins. Es recuperava la comicitat que sempre provoca veure un home transvestit.[12]

---

[10] Butlletí d'Informació, núms. 23-24, 01-07-1981, p. 3.
[11] Butlletí d'Informació, núm. 25, 01-09-1981, pàg. 1.
[12] Diversos han estat els treballs on s'ha indicat, erròniament, que els papers de les Dames tornen a ser representat per hòmens l'any 1985: Josep BARGALLÓ (1992), «Actualitat i biblio-

Quant als músics, als dos elements inicials –violí i bombo–, s'hi han anat afegint tabal, flauta travessera, banjo, acordió, contrabaix,... Cal dir, també, que cada any els instruments i el nombre de músics són diferents, llevat dels dos bàsics. Quim Miracle ha estat tradicionalment el violí del Ball i el director dels músics que hi han participat. A diferència del que s'esdevé en altres Balls o en altres elements del Seguici, els músics de Dames i Vells són part integrant del Ball.

En relació al vestuari, el primer any, atesa la peremptorietat de la sortida del Ball al carrer, els vestits es van haver de llogar, i va ser a la Sastreria Jansà de Reus, al mateix lloc on l'any següent es van confeccionar els vestits que van dur les xiques fins a 1985. Les faldilles de les Dames va ser dutes fins a l'any 1991. A partir de 1992 es van anar estrenant els vestits que es duen a l'actualitat: el 1992, els dels Vells i les Dames; el del Rector, el 1995; el del Civil, el 1996; el del Batlle, el 2006; el dels dimonis, el 2008.

4. Evolució

Quan al mes d'abril de 1988 Dames i Vells surt al carrer per celebrar el 500 aniversari del Gremi de Forners de Tarragona, encara ho fa amb cinc parelles, però el mes de setembre d'aqueix mateix any ja en va suprimir una i va incorporar la figura del Guàrdia Civil; els dos dimonis comencen a tindre text, encara que curt. Els parlaments del Ball aniran canviant a poc a poc i el text de Miret acabarà sent substituït quasi en la seva totalitat. Només uns pocs versos es conserven avui dels originals de l'any 1981. Els canvis comencen amb la participació, bàsicament, de Josep Maria Salvadó i d'Oriol Grau, que ha estat el Mestre del Ball des de fa una bona colla d'anys. Fermí Fernández va exercir, puntualment, de Mestre del Ball en el parèntesi en què Grau va treballar a Barcelona.

Des de fa una bona colla d'anys, cada parella o personatge –Batlle, Rector, Civil– tenen l'encàrrec de confeccionar-se els seus propis parlaments. El fet que cada any el text fos nou comportava una feina desorbitada per al Mestre del Ball que també feia de guionista i d'actor. Però des de fa ja uns quants anys, el Ball compta amb un equip de guionistes que supervisen els textos que tothom ha d'elaborar. A finals del mes de juny, es reuneix el col·lectiu i es fa una pluja d'idees on apareixen temes relacionats, sobretot, amb la vida política de la ciutat, així com també de la nacional, i de la internacional. Als voltants de la festa de sant Magí, els parlaments s'han de lliurar al mestre del Ball que els supervisa. Es té molta cura que les síl·labes siguin les que corresponguin –set, són versos heptasíl·labs–; que les rimes estiguin ben construïdes; que els acudits, a més de provocar la hilaritat, estiguin col·locats en el lloc convenient.

gafia dels Balls Parlats al Camp de Tarragona» a Montserrat PALAU i Magí SUNYER (ed) (1992), *Els balls parlats*, p. 71; i Pep MARTORELL (1993), *El ball popular tarragoní de Dames i Vells*, Tarragona, Ajuntament de Tarragona, p. 27); Josep BARGALLÓ i BADIA (2008), *Balls i danses de les comarques de Tarragona, 6. Baix Penedès i Tarragonès*. Tarragona: Diputació de Tarragona, p. 408. Marta Padró recorda que fins a 1985 les dones van representar els papers de les Dames, ella mateixa ho palesava en mostrar les fotografies que el Ball s'havia fet a la Casa Castellarnau, al carrer de Cavallers de Tarragona, per commemorar el 5è aniversari de la represa del Ball.

Cal afegir, encara en relació amb els parlaments, que el contingut col·loquial i vulgar del text no pot ser expressat de cap altra més manera que no sigui a través de la varietat popular del català del Camp de Tarragona. En els parlaments dels Dames i Vells tarragonins s'hi troben tant formes col·loquials del parlar de la ciutat de Tarragona, com de la resta de parlars del Camp. El llenguatge col·loquial i vulgar que es fa servir va acompanyat d'elements paralingüístics –com gestos i expressions de la cara– que acaben de completar el missatge que es vol transmetre. Els nostres parlaments transgredeixen els preceptes lingüístics establerts com a correctes per les classes dirigents i/o pel públic benpensant, i això provoca que mots o expressions que fan referència al sexe, a la religió o a les funcions fisiològiques, estigmatitzades de tabú, siguin titllades de subversives.

S'ha dut a terme un esforç considerable per adequar les formes col·loquials en els textos escrits, però no ha estat menys l'esforç que els actors hem hagut de fer per ser fidels a aquestes formes col·loquials del català camptarragoní. El model de llengua més elaborada, tan interioritzat ja, representa per a molts dels actors que interpreten el nostre Ball un escull que s'ha hagut de superar a base d'assajos. Però també cal dir que, cada vegada més, els actors ja han entrat en la dinàmica de l'adequació de contingut i forma dels nostres parlaments.[13] Aquests resultats s'han pogut aconseguir perquè des de fa una bona colla d'anys, els components del Ball conformen un grup més o menys estable.

Com ja s'ha dit, l'any 1988 es va incorporar la figura del Guardia Civil, el Blasques, com a representant de l'estament militar; d'aquesta manera es completava la tríada de poders fàctics: el religiós, el civil i el militar.[14] El personatge en qüestió s'ha integrat tan íntimament al Ball que, quan va sortir l'Ordre Ministerial 77/2014 que disposa «*la prohibición de usar el uniforme de la Guardia Civil, alguna de sus prendas u otras que puedan dar lugar a confusión… por personas ajenas al Instituto armado…*», hi va haver com una mena de rebombori a la ciutat per si aquell any no podria sortir la figura del Blasques. Aquest personatge s'expressa en espanyol.

L'any 1990 es presenta com a molt innovador:

- Es decideix no sortir al Seguici Popular durant la tarda del dia 22 de setembre, atesa la impossibilitat de representar el Ball durant la desfilada.
- Es crea la *CUL* (Corporació Urbana Limitada) o Cos de Seguretat del Ball conegut també amb el nom de *La Catalana* amb les xiques que són parella o

[13] Una breu anàlisi sobre la llengua dels parlaments del Ball de Dames i Vells de Tarragona es pot trobar a Pere NAVARRO (1992), «Qüestions lingüístiques sobre els Balls Parlats: la llengua de Dames i Vells», a *Els Balls Parlats*, p. 127-138. També a Pere NAVARRO GÓMEZ (2014), «Introducció», a *Toca, Peron!!! Parlaments del Ball de Dames i Vells de Tarragona (1981-2013)*, Valls: Cossetània, p. 9-18.

[14] Josep Maria Salvadó il·lustra la incorporació del Civil amb aquestes paraules: «*El* rector *i el* batlle *han sortit calçasses! Són tan tous que no aconsegueixen redreçar les baralles dels quatre vells que no s'aguanten una llufa i les dames que cada dia són més putes. Set anys d'intentar posar pau, i encara no ho han aconseguit. Qui millor per posar pau, amb bons modals i de manera delicada, que un membre del* glorioso cuerpo. *Sí, un Guàrdia Civil. Era el personatge que hi mancava*» –Oriol GRAU, Pere NAVARRO i Josep Maria SALVADÓ (2000), *Dames i Vells: Crònica desenfadada d'un Ball Parlat*, Tarragona, Col·lectiu de Teatre Necessari Trono Villegas, p. 22.

amigues dels membres masculins del Ball. Són les encarregades, bàsicament, de controlar el temps i l'espai quan el Ball surt al carrer.
• Es convoca per primera vegada l'actuació conjunta de Balls Parlats a la Plaça del Rei de Tarragona, que s'ha mantingut fins a la Festa Major d'enguany.

A finals de la dècada dels noranta, concretament l'any 1998,[15] la Colla Sardanista Joventut Tarragonina cedeix la responsabilitat de la representació del Ball de Dames i Vells al Col·lectiu de Teatre Necessari Trono Villegas, fundat deu anys abans, l'any 1988.

El mestre del Ball, Oriol Grau, que el dia 6 de juny de 2007 participava a Reus en una Taula Rodona sobre els Balls Parlats, recordava que el Ball de Dames i Vells de Tarragona havia deixat de sortir també a la professó del dia 23 feia un parell d'anys, això és el 2005. Aquell any, Dames i Vells celebrava el 25è aniversari de la seva recuperació i es va dur a terme el primer musical al Teatre Metropol. Deixar de sortir a la professó va ser un fet molt aplaudit pels sectors més recalcitrantment conservadors de la ciutat. Contràriament a aquesta reacció, la desvinculació formal del Seguici les tardes del 22 i 23 de setembre va generar el descontentament d'altres sectors de la població i d'alguns dels components dels elements del mateix Seguici Popular.

Malgrat tot, mai no s'ha perdut el sentiment de pertinença al conjunt d'elements que configuren el Seguici de la Festa Major Gran. I és per això que la primera representació del matí del dia 23, que històricament s'havia dut a teme a la plaça de les Cols, mentre se celebrava l'Ofici religiós a la catedral, bona part del Seguici Popular assistia a la representació. De fa uns anys cap aquí, s'ha massificat tant l'assistència de públic a la Pujada a Ofici que, l'any 2012, es va decidir canviar d'ubicació per tal que els components del Seguici poguessin assistir a la primera representació del Ball el dia 23.

Després de setze anys sota l'aixopluc del Col·lectiu de Teatre Necessari Trono Villegas, els components del Ball, el dia nou de març d'enguany, 2014, reunits en assemblea, decideixen constituir-se en associació, amb el nom d'«Associació del Ball de Dames i Vells de Tarragona».

Des de 1981 fins a 2014 són 34 les temporades de representacions que han oscil·lat, normalment, entre 5 o 6 fins a les 10 que es fan actualment. Durant aquests 34 anys, el Ball s'ha representat de manera extraordinària, normalment en format reduït, en 15 ocasions.[16]

L'any 2014, el Ball de Dames i Vells de Tarragona ha complert 34 anys de la seva recuperació, un més que els que feia que s'havia interromput per darrer cop. Enguany ha estat l'únic any que no ha sortit al carrer, de manera excepcional. La seva posada en escena a estat al Teatre Metropol de Tarragona, amb onze representacions del musical Dames i Vells, 500 anys. Una qüestió d'edats (pel cul), d'una durada de 90 minuts. L'any 2005, el vinticinquè de la seva recuparació, Dames i Vells també va posar en escena el musical Un musical que

---

[15] Aquesta dada es dedueix de la informació que apareix a la pàgina 27 del llibre Dames i Vells: crònica desenfadada d'un Ball Parlat.
[16] Pere NAVARRO GÓMEZ (2014), Toca, Peron!!!, p 331-381.

no'stà mal, fet que no va impedir que el Ball sortís al carrer. L'altre musical, *Dames i Vells 2010*, representat a la plaça de Dames i Vells, s'organitzà l'any 2010 per celebrar el trentè aniversari de la represa.

5. Conclusions

En els primers anys de la represa, el Ball havia de recórrer al toc de bombo del Peron per arreplegar prou públic i, d'aquesta manera, poder representar els seus parlaments. A més dels carrers i places de la Part Alta, s'anava a actuar a la Rambla Nova, i als carrers del Comte de Rius i Méndez Núñez, al passeig de les Palmeres; fins i tot arribàvem fins al Serrallo, amb autobús o a peu. En canvi, avui, l'expectació és tan gran que el Ball ja té tres places fixes a la Part Alta: la de Dames i Vells, la dels Natzarens i la de l'Escorxador. El fet que la representació sigui a peu pla, comporta el contacte directe amb el públic assistent a qui pots tocar, fer-li l'ullet, fer-li un comentari a cau d'orella... En aquestes ocasions, el públic deixa de ser simplemet un espectador i passa a ser protagonista de l'acció. Aquest contacte directe amb l'espectador dóna una força particular a la posada en escena; tot el públic passa a ser part integrant del Ball quan aquest es clou amb la interpel·lació que li fa la Dama 1: «*Santa Tecla gloriosa, mare dels tarragonins; què tenim avui per dinar?*» A aquesta pregunta tothom respon: «*Espineta amb caragolins!*»

L'espectació que les tarragonines i els tarragonins mostren per Dames i Vells és tan gran, que durant els mesos d'estiu, i més com més ens acostem a la Festa de Santa Tecla, la gent atura pel carrer els components del Ball que reconeixen per preguntar-los si aquell any els parlaments seran apujats o no de to.

Si antigament la feinada era nostra per arreplegar prou gent perquè assistís a la representació, avui en dia, la feinada la tenim per obrir-nos pas per poder entrar a plaça. Cal puntualitzar, tanmateix, que el fet de triar places que queden fora del circuit habitual de la Festa respon bàsicament al fet que la veu dels *balladors* no es perdi i ressoni dins aquells espais tancats. Cal reconèixer que la megafonia, incorporada fa un parell o tres d'anys, no ofereix una qualitat òptima.

Dames i Vells ha estat i és un Ball que ha tingut i té els seus partidaris i els seus detractors. Ha rebut, si més no, durant l'edat moderna i contemporània, per totes bandes: Església i societat civil –a través d'articles d'opinió a la premsa tarragonina– s'han encarregat de posar a ratlla el Ball de Dames i Vells. Malgrat tot, el poble, allunyat dels prejudicis eclesiàstics i dels mal entesos pressupòsits de la modernitat, ha seguit fidel a les representacions anuals del Ball de Dames i Vells, àvid de sentir en boca dels bufons allò que és permès de dir durant els dies 22 i 23 de setembre i que molta gent no gosa i voldria dir durant la resta de l'any.

Com s'ha pogut comprovar, el de de Dames i Vells era i és un Ball que incomodava i que incomoda. Cal reconèixer, però, que continua sent un dels elements de la Festa Major de Tarragona més esperat per la població tarragonina i forastera. La clau del seu èxit és que ha sabut mantindre la tradició renovant-la anualment. Que així sigui per molts anys!

Toca, Peron!!!

Antoni Veciana

El Ball de Dames i Vells de Reus, una experiència de recuperació

1. Introduccció

Oïu, reusencs i reusenques,
això és Dames i Vells,
un ball parlat molt antic,
casi tant com els burdells.

El 2009 un grup d'actors i actrius de Reus van decidir posar fil a l'agulla i recuperar el ball de Dames i Vells de Reus. Feia més de cent anys que aquest ball no s'aixecava i només era conegut pels quatre estudiosos, i si algú en tenia notícia era per l'admirat Dames i Vells tarragoní.

1.2. Teatre i festa per a adults

Recuperar Dames i Vells no va ser fet només per la voluntat de recuperar part del patrimoni immaterial de la nostra cultura, sinó que la voluntat era clara: fer riure fent teatre i alhora criticar el poder. A les festes majors de tots els pobles i ciutats hi ha moments seriosos i solemnes, però també hi ha moments d'alegria estripada, humor desenfadat, teatre i sàtira. Crèiem que això mancava a la Festa Major de Sant Pere, i sobretot crèiem –i no ens equivocàvem– que ens ho passaríem molt bé fent Dames i Vells.

En una ciutat que es vanta de ser una referència dins el teatre català, era d'obligat compliment que per la seva festa principal s'executés una peça de teatre popular com són els balls parlats.

Ball de Dames i Vells de Reus.

Una festa infantilitzada és una festa a punt de desaparèixer, i gràcies al treball de molts ciutadans, la Festa Major de Sant Pere, Festa Patrimonial d'Interès Nacional, va en la direcció oposada, cada vegada hi ha més espais i actes per a totes les edats. Dames i Vells és un ball popular i tradicional pensat i executat per a adults.

2. Antecedents

2.1. Notícia històrica dels balls parlats

Les notícies que tenim del Ball de Dames i Vells de Reus són més aviat poques: la primera notícia és de 1533, la darrera de 1892, i entremig sabem que aquest ball no pertanyia a cap gremi, i que el 1763, molt possiblement, van iniciar un grandiós avalot a la plaça Mercadal que va acabar amb detencions i exilis.

Que Dames i Vells és un ball parlat ja haurà quedat clar en tot aquest Congrés, potser no ha quedat tan clar que Reus va ser la capital d'aquest gènere, diuen els textos que: «Reus és indubtablement lo Coliseo ahont s'ha fomentat, y fins lo Conservatori de ahont sortian los mestres que la mantenian y propagavan» tal com escrivia Antoni de Bofarull. Malauradament la tradició va evolucionar i abans de 2009 a Reus només havia quedat el Ball de Sant Miquel, interpretat pel ball de Diables i el patrimonial Ball de la Mare de Déu, que es representa molt esporàdicament.

Complementant la ponència que va fer l'enyorat Pere Anguera el 1991 a la primera edició d'aquest Congrés (Anguera 1992: 23-49), voldria aportar que els balls parlats, almenys a Reus, no van desaparèixer, sinó que es van transformar. Amb l'aparició de teatres tancats, en els quals es pot fer pagar entrada, el públic pot seure més o menys còmodament i és més fàcil de fer trucs escenogràfics, els balls parlats com a teatre de carrer van començar a fer figa. Exemple d'això ho tenim que del 1784 al 1890 podem trobar al Teatre de les Comèdies de Reus (Tarragó 1993: 79-136) fins a onze peces teatrals representades que havien tingut el seu ball parlat corresponent (*Serrallonga, Tenorio, Amantes de Teruel, Colom, de la Mare de Déu, Voluntaris d'Àfrica, Isabel la Catòlica, Vídua Judit, Santa Eulàlia*...).

De fet, el teatre burgès beu de la tradició de manera gens dissimulada: Víctor Balaguer, el 1858, agafà el ball de Serrallonga i el portà a l'escena del Teatre del Circ Barcelonès (Balaguer 1866). Però d'això ja n'ha parlat Magí Sunyer en una altra comunicació d'aquest Congrés.

El cas més clar d'aquesta evolució natural és l'adaptació que van fer Favià Puigcerver i Iago Pericot del Ball del Sant Crist Salomó, el qual van treure del carrer per a representar-lo dins de l'Església Parroquial, o actualment tenim el cas de l'espectacle commemoratiu dels 500 anys de Dames i Vells de Tarragona que es va fer al Teatre Metropol.

2.2. Dames i Vells d'on surt?

El Ball de Dames i Vells havia estat estès per bona part de la Catalunya Nova, sobretot pel Camp i el Penedès. Tenim documentat que es ballava a Tarragona (1514), Reus (1533), Montbrió del Camp (1698), Mont-roig del Camp (1816), la Selva del Camp (1816), Riudoms (1861), Porrera (1863), i a l'Arboç, el Vendrell, Vilanova, Vilafranca i Sitges amb la variant de Ball de Malcasats. Aquesta profusió ens indica que devia ser un ball força popular i estimat pels nostres avantpassats.

A Reus la primera documentació del Ball de Dames i Vells –tot i que discutible– és del 1533: tant Andreu de Bofarull (Bofarull [1845-1846] 2007: 28) com sobretot Francesc Torné Domingo (Torné 1992: 27) fan referència al *Llibre d'Actes Municipals 1532-1542* (p. 129), el qual explica que el 28 de juliol d'aquell any es van presentar davant del Consell una comissió de barri que va sol·licitar que se'ls permetés fer una festa en honor de la Verge acompanyada de joglars. L'arxiver Ezequiel Gort desxifra el text i proposa:

> Més fonch preposat que los procuradors de la Verge Maria d'Agost de dir als senyors de jurats de la vila si li plaurie que per al dia de la Verge Maria d'Agost els aguesen gutglàs, per so vega l'onrat consel que·n determine.
> Determine l'onrat consel que per alguns inconvenients se porien seguir de la vila que nons aga gutglàs». Per tant, aquell any no va haver-hi joglars atès que –pel que sembla– anys abans hi havia hagut problemes. El Nadal anterior, tal com diu l'acta del 17 de novembre de 1532, hi havia hagut joglars però no els havien deixat en mans dels fadrins «y que los fadrins en ninguna manera no·n tinguen càrrech y assó perquè se·n segueixen mols mals y que los senyors de jurats ajen los juglàs»

i es troben d'altres referències sobre la prohibició o l'autorització de joglars per aquells temps, però res que ens els pugui identificar com Torné afirma, que aquests eren la «danza titulada Damas y Vells».

Andreu de Bofarull ([1845-1846] 2007: 29) ens explica com eren aquests joglars:

> Una especie de improvisadores que sin ser poetas versificaban algunas veces con bastante acierto, però muy particularmente acompañaban sus composiciones, siempre picarescas, con equivocos y chistes; esto juntamente con el traje que vestían, que consistia en unos calzones y chaqueta acuartelada de colores muy vivos adornados de cascabeles, llevando en la cabeza una gorra puntiaguda, colorada y que remataba en un cascabel; cuando se hallaban en alguna funcion, todos sus conatos era decir desvergüenzas y chuladas á la multitud acompañandose con gestos, muecas y saltos.

No sabem per què Torné els identifica com a Dames i Vells. Potser per una associació lleugera va identificar la prohibició amb un ball escandalós com seria Dames i Vells, o bé perquè tenia coneixements que se'ns passen per alt i que podrien ser fruit de la seva tradició familiar. Tenint clara la ideologia carlina militant de Torné, no creiem que mentís de manera conscient per donar carta d'antigor a un ball parlat que, de ben segur –vista la seva producció literària– no era dels seus preferits.

En tot cas no seria intel·ligent menysprear les fonts de primera mà com són Bofarull o Torné, com tampoc encasellar els balls parlats com una cosa hermètica i tancada, cosa que no són. De la mateixa manera que Dames i Vells al segle XXI és una peça del repertori que té la companyia La Gata Borda de Reus, o que tenia la companyia Trono Villegas a Tarragona, possiblement que Dames i Vells fos un argument i uns personatges arquetípics dels joglars del segle XVI, sobre els quals inventar i fins i tot improvisar una història. Seria el mateix que fa la Comèdia de l'Art italiana des del Renaixement. Una Colombina o una Esmeraldina discutint amb un Pantalone o un Dottore és essencialment el mateix que un Dames i Vells, per tant proposo entendre que Dames i Vells és un dels nostres *canovaccios* de les antigues colles d'actors ambulants, i que posteriorment l'argument i la forma van convertir-se en un artefacte independent. Però això ja són figues d'un altre paner.

Tornem a Reus. Aquest ball, al revés que a Tarragona, durant tot el segle XX no va existir i per això havia estat completament esborrat de la memòria ciutadana. Tanmateix, hi ha constància de la regular participació en les festivitats dedicades a la Misericòrdia entre els anys 1683 (Torné 1870: 142-143) i 1892. Fins i tot sabem que el 1792 i el 1816 van actuar a la Ciutat dos balls de Dames i Vells. També tenim referències del ball de Dames i Vells a la Festa Major de Sant Pere[1] i a d'altres festes, com la que va organitzar la confraria de Sant Domènec per tal de traslladar la imatge del sant a la seva capella del portal de Monterols, el 1798.[2] Veiem doncs com el transvestisme del ball no només era tolerat, sinó requerit pels cercles més pietosos del passat.

2.3. Com era Dames i Vells de Reus en el passat?

De totes aquestes nombroses referències, només tenim la descripció dels primer joglars i posteriorment no trobem citada cap mena de particularitat del ball, ni molt menys s'ha trobat el text del ball com van fer a Tarragona. Es dedueix que el ball de Dames i Vells de Reus havia de ser tan mordaç i iconoclasta com ho és avui dia, ja que el 29 de juny de 1763 en passar la processó de Sant Pere per la Plaça Mercadal, un component del ball «dirigió sus muecas a los soldados» i aquests el van prendre presoner. Llavors, els altres balls, espectadors i capellans van començar a clavar cops de puny i, fins i tot, cops de ciri als soldats. Des del campanar es va tocar a sometent i la gent ocupà el Mercadal i el carrer de Monterols «armados de toda clase de armas» i els soldats es replegaren al quarter deixant lliure el dansaire. Tot i això, aquest s'hagué de refugiar un any al convent de Sant Francesc i el campaner a Poblet, el tinent d'alcalde fou empresonat i el cap militar expulsat del regiment. Malgrat aquesta morda-

---

[1] Ordre de la professó de Sant Pere del 1850 (AHMR).
[2] Relació de despeses de la Confraria de Sant Domènec, corresponents al trasllat de la imatge a la seva capella del portal de Monterols, el 1798. (AHMR).

citat i el transvestisme que gastava el ball, veiem que era àmpliament acceptat per la ciutadania, sectors clericals inclosos. En aquest cas tornem a trobar divergències entre Torné i de Bofarull, el primer especifica que els originadors de la bullanga van ser Dames i Vells (Torné 1990: 45), mentre que Andreu de Bofarull ([1845-1846] 2007: 104) no cita el ball, però sí que diu en un altre llibre que l'actor anava vestit de *mojigata* (Bofarull [1851] 2007: 45). Atès que al Primer Congrés de Balls Parlats Pere Anguera va donar per bona la versió de Torné, ens afegim convençuts a aquesta opció.

Gràcies a la informació que ens ha fet arribar Salvador Palomar, alguns anys més tard, el 31 de juliol de 1796[3] trobem aquest text de l'Arquebisbe de Tarragona:

> Havent observat la indecència de algunas figuras y balls en la professó general de sant Pere, patró de la parròquia, y no podent disimular-la, ordenam que en ninguna professó se admètian figuras o balls indecents, si que en tot resplandesca la decència y modèstia pròpias de la sagrada funció y que especialment un dels balls, que'ns aparegué més indecent y provocatiu, no sols se evítia enterament en qualsevol professó, sí que se deurà prohibir en qualsevol concurs y paratge per evitar escàndols.

Queda clar que sense anomenar el ball, i atesos els antecedents, podem deduir que el ball que va escandalitzar a l'Arquebisbe va ser el de Dames i Vells.

3. Proposta escènica i procés de recreació

3.1. Objectius

Per tal de poder aixecar novament el Ball de Dames i Vells de Reus va caldre fer una feina de recreació a partir de les poques referències escrites, textos d'altres balls, balls parlats existents a Reus i els Dames i Vells d'altres poblacions. No tindria sentit amagar que el model va ser el del Tarragona, de fet se'ls va demanar que fossin els padrins del ball i sortosament van acceptar.

Una de les primeres decisions a prendre va ser si com a ball s'integraria al Seguici Festiu de la Festa Major de Reus. Els referents que teníem més propers com ara Tarragona, Vilafranca o Valls acompanyaven les processons, tot i que amb dificultats en les quals no entrarem a detallar. La decisió que es va prendre va ser que el ball havia de créixer fora d'aquesta estructura de seguici en la qual participen la majoria de balls i bestiari de la ciutat de Reus. Vam considerar que els balls parlats no són danses com poden ser les de bastons, cavallets, cercolets... els balls parlats són fonamentalment teatre i vam decidir que no volíem fer les representacions dins d'un espai escènic que fos una processó. Atès que els recuperadors eren una companyia de teatre, La Gata Borda, es va voler que fos la vessant teatral del ball la que fos el cavall de batalla.

---

[3] *Llibre de Visites (1696-1914).* Arxiu Comarcal Baix Camp.

3.2. Companyia de teatre: la Gata Borda

La Gata Borda ja tenia experiència en espectacles de carrer, va debutar al festival internacional COS 2008 amb un espectacle de Comèdia de l'Art. La Gata Borda va néixer l'estiu d'aquell any a Reus de la mà d'un grup d'alumnes de l'Escola de Teatre del Centre de Lectura, els quals després d'haver realitzat diversos tallers d'interpretació es decideixen a donar un pas més i crear una companyia pròpia. Dames i Vells va ser un repte important per a una companyia acabada de néixer, però amb uns actors i actrius amb molts anys d'experiència als escenaris.

Per a una companyia de teatre recuperar un ball d'aquesta mena és una decisió important ja que s'autoimposa una obligació anual sense data de caducitat. A banda del primer any, en el qual la feina va ser molt considerable, la preparació d'un Dames i Vells de Reus costa tres mesos de feina, entre redactar els versos, conjuntar-los, assajar-los i fer les modificacions d'última hora que un ball satíric està obligat a incloure.

3.3. El procés de recuperació

La direcció artística va ser responsabilitat de l'actriu i directora reusenca Ester Cort i amb l'assessorament del Ball de Dames i Vells de Tarragona i de Carrutxa va ser possible crear el ball de nou. Cal recordar que la recuperació del ball es va fer amb el suport econòmic de Fusic i l'Institut Municipal d'Acció Cultural.

3.4. Estructura

La característica principal del ball és el doble transvestisme, o sigui, els homes fan de Dames i les dones fan de Vells, mentre que les autoritats no es transvesteixen. El 2009 vam sortir al carrer amb dos diables, quatre parelles formades per tres Dames, cinc Vells, una mossa d'esquadra, un capellà i el Batlle de Reus.

El 2010 es van fer parelles de quatre Dames i de quatre Vells, tot i que aquella edició es va substituir la figura del batlle per la regidora de Cultura del moment.

D'aquesta manera els rols de les autoritats mai no han estat fixats de manera inamovible. El 2013 el ball va inaugurar, en un plujós vespre, la XX Edició del Festival Internacional de Música Popular i Tradicional de Vilanova i la Geltrú, i per tal de fer el ball entenedor als vilanovins es van adaptar els personatges a l'àmbit nacional, per tant, es va substituir la figura de batlle per la inefable Delegada del Govern Espanyol a Catalunya, i vist el bon èxit de la prova, el 2014 el batlle també va ser apartat del ball per donar lloc a la Tinent d'Alcalde de la ciutat, que és del mateix color polític que la Delegada.

Per altra banda, ni la mossa d'esquadra ni el capellà representen a cap personatge en concret, sinó a un estereotip que pot variar cada any, per exemple la mossa d'esquadra pot anar de la violència indiscriminada l'any que hi ha hagut avalots, a la indolència pròpia del funcionari que creu que està mal pagat per la seva feina. Val a dir que la figura de la mossa d'esquadra va ser una altra decisió difícil de prendre, si haguéssim escollit un guàrdia civil com el ball de Tarragona, la hilaritat de ben segur que hauria estat assegurada, però el recent desplegament dels Mossos d'Esquadra aquell 2009 els va convertir en un element d'actualitat que no podíem negligir.

Com ja hem dit, la característica principal del ball és el transvestisme, no és res de nou, des del teatre grec clàssic, passat per Shakespeare fins a les actuals *chirigotas* del carnaval de Cadis, per motius ben diferents, els homes s'han vestit de dona per a actuar.

3.5. Contingut

3.5.1. Vestuari

El vestuari el va dissenyar i confeccionar Estel Ferrer. Ens va agradar especialment un gravat del ball de Malcasats (Amades 1983: 527 i següents) de Joan Amades el qual ens va servir de model sobretot per als Vells: barrets de copa, abrics, gepes, panxes i postissos ens va ajudar a donar un caire histriònic als personatges i a contrarestar la feminitat que poguessin donar les actrius als Vells.

3.5.2. Música i ball

La coreografia va anar a càrrec de l'històric folklorista i recuperador de balls i danses Josep Bargalló. Com tots els balls parlats, la coreografia del ball és bastant senzilla i totalment subsidiària de la representació dramàtica. La coreografia és bastant similar al *Ball de la Mare de Déu* de Reus.

Les músiques són composicions de Biel Ferrer i els arranjaments de Daniel Carbonell. La formació musical que acompanya el ball és una rondalla. Aquesta normalment consta de guitarra, violí i acordió i combina, segons disponibilitat dels músics dos o tres instruments més, com la flauta, el clarinet, el clarinet baix, la tuba, l'acordió diatònic, el tabal o la pandereta. Destaca que l'esquelet d'aquesta formació està format per Albert Carbonell, Albert Galcerà i Xavi Ciurans, tres integrants dels grup de rock-folk La Colònia. Aquesta rondalla de Dames i Vells ha esdevingut no només un gran acompanyament, sinó que és una part indestriable del ball, de manera que gràcies a la música de la rondalla funcionen els números musicals que cada any s'han inclòs en el ball, o les cercaviles que enllacen les diferents representacions.

3.5.3. Dramatúrgia i text

Els parlaments són la part més important del ball. Aquests versen sobre l'actualitat local, nacional i internacional de manera que cada any són diferents tot i que s'ha procurat que algunes quartetes siguin prou genèriques per a repetir-les any rere any i d'aquesta manera esdevinguin tradicionals.

El text compta amb 11 escenes, i cada escena té un límit de 20 quartetes, o 80 versos. Aquesta mesura de control ens la vam autoimposar després que al 2013 el ball durés quasi tres quarts d'hora ja que vam voler introduir tots els casos de corrupció i de males arts dels polítics que ens governen. Només el tancament del ball i les escenes en les quals conversen les autoritats entre elles són més curtes. Per altra banda, l'obertura del ball que fan els diables té la mateixa durada que una escena normal. Les escenes de la dos a la cinc són les baralles de les Dames amb els Vells, en alguna d'aquestes sempre hi ha algun número musical fent versions de la cançó de moda del moment. A l'escena sis ja intervé una autoritat, normalment el capellà tot i que algun any ho ha fet el batlle; a la set les dues autoritats comenten els problemes, l'escena vuitena és la infructuosa intervenció del batlle, a la novena aquest va a buscar a la mossa d'esquadra, i aquesta posa pau amb mètodes expeditius a l'escena deu, i ho deixa tot preparat perquè els diables tanquin el ball.

El contingut del text està orientat a ridiculitzar i satiritzar qualsevol mal govern, des del local a l'internacional, i convertir aquesta crítica en una broma que pugui fer riure a un públic a l'aire lliure, per tant incidim tal com pertoca en l'humor eròtic, escatològic i -en petites dosis– l'humor negre, sempre acompanyat d'una gestualitat i verbalització exagerada. Per altra banda, Dames i Vells de Reus –com tot el que fa la Gata Borda– es caracteritza per tenir un ritme molt àgil, en una balança pesa més que l'acció sigui vibrant i que el públic no s'avorreixi ni un segon a que totes les bromes siguin pausades i entenedores. Si algú es perd un acudit, sempre hi haurà una altra sessió per a mirar de pescar-lo.

Agafant com a exemple Tarragona, el ball està escrit en reusenc genuí, català del Camp i amb un registre col·loquial i vulgar. Val a dir que el treball per a aconseguir un text d'aquestes característiques, i que esquivi girs de l'espanyol que estan a l'ordre del dia, comporta una feina important tan de recerca com de pedagogia. Dames i Vells està recuperant les males paraules dels nostres avis i es posen en context perquè tothom entengui la força de la imatge que volen transmetre:

> Se li ajunten tots los pèls
> de la barba i la petxina
> perquè així no se li nota
> si se li escapa l'aurina.

3.5.4. Dies i espais

Tot i les vacil·lacions dels primers anys, Dames i Vells ha quedat fixat el 27 i 28 de juny, el dejuni de Sant Pere. No es descarta que algun dia es passi a actuar la mateixa Diada de Sant Pere, el 29 de juny.

Les representacions es fan en petites places i carrers, quatre el 27 i tres el 28. Aquestes actuacions s'enllacen amb una cercavila que recull gent pels carrers. De moment els espais fixos del ball són: un eixamplament que fa el carrer del Vidre –ja anomenat popularment plaça de Dames i Vells-, el carrer Martí Napolità i els jardins de la Casa Rull, els quals ja s'omplen com un ou per poder veure el ball dalt d'un escenari. Cada any es proven nous espais per tal de mirar de trobar els més idonis.

Dames i Vells de Reus no participa en cap processó, la companyia creu que la gràcia del ball està en la representació, i que, per contra, desfilant dins d'un seguici no es pot copsar el sentit del ball. Tot i així, quan l'Ajuntament de Barcelona va convidar Reus a portar els elements festius de la ciutat a Santa Eulàlia, Dames i Vells hi va participar repetint per les Rambles un tràiler del que seria el ball, cada personatge deia una quarteta i es continuava el recorregut, i aquesta fórmula va funcionar molt bé.

4. El resultat: 5 anys de Dames i Vells a Reus

L'experiència de cinc anys d'un ball parlat no es pot mesurar en xifres, però la seva acceptació i la seva popularització són el resultat d'un treball en el text i en la posada en escena. Som lluny de la popularitat que gaudeix el ball tarragoní, però també som lluny del punt de partida de l'any 2009.

> Sant Pere, nostro patró,
> que cridin totes les veus:
> Visca la Festa Major
> i fot-li que som de Reus!

5. Bibliografia

AMADES, Joan (1983). *Costumari Català*. Barcelona: Salvat Editors, Edicions 62.

ANGUERA, Pere (1992). «Liberalisme i cultura popular: ascensió i caiguda dels balls parlats», en Montserrat PALAU i Magí SUNYER (ed) (1992), *Els balls parlats a la Catalunya Nova (Teatre popular català)*, Tarragona, El Mèdol.

BALAGUER, Víctor (1866). *Esperansas y recorts*. Barcelona.

DE BOFARULL, Andreu ([1845-1846] 2007). *Anales Históricos de Reus*. Reus: Edicions del Centre de Lectura de Reus.

DE BOFARULL, Andreu ([1851] 2007). *Reus en el bolsillo (1851)*. Reus: Carrutxa *Llibre d'Actes Municipals 1532-1542*. Arxiu Comarcal Baix Camp, Fons ACBC -20 / Fons Municipal de Reus.

Llibre de Visites (1696-1914). Arxiu Comarcal Baix Camp. FONS ACBC280-93 / Comunitat de Preveres de Reus.

TARRAGÓ, Maria (1993). *El Teatre de les Comèdies de Reus: un exemple de vitalitat ciutadana (1761 - 1892)*. Tarragona: El Mèdol.

TORNÉ, Domingo (1990). *Los Veinte años de inscripción: una visió carlina de les turbulències de la primera meitat del segle XIX: Reus 1800-1853*, edició i pròleg a cura de Pere Anguera. Reus: Centre d'Estudis Comarcal Josep Iglésies.

— (1992). *Crónica general de la Virgen de Misericordia (1870)*. Reus: Associació d'Estudis Reusencs.

Joan-Carles Roig Loscertales

Màscares, disfresses i parlaments.
El *Ball de Malcasats* en un entorn singular

1. El context

No sempre resulta senzill recuperar un ball i posar-lo altre cop al carrer.

Sorprenentment la dificultat més complexa no sol donar-se en el treball de recerca i documentació que exigeix qualsevol protocol, sinó que els obstacles i entrebancs a superar venen determinats per veure «on encabir-lo» i «com encaixar-lo» dintre de la dinàmica pròpia del cicle festiu local, o adequar-lo al protocol establert per la comunitat en qüestió.

Probablement és en afrontar aquesta fase on s'estableixen els elements que singularitzaran l'aportació, i la contextualitzaran a l'entorn escollit.

Així, quan des de l'Agrupació de Balls Populars de Vilanova i la Geltrú, a finals dels anys 90, ens vam plantejar la recuperació d'un nou Ball Parlat, dels molts que existien antigament i que s'havien representat a la nostra vila, la primera cosa que es fa és formular una pregunta que marcarà el futur: *on pretenem encabir-lo?*

L'element teatral li proporciona un vessant que costa d'articular en l'actual forma i funcionament de la Festa Major. I la pregunta troba una primera resposta: i si ho provem per Carnaval?

A partir d'aquí es configuren els elements que amb el temps proporcionaran singularitat al nostre Ball. Així es determina que l'entitat vol que sigui un acte de Carnaval que pugui ser exhibit. I això en el context del Carnaval vilanoví suposa un repte, ja que la seva característica fonamental és *la participació*, no pas *l'espectacle*. Per això damunt de l'esquema bàsic haurem de construir un elegant abillament que doni sentit complert a aquesta opció.

L'element clau per encabir-ho en el Carnaval el trobem en el vestuari, aquí parlarem ja de *disfressa*. Una realització acurada en el tractament d'aquest element aconseguirà l'espectacularitat deguda.

Agrupació de Balls Populars de Vilanova i la Geltrú.

Per altra banda, i així acabar-lo de singularitzar, es configura una aportació nova i no contemplada dintre dels canons folklòrics nostrats: incorporem *la mitja-màscara personalitzada*. Aquest serà un element determinant que acabarà de configurar la personalitat pròpia del *Ball de Malcasats* de Vilanova i la Geltrú. Defugim la idea del maquillatge i fem una aposta decidida per inserir el Ball a la realitat del nostre Carnaval perquè un dels seus elements distintius antigament és «El Mascarot», caracteritzat per la utilització de la màscara o «carota» en la seva disfressa, donant vida a un personatge grotesc caricaturitzat.

Per això aquesta comunicació, més que parlar de la recuperació i la història del ball (molts altres ho han fet i molt millor que nosaltres), exposa l'experiència d'aquest experiment folklòric: treure del context de Festa Major, on la societat vilanovina acostuma a fer d'espectador, un ball parlat concret i portar-lo al context de Carnaval, on es prioritza la participació de cadascú per damunt de l'espectacle.

La pretensió és que sigui una petita obra de teatre basada en les desavinences entre parelles i que recreï algunes de les situacions que ha viscut el nostre municipi durant l'any en curs o en altres moments. La idea -i el repte- proposada és situar el text i els personatges al carrer, amb la suficient seguretat i convicció per fer una interpretació creïble, agosarada i correcta en els termes. El públic a qui va adreçat l'espectacle és essencialment vilanoví i per això es fa referència a fets ocorreguts a la ciutat, als seus personatges destacats de la vida pública.

2. Tipologia de personatges

Els personatges del Ball són, d'una banda, els representants de l'autoritat i, de l'altra, les parelles malavingudes que van exposant els seus problemes davant d'ells, tot en un to satíric divertit.

Utilitzant termes col·loquials i elements del registre vulgar, augmentant així la capacitat expressiva del discurs, amb interferències de l'espanyol o de registres pertanyents a la llengua més culta. No té importància el sentiment moral de l'espectador, per a això el marc del Carnaval dóna llicència a actuar dintre d'allò que s'espera de la festa. Una entitat que treballa per la contemporaneïtat del folklore, la seva revisió, invenció o adequació, no por menystenir l'escenari on es du a terme la intervenció. Les referències a tot allò que és titllat de groller, irreverent, amoral tenen la seva coartada cultural. Seguim les indicacions de Pere Navarro en el seu treball *Qüestions lingüístiques sobre els balls parlats: la llengua de Dames i Vells*, cerquem «la complicitat del vianant que ens troba o el beneplàcit de qui ens busca.»

Les disfresses estan dedicades a parelles que representen un o altre estament social i gremial. Estan basades en la societat vuitcentista, de la qual a Vilanova i la Geltrú en tenim un exponent força significatiu, i han anat adquirint amb els anys una personalitat pròpia configurant així una mena de cos escènic on determinada tipologia de conflictes és interpretada per parelles concretes de personatges.

Si bé les autoritats municipals estan representades pel que seria l'alcalde (en aquests moments alcaldessa), l'agutzil (no hem cregut oportú donar protagonisme a l'estament militar) i l'arquebisbe (singularitat pròpia en memòria del nostrat Arquebisbe Armanyà), la resta de personatges van en parelles:

Vídua		
Indiano	-	Cubana
Menestral	-	Menestrala
Lleter	-	Lletera
Gitano	-	Gitana
Burgès	-	Burgesa
Galant	-	Florista
Apotecari	-	Apotecària
Regidor	-	Regidora
Sabater	-	Sabatera
Català	-	Espanyola
Mariner	-	Remendadora
Bacallaner	-	Bacallanera
Paborda	-	Pabordesa
Hostaler	-	Hostalera
Vilanoví	-	Geltrunenca
Forner	-	Fornera
Pagès	-	Pagesa
Carter	-	Cartera

No tots els personatges tenen text. Normalment tan sols quatre o cinc parelles fan la interpretació, la resta és el cor que acompanya fent rèpliques des de l'exterior i desenvolupant la dansa a l'inici i al final.

Anem en cercavila, ballant, fins al lloc determinat per a l'actuació. Anem aplegant gent pels carrers i places i ens trobem amb els que ja ens esperen a hores convingudes.

3. *Parlaments*

Amb els anys i l'experiència (ja en són 15) hem anat configurant un estil particular. Sempre hem apostat pels versos «blancs», amb dobles intencions, suggerint més que no pas explicitant; indicant més que no pas senyalant. Les referències a l'actualitat local són les que predominen, sense deixar però de banda els temes generals.

Cada parella es centra en una tipologia determinada de desavinença, temes evidentment universals, però focalitzada en alguna situació local coneguda o interpretada que ha passat de la tafaneria conciutadana a caricatura carnavalesca. Per aconseguir com més casos reals millors als voltants del mes d'octubre es constitueix «L'Observatori de Malcasats», consistent en la gestió d'una bústia de correu electrònic on tothom que vulgui participar-hi pot fer arribar a la colla desavinences conegudes de parelles públiques o privades amb l'objectiu que puguin ser ventilades públicament. Així es pren la paraula i de manera gro-

tesca s'encarna la societat oficial, la doble moral, caracteritzant els prototips i
en definitiva oferir un moment per tractar els temes en el marc del Carnaval.

La redacció dels versos es va configurant a mesura que flueixen les aportacions.
S'agrupen per tipologia i es concentren en una parella els diferents casos que
puguin tenir un denominador comú. Sempre s'està obert fins darrera hora per a
aquelles coses que sorprenen a l'últim moment. En cap cas, però, hi ha referèn-
cies amb nom i cognom de les veritables històries que s'expliquen, però sí que
es donen un seguit de pistes per a la possible identificació dels protagonistes.

4. Dramatització i posada en escena

Ens trobem davant d'una representació de teatre popular primitiu, que s'es-
cenificava pels pobles en les seves festes majors, pels carrers i places. Per això
l'Agrupació decideix fer l'aposta de tornar a representar el teatre al carrer, pel

carrer, teatre popular. Aquesta mena de representacions a la plaça, de companyies que arribaven de fora per la festa. Grups d'actors comandats per un lletraferit que en un tres i no res adequaven textos de sempre al context particular de la població que visitaven. Que per unes monedes o una gerra de vi i un esmorzar copiós representaven un espectacle satíric, irònic, ple de tendresa.

La més famosa en tot el Penedès fou una de Sant Martí Sarroca, l'últim Cap de Colla de la qual, en Martí Figueres i Gili – que encara visqué el primer quart del segle xx-, conegut amb el renom de *«El vell Saquetes»*, tenia recollits i estudiats gairebé tots els balls parlats que es feien. Copiats a mà, segons recull Eloi Miralles en l'obra «Actualitat i bibliografia dels Balls Parlats al Penedès» (1992).

Aquest referent ens fa plantejar la necessitat de sotmetre'ns a una direcció teatral. Algú amb prou autoritat per fer sirgar a un ampli elenc amateur sense excessiva experiència en el camp de la interpretació. Això ens porta a demanar col·laboració de persones de fora del ball i amb experiència en el món de les arts escèniques i, així, aconseguir una direcció teatral el més acurada possible. Més basada en orientacions tècniques que no pas en la bona voluntat de les persones que hi formem part. Necessitem que se'ns dirigeixi i que se'ns exigeixi un treball correcte i acurat.

Per això ja el 2002, un cop el Ball ha sortit al carrer i s'ha foguejat, un cop hem pogut veure la seva dimensió, recollim les idees bàsiques que ens han estat rondant per redactar el que serà la base des d'on projectarem el treball a fer per aconseguir la consolidació. Així neix el document «Sobre la idea escènica del Ball de Malcasats de Vilanova i la Geltrú» de l'Agrupació de Balls Populars. Aquest serà el nostre full de ruta pel futur i és ben cert que, de moment, no ha calgut fer-ne cap esmena i la fórmula manté la seva vigència i vigorositat.

La idea -i l'encàrrec- que es proposa és situar el text i els personatges al carrer, amb la suficient seguretat i convicció per fer una interpretació creïble, agosarada. Sotmetre'ns a una direcció teatral no va ser gens fàcil en els seus inicis.

És fàcil veure el personatge al carrer, sentir-lo i apreciar-lo com el que és: una mascarada de Carnaval, però això no ens porta a la laxitud i volem sortir-nos-en ben parats. Fins i tot en els personatges que no interpreten text, sempre podem apreciar una voluntat extraordinària de viure el ball des de la dimensió més participativa.

Cada personatge es treballa en funció d'un text que algú escriu, d'una màscara personalitzada i elaborada artesanalment, d'un vestuari estudiat i efectuat amb una cura extraordinària que cada any es va ampliant sense que es posin inconvenients quant a recursos. Tot això conflueix en una interpretació que es dirigeix amb exigència i rigor. Si algun d'aquest elements fallessin les coses no sortirien tal i com estem acostumats que darrerament surtin. I això ens ha portat a tenir un nivell d'autoexigència i allò que als inicis trobàvem encertat, a hores d'ara ho considerem millorable i no n'estem del tot satisfets.

Els assajos es fan per parelles, de manera personal i no és fins les darreres setmanes quan construïm completament l'actuació.

El procés de creació de les intervencions de les parelles comença amb l'escriptura dels textos, que ja hem explicat que parteixen de la realitat social més

propera, i de temes generals que afecten tothom (política, economia, sexe...).
Abans d'escriure es pensa ja en els actors i actrius que formaran les parelles
per fer una primera adequació tant pel que fa a la temàtica com a la parella a la
qual s'escau més. Val a dir que de vegades són grups de tres o quatre persones
que conformen una intervenció, amb un joc teatral més ric.

Un cop la primera proposta de textos es dóna per bona per part de la direc-
ció, es convoquen assajos per parelles (o grups si és el cas). Es comença pel
treball de text. Cal que tots els membres sàpiguen perfectament què diuen a
cada moment, per què i quines conseqüències tindrà la seva intervenció en l'al-
tre o altres membres. Aquest és també el moment d'acabar d'adequar el text,
ja que és en la lectura dramatitzada quan s'acaben de trobar girs inesperats i
d'altres que d'entrada es donaven per bons però «en escena» no ho són tant.

A les sessions següents es treballa ja sense paper i es busquen matisos i ges-
tualitat. No es parteix mai de premisses gestuals ni de tons vocals tancats, sinó
que es fa un treball conjunt de direcció i actors. Ens servim d'exercicis duts a
terme amb anterioritat per treballar dicció, projecció i moviment. A cada pa-
rella o grup s'intenta trobar una forma de sortir a escena justificada i que doni
informació visual dels protagonistes. El mateix pel que fa al mutis.

L'assaig amb les autoritats és el més estàtic, ja que són sempre a escena i, a
part d'alguna intervenció directa amb les parelles, el seu és un text de caràcter
més discursiu. Per això s'intenta que algun cop alguna de les autoritats acabi
marxant amb un dels membres de la parella o amb els dos.

Finalment es fan un parell d'assajos generals per lligar tot l'espectacle.

5. Vestuari

El vestuari resulta exquisit, d'època, amb un tractament rigorós dels seus elements i amb la seguretat que el seu lluïment ja és un èxit per ell mateix. El primer any que es surt al carrer es centra tot l'encant en aquests vestits. Són quaranta disfresses personalitzades, dedicades a parelles que representen un o altre estament social i gremial. Els elements distintius de cadascú aporten el toc de brillantor i la combinació amb els tocats i barrets resumeix l'aire que li volem donar a tot plegat.

6. Ball / Música

La partitura forma part del llegat que adquirim i reprodueix la que el 1959 van treure al carrer els únics i darrers balladors, per la Festa Major de la Geltrú, segons figura al treball de Lourdes Cortada i Carme Silvestre: *Sobre tradicions de Vilanova i la Geltrú: El Ball de Malcasats* (1988).

La particularitat, durant els dos primers anys, és que està interpretada per una banda de música. En concret ens acompanyaran la Banda de Música del Conservatori de Vilanova i la Geltrú, que amb aquesta sortida fan també la seva presentació pública.

Posteriorment ho substituïm per un grup de música amb instruments tradicionals. Comencem amb una cobla de tres quartans, però anem ampliant arribant a una mitja cobla en algunes ocasions.

7. El Ball de Malcasats en un context singular

Aquesta experimentació amb el folklore, amb la història, aporta una visió molt oberta d'allò que són tradicions i arrels. El fet d'agafar una mostra de cultura popular, sacsejar-la, nodrir-la d'altres elements que la facin evolucionar mitjançant la modificació d'aspectes característics, ens mostra una dimensió del treball en cultura popular per desenvolupar.

Treure un element concret del seu context tradicional, allunyar-lo del seu entorn natural de desenvolupament, actuar-hi contundentment, fins i tot d'una manera transgressora, però amb l'elegància que ens proporciona el material de què disposem; a hores d'ara no hauria de ser un fet excepcional.

Estem convençuts que, a banda de recuperar i inserir les arrels populars al cicle festiu, com a persones que coneixem el camp on ens movem i com a persones del nostre temps tenim l'obligació de proporcionar noves mirades a la cultura popular i oferir noves visions de les seves possibilitats.

Al cap i a la fi cada element al que accedim està sempre condicionat per un context que el va crear i probablement un altre context que el va fer créixer. Nosaltres, ara i aquí, en aquesta societat convulsa on estem inserits, i alhora en som responsables, podem i hem de fer-la avançar cap a nous estadis que siguin capaços de trametre a generacions futures que no tan sols vam ser capaços de

recuperar sinó també d'innovar a partir de les sòlides bases que ens van pro-
porcionar els nostres predecessors.

Un tribut i un llegat que el temps s'encarregarà de posar al lloc pertinent. De
moment nosaltres només estem fent allò que sabem: passar-ho molt bé amb
aquesta experiència.

> ... I us voldria recordar
> que la merda sempre sura,
> encara que la vulguis enfonsar.
>
> Arquebisbe

Bibliografia citada

AMADES, Joan (1983): *El Costumari Català*. Barcelona: Edicions 62.

CORTADA, Lourdes; SILVESTRE, Carme (1988): «El Ball de Malcasats». *Sobre tra-
dicions de Vilanova i la Geltrú*. Vilanova i la Geltrú: Ajuntament de Vilano-
va i la Geltrú.

— (2000): «La Recuperació d'un ball», *08800 La Revista de VNG*, número 28
(febrer 2000), 8-11.

NAVARRO, Pere (1992): «Qüestions lingüístiques sobre els balls parlats: la llen-
gua de Dames i Vells», a Montserrat PALAU i Magí SUNYER (ed), *Els balls par-
lats a la Catalunya Nova (Teatre Popular Català)*. Tarragona: El Mèdol, pp.

MIRALLES, Eloi (1992): «Actualitat i bibliografia dels Balls Parlats al Penedès»,
a Montserrat PALAU i Magí SUNYER (ed), *Els balls parlats*, pp.

ROIG, Carles (2001): *Sobre la idea escènica del Ball de Malcasats de Vilanova i
la Geltrú*. Vilanova i la Geltrú: Agrupació de Balls Populars.

Raimon Casals

El Ball dels Malcasats al Penedès:
aportacions coreogràfiques

1. Origen

El *Ball dels Malcasats* és una versió del *Ball de Dames i Vells* que apareix al segle XIX a la zona del Penedès (Alt, Baix i Garraf). Dic que és una versió perquè tot i que en essència són el mateix, la representació penedesenca és més complexa, hi ha hagut una evolució en el tractament dels personatges: d'una baralla entre dames i vells passem a una baralla entre parelles també de dames i vells però de diverses classes socials (un Burgès arruïnat, un Notari avariciós, un Sabater aficionat al beure, etc.). La burla i l'escarni arriba a tots els estaments de la vida social del segle XIX.

Cal dir que aquests dos balls parlats van conviure durant un temps a les festes penedesenques, fins que el de Dames i Vells es va deixar de representar. El trobem per exemple a Vilafranca el 1828 i 1840,[1] a Vilanova el 1845 i 1860,[2] o al Vendrell el 1845.[3]

2. Presència al territori

El *Ball dels Malcasats, de sis dames y sis vells, senyo Vicari, Batlle y Agusil*[4] apareix documentat per primera vegada a Sitges el 1826.

---

[1] Antoni RIBAS (1999), *Passant comptes amb sant Fèlix Màrtir*, Ajuntament de Vilafranca del Penedès, p. 261 i 339.

[2] Salvador ARROYO (1991), *El Ball de Malcasats del Vendrell*. Premi Nacional Joan Amades, p. 241.

[3] Salvador ARROYO (1991), *El Ball de Malcasats del Vendrell*, p. 244.

[4] D'aquesta manera és titulat al manuscrit recollit per Pere Grases el 1927 de Miquel Batlle i Totosaus (manuscrit recollit el 1904 a la Bleda (Vilafranca)).

El trobem també a Vilanova els anys 1845, 1848, 1850, 1854, 1860; a La Geltrú el 1852, 1854 i 1959; al Vendrell el 1845, 1846, 1849, 1850, 1859, 1863, 1887, 1904, 1910; a Sitges el 1853, 1855, 1865, 1866, 1868, 1875, 1888 i 1900; a Vilafranca el 1859 i 1870; a Sant Pere de Ribes el 1886 i 1902; a Sant Vicenç de Calders el 1887; i a la Bleda el 1904.

Com podem veure, a partir de la segona meitat del segle xix i fins a començaments del segle xx, aquest ball formarà part de les nostres festes. Serà a finals del segle xx i pràcticament al mateix temps que es recupera a les 3 capitals de comarca: l'any 1999 a Vilafranca, integrant-lo a les cercaviles i processons; al 2000 es recupera a Vilanova, en el conjunt del Carnaval, i passa a representar-se amb màscares; i el 2001 és el torn del Vendrell que el representa el *dia del gos*, l'endemà de Santa Anna.

Tant Vilanova com Vilafranca recuperen el ball sense conservar els trets característics de disposició i coreografia que sí que fan els vendrellencs. En el cas de Vilafranca, se'l dota d'unes coreografies que res tenen a veure amb el ball i la part textual queda relegada a una única representació el 31 d'agost. Cal dir però, que a l'any 2011 el Consell de la Festa Major (Consell municipal encarregat de vetllar pels aspectes tradicionals de la festa) va decidir revisar la recuperació que s'havia fet el 1999 donant pas, al 2012, a una proposta completament nova fins aleshores i que restablia elements propis de la representació del segle xix.

3. Aportacions coreogràfiques

És ben sabut per tothom que l'aspecte coreogràfic dels balls parlats és la part menys coneguda i documentada i per conseqüent hi ha hagut una tendència a generalitzar unes estructures coreogràfiques concretes. Aquest fet és normal si tenim en compte que en la majoria de manuscrits no apareixen acotacions sobre la dansa o el moviment coreogràfic que s'executava; el que sí que acostumem a trobar és una posició inicial dels personatges que ens permet estructurar la dansa a partir d'aquets models existents.

I el cas dels Malcasats no seria una excepció si no tinguéssim en compte les poques descripcions existents i les semblances entre elles. Coreogràficament parlant, el cas que ens ocupa és molt interessant ja que ens apareix una representació més rica del que ens podríem imaginar.

3.1. Passada de parella

El primer a parlar de la *passada de la parella* és Milà i Fontanals (1818-1884) que fa una descripció ben clara de com és l'estructura coreogràfica que s'intercala al text:

> Este baile de costumbres es de los que más conservan el carácter de danza; por las fechas en él citadas se ve que fué compuesto á principios de este siglo. [...] Todos los interlocutores, ridículamente caracterizados en sus trajes, danzan en los in-

termedios de la parte dialogada. Se van presentando por turno á los tres primeros las diferentes parejas exponiendo sus recíprocos agravios. Luego la pareja, reconciliada de buen ó mal grado, danza en medio de las dos filas también danzantes.[5]

Ja només començar la seva explicació, Milà ens diu que l'element de la dansa és molt important en aquesta representació, i ens narra, molt per sobre, com és: la parella que acaba de dir els seus versos, que a vegades acabava fent les paus i a vegades no, balla al mig de les dues files que formen la resta de les parelles (una fila d'homes i una fila de dones).

Jo sóc del parer que, si pensem en la concepció còmica de l'espectacle, aquest ball que fa la parella al mig de les files, podria també ser interpretat de manera grotesca a moda i estil de les diferents classes socials. Ridiculitzant encara més els personatges.

Pel que fa a com ballen les dues files de personatges, podem fer dues suposicions. La primera, i seguint les disposicions habituals en altres balls parlats, podríem pensar que Milà descriu el que anomenem com a *passada de dalt a baix*. Però també caldria valorar la possibilitat, i aquest és la segona suposició i per mi la més adequada, que les parelles que es troben en dues files no executessin cap moviment coreogràfic concret i es limitessin a desplaçar-se uns passos al costat, a ritme de la música, per fer córrer la fila i deixar lloc al final de la mateixa per la parella que ha acabat el seu parlament. Aquest funcionament seria el més lògic per integrar tot el que descriu Milà d'una manera orgànica. Per tant, i segons aquesta suposició, els personatges que els toqués parlar serien els primers de la fila, al cantó oposat del Cap de Ball (les autoritats).

Unes descripcions del ball més tardanes fetes per Pere Grases (1909-2004) i Pere Bohigas (1901-2003) ens aporten més informacions coreogràfiques:

> Després de les discussions, tots els matrimonis acaben fent sardana, menys el Gitano i la Gitana que ballen la «pavana». Hauria estat molt fort fer-los-hi ballar sardana.[6]
> L'obra s'acabava ballant tots una sardana, exceptuant els gitanos, que ballaven la pavana.[7]

A banda de les «passades» que trobem als diferents manuscrits, apareixen 2 balls més: la sardana i la pavana. És molt probable que aquestes evolucions siguin posteriors a la descripció de Milà, si no és així no s'entén com no hi surten referides.

[5] Manuel MILÀ I FONTANALS (1895), *Orígenes del teatro catalán*, A *Obras completas*, Vol. VI, Barcelona, p. 283.
[6] Pere GRASES I GONZALEZ (1928), *Ball dels Malcasats*, Quaderns Mensuals d'Acció, Vilafranca, p. 280.
[7] Pere BOHIGAS I BALAGUER (1993), *Folklore del Penedès*, Vilafranca del Penedès, p. 255.

3.2. La sardana

Cal deixar clar que aquesta «sardana» no té res a veure amb la sardana moderna, que arriba al Penedès a principis del segle xx (Vendrell i Arboç 1907),[8] sinó que és un ball rodó, a l'estil de les bolangeres o la corranda o sardana amb què s'acabava el Ball Pla a la nostra comarca.

Aquest aspecte, però, ens planteja dubtes. Com arriben a col·locar-se en rotllana des de les dues files? I com tornen a la posició inicial? Si mantenim la disposició habitual als balls parlats d'una fila masculina i una fila femenina se'ns fa difícil d'imaginar com es deurien col·locar les parelles per ballar aquest ball rodó. Es podria donar el cas que en l'última «passada» abans del parlament de l'Agutzil les parelles aprofitessin els últims compassos per, alternament, canviar de lloc a la fila contrària. Aquest tipus de moviment (donar la mà a la parella i agafats canviar de lloc) el trobem encara a la representació tarragonina de Dames i Vells, i sabem que també s'havia fet al Penedès en el *Ball d'en Serrallonga*.[9]

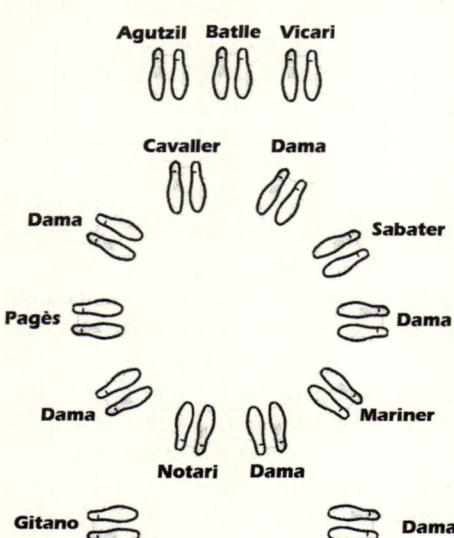

Una versió sitgetana[10] proposa una disposició encara més sorprenent per arribar a formar la sardana i que, des del nostre punt de vista, no és massa factible pel bon ritme de la representació i per al seu conjunt: no retornen a la seva posició entre les dues files, sinó que ocupen un nou espai entre les autoritats i les dues files que ocupen amb la seva parella. D'aquesta manera, alternant dreta i esquerra, les parelles (home i dona) formen, a l'acabar, dues files noves mixtes. I des d'aquesta nova col·locació és molt més fàcil formar rotllana i executar la coreografia pautada. una acotació final ens deixa molt clar aquest aspecte: «sen van tots dos agafadets, es posen a la banda dreta, la gralla i el tambor toquen, l'agutsil fa el parlament i mentres enraona, les parelles fan rodona tancantlo al mig.»

Al final del manuscrit sitgetà s'ajunta un esquema gràfic per anar entenent com se situen les parelles a mesura que acaben els seus parlaments. Aquesta disposició trenca amb el concepte establert que les parelles tornen a la posició inicial en els balls parlats. És una novetat. La disposició final de totes les parelles, que fan rotllana al voltant de l'Agutzil mentre fa la seva arenga final, també és nou. Aquesta podria ser una resposta a la qüestió de com arriben a

---

[8] Salvador Arroyo (1991), *El Ball de Malcasats del Vendrell*, sense paginar.

[9] Raimon Casals, *Aproximació al Ball d'en Serrallonga interpretat al Penedès*, (treball inèdit realitzat per a la representació que es féu el 2005 del Ball d'en Serrallonga com el segle XIX).

[10] Manuscrit dipositat al fons bibliogràfic de l'Institut del Teatre. Signatura 22.857-N.

poder fer un ball en cercle si les parelles estan dividides en dues files del mateix sexe. La disposició que aporta aquest text ens mostra també una posada en escena estranya, trencant l'harmonia a mesura que avança la representació, havent-hi un grup de personatges aparellats i un altre format per dues files. una estructura confosa que no és viable per una representació al carrer i a peu pla.

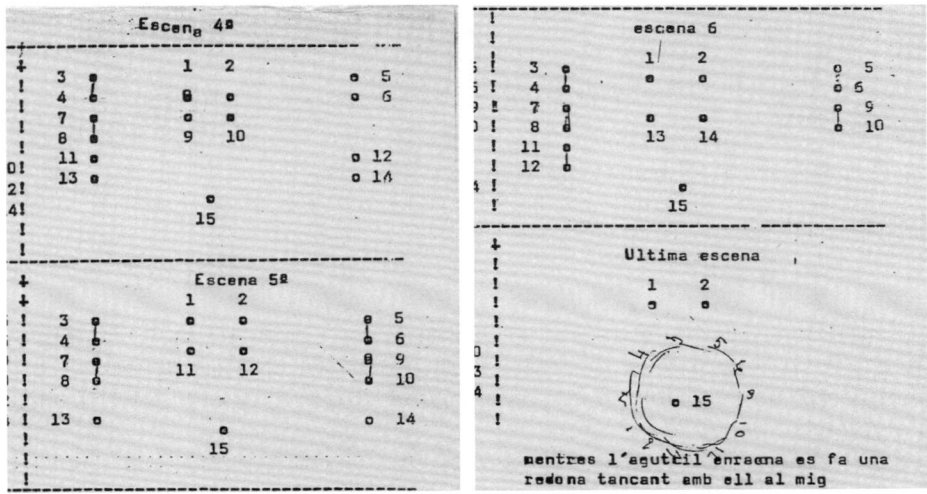

En aquests gràfics es pot apreciar la col·locació a la part final de l'espectacle i com les diverses parelles van ocupant el seu nou lloc a mesura que avança l'espectacle.

3.3. La pavana

El primer que cal destacar és que aquest ball era exclusiu de la parella dels gitanos. La pavana és una dansa cortesana que apareix a mitjan segle XVI i que volta per mitja Europa. Al segle XIX torna a posar-se de moda i junt amb la sarabanda i altres són considerades els antecedents dels balls de saló, d'una nova modalitat de ball de societat.[11] La podem trobar dins del repertori dels balls de bastons, o bé a les gitanes del Vallès o dins la Dansa de Castellterçol.

Però per què només la ballen els gitanos? I per què aquests no podien ballar juntament amb els altres? La parella de Gitanos, dins l'escala social del ball, representa l'estament més baix; els seus parlaments són també els de to més vulgar i són els últims a actuar. Es pot entendre que sigui causa d'una societat amb forts prejudicis que no accepti la barreja amb aquest col·lectiu? O d'altra banda, s'aprofita l'excentricitat del poble gitano, per convertir-lo en un element còmic a favor de la representació? Des del punt de vista de l'espectacle, aquesta parella és el colofó, la cirereta per acabar la representació i el seu ball podria ser una cosa molt fora de to, una estracanada, la traca final.

[11] Aleix CORT I VIVES (1999), *Diccionari del Ball*, Barcelona, Edicions 62, Col·lecció El Cangur/Diccionaris, núm. 278.

Ball dels Malcasats de Vilafranca, 2012. Fotografia de Pere Navarro.

4. Conclusions

Tenim doncs, davant nostre, tres estructures coreogràfiques molt clares i noves: la passada de parella, la sardana i la pavana. Són unes estructures de ball molt simples i adaptables a la comicitat dels propis actors per tal d'enriquir l'espectacle.

Quan el 2012 es va reformular a Vilafranca el *Ball dels Malcasats*, aquesta anàlisi va ser fonamental per configurar l'estructura coreogràfica actual. Tot i que no s'incorpora *la pavana* a causa de la reducció de parelles i al format breu que es volia aconseguir, sí que s'incorporen les passades de parella i la sardana, a més de la passada clàssica «de dalt a baix». I cal dir, per acabar, que aquesta comicitat entesa dins la coreografia, dota l'espectacle de més ritme i vitalitat.

Eva Rofín Gutiérrez

El Ball de Sogra i Nora de Tarragona

1. Fitxa tècnica

La informació existent sobre el *Ball de Sogra i Nora* de Tarragona és molt escassa i la podem trobar en el *Costumari català: el curs de l'any* de Joan Amades (2003) i en el llibre *Els Colors de Santa Tecla. La Festa Gran de Tarragona* de Jordi Bertran (1998). Joan Amades explica:

> Un altre ball, de to còmic i faceciós, era el de la sogra i la nora, que, com bé indica el títol, prenia per argument el tema universal de les diferències entre la joventut i la vellesa, cristal·litzades en les tradicionals desavinences entre sogres i nores. El diàleg era en català, i no estava pas inspirat en els diversos sainets i literatura de fil i canya que glossen el tema. Hi intervenien, a més de les protagonistes, dos «currutacos», els dos marits (el de la vella i el de la jove), un mosso, una serventa, uns veïns, Isidre, Laieta, el metge i el batlle. La facècia es movia en un ambient camperol. (Amades 2003: V, 188)

Jordi Bertran en fa referència a l'apartat d'elements perduts i diu el següent:

> Les divergències entre la jove de la casa i la seva sogra són al centre d'aquest ball de caire còmic. La representació és documentada durant el segle passat, concretament per primer cop el 1877, però sembla que l'origen és un romanç del XVIII. (Bertran 1998: 58)

En comparar aquesta informació amb el manuscrit consultat a l'Arxiu Històric Arxidiocesà de Tarragona (AHAT), trobem algunes divergències sobretot pel que fa amb els personatges, ja que hi ha alguns noms que no coincideixen i

Universitat Rovira i Virgili.

a més, no s'esmenta el personatge del diable. En el manuscrit es facilita la següent relació de personatges: dos *currutacos*, la sogra, Jeroni, Filomena, el sogre, Isidret, Tecla, Ignasieta, Roseta, Alaieta, el doctor Jaume, Prudèncio, l'alcalde i el diable.

No tenim cap informació que no es desprengui del mateix text i de les referències bibliogràfiques esmentades anteriorment. D'aquesta manera, no en coneixem l'autor ni tampoc si va ser recollit de la tradició oral o pel contrari es tracta d'una adaptació d'un altre text existent prèviament. No sabem l'any de representació del ball, ja que el manuscrit no està datat. Ni tampoc podem tenir una idea sobre qui van ser els participants en la representació, la coreografia, el vestuari o el lloc de representació.

2. Descripció del manuscrit

El manuscrit dels parlaments del ball que he pogut consultar es troba en dipòsit al fons documental de l'AHAT amb la referència 20262. El document es troba en suport paper de drap, d'un color blanc grogós, amb bon estat de conservació. Està escrit en lletra cursiva molt lleugera i petita, estampada amb ploma de punta molt fina. En base al tipus de cal·ligrafia podem datar el manuscrit a finals del segle XIX. Les línies són molt rectes malgrat que el paper no està pautat.

Les mides del manuscrit són: 7,7 x 21,4 cm. Els diversos fulls estan lligats amb fil en forma de llibreta encara que hi ha un full solt escrit a banda i banda on hi trobem el parlament del diable a mode de colofó i resum irònic del ball. Les cobertes estan en blanc, té set fulls escrits a banda i banda, el full número vuit té escrites només cinc línies i l'anvers està en blanc.

Cada pàgina presenta un marge a l'esquerra marcat amb un traçat amb llapis on apareixen escrits els noms dels personatges que intervenen en cada cas. El canvi d'escena està senyalat amb l'acotació del terme «Ball» i una línia recta horitzontal que va d'una banda a l'altra de la pàgina realitzada amb la mateixa tinta de l'escrit del text.

El text del manuscrit és el del ball representat a Tarragona de manera que la llengua que hi trobem presenta trets lingüístics del tarragoní. El model de llengua que observem no s'ajusta a les disposicions ortogràfiques vigents des de l'any 1913, es troben a més interferències del castellà i aglutinacions ortogràfiques de diversos mots.

En resum, la llengua del ball reflecteix el parlar de la gent del carrer de Tarragona en el segle XIX, amb els seus dialectalismes, localismes i frases festes. Podem observar transcrites particularitats fonètiques com la neutralització de les vocals medial oberta /a/, palatal semitancada /e/ i velar semitancada /o/ en posició àtona, la pronunciació diftongada /aw/ de la velar semitancada /o/ en posició inicial i la palatalització de la nasal alveolar /n/ precedida per una semivocal palatal /i/. S'inclina preferentment per l'ús de l'article masculí *lo* i les formes dels pronoms personals forts de quarta i cinquena persona *naltros* i *valtros* característics dels parlars tarragonins. El morfema de primera persona del present d'indicatiu és -o [u] i la primera persona del present d'indicatiu del verb haver *hai*. En el lèxic també trobem mots tarragonins com *civader*, *espirallar*, *rosquilla* i *saborcall*.

La música era una part important de la representació, ja que solia repetir-se i servia per marcar i diferenciar cadascuna de les escenes. Cal tenir en compte que l'ensenyament i aprenentatge de les melodies que acompanyaven als balls es feia generalment per via oral, fet que complicava la seva conservació. A més, és difícil fixar quins eren els instruments que interpretaven aquestes breus melodies. *El Costumari català: el curs de l'any* de Joan Amades (1989) ens ofereix la transcripció de la melodia del ball.

En tractar-se d'un ball parlat, els parlaments del ball estan escrits amb una mètrica i una rima concretes per tal de donar al text l'aparença de cançó. Majoritàriament els versos són heptasil·làbics i estan agrupats de quatre en quatre en què rimen el segon vers amb el quart (a, b, c, b). Tot i això, aquesta norma no es compleix al llarg de tot el text i, per tant, no es pot establir un esquema regular. Així doncs, també hi ha versos hexasil·làbics i octosil·làbics i en algunes ocasions la rima es produeix entre un altre parell de versos.

3. Argument del Ball de Sogra i Nora de Tarragona

L'argument del ball gira al voltant de les diferències entre la sogra i la seva nora. Els versots s'inicien amb els parlaments dels dos *currutacos* que ens introdueixen en la història que es representarà a continuació. Ja des d'un principi, la sogra es queixa que ella és l'única que treballa i es lamenta de no tenir una altra jove que l'ajudi a fer les feines de la casa.

A continuació, la sogra avisa el mosso i la minyona, Geroni i Filomena
respectivament, per tal que es fiquin a treballar, ja que encara dormen perquè
durant la nit han estat xerrant. A més, els recrimina que ella s'hagi hagut
d'encarregar d'algunes de les seves feines. Però tots dos s'encaren amb la
mestressa de la casa.

Tot seguit, la sogra desperta el seu marit i el seu fill Isidre amb els quals
també té raons. Un dels temes de la disputa és que la nora segueixi dormint.
Una vegada la sogra ha marxat, l'Isidre parla amb la Tecla, la seva dona, i aquesta
es queixa que la sogra sempre busca brega amb ella. El fill l'aconsella que no
li faci cas i la deixi estar.

Quan la sogra torna a casa té una altra disputa amb la nora. En conseqüència,
la Tecla parla amb el seu marit i li diu que vol marxar d'aquella casa, però ell i
el sogre li diuen que aguanti la situació perquè quan la sogra mori ells seran els
amos de la casa. La Tecla no els fa cas i s'enfronta a la sogra de nou i aquesta es
desmaia. La veïna que ho presencia corre a avisar el metge. El doctor recomana
a la sogra que no s'enfadi tant, ja que amb la seva edat no li convé.

Un altre veí avisa l'alcalde perquè hi vagi a posar pau. El batlle es presenta a
la casa i mana que es faci ordre perquè si no els farà tancar a la presó. Per últim,
el sogre i la sogra preguen a sant Martí que els preservi de l'alcalde.

Els versots s'acaben amb el parlament del diable que resumeix amb to irònic
el ball i els personatges i demana diners al públic assistent.

4. Referències d'altres balls parlats de sogra i nora

En el llibre *El teatre burlesc mallorquí, 1701-1850* d'Antoni Serrà hi apareixen
diverses referències d'altres versions del Ball de Sogra i Nora del País Valencià i
del Principat. Així doncs, podem observar com les relacions entre la sogra i la
nora han estat un tema tradicional dels textos dramàtics en la nostra llengua.
Entre d'altres s'esmenta l'existència de dos entremesos valencians:

> Del País Valencià coneixem pocs textos del segle XVIII i de la primera meitat del
> segle XIX, malgrat que tinguem documentat durant aquest període entremesos a
> càrrec dels pagesos que treballaven a les grans cases de camp, després d'un dia de
> feina en alguna de les collites. Bartomeu Tormo, col·loquier i fabulista que nasqué
> el 1718 i morí el 1773, va escriure *La fira d'Albaida*, «juguet còmic en un acte i en
> vers»; i entre les edicions més antigues en català n'hi ha dues de l'*Entremès de la
> sogra y la nora*, d'un autor anònim valencià, alguna de les quals podria ésser de la
> segona meitat del segle XVIII o bé del començament del segle XIX. Aquesta obreta
> planteja una de les variants del tema tradicional de les desavinences familiars que
> tornarem a trobar en algun altre dialecte català (Serrà 1987: 32-33).

A la Biblioteca de Catalunya es conserva una edició d'aquest entremès del
País Valencià amb el títol d'*Entremès de la sogra y nora*, format per un total de
16 pàgines, sense datar. En aquest cas, com hem pogut trobar i consultar el text
d'aquesta edició, en farem una breu comparativa amb el *Ball de Sogra i Nora* de

Tarragona. En l'entremès valencià els personatges són menys que en el ball parlat tarragoní. Així, en l'edició valenciana només trobem la sogra, la nora, el pare, el fill, el doctor i la veïna. Pel que fa a l'argument trobem moltes coincidències entre ambdues versions, ja que el fil principal de la història és el mateix i, fins i tot, hi ha fragments que són gairebé iguals. En són un exemple els següents:

Ball de Sogra i Nora de Tarragona	*Entremès de la Sogra y Nora* del País Valencià
La Sogra Ja has tepat be la Tecleta perque cuan se alsi del llit no li agafi un cop de aira. (pàg. 6)	Sog. Has tapat be la muller? mira que es pot refredar del ayre que entra en lo llit, al temps que tú et vols alsar (pàg. 4)
Tecla Sino mel tanca mel conta lo mateix si mel tencava. (pàg. 8)	Nor. No mel tanca, pero el conta, ques pichor que sil tancás. (pàg. 6)
Doctó Jaume Que tal lo pols Francisqueta? (pàg. 12)	Dot. Abuela? Vechám lo pols: quant ha que asó li ha agafat? (pàg. 13)

En el mateix llibre de Serrà també s'esmenta l'existència d'una altra versió titulada *Pas de la sogra y la nora* que es troba conservada a Barcelona, a l'Arxiu Històric de la Ciutat dintre de *Llibreta de sainetes per sombras* de Ramon Pasqual. Es tractaria d'una «peça anònima copiada l'any 1837, amb tot el diàleg en vers» (Serrà 1987 : 82).

D'altra banda, també trobem referències d'altres Balls de Sogra i Nora al llibre *Costumari català: el curs de l'any* de Joan Amades. L'autor en parla quan explica que un dels números tradicionals de les festes valencianes eren les cantates de *cegos* i un dels col·loquis que formaven part d'aquest repertori era «el de *La Sogra i la Nora*, que referia unes batusses entre les dues protagonistes» (Amades 2003: 32).

5. Conclusions

La informació que he pogut consultar, i que he citat a l'inici d'aquesta comunicació, sobre el *Ball de Sogra i Nora* de Tarragona és molt breu i poc concisa.

El pentagrama trobat a *El Costumari català: el curs de l'any* de Joan Amades i la mètrica i rima que presenta el document ens denoten que es tracta d'un text amb aparença de cançó. Tanmateix es tracta d'una representació teatral parlada i ballada i que, per tant, pertany a la tipologia de balls parlats.

D'altra banda, el fet que un dels personatges que participen en el ball es digui *Tecla* és un tret indiscutible que aquest document és el text del *Ball de Sogra i Nora* de Tarragona.

A més, l'anàlisi de l'estructura lingüística del text en els diferents nivells (fonètic, morfològic i lèxic) ens aporta tot un seguit de dades que fa que puguem adscriure el text al subdialecte tarragoní. S'hi observen particularitats fonètiques del tarragoní com ara *aulor, fasols, fenya*; l'ús de l'article masculí *lo, los –lo gallinam, los dits–;* les formes dels pronoms personals forts *naltros* i *valtros*; el present d'indicatiu del verb *haver: hai, has, ha, ham, hau, han*; en el nivell lèxic trobem mots com *caramot, eixericat, espirallar*.

6. Bibliografia

AMADES, Joan (2003). *Costumari català: el curs de l'any*. Barcelona: Salvat Editores.

BERTRAN, Jordi (1998). *Els Colors de Santa Tecla. La Festa Gran de Tarragona*. Tarragona: Edicions El Mèdol.

CURET, Francesc (1967). *Història del teatre català*. Barcelona: Editorial Aedos.

FERRANDO, Antoni; NICOLÁS, Miquel (1993). *Panorama d'història de la llengua*. València: Tàndem Edicions.

MASSIP, Francesc (2007). *Història del teatre català, I: Dels orígens a 1800)*. Tarragona: Arola Editors.

SERRÀ, Antoni (1987), *El teatre burlesc mallorquí, 1701-1850*. Barcelona: Curial.

3. El combat llegendari: Moros i Cristians

Raül Sanchis Francés

Ambaixades i balls amb parlaments al País Valencià[1]

«Voleu que arme uns entremesos?
Dieu que sí, que ja estan.
Voleu un tros de comèdia,
o voleu cosa de ball?»[2]

1. Introducció

El 1990 se celebrà a la ciutat de Tarragona el I Congrés sobre Balls Parlats a la Catalunya Nova. L'encontre va promoure un interés acadèmic envers aquests balls representatius que ha experimentat una notable evolució durant aquests anys, com ho demostra la celebració d'aquest segon congrés, ara ja internacional. Al País Valencià, malgrat l'existència d'un corpus dramàtic que hi està directament relacionat, la falta d'estudis amb objectius que traspassen la visió local és notòria. Les raons d'aquesta manca són múltiples, però poden estar relacionades, per una banda, amb la dificultat de localitzar informació etnogràfica i documental relle-vant, moltes vegades dispersa en publicacions de caràcter local i en arxius parti-culars, i, per l'altra, amb la diversitat de mostres festives que l'assumpte implica.[3]

Universitat Rovira i Virgili (LAiREM-ICONODANSA).

[1] Aquest treball ha estat elaborat, en part, gràcies a un ajut de l'Associació Cultural Joan Amades, del Departament de Filologia Catalana de la URV i del Museu Etnològic de Bar-celona atorgat a l'exposició «Ballar el moro. Danses festives de moros i cristians a la Me-diterrània occidental» que s'inaugura en aquest mateix congrés internacional. Vull agrair, especialment, el suport rebut per part d'Amadeu Carbó, Josep Fornés i Francesc Massip.

[2] Anònim, *Col·loqui nou d'un llaurador que li collia figues a una valenciana* (MARTÍ 1996: 171-172).

[3] No obstant això, hi ha treballs d'un alt interés com, per exemple, els estudis sobre les danses de la Todolella de PELINSKI (2011) o la pionera contribució de BARREDA (1992) sobre textos recollits a Benassal. Una visió general del teatre en la festa valenciana es pot trobar al monogràfic dirigit per ARIÑO (1999).

En aquest treball pretenem, doncs, fer un breu recorregut retrospectiu i comparatiu per les diverses representacions de teatre popular que s'escenifiquen —i s'escenificaven— arreu del País Valencià en un context festiu. Posarem de relleu, de manera especial, aquelles manifestacions dramàtiques que presenten trets formals propers als dels balls parlats, l'objectiu principal d'estudi d'aquest renovat congrés. A més, recollirem, només en part i de forma aproximada, la demanda que feia Joan Fuster —en el seu *Plantejaments històrics del teatre valencià*— d'aplegar l'espectacularitat teatral dispersa per les terres valencianes, des del segle XVIII ençà, amb la intenció de poder reflexionar en un futur sobre els processos de la castellanització dramàtica perifèrica i rural.[4]

2. *Paraula i ball: alguns antecedents*

Si partim de l'edat mitjana, una teatralitat —o *parateatralitat* si es prefereix— difusa,[5] d'origen andalusí, se superposa a les pràctiques dramàtiques cristianes a través dels jocs i dels entremesos medievals de les festes nobiliàries (entrades reials) o de les religioses (Corpus Christi), entre d'altres. Moltes d'aquestes pràctiques espectaculars i festives tenen el ball com a tret fonamental i presenten característiques *prototextuals*. Les danses representatives, els entremesos amb bestiari, els cavallets o els gegants en són una bona mostra. Així, les dues cultures, embegudes, formen una base sobre la qual s'assentaran successius estrats d'un tipus de teatre que sovint s'anomena *de carrer*.[6]

Dels mims i els histrions als joglars que pul·lulen per tota l'edat mitjana, les pràctiques coreogràfiques formen part de les tècniques necessàries per exercir la *professió*. Així, els arxius de la Corona d'Aragó conserven abundants referències medievals de pagaments a joglars i joglaresses d'origen sarraí. Molts d'aquests comediants, balladors i músics procedien del Regne de València. Requerits pels monarques perquè amenitzen noces reials i altres esdeveniments d'importància, frueixen de certs privilegis reials. Xàtiva fou, per exemple, una de les escoles de joglars musulmans més important de l'est de la península Ibèrica durant la baixa edat mitjana (RUIZ 1999: 282).

---

[4] «[...] seria ben interessant de confeccionar una ressenya, almenys aproximativa, dels espectacles teatrals «no professionals» que, en castellà, començaren a introduir-se en les festes majors de tot el País Valencià durant el segle XVIII. En sabem alguna cosa dels que se celebraven —i alguns encara se celebren— a diversos pobles de les comarques septentrionals. En castellà estan escrites les «loas» de la Todolella, de Càlig, de Peníscola, i d'altres, i l'aire setcentista de la redacció hi resulta palmari. Cal reflexionar sobre la situació apartada i la modesta entitat demogràfica de pobles com la Todolella i Càlig, o la mateixa Peníscola, en el XVIII, per a apreciar l'eficàcia de la filtració castellanista. En aquesta línia, i ja més agreujats els condicionaments idiomàtico-socials, sorgirà en el Vuitcents una altra modalitat de «teatre popular» a l'aire lliure, encara dins l'òrbita religiosa: les festes de «moros i cristians» [...]» (FUSTER 1975: 24).

[5] Sobre la *teatralitat difusa* a l'edat mitjana, consulteu MASSIP (2007: 61-63).

[6] Vegeu l'estudi sobre el memoricidi d'al-Àndalus de MASSIP (2002). Vegeu també SIRERA (1999: 51).

D'una altra banda, des d'un vessant *no professional* o amateur, els gremis, durant el bell mig de l'edat mitjana, també exerceixen la dansa com un signe d'identitat col·lectiva i corporativa. A partir dels segles XIV i XV, les notícies documentals sobre balls amb textos, bé preparats o bé improvisats, comencen a aflorar. És coneguda, per exemple, la cita del dietari del capellà d'Alfons *el Magnànim* sobre l'entremés ballat que els paraires de València, vestits de *momos*, oferiren al rei Joan II el 1459 durant l'entrada reial a València. El mestre dels paraires, en els interludis del ball, hi fa parlaments en francés que són elogiats pels presents.[7]

Els dansaires dels gremis, protagonistes de molts dels entremesos medievals i de l'edat moderna, orbiten al voltant de les roques, uns carros conduïts per haques que serveixen de plataforma per representar misteris i entremesos, obres ara mímiques ara dialogades, que s'escenifiquen durant les festes reials i les processons.[8] Fins i tot, alguns misteris hagiogràfics del Corpus presenten restes coreogràfiques i musicals ben curioses. A València, per exemple, la melodia de les *folies*, un ball força conegut a tota la península Ibèrica durant l'edat moderna, és el tema musical de la cançó *Puig de Déu*, la qual embolcalla l'entrada d'uns *romerets* en el *Misteri de Sant Cristòfol* (FIORENTINO 2009: 215-219). Al *Misteri del Rei Herodes*, per altra banda, hi participaven activament el 1587 una dolçaina i un tabalet (MÉRIMÉE 1985: I,42). És més, segons la informació proporcionada per Eduard Julià, també en un altre misteri, ara el de l'*Assumpció de la Mare de Déu* de Castelló, es registra un pagament de 152 sous al director de la dansa que hi participa en l'entramat dramàtic.[9]

Durant el segle XV la dansa és un signe de refinament de la noblesa. La cort dels reis d'Aragó és un centre coreogràfic d'importància. Les dades documentals, les mostres iconogràfiques i la conservació de manuscrits amb notació coreogràfica, com per exemple la *Carta de danses de Cervera*, així ho demostren.[10]

[7] «[...] Los .XXVIIII. e darés foren perayres, tots vestits de rosat morat molt altament; e a la fi portaven hun papaló hon anaven dintre .VIII. gomos, cascú ab sa diversitat de vestidures e de cares, e lo principal ho maestre d'éls, lo qual hera frare, com fonch denant lo senyor rey hysqué del papaló e parlà a la francesa amb moltes maneres de gests [...] e aprés balaren, així belament que lo senyor rey e tots quants hi foren ne agueren molt gran plaer, de la manera de tan bella parleria del dit frare preïcador e del balar d'él e de sos companynons» (MIRALLES 2011: 260).

[8] En les aquarel·les de fra Bernat Tarín i Juaneda del 1913 encara es poden veure dansaires abillats amb els vestits dels cavallets del Corpus de València pujats a la roca de sant Miquel (SANCHIS GUARNER 1978).

[9] «Se inserta en los libros de los Jurados muchas veces las cuentas de los gastos que producía esta representación. El carpintero cobraba por armar el tablado 105 libras por año [...] Se abonan 12 libras al *ministre y trompeta*; 2 libras al «obrero de Nuestra Señora de Agosto»; 200 sueldos al tenor: 180 al que tocaba «lo baixò»; 50 libras al pirotécnico; 24 libras al sacerdote que se encargaba de la dirección; 4 libras a uno de los que tocaban los *ministriles*, 4 libras a un cantor; 120 sueldos al que tocaba el contralto: 350 sueldos al Maestro de Capilla; 152 sueldos al que dirigía la danza; 4 libras al corneta; 160 sueldos al tiple y 400 sueldos al organista. Todos ellos eran, aparte de los sacerdotes, alpargateros, sastres, notarios, etc.» (JULIÀ 1930: 13).

[10] La carta de danses de Cervera és un manuscrit amb símbols coreogràfics anotats enmig d'un lligall de documents notarials amb la finalitat de recordar com ballar baixes danses: morisques, castellanes, egipcianes, etc. [*Manuscrit de danses de Cervera*, fons notarial, ca. 1496, Arxiu Comarcal de la Segarra, Cervera].

Més endavant, en el marc de la cort dels ducs de Calàbria, les obres teatrals de caràcter cortesà representades en les cambres privades solen articular-se amb intermedis cantats i ballats. És conegut, per exemple, el vessant musical de Lluís del Milà, autor de *El Cortesano* i *El Maestro*, obres on la dansa i la música són fonamentals. Els contrapassos, les alemanyes i els villancets del col·loqui bilingüe *La Vesita* de Joan Ferrandis d'Herèdia (*ca.* 1480-1549) en són un altre exemple.

Una altra variable del problema és la profusió de les obres teatrals que, en llengua castellana, naixen o s'acomoden als corrals i cases de comèdies de València i d'altres ciutats del seu regne des del segle XVI. En un procés conegut, la castellanització de les classes benestants valencianes és progressiva i afecta, per descomptat, al consum teatral d'aquesta franja de la població. Un corpus de comèdies preludiades per lloes i acompanyades d'entremesos, balls, xàqueres i moixigangues, ara com interludis ara com colofons, colonitza les accions dramàtiques festives de la capital valenciana i la programació de cases de comèdies com l'Olivera i els Santets.[11] Els balls, en aquest tipus de literatura *entremesada* són fonamentals, especialment durant tot el segle XVII i principi del XVIII.[12] Posteriorment, l'escola bolera, amb els fandangos, les seguidilles, els boleros o els balls curts com el *ball anglés* o la *gaita* coparà els teatres de tot el territori.

És durant el traspàs del segle XVI al XVII quan sembla que apareix la denominació, que no el concepte, de dansa o ball parlat. En la descripció de les noces de Camacho del *Quixot* de CERVANTES (1615, II, cap. XX) en dóna notícia explícita[13] i en el *Diccionario de autoridades* (1732, tom III) s'anota ja una primera definició.[14]

Aquestes danses parlades, interpretades en castellà per les companyies ambulants conegudes com els còmics de la llegua, segurament devien haver interactuat amb els balls tradicionals que poblaven la perifèria rural del País Valencià durant el segle XVII. Així ho confirmen, almenys, les mostres textuals castellanitzades dels contextos festius que analitzarem.

Els col·loquis, adscrits a la prolífica literatura de canya i cordell, són el fil conductor del teatre popular en llengua pròpia que ens connecta la poesia satírica valenciana dels segles XV, XVI i XVII, la tradició dramàtica del segle XVI i el teatre *saineter* del XIX. La importància del seu conreu situa el col·loqui com una de les formes expressives més importants del teatre de carrer en llengua autòctona dels segles XVIII i XIX. BLASCO (1984), FUSTER (1985: 96-110), MAR-

---

[11] Vegeu MÉRIMÉE (2004) per a una anàlisi, encara útil en molts aspectes, del pas del segle XVI al XVII. Per aprofundir en la vida teatral valenciana durant el segle XVII consulteu el documentat treball de SARRIÓ (2001).

[12] És una referència bàsica l'estudi introductori de COTARELO (2000) a la seua *Colección de entremeses, loas, bailes, jácara y mojigangas desde fines del siglo XVI a mediados del XVIII*.

[13] «Tras ésta entró otra danza de artificio y de las que llaman *habladas*. Era de ocho ninfas, repartidas en dos hileras: de la una hilera era guía el dios Cupido, y de la otra, el Interés [...] Delante de todos venía un castillo de madera, a quien tiraban cuatro salvajes, todos vestidos de yedra y de cáñamo teñido de verde, tan al natural, que por poco espantaran a Sancho. En la frontera del castillo y en todas cuatro partes de sus cuadros traía escrito: *Castillo del buen recato*. Hacíanles el son cuatro diestros tañedores de tamboril y flauta».

[14] «*Danza hablada*. La compuesta de personajes vestidos a propósito de alguna historia que ejecutan al tiempo que danzan mezclando entre las mudanzas alguna representación».

TÍ (1997: 33-35) i SANSANO (2010) en donen mostres suficients. Les relacions temàtiques amb els balls parlats de caire satíric són paleses. Per establir una relació formal més estreta, els col·loquis han d'anar units a l'altra gran forma d'expressió teatral valenciana durant el barroc, el *Ball de Torrent*, vertadera globalitat festiva del teatre de carrer valencià.

El *Ball de Torrent* és un ball teatral popular antigament representat a la ciutat de València i a altres indrets del País Valencià. Es poden trobar abundants referències documentals des del segle XVII, en forma de moixiganga dramàtica barroca, fins a la primera meitat del segle XX, com a espectacle de ball executat pels *quadres de ball populars*. És un complex dramàtic que engloba, al llarg de la pròpia evolució històrica, diferents quadres paròdics que intercalen l'execució de balls i

Il·lustració 1: Parella de contrabandistes del *Ball de Torrent*, Nules, 1908.

danses amb la representació de col·loquis, farses i jocs teatrals mimats o amb textos diversos. Aquestes escenes són protagonitzades per una ingent quantitat de personatges caricaturitzats a través del vestit, la màscara i la música que els acompanya i identifica.[15]

En la major part de les descripcions conservades, el fil argumental del ball està basat, per una banda, en la paròdia i la burla incisiva cap a l'estructura de poder representada per diferents estaments com els virreis, el batlle, el rector o el tribunal del repés i, per l'altra, en l'autocrítica a la pròpia comunitat que s'articula mitjançant personatges com el formatger, el barber o els vells. Aquesta burla gira al voltant dels protagonistes centrals, els rics virreis, recentment arribats a la població on se celebra l'actuació. La representació finalitza, sovint, amb la construcció d'una torre humana per part dels dansaires que desemboca en una gran baralla entre els estudiants i els gitanos o contrabandistes, a la qual s'afegeixen totes les altres comparses (moros, homes de la força, etc.) i que culmina amb el llançament de traques, coets i focs artificials.

Tot i que els textos que ens han pervingut no van més enllà d'alguna lloa, col·loqui o farsa, és un ball parlat, de fet, podríem dir que és el ball parlat valencià per excel·lència.

Finalment, s'ha de sumar a l'equació una darrera variable, la immensa quantitat de danses urbanes i rurals no parlades que forneixen l'ampli ventall de formes

---

[15] Per no fer més extens el discurs, reconduïm el lector interessat a un altre treball nostre sobre aquest ball en particular (SANCHIS i ESTEVE 2013).

coreogràfiques del patrimoni coreomusical valencià. Momos, muixerangues, tornejants, porrots, turcs, cavallets, gitanetes, llauradors, magrana, espases, arquets, bastonets, i un llarg etcètera formen un conjunt que, qui sap si en algun moment de la pròpia història han estat balls parlats...

3. Ambaixades i balls de moros i cristians a les comarques centrals

A la Mediterrània occidental conflueixen múltiples famílies festives lligades al nucli temàtic dels moros i cristians. Des del model meridional valencià, passant pels balls parlats i els simulacres de batalles amb pirates barbarescos, fins a les danses representatives, les morisques llegendàries i les representacions dramatitzades del Pirineu, hi ha tota una sèrie de trets similars i diferencials que ens ofereixen una varietat d'expressions festives ben interessant. Tot plegat s'ha conformat d'aquesta manera a causa d'un procés de superposició d'universos festius a través dels darrers segles (BRISSET 2001), als quals s'han de sumar les contribucions festives i dramàtiques heretades d'al-Àndalus (MASSIP 2002). La música, el text i, especialment, la dansa, són elements presents gairebé en totes les famílies.[16]

Si centrem la nostra atenció en el model meridional valencià i en les comarques on podem trobar poblacions amb una tradició festiva centenària, veurem que totes s'agrupen al voltant de la Serra Mariola, el curs del riu Vinalopó i les zones costeres de les Marines i el Camp d'Alacant.[17] En aquestes comarques la festa de moros i cristians rep una influència significativa de les antigues soldadesques, milícies locals que disparaven amb arcabussos i mosquets en les processons religioses de les festes patronals durant l'edat moderna. De vegades, la soldadesca es dividia en dos grups, un de vestit de moro (a la turca) i un altre de cristià, per escenificar combats fingits i parlaments —les ambaixades— en castells de fusta construïts per a l'ocasió. Avui dia, encara queden recialles coreogràfiques relacionades amb les pràctiques d'aquestes soldadesques, com ara els jocs o les cerimònies de la rodella, els balls de banderes o la realització de números o evolucions. A més, s'hi superposen diferents elements d'antigues danses processionals (OLIVER 2001). Un canvi lent de model festiu, gestat entre els segles XVIII i XIX, va reorganitzar els elements de la soldadesca que se celebraven al llarg d'un dia i els va redistribuir en tres o quatre dies (trilogia/tetralogia festiva). Així, doncs, la característica principal de la *nova festa* és la reproducció ritual fixa en el calendari, la patronalització, l'atomització dels actes festius (entrades, processons, misses, balls, simulacres de batalla, retretes...) i l'organització jerarquitzada en bàndols (moro i cristià), en filades o comparses (agrupacions dins de cada bàndol) i en esquadres (agrupacions dins de cada filada). La introducció de parlaments sembla haver sigut un dels darrers elements

---

[16] Sobre les danses de moros i cristians són rellevants, en una primera aproximació, els treballs d'AMADES (1966) i de WARMAN (1972).

[17] Un estudi bastant útil per copsar els trets generals de la festa de moros i cristians al País Valencià és el monogràfic d'ALCARAZ (2006).

a incorporar-s'hi. Aquests parlaments, invariablement, s'anomenen ambaixades i els actes en què es declamen reben el mateix nom.[18]

Com hem dit abans, l'espai escènic on s'interpreta la lluita dialèctica és el castell de fusta i el seu entorn. Els personatges principals són els ambaixadors moro i cristià, tot i que també hi poden intervenir sentinelles, generals o altres figurants. L'argument és senzill. En un primer acte vencen els moros i en el segon els cristians s'hi tornen. L'esquema ideològic que hi ha al darrere de tot plegat està relacionat amb el concepte de la *Reconquesta*. Els textos, dispersos en manuscrits, edicions locals de curta tirada o en publicacions fetes a les revistes de festes d'àmbit local, foren escrits majoritàriament durant el segle XIX.[19] Metges, advocats o polítics amb afició a la poesia escriviren uns textos amb una forta càrrega ideològica basada majoritàriament en un catolicisme exacerbat i en una exaltació patriòtica, l'espanyola, típica de l'època. En algunes poblacions del curs alt del riu Vinalopó (Banyeres de Mariola, Beneixama, Bocairent, Fontanars dels Alforins i Villena) es representa, a més, un parlament conegut com el *Despojo*, una escenificació de la conversió de l'ambaixador moro al cristianisme. Tots els textos d'aquests tipus de parlaments estan escrits en castellà. No obstant això, des que Joan VALLS (1967) va traduir les ambaixades alcoianes al català, algunes poblacions han apostat per la llengua autòctona a l'hora de fer-ne de noves.

Existeix un nodrit corpus d'ambaixades, principalment en català o bilingües, conegudes sota l'apel·latiu genèric d'*humorístiques*. Són textos paròdics i satírics evolucionats des de la tradició col·loquiera i sainetera i reconduïts cap a la temàtica morocristiana. En un altre estudi els hem dividit en quatre grups: ambaixades paròdiques d'esquema tradicional (sense batalla), contrabans (contrabandistes que intenten vendre productes a la població), diàlegs burlescos (entre membres d'una mateixa comparsa) i altres paròdies o actes humorístics (SANCHIS i SANCHIS 2010).

Finalment, s'hi haurien d'afegir les representacions historicistes del *Tractat d'Almisrà* del Camp de Mirra (l'Alt Vinalopó) i l'acte del *Bateig dels moros del Raval* d'Elx (el Baix Vinalopó).

Malgrat que la presència de les danses en la festa va sofrir un daltabaix molt important en el trànsit del segle XIX al XX, avui dia encara hi perviuen alguns balls d'homenatge i alguns balls amb parlaments. Dels primers, se n'han recuperat recentment el *Ball dels Contrabandistes* i el *Ball dels Llauradors* d'Ontinyent (la Vall d'Albaida) i tenen més o menys vigència el *Ball moro* i el *Ball cristià* a Callosa d'en Sarrià (la Marina Baixa) i el *Ball dels Blavets* a Biar (l'Alt Vinalopó). Pel que fa al segon tipus, més estretament lligat a la família dels balls

---

[18] El 2010 es va celebrar a Ontinyent el «I Congrés internacional d'ambaixades i ambaixadors de la festa de moros i cristians». Sobre les ambaixades valencianes, vistes des d'un punt de vista global, fou rellevant el treball d'ALCARAZ (2010). En el mateix congrés, una comunicació nostra aprofundia en les ambaixades de tipus humorístic i escrites en llengua catalana o bilingües (SANCHIS i SANCHIS 2010).

[19] La datació dels manuscrits comporta moltes vegades controvèrsies, especialment quan no és clara l'autoria del text. El primer text editat, no obstant, és l'anònima *Embajada de moros y cristianos...* d'Alcoi, editada el 1838.

Il·lustració 2: El *Ball moro*, al castell de Banyeres de Mariola, 2013 (Fotografia: Morenet).

parlats, només en perviuen dos, el *Ball moro* a Banyeres de Mariola (l'Alcoià) i el *Ball de les espies* a Biar.

La Filà dels Moros Vells de Banyeres de Mariola ha representat des de finals del segle XIX el *Ball moro*, un ball d'arquets, banderes i sonalles que en substituí un de més antic ara ja perdut. Es balla per homenatjar membres notables de la filà, tot i que també s'executa com un postludi de la segona ambaixada. La participació d'un gegant articulat, anomenat *la Mahoma* i abillat a la turca, li confereix uns trets simbòlics característics. S'han perdut en el temps altres balls com el *Ball de les bruixes* de la Filà dels Moros Vells, el *Ball de les cintes* de la Filà dels Estudiants o els balls de filades ja extintes, com les dels Mariners i els Cavallets.

El *Ball de les espies* de Biar és un ball de carrer, pantomímic i festiu, que està emparentat amb antics balls *parateatrals* valencians com el *Ball de Torrent* (CERDÀ 2000). El ball deu el nom als *espies moros*, uns personatges còmics amb les cares emmascarades que intenten assaltar el castell de fusta que simbolitza la ciutat, amb l'objectiu d'entronitzar *la Mahoma*. Tenen una estètica ben particular que els identifica. *Les espies* estan encarnats pel *medior*, el cartògraf, l'escrivà i el seu ajudant, el portador del llarga vista, la mare de *la Mahoma* —un home disfressat de dona— i els seus ajudants. Quan acaben la representació còmica, s'escenifica l'ambaixada seriosa, un parlament entre el cabdill moro i el cristià. Posteriorment, tots els personatges són acompanyats per un grup nombrós de parelles vestides de maneres molt variades que ballen, a pas trencat, una antiga melodia. Els bans burlescos que es reciten des del carro de *la Mahoma* són el punt crític i satíric que tanca una representació ben especial.

Il·lustració 3: Enterrament de *la Mahoma*, al castell de Banyeres de Mariola, 2011 (Fotografia: Raül Sanchis Francés).

Il·lustració 4: Protagonistes principals del *Ball de les espies*, Biar, principi del segle XX (Arxiu d'imatges de Miguel Maestre).

4. Relaciones *i* Entramoros *a l'interior valencià*

Els Serrans, el Racó d'Ademús i la Plana d'Utiel són comarques castellanoparlants de l'interior valencià amb una baixa densitat de població i una economia principalment rural. En aquestes comarques, ciutats d'una grandària mitjana, com ara Requena o Utiel, estan envoltades de pedanies amb un nombre molt menor d'habitants. Les tradicions festives que s'hi celebren tenen un singular caràcter rural lligat als romiatges, les festes de la verema, els cants d'albades, els *mayos* o els balls d'arrel tradicional, com els que realitzen els personatges vestits de moros i cristians.

Pel que fa a la comarca de la Plana d'Utiel, les representacions dels balls de moros i cristians foren molt festejades fins a les acaballes del segle XIX o el començament del XX (PARDO 1986; 2013; PIQUERAS 1998). S'anomenen *Relaciones* pels textos que s'hi reciten. Hi ha constància de la celebració d'aquestes danses amb parlaments a les poblacions i a les aldees de Requena,[20] de Venta del Moro,[21] i d'Utiel,[22] a més de Fuenterrobles, Camporrobles i Sinarcas, però només les danses de moros i cristians de les aldees de Campo Arcís i de San Antonio de Requena han perviscut amb una certa continuïtat temporal.

Les dades documentals més antigues a la comarca d'aquest tipus de celebracions es remunten a un combat entre turcs i cristians celebrat a Utiel el 1571, però revesteix un major interés la descripció de la celebració feta a Requena el 1745 amb motiu de la proclamació reial de Ferran VI. En aquesta celebració es lliguen les figures dels turcs i els àrabs amb les contradanses ballades pels *matachines*, figures festives relacionades amb la imatge del foll.[23] Més explícita encara és la descripció feta per Enrique Herrero de les festes celebrades a Campo Arcís el 1889. S'hi descriu un esquema de la representació i el repartiment dels personatges que hi participen: dotze *danzantes*, dos *botargas* o graciosos, dues xiques (l'una vestida de mora i l'altra de cristiana) i un xiquet vestit d'àngel que recita una relació, el poder diví de la qual venç els moros i els converteix al cristianisme (PARDO 1986: 269).

Actualment, l'esquema predominant de les representacions a la zona contempla tres elements principals: *correr la bandera, las danzas* i *las relaciones*. La primera és una cerimònia processional que consisteix a fer rodar la bandera insígnia d'una confraria o d'una altra entitat al voltant del cos mitjançant moviments de muscles, colzes i canells. Pel que fa a les danses, per exemple, a Campo Arcís es conserven encara les executades amb espases, pals i planxes, a més dels balls de parella com el *Baile del caracol*. Les relacions són els textos

---

[20] San Antonio, Campo Arcís, Casas de Eufemia, Roma, Partida de San Juan, Hortunas, Villar de Olmos, Los Isidros i Los Cojos.

[21] Las Monjas, Los Marcos i Jaraguas.

[22] Las Casas, Los Corrales, Las Cuevas i La Torre.

[23] «El segundo día (3 de octubre) corrió a cargo del Arte Mayor de la Seda, a caballo y en parejas de turcos y árabes con sus escuderos ricamente ataviados, el estandarte de San Jerónimo, comparsas de matachines y los escudos de armas reales y de la Villa. Los matachines se situaron en circo debajo de los balcones consistoriales, ejecutando diversas contradanzas que repitieron luego en las plazas del Arrabal y de las Monjas» (PARDO 1986: 267-268).

teatrals que representen diversos actors que encarnen l'àngel, els moros i cristians (capitans, ambaixadors, soldats i donzelles) i els *botargues*, contraposició còmica i burlesca de l'entramat narratiu principal. En la representació es disputa una imatge sagrada i no un castell, com succeeix al sud del País Valencià. L'espai escènic on s'interpreten les danses és el conjunt dels carrers de la població. A la plaça major es representa l'acció teatral i es recita la relació final.

Les gravacions dels testimonis orals i els treballs de camp realitzats per Fermín Pardo han permès, a més de preservar alguns textos, conservar una part de les melodies tradicionals que acompanyaven aquests balls parlats com ara les danses amb espases, pals i planxes de la *Danza de las relaciones* de San Antonio o la *Danza de moros y cristianos* de Campo Arcís (SEGUÍ *et al*. 1980: 574-575, 580-581).

Es pot, per tant, assimilar aquests tipus de representacions a l'esquema formal dels balls parlats, ja que contenen tots els elements essencials que els conformen.

De la mateixa família festiva són les celebracions protagonitzades per moros i cristians del Racó d'Ademús i de la comarca dels Serrans. Les representacions de moros i cristians d'aquesta zona, conegudes popularment com *entramoros*, es caracteritzen per escenificar-s'hi periòdicament (de tres a set anys) amb motiu de les festes grosses. Les ràtzies entre els dos bàndols per la possessió d'una imatge sagrada, la presència d'un emperador turc —anomenat Ochabán o Alí— i les entrades a cavall són les principals característiques de la celebració. A les aldees d'els Sants o del Mas de Jacint, que pertanyen al municipi de Castellfabib, només se'n conserva el record del festeig a partir dels treballs de camp realitzats per José Romero durant els anys vuitanta. Però en altres poblacions com ara les aldees de Sesga o de Mas del Olmo, al municipi d'Ademús, se'n conserven els textos dels parlaments (ROMERO 1986). Pel que fa als personatges, les semblances amb la veïna comarca de la Plana d'Utiel són paleses. Per exemple, en la darrera entrada de moros i cristians representada a la Pobla de Sant Miquel el 1930 hi actuaren un general, cinc soldats, un ambaixador i un graciós per cada bàndol, l'àngel, el Mahoma (emperador moro) i els patges que subjectaven els cavalls. Només en dues poblacions de la comarca dels Serrans s'han conservat fins l'actualitat les representacions tradicionals d'aquest tipus, a Ares d'Alpont (Aras de los Olmos en castellà) i a Toixa (Tuéjar) (ROMERO 1986: 279-280).

Per les descripcions i la documentació fotogràfica que ens ha arribat, el component coreogràfic sembla haver deixat de ser un element transcendental en les representacions dels *entramoros*, almenys des de finals del segle XIX, ben al contrari del que caracteritza les *relaciones* de Requena i d'Utiel.

5. Danses, parlaments i processons a les comarques castellonenques

El filòleg Eduard JULIÀ (1930), en un primerenc estudi sobre les representacions teatrals de caràcter popular a la província de Castelló, reporta diverses pràctiques dramàtiques on es relacionen el ball i la paraula. Per la festivitat de sant Ambrosi, per exemple, al poble d'Aín (la Plana Baixa) els balls de parella —seguidilles, fandangos i jotes— compartien protagonisme festiu amb els *passos*, unes representacions improvisades per diversos personatges amb una estructura arromançada i un marcat caràcter satíric.[24]

Amb més detall, hi fa referència a diferents textos manuscrits escenificats durant les conegudes *santantonades*, unes festes celebrades al voltant del 17 de gener —dia de sant Antoni Abat— en les quals les fogueres de grans dimensions coronades per un tronc central —el *maio*—, les benediccions d'animals i les representacions teatrals són fonamentals.[25] Hi reporta el final d'una lloa[26] —monòleg panegíric— recitada en català per publicar la festa a Albocàsser (l'Alt Maestrat) i fragments de les representacions teatrals hagiogràfiques que, amb motiu de la diada del sant, s'escenifiquen a Vallibona, Cinctorres i Castellfort (els Ports). A grans trets, la representació s'estructura en quatre jornades i tracta diverses vivències del sant com ara les temptacions o la crema en la foguera. Durant el discurs narratiu és acompanyat pel seu ajudant, Badal, que fa el paper de graciós. Completen l'elenc de protagonistes Llucifer (*Luzbel*) i una cort de dimonis i *botargues* armats amb coets que, segons els manuscrits, de vegades es transfiguren, bé en l'emperador Constantí o en la seua filla, bé en dones pecaminoses o en monges. En relació directa amb l'objectiu d'aquesta investigació, un dels aspectes més interessants és la combinació de la representació teatral amb constants actituds coreogràfiques dels dimonis i la consecució d'un ball de bastons que aquests hi executaven en l'acte final. Les paraules conclusives de Llucifer hi donaven pas.[27]

Avui dia, diverses poblacions de les comarques del Maestrat i els Ports al País Valencià, del Matarranya a la Franja i de la Terra Alta a Catalunya encara celebren les *santantonades*. Malgrat que en molts casos els esmentats balls de dimonis s'hi han perdut, encara s'hi conserven els textos, les actituds coreogràfiques i l'esquema formal de tot plegat.[28]

Podem concloure, doncs, que la relació que hi tenen aquestes representacions teatrals i festives amb els balls parlats de tema hagiogràfic i els balls de dimonis de les àrees més septentrionals és ben estreta.

---

[24] JULIÀ (1930: 6) hi afegeix notícies puntuals sobre improvisacions dramatitzades semblants, ara d'autors coneguts però no esmentats, a Sirat i Sucaina (l'Alt Millars) i Barraques (l'Alt Palància).

[25] Una de les *santantonades* més conegudes en l'actualitat és la del poble del Forcall (els Ports). Vegeu l'URL: <http://www.festes.org/directori.php?id=51> [Consulta: 20 agost 2014].

[26] Les lloes eren les peces curtes que preludiaven peces de major entitat dramàtica (comèdies, autos sacramentals, etc.) escenificades a les places, els corrals i els teatres des del segle XVI. N'hi havia de diferents tipus: sacramentals, al naixement de Crist, a la Mare de Déu i als Sants, de festes reials, per a cases particulars i de presentació de companyies (COTARELO 2000: VI-LIII). Les lloes, però, també tingueren un conreu popular que esdevingué tradicional en moltes festes patronals, com és el cas que ens ocupa.

[27] «Bien está, pues, mis vasallos; / hemos todos de triunfar, / mas antes de retirarnos / hemos todos de danzar este baile de los palos» (JULIÀ 1930: 12).

[28] A la Todolella (els Ports), els dimonis encara avui fan una espècie de ball continu amb forques a les mans. Evolucionen durant gairebé tota la representació de recules, encordats entre ells i guiats per un dimoni que duu un cinturó relligat amb cascavells.

Sense deixar l'estudi de Julià, seguim amb una notícia de la població de Catí (l'Alt Maestrat). A partir d'un manuscrit de diverses mans, copiat el 1841, extreu informacions sobre les representacions de caire popular i els festejos que el 1814 es feren a Catí, tot just acabada la Guerra del Francés.[29] A la típica lloa o *publicata* introductòria de les festes se li sumaren les danses de morets, gitanetes, verges, cavallets, pastores, pelegrines i una soldadesca. Resulta particularment interessant la representació parlada de la batalla del setge de Saragossa que feren el dia 9 de setembre els cavallets. Un general francés i sis cavallets acòlits es barallen dialècticament amb els cavallets aragonesos, comandats pel general Palafox. El paper del graciós és encomanat a un caçador que té com a tasca l'espionatge del campament francés. La representació comença amb l'arenga als cavallets francesos per part del seu general i acaba amb l'esbombament patriòtic dels aragonesos —espanyols— als quatre vents. Aquesta actitud, l'exaltació nacional i religiosa, és ben típica d'alguns d'aquests textos.[30] Els balls de cavallets parlats no eren una novetat a la zona. Un segle i mig abans, el 1659, els cavallets de Sorita (els Ports) ja havien representat un simulacre de la *Presa de Pavia*, segons una notícia referida per EJARQUE (1934: 152, 165).

Tornant a Catí, en el mateix manuscrit esmentat hi ha també una còpia del text d'una peça dramàtica de moros i cristians sobre la *Batalla de Pavia*. Els personatges cristians són la Mare de Déu, Sant Jaume, un general, un duc i un marqués, Don Juan, Don Diego i Don Pedro. Pel que fa als moros, els protagonistes són Solimán, Mamuley, Alí, Amet, Sayde i Tarfe. Aquestes danses parlades de moros i cristians foren bastant celebrades per les terres castellonenques. El mateix JULIÀ (1930: 18-19) en dóna notícies de les de Vilanova d'Alcolea (Plana Alta) i Vilafermosa (Alt Millars). D'aquesta darrera població, el manuscrit conservat era una còpia de les ja esmentades ambaixades d'Alcoi amb els noms dels personatges canviats.[31]

No obstant això, la representació de moros i cristians més coneguda de les terres castellonenques és, sens dubte, la de Peníscola (Baix Maestrat). Es troba inserida dins d'un complex entramat de danses processionals, algunes de les quals són parlades i abracen dos dels principals subgèneres citats fins ara: les lloes i les relacions o col·loquis protagonitzats per diferents personatges. Les referències documentals d'aquestes danses més reculades en el temps daten del 1667. La celebració es duu a terme anualment els dies 8 i 9 de setembre en honor a la Mare de Déu de l'Ermitana i s'emmarca en el context festiu de les *maredédeus trobades*. Les danses estan compostes per diferents grups com ara els *dansants*, les llauradores, les gitanetes, els cavallets, les pelegrines i els moros i cristians acompanyats, bé per un grup de dolçaines i tabalets, bé per la banda de música de la població. Els *dansants* es caracteritzen principalment per

[29] El manuscrit, del qual en desconeixem els possibles autors, és intitulat com *Relación de las fiestas que en septiembre de 1814 hizo la Villa Real de Catí a su soberana Protectora María SSma. del Avellá. Esta copia es sacada el día 9 de enero de 1841 por manos de José Francisco Sabater.*

[30] «Vencimos, aragoneses; / este triunfo es de María. / Vamos a darle las gracias. / María y España vivan, / y esperamos nos perdone / gente tan noble y lucida» (JULIÀ 1930: 16-18).

[31] Vegeu també CARO (1992: 144-145).

Il·lustració 5: *Dansants*, cavallets i gitanetes, Peníscola, principi del segle XX.

la vestimenta —les enagües i faldilles femenines i les bandes creuades al pit—, per la utilització de bastons a l'hora de ballar i per la realització de castells humans de fins a tres alçades. Els textos que reciten els *dansants* que coronen els castells són una lloes dedicades a la patrona. Les llauradores ballen a imitació dels *dansants* però sense fer castells ni recitar lloes. Els cavallets i les pelegrines, per la seua banda, no hi fan cap intervenció parlada. En canvi, les petites aprenents de balladores sí que recitaven curtes estrofes laudatòries de 4 versos. Però la relació dialogada més coneguda com hem dit és la que interpreten els moros i els cristians. L'obra té dos actes representats en dies diferents. En el primer acte els dansaires moros obtenen una victòria efímera que és revocada en el segon acte. Entremig dels parlaments d'ambdós bàndols, s'executen balls de bastons i d'espases al ritme de tonades curtes i repetitives.[32]

Al poble del Forcall (els Ports), la representació de moros i cristians que es feia antigament ja s'ha perdut avui dia (AMADES 1966: 11-13). Perviuen, en canvi, les danses processionals dels *dansants*, els bastonets, les varetes, les gitanetes i els llauradors. Actualment, com a colofó de les ballades de la processó de Sant Víctor, es representa un monòleg en llengua castellana conegut com la *Relació del soldat romà*. A Càlig (Baix Maestrat), les lloes dedicades a sant Vicent durant el ball pla encara es conserven. PUERTO (1956: 112-115) recull una d'aquestes lloes recitades abans d'entrar la processó a l'església.

---

[32] El text complet dels parlaments de moros i cristians es pot consultar a SIMÓ (1985: 290-294; 1991: 34-46). Vegeu també la informació proporcionada en el recull fet per PUERTO (1956: 135-162).

Il·lustració 6: Soldat romà i *dansants*, Forcall, 2013 (Fotografia: Raül Sanchis Francés).

Ja s'han esmentat anteriorment les representacions que els cavallets de Sorita (els Ports) feren sobre la batalla de Pavia cap al 1659. No eren les úniques fetes a la població. De fet, EJARQUE (1934: caps. XV-XVII), recull tota una sèrie d'expressions festives circumscrites a les festes de la Mare de Déu de la Balma i el Santuari de Sorita que amalgamen les danses i les representacions dramàtiques. Les referències documentals que aporta des del segle XVII a les danses de *dansants*, gitanetes, moros i cristians, cavallets, negrets, llauradores, verges, esclaus, gegants i nanos, o a personatges com la *màxquera* o les *pellasses*, el dimoni i l'àngel són notòries. Pel que fa als textos dramàtics que hi estan relacionats, la varietat és manifesta. La lloa està reservada al pastor o cap de la dansa de *dansants*, encara més, antigament aquests *dansants* també recitaven uns *dichos*. De major entitat textual era la soldadesca que, celebrada ocasionalment, enfrontava els moros i els cristians. Era coneguda popularment com el *Castell de foc* i estava protagonitzada per un general, un ambaixador, un ajudant, un capità, un alferes i un grup de soldats figurants per cada bàndol més dos graciosos, un tambor cristià i un trompeta moro. Lloes diverses i textos de danses dels segles XVIII i XIX com *La gitaneta perduda*, completen les referències noticiades per Ejarque. La representació que més ha perdurat en el temps i que encara s'escenifica, però, ha estat la coneguda lluita entre el dimoni i l'àngel.

Són especialment interessants les referències documentals que ens permeten albirar els mecanismes de difusió i fixació dels textos dels balls. Els pagaments realitzats per l'elaboració de les cobles n'és una. Per exemple, el 1645, el majoral Francesc Gavaldà testimonia que: «Més, de fer unes cobles per als dansadors quan hauran de dançar en la festa de la Balma, he pagat dos sous». En una línia paral·lela, la cessió de textos entre poblacions, n'és un altre. Així, el 1684, el procurador de Sorita declara haver pagat 3 sous «per anar un home a buscar un llibre a Herbeset per als balladors». Finalment, una notícia de 1689 és ben il·lustrativa sobre la fixació per escrit dels textos dels balls: «Pose en memòria que ha de cobrar dit Pere Martí d'en Juseph de Gabriel Martí, baciner, ans d'ell un llibre de loes y dichos de la present casa» (EJARQUE 1934: 166). No eren els únics intercanvis entre poblacions; vestits, cascavells, cavallets, músics, etc., viatjaven d'un lloc a un altre i de festa en festa.[33]

També a la comarca dels Ports, les danses del Sexenni de Morella i la dansa d'espases de la Todolella són mostres representatives de danses callades que antigament ben bé hagueren pogut ésser parlades. Podem extraure aquesta conclusió a partir de la gran quantitat de textos que, per a les danses de diverses poblacions castellonenques, va compilar en el *Pensil celeste de flores* el quasi desconegut autor morellà Carles Gassulla d'Ursino (1674-1745). El manuscrit, servat a l'Arxiu Arxiprestal de Morella, ha estat parcialment editat per ESCARTÍ (2013) i conté 210 peces, en castellà i en català, de lloes, villancets, gojos, lletres soltes i diàlegs seriosos i *seriojocosos* per a la Nit de Nadal. Moltes de les lloes s'escriuen per a danses de *negrets* (Sorita, el Forcall, la Todolella, la Mata, Villores, Morella i Xiva de Morella), *gitanetes* (Olocau, el Forcall, Sorita i Cinctorres), *dansants* (Sant Mateu, Xiva de Morella, Olocau, Xodos, Sorita, Valljunquera) i *cavallets* (Morella). En definitiva, una aclaparadora mostra de textos que desborden les pretensions inicials d'aquest treball i que deixem per a futurs estudis.

6. Conclusions i expectatives

El País Valencià és un territori ric en cultura popular festiva que uneix el ball amb la paraula. Des de les danses representatives fins als balls i ambaixades de moros i cristians o des dels entremesos medievals fins als balls parateatrals perduts com el *Ball de Torrent*, existeix tot un univers dramàtic que presenta una diversitat notable i una relació més o menys directa amb els balls parlats conreats a la Catalunya Nova i a l'Aragó.

D'altra banda, respecte de la demanda d'informació plantejada per Joan Fuster que hem recollit al principi d'aquesta ponència, creiem que hem donat un cabal de mostres dramàtiques populars estructurat i geogràficament variat que ens permetrà, més endavant, poder reflexionar sobre la castellanització teatral de l'entorn perifèric i rural valencià.

Al nostre entendre, se'ns obrin diverses línies d'investigació que poden derivar en l'edició crítica de nous textos (músiques i coreografies), en l'elaboració d'estudis historiogràfics, etnològics i musicològics, en l'anàlisi comparativa de mostres o en la confecció de catàlegs més complets. En definitiva, tot un ventall de possibilitats que promouran l'estudi interdisciplinari d'una mostra ben interessant de l'expressió popular.

---

[33] Vegeu, per exemple, els intercanvis de cascavells i de plomes dels *dansants* de Sorita i de Montroig, la Todolella, Forcall, Ortells i la Pobla o els intercanvis de cavallets amb Bordó i Pena-roja de Tastavins (EJARQUE 1934: 151-152).

7. Bibliografia

ALCARAZ, Albert (2006). *Moros i Cristians: una festa*. Picanya: Bullent.

— (2010). «Las embajadas de moros y cristianos. Variante valenciana». A: I Congrés Internacional d'ambaixades i ambaixadors de la festa de Moros i Cristians (Ontinyent, 15-18 juliol 2010). [En premsa]

AMADES, Joan (1966). *Las danzas de moros y cristianos*. València: Alfons el Magnànim.

ARIÑO, Antoni (dir.) (1999). *El teatre en la festa valenciana*. València: Consell Valencià de Cultura.

BARREDA, Pere-Enric (1992). «Textos sobre balls parlats a Benassal (Alt Maestrat)». A: *Els balls parlats a la Catalunya Nova. Teatre popular català*. Tarragona: El Mèdol. [I Congrés de Balls Parlats (Tarragona, 3-5 abril 1990)]

BLASCO, Ricard (1984). *La Insolent sàtira antiga: assaig d'aproximació a la poesia valenciana de caire popular*. Xàtiva: Ajuntament de Xàtiva.

BRISSET, Demetrio (2001). «Fiestas Hispanas de Moros y Cristianos: Historia y significados». *Gazeta de Antropología*, núm. 17, p. 361-380.

CARO BAROJA, Julio (1992). *El Estío festivo. Fiestas populares del verano*. Barcelona: Círculo de Lectores.

CERDÀ, Joan Antoni (2000). «El ball dels espies: origen i evolució» [en línia]. A: V Congrés de Festes Tradicionals de la Comunitat Valenciana (Petrer, 17-19 novembre 2000). <http://www.festes.org/arxius/balldelsespies.pdf> [Consulta: 5 juny 2014]

CERVANTES, Miguel de (1615). *El ingenioso caballero don Quijote de la Mancha*. 2a part [en línia]. Francisco RICO (dir.) (1998). *El ingenioso hidalgo don Quijote de la Mancha*. Barcelona: Instituto Cervantes; Crítica. <http://cvc.cervantes.es/literatura/clasicos/quijote/edicion/default.htm> [Consulta: 10 agost 2014]

COTARELO, Emilio (2000). *Colección de entremeses: loas, bailes, jácaras y mojigangas: desde fines del siglo XVI a mediados del XVIII*. Vol. I. «Ed. a cura de José Luis García i Abraham Madroñal». Granada: Universidad de Granada.

Diccionario de Autoridades. Tomo III (1732) [en línia]. Madrid: Real Academia Española. <http://web.frl.es/DA.html> [Consulta: 10 agost 2014]

EJARQUE, Ramón (1934). *Historia de Nuestra Señora de la Balma*. [s.ll.]: [s.n.]

Embajada de moros y cristianos sobre la reconquista de España, que en obsequio de su patrón s. Jorge celebra la villa de Alcoy el día 23 de Abril de cada año (1838). Alcoi: Francisco Cabrera.

ESCARTÍ, Vicent Josep (2013). «Carles Gassulla d'Ursino (1674-1745) i el Pensil celeste de flores. A propòsit d'un autor quasi desconegut». *eHumanista/IVITRA*, núm. 3, p. 143-229.

FIORENTINO, Giuseppe (2009). *Música española del Renacimiento entre tradición oral y transmisión escrita: el esquema de folía en procesos de composición e improvisación*. Granada: Universidad de Granada. [Tesi doctoral]

FUSTER, Joan (1975). «Plantejaments històrics del teatre valencià». *Els Marges*, núm. 5, p. 11-63.

— (1985). *La Decadència al País Valencià*. 2a ed. Barcelona: Curial.

JULIÀ, Eduardo (1930). *Representaciones teatrales de carácter popular en la provincia de Castellón*. Madrid: Tipografía de Archivos.

MARTÍ, Joaquim (1996). *Col·loquis eròtico-burlescos del segle XVIII*. València: Alfons el Magnànim.

— (1997). *Literatura de canya i cordell al País Valencià: els col.loquis de temàtica jocosa i satírica. Edició i estudi lingüístic*. València: Denes.

MASSIP, Francesc (2002). «Formes teatrals d'Al-Àndalus. Restes del memoricidi». *Revista de Catalunya*, núm. 171, p. 41-54.

— (2007). *Història del Teatre Català 1: dels orígens a 1800*. Tarragona: Arola.

MÉRIMÉE, Henri (1985). *El arte dramático en Valencia*. «Trad. d'Octavio Pellissa Safont». 2 vol. València: Alfons el Magnànim. [Ed. original: Henri Mérimée (1913). *L'art dramatique à Valencia*. Tolosa: Édouard Privat; Herni Didier].

— (2004). *Espectáculos y comediantes en Valencia (1580-1630)*. «Trad. De Vicenta Esquerdo Sibera». València: Alfons el Magnànim. [Ed. original: Henri Mérimée (1913). *Spectacles et Comédiens á Valencia (1580-1630)*. Tolosa: Édouard Privat; Auguste Picard].

MIRALLES, Melcior (2011). *Crònica i dietari del capellà d'Alfons el Magnànim*. «Ed. a cura de Mateu Rodrigo». València: Universitat de València.

OLIVER, Manuel (2001). «Danzas, pantomimas, fantoches y mojigangas». A: *Teatro Medieval, teatro vivo*. Elx: Ajuntament d'Elx, p. 137-158. [V Festival de Teatre i Música Medieval (Elx, 1998)]

PARDO, Fermín (1986). «Las relaciones (Moros y Cristianos) en el Campo de Requena-Utiel». A: *II congreso nacional de la fiesta de moros y cristianos*. Ontinyent: Gráficas Cambra, p. 267-274. [II congrés nacional de la festa de moros i cristians (Ontinyent, 12-15 setembre 1985)]

— (2013). «Las relaciones de moros y cristianos en Requena y su Tierra en el siglo XIX». A: VI Congrés d'història comarcal: La Meseta de Requena-Utiel entre la guerra de la Independencia y la crisis finisecular: 1808-1898 (Requena, 8-10 novembre 2013).

PELINSKI, Ramon (2011). *La danza de Todolella: memoria, historia y usos políticos de la danza de espadas*. València: Institut Valencià de la Música.

PIQUERAS, Arcadio (1998). *Relaciones de moros y cristianos: Campo Arcís*. Campo Arcís: Cooperativa y Caja Rural San Isidro Labrador.

PUERTO, Gonzalo (1956). *Danzas procesionales de Morella y del maestrazgo*. Castelló de la Plana: Sociedad Castellonense de Cultura.

ROMERO, José A. Jesús María (1986). «Moros y Cristianos en el Rincón de Ademuz y la Serranía del Turia». A: *II congreso nacional de la fiesta de moros y cristianos*. Ontinyent: Gráficas Cambra, p. 267-274. [II congrés nacional de la festa de moros i cristians (Ontinyent, 12-15 setembre 1985)]

RUIZ, María José (1999). «Espectáculos de Baile y danza. De la Edad Media al siglo XVIII». A: AMORÓS, Andrés; DÍEZ BORQUE, José María. *Historia de los espectáculos en España*. Madrid: Castalia, p. 273-318.

SANCHIS, Raül; ESTEVE, José María (2013). «Historiografia del «Ball de Torrent»: De la moixiganga barroca al quadre de balls populars valencians (1692-1929)». *SCRIPTA. Revista Internacional de Literatura i Cultura Medieval i Moderna*, núm. 1, p. 240-265.

SANCHIS, Raül; SANCHIS, Victorià (2010). «Más de un siglo de Embajadas humorísticas entre Moros Nous y Estudiants en Banyeres de Mariola. Una aproximación a la embajada paródica de Moros y Cristianos en el País Valenciano». A: I Congrés Internacional d'ambaixades i ambaixadors de la festa de Moros i Cristians (Ontinyent, 15-18 juliol 2010). [en premsa]

SANCHIS GUARNER, Manuel (1978). *La processó valenciana del Corpus*. València: Vicent Garcia.

SANSANO, Biel (2010). «Formes de teatre breu al País Valencià en el segle XVIII». A: MIRALLES, Eulàlia. *Del Cinccents al Setcents. Tres-cents anys de literatura catalana*. Bellcaire d'Empordà: Vitel·la, p. 263-291.

SARRIÓ, Pilar (2001). *La vida teatral valenciana en el siglo XVII. Fuentes documentales*. València: Alfons el Magnànim.

SEGUÍ, Salvador; OLLER, María Teresa; LÓPEZ, José Luis; PARDO, Fermín; GARRIDO, Sebastián (1980). *Cancionero musical de la provincia de Valencia*. València: Alfons el Magnànim; Diputació Provincial de València.

SIMÓ, Juan Bautista (1986). «Els moros i Cristians de Peñíscola. Interpretación popular, evocadora de la liberación islámica». A: *II congreso nacional de la festa de moros y cristianos*. Ontinyent: Gráficas Cambra, p. 287-294. [II congrés nacional de la festa de moros i cristians (Ontinyent, 12-15 setembre 1985)]

— (1991). *Aproximación a las ancestrales danzas de Peñíscola*. Peníscola: Ajuntament de Peníscola.

SIRERA, Josep Lluís (1999). «El teatro valenciano en su contexto festivo». *Euskera: Euskaltzaindiaren lan eta agiriak = Trabajos y actas de la Real Academia de la Lengua Vasca = Travaux et actes de l'Academie de la Langue basque*, núm. 44 (1), p. 51-67.

VALLS, Joan (trad.) (1967). *Embajadas de la fiesta de moros y cristianos de Alcoy*. Alcoi: Associació de Sant Jordi.

WARMAN, Arturo (1972). *La Danza de Moros y Cristianos*. Mèxic: Secretaría de Educación Pública.

Alexandra Gouvêa Dumas

Mouros e cristãos: «Auto de Floripes» (Príncipe, São Tomé e Príncipe, África) e «Luta de Mouros e Cristãos (Prado, Bahia, Brasil)

Povos mouros desembarcando nas águas fluviais de uma pequena cidade do Brasil, batalha entre cristãos e mouros muçulmanos numa pequena ilha africana... Ainda hoje, cenas como essas, acima citadas, se repetem a cada ano. Representações de um passado vivido por colonizadores portugueses acontecem em forma de festas e encenações populares. O texto aqui apresentado tem como objetivo expor uma análise de dois espetáculos que em seus desenvolvimentos apresentam as cenas que têm como ponto comum a representação de combates entre mouros e cristãos. São eles: Luta de Mouros e Cristãos que acontece na cidade de Prado- Bahia, Brasil e o Auto de Floripes, na Ilha do Príncipe, no país africano São Tomé e Príncipe.

A Luta de Mouros e Cristãos acontece em 02 de fevereiro, dia da festa de Nossa Senhora da Purificação, na cidade do Prado, extremo sul da Bahia, Brasil, em homenagem a São Sebastião. De forma geral, o espetáculo apresenta as seguintes etapas: 1) Na noite anterior ao dia da festa, uma imagem de São Sebastião é «roubada» da igreja pelos mouros e guardada no forte do grupo; 2) No dia seguinte, pela manhã, os grupos opositores − mouros de vermelho e cristãos de azul− marcham por ruas distintas; 3) Em determinados pontos estabelecidos, ruas ou praças, acontece o encontro para a batalha; 4) Inicia-se a luta com uma disputa verbal, denominada embaixada, onde cada um dos grupos procura converter o outro; 5) Não havendo entendimento pela embaixada, os grupos partem para uma batalha de espadas; 6) Separam-se e repetem a marcha, o encontro, a embaixada e a luta de espadas que se estende por todo o dia; 7) No início da noite, acontece o combate final em frente à igreja, com embaixadas e luta de espadas. O grupo cristão vence e converte o grupo mouro ao catolicismo; 8) A imagem de São Sebastião retorna à Igreja.

Universidade Federal de Sergipe, São Cristóvão - Campus Laranjeiras, Brasil.

Localizada na outra margem atlântica, o Auto de Floripes acontece no dia 15 de agosto, no vilarejo de Santo António, na Ilha do Príncipe, em São Tomé e Príncipe, em homenagem a São Lourenço. A encenação que corresponde aos capítulos I ao XLVII do Livro Segundo e da Primeira Parte do livro A *Historia do imperador Carlos Magno e os doze pares de França*. Numa encenação longa, que começa pela manhã, por volta das sete horas e vai até cerca de 20 horas são representados trechos do livro acima citado.

A seguir as principais cenas que compõem o Auto de Floripes: 1) A formação dos grupos mouros e cristãos se dá pela recolha dos pares, que se inicia com a ida à residência de cada um dos participantes até se completar todo o grupo, seguindo uma ordem hierárquica dos personagens na corporação; 2) Reverências são feitas no cemitério como forma de prestar homenagem aos mortos; 3) Os grupos ocupam a Praça da Independência com espaços determinados para mouros e cristãos; 4) O roubo das santas relíquias pelos mouros promove o início do combate; 5) Acontecem as embaixadas; 6) Parte do grupo cristão é presa pelos mouros; 7) A princesa moura Floripes, apaixonada pelo cristão Guy de Borgonha, trai o pai e favorece o grupo cristão; 8) Os cristãos vencem e exterminam os mouros, restando apenas o seu líder maior Almirante Balão, que se recusa, diante do Imperador cristão Carlos Magno, a se converter ao catolicismo.

Juntando as margens: um encontro entre o Auto de Floripes e a Luta de Mouros e Cristãos

Os dramas carolíngios aqui analisados têm como eixo a representação cênica de combates entre mouros e cristãos. Tal base narrativa configura-se em elementos comuns aos dois espetáculos, a exemplo das cores que caracterizam cada grupo — o vermelho para os mouros e o azul para os cristãos, o caráter catequizador que situa os grupos religiosos opositores em categorias como o Bem, associado aos cristãos e o Mal aos mouros. Este princípio, de caráter mais abstrato, configura-se cenicamente em elementos como:

1. Dramaturgia: o enredo, intrigas, conflitos e resoluções mostram um combate onde os cristãos sagram-se sempre vencedores, alcançando a vitória com o extermínio ou conversão dos mouros ao cristianismo;
2. Elementos visuais: a cor quente, o vermelho infernal, caracteriza os mouros e o azul celestial os cristãos;
3. Elementos sonoros: o ritmo da música, que faz a marcação de diversas cenas, apresenta-se de forma mais acelerada no grupo mouro e de ritmo mais lento e calmo para os cristãos;
4. Gestualidade: expressões vocal e corporal estão associadas aos princípios dramatúrgicos orientadores. Desta forma, os mouros expressam-se com mais veemência e agressividade e os cristãos com gestos e timbres vocais mais amenos.

O Auto de Floripes, da Ilha do Príncipe, assim como a Luta de Mouros e Cristãos, da cidade do Prado, são frutos de uma longa trajetória cultural e temporal. Apresentam-se na atualidade com vestígios do passado vindos da biografia do Imperador Carlos Magno, de fatos históricos, das canções de gesta e da literatura em prosa. Muito do que compõe os dramas carolíngios hoje são também referências recentes, localizadas nas culturas onde eles se apresentam e oriundas da dinâmica cênica que lidam com memória e esquecimento, passado e presente, permanências e atualizações.

Apesar do reconhecimento de elementos comuns tanto na Luta de Mouros e Cristãos quanto no Auto de Floripes, e estes serem derivados de uma mesma matriz literária, são consideradas, também, as diferenças de interpretação e compreensão dos objetos, que revelam significativas particularidades.

Os mouros e cristãos de Prado- Brasil revelam na expressão cênica e na sua história elementos que os singularizam em relação aos dramas carolíngios europeus. A cultura indígena é um traço na composição conceitual, identificando no índio o «infiel» de outrora, a ser catequizado pelos portugueses na nova terra encontrada, no século XVI.

O São Sebastião é associado, de forma evidente no discurso dos atores ou brincadores, ao universo local indígena. A imagem do santo, da forma que é reproduzida oficialmente pela Igreja católica, serve de comprovação, no entendimento dos que atuam na Luta de Mouros e Cristãos, para evidenciar o seu pertencimento à etnia indígena: flechas no corpo — ícone dos índios—, o tecido vermelho que envolve o santo, semelhante à cor que identifica os mouros, o tronco em que está preso, que representa a mata, local preferencial de morada das principais tribos que se fixaram para formar a cidade. Estas são algumas das justificativas reveladas na fixação do imaginário católico nas referências locais.

O Auto de Floripes também expressa a matriz carolíngia, ibérica, em estado de fusão com a história local. A cultura religiosa africana está também presente, coabitando com o catolicismo. A atriz que interpreta a princesa Floripes, por exemplo, é submetida, antes da apresentação, a um banho ritual, com uma infusão de folhas e ervas, prática típica da cultura tradicional afro-religiosa, realizada com o intuito de proteger o corpo contra azar ou mau-olhado. Nos planos metafísico e cênico as relações espirituais e religiosas fazem parte da preparação do corpo que entra em cena.

Visualmente, o figurino são-tomense traz a marca das vestimentas da cavalaria medieval europeia adaptadas à exigência da movimentação corporal para a cena, assim como explora nos elementos decorativos objetos locais, como as «rosetas» – pedaços redondos de tecido franzidos e costurados que enfeitam toda a roupa.

O cotejamento entre a Luta de Mouros e Cristãos e o Auto de Floripes permite evidenciar os caminhos comuns que resultaram em similitudes e diferenciações decorrentes da dinâmica cultural de cada um dos locais onde acontecem os referidos dramas carolíngios. O lugar comum entre mouros e cristãos de Príncipe e do Prado em relação às motivações que levam alguns moradores a participarem diretamente desses espetáculos está em critérios como estético, religioso e familiar, questões que passam por pontos de abrangência individu-

al e/ou coletiva. No quesito pessoal, a inserção nos folguedos está associada, preferencialmente, à identificação estética.

No Prado, a filiação religiosa, vinda em forma de promessa a São Sebastião, faz eco junto ao critério estético. Essa motivação é mais evidente na Luta de Mouros e Cristãos do que no Auto de Floripes, em que a participação da Igreja e a evocação da fé são, praticamente, inexistentes. Como o espetáculo pradense teve na sua efetivação a participação direta do padre, na cena final do batismo, e a utilização de espaços como a igreja, a associação da festa com a prática católica torna-se mais evidente.

Já em Santo António, mesmo sendo o Auto de Floripes uma encenação de caráter cristão, a relação com a Igreja local não é visível. Apenas o espaço do castelo cristão, localizado em frente à igreja matriz, faz uma menção direta à paróquia local. A dramaturgia faz referências ao catolicismo, mas não há uma dependência direta com a igreja na realização do espetáculo. A fé em São Lourenço, santo relacionado à festa, não aparece em imagens ou em procissão, diferentemente do que acontece na cidade do Prado.

O desejo de perpetuar uma tradição herdada de antecedentes familiares faz com que moradores efetivem sua inclusão na Luta de Mouros e Cristãos e no Auto de Floripes. O vínculo de parentesco nos espetáculos citados permite que, ainda crianças, o contato com o evento seja vivido de forma mais próxima, possibilitando um convívio que vai além do que é apresentado nas ruas, facilitando o conhecimento aprofundando do espetáculo. O ponto referente ao vínculo familiar propicia oportunidades para a memorização, seja na lembrança da composição do figurino, da execução da música, da escuta das embaixadas e das deixas e do aprendizado de rituais de preparação.

Nas duas representações, particularidades culturais demarcam as iniciativas de preparação corporal para a entrada em cena. Mouros e cristãos de Santo António usam folhas e ervas no corpo com o intuito de criar defesas para possíveis olhares maléficos do público. Em Prado, de forma menos ritualística, acontece, eventualmente, a ingestão de bebida alcoólica como forma de preparação para a entrada em cena, de forma a atuar na liberação corporal. A intenção declarada para os que fazem uso dessa estratégia é deixar o corpo menos tenso, mais expandido e propício para a execução de movimentos mais belos, voltados diretamente para a exposição e atração dos olhares do público. A relação da ação espetacular do ator com o olhar público assume dimensões diferentes. Enquanto no Prado a preparação é voltada para a atração do olhar da plateia, em Príncipe o ritual é destinado à repulsa de determinados olhares, os «maus-olhados». Ou seja, enquanto a prática são-tomense visa «fechar o corpo», os brincadores pradenses buscam atrair os olhares do público através de um corpo mais liberado.

Os processos de aprendizado dos folguedos passam por etapas comuns. A primeira delas é a apreciação. Testemunhas oculares, antes de fazerem parte como atuantes, conhecem e aprendem sobre os respectivos espetáculos, apreciando-os. O interesse inicial revela-se pela curiosidade, pela atração estética e pelo compartilhamento de um espaço identitário comum aos moradores de suas pequenas localidades, seja em Prado ou em Santo António. O contato com a Luta de Mouros e Cristãos e com o Auto de Floripes é possibilitado pelo fácil acesso das cenas que acontecem nas ruas e pela convivência no cotidiano não festivo da cidade.

Passada a etapa da apreciação, o aprendizado do espetáculo são-tomense diferencia-se em relação ao pradense. A evidência maior está na utilização do livro, explorado como suporte para a compreensão e memorização do texto dramatúrgico.

Como o Auto de Floripes apresenta um roteiro com maior quantidade de cenas e falas, a leitura do texto de «Carlos Magno» é um recurso explorado constantemente para a fixação da seqüência de cenas e das deixas, especialmente para quem faz personagens como Floripes, Almirante Balão, Carlos Magno, Ferrabrás e Oliveiros, possuidores de maior quantidade de réplicas no Auto.

Na cidade do Prado, a aprendizagem das cenas se dá essencialmente através do contato direto com o espetáculo. Para os que têm deixas, há o reforço da oralidade apoiada pela escrita, que acontece através da escuta, repetição, anotação, leitura e memorização das embaixadas entre o iniciante e um brincador mais antigo. Consequentemente, a produção e a transmissão de conhecimentos na Luta de Mouros e Cristãos vivem uma dinâmica mais propensa às modificações. A apreciação de várias apresentações do folguedo permite perceber que parte dos diálogos se diferencia, a depender das condições do ambiente, da reação da plateia e do brincador que a recita.

A estrutura dramática da Luta de Mouros e Cristãos segue uma sequência de cenas, entretanto, o espaço, mesmo que restrito, para improvisações e inovações nas falas é mais possível e aceitável em relação ao Auto de Floripes. Apesar de ser citado como a fonte dos processos de memorização de brincadores

mais antigos, atualmente o livro não é sequer lembrado pelos mais novos e tampouco encontrado na cidade.

Já o Auto de Floripes funciona com uma quase irrestrita obediência ao livro matriz. O texto da encenação existe de forma fixada no seu formato escrito, permitindo que o mesmo conteúdo, história e diálogos sejam lidos para serem reproduzidos pelos figurantes. O desenrolar cênico obedece a uma estrutura escrita, o que possibilita ser mais facilmente reproduzido de maneira fiel ao seu registro original. Inclusive, a reprodução cênica com fidelidade ao material impresso confere um status de qualidade na avaliação do público.

A recepção do Auto de Floripes pela comunidade do Príncipe revela a aceitação, o envolvimento e o sentimento de pertencimento dos moradores da ilha ao espetáculo. Nesse sentido, esse drama carolíngio alimenta-se da reciprocidade existente entre os que estão em cena com os que o apreciam.

As motivações que impulsionam futuros brincadores e figurantes a fazerem parte dos espetáculos carolíngios e assim perpetuarem o conhecimento dessa narrativa podem agir de forma conjugada. Muitas vezes as decisões que os levam à partcipação nos folguedos variam em intensidade e até mesmo se justapõem. Assim, as razões estéticas podem dividir espaços com as religiosas, com a tradição e ainda podem variar em graus diferenciados de influências.

Supõe-se que o fato de ter a cena como principal espaço de memória na sua execução e, sendo a estrutura cênica efêmera e, portanto, menos rígida na fixação de conteúdos, a encenação pradense desloca-se do texto matriz para gerar dentro do próprio espetáculo, sua organização espacial, sendo assim menos literal que o Auto.

Ao retratar ambientes definidos nas histórias vindas da literatura, o Auto de Floripes reproduz cenicamente e de forma literal os espaços enunciados na narrativa.

Assim, cárceres, forcas, castelos se concretizam na cenografia, enquanto que em Prado os anúncios espaciais aparecem apenas nas vozes dos brincadores. Mauritânia, Turquia, campos de batalha podem vir a ser lugares na imaginação da plateia.

A oposição de cores marca boa parte das representações das lutas de mouros e cristãos. O antagonismo vermelho e azul reforça o sentido da disputa religiosa no Auto de Floripes e na Luta de Mouros e Cristãos. Na Luta, a oposição é mais explícita e direta pela maior simplicidade na composição do figurino. No Auto, além da exploração das cores em destaque, há um uso de tons complementares e secundários, especialmente na decoração das peças básicas como bombachas, camisas, capas e chapéus.

Para os mouros, a cor secundária é o amarelo. Na Luta de Mouros e Cristãos é explorada apenas em detalhes nas fitas fixadas nos chapéus, nos cintos, no sol que decora as capas e bandeira e nos penachos presos nos capacetes. Já no Auto de Floripes a cor amarela é mais utilizada, sendo usada nas camisas e adereços que adornam capas e babados. Além das duas cores quentes citadas, fitas e rosetas verdes, roxas, rosa e estampadas são colocadas nas indumentárias e acessórios dos mouros da ilha.

Os cristãos do Prado exploram uma segunda cor na complementação da sua caracterização predominantemente composta na cor azul. Fitas de cetim branco decoram capacetes e cinturões, tinta branca com gliter prateado desenha cruz e estrela das capas e da bandeira. Enquanto apenas duas cores compõem a caracterização dos cristãos pradenses, os personagens do exército de Carlos Magno do Auto de Floripes, além do azul e do branco, adotaram o verde como cor secundária e, na decoração com rosetas e fitas exploram em menor escala o rosa, o amarelo, o azul marinho, dentre outras cores.

Há similaridades na confecção dos figurinos feitos com tecidos sintéticos e de algodão, material de baixo custo. Em geral, são largos, o que permite maior amplitude gestual.

A grande diferença entre os figurinos dos dois espetáculos está na decoração, mais explorada por mouros e cristãos do Príncipe. Rosetas, fitas de cores diversas são fixadas em sapatos, saiotes, babados e capacetes oferecendo um visual rico em caracterização e multiplicidade de cores. O figurino dos pradenses é muito mais discreto e obediente a uma padronização cumprida por todos os brincadores. A permissão para a customização e criação individual é muito restrita.

Os figurinos de mouros e cristãos da Ilha do Príncipe e do Prado, recebem reforço de alguns objetos na caracterização dos personagens. São complementos ao aspecto visual e que têm uma função na ação de personagens.

Dentre armas de proteção e ataque, a espada se destaca por estar presente e ser o principal instrumento de ação nas cenas de combate, seja na Luta de Mouros e Cristãos, seja no Auto de Floripes. Recebe atenção dos combatentes desde a sua confecção ao cuidado no seu manejo. Nos dois espetáculos são feitas de uma matéria-prima comum: suspensão ou molas de carros velhos. Preparadas de forma artesanal por serralheiros locais, as espadas passam por técnicas similares no seu acabamento.

No Auto de Floripes um armamento de defesa complementa o de ataque. São os escudos usados por mouros e cristãos, que tanto protegem dos golpes

de espadas proferidos pelos inimigos, como produzem um efeito sonoro, in-
crementando a ambientação da guerra.

As impressões sonora e visual na Luta de Mouros e Cristãos não contam
com a presença de escudos. Entretanto, o próprio golpe da espada produz um
efeito proveniente do atrito com o chão de paralelepípedos, soltando faíscas e
ruídos que acentuam a ambientação bélica. Tal efeito não é explorado no Auto
de Floripes, pois o solo das ruas de Santo António é coberto de asfalto ou de
barro, o que não permite o resultado característico da luta pradense.

Reforçando a caracterização, as bandeiras com as cores e símbolos dos mou-
ros e cristãos são usadas pelos grupos do Prado e de Santo António. Portando
no centro os respectivos emblemas de cada grupo, as flâmulas são carregadas e
ocupam a função de identificar cada corporação. As de Prado são de tamanho
maior e têm um visual mais discreto em relação às que são carregadas pelos
combatentes da Ilha do Príncipe. Mesmo sendo de menor tamanho, as bandei-
ras são-tomenses têm mais elementos na sua decoração: babados nas extremi-
dades e rosetas fixadas nos tecidos.

Quanto ao texto, o Auto de Floripes mostra uma obediência à obra matriz,
reproduzindo no espetáculo as ações vindas da literatura e, cenicamente, ele
cria uma certa independência nos aspectos plásticos, explorando uma marca
identitária na caracterização visual pautada na customização e multiplicidade
de cores no figurino.

Pode-se inferir que a Luta de Mouros e Cristãos e o Auto de Floripes apre-
sentam como pontos comuns nas suas gêneses o livro «A História do Impe-
rador Carlos Magno e os doze pares de França». A partir desse ponto inicial,
os dois folguedos ficam mais distantes em semelhanças no desenvolvimento

de suas narrativas. O Auto de Floripes encena um trecho específico do livro e o próprio é usado como instrumento no aprendizado de diálogos e na compreensão do drama.

Essa relação entre a encenação e o material escrito presente no Auto de Floripes, o coloca diante de uma estrutura mais fixa. Como resultado, percebe-se um espetáculo com poucas variações na história e nos diálogos proferidos. No entanto, os elementos visuais da cena, que não encontram uma determinação no texto escrito, a exemplo do figurino e objetos, recebem uma forte influência da cultura local com criação e exploração de cores e adereços.

O distanciamento da Luta de Mouros e Cristãos do texto escrito, por sua vez, fez com que ela se submetesse à sua própria dinâmica cênica, que tem uma estrutura mais permissível às mudanças, com um funcionamento mais suscetível aos desejos do público e do próprio evento espetacular. Por essa razão, não é possível identificar uma história ou um trecho específico do livro matriz. Encontra-se um roteiro comum ao Auto de Floripes no que tange ao tema das disputas religiosas.

Os personagens do Auto são interpretações dos que existem na literatura, individualizados em nomes e em intrigas pessoais. Já na Luta de Mouros e Cristãos, os personagens são tipificados em funções, como: embaixador, capitão, etc. Tal constatação proporciona uma análise no funcionamento, na produção e transmissão de conhecimentos realizados pela via cênica e pela via da escrita. Ao explorar a encenação como caminho prioritário na propagação da narrativa carolíngia, a Luta de Mouros e Cristãos lida com as nuances de transformação vivida a cada ano através das entradas e saídas de pessoas, da incorporação de palavras e, eventualmente, do esquecimento de outros. Nesse ponto, a estrutura cênica opera através de uma forma de armazenamento e transmissão muito mais frágil em relação a uma reprodução escrita. Porém, a encenação vive uma dinâmica de mudanças muito mais intensa.

Ao analisar a relação encenação e literatura no Auto de Floripes, percebe-se que a sujeição e reverência ao texto escrito fazem com que as alterações no espetáculo sejam mais sutis no decorrer dos anos. Ao mesmo tempo, a relação com uma estrutura fixa de texto garantiu ao «Auto» um enredo mais fiel ao livro e mais complexo, recheado com cenas sucessivas e não repetitivas, resultando numa quantidade maior de personagens e intrigas.

A apreciação tanto da Luta de Mouros e Cristãos como do Auto de Floripes constitui-se como etapa essencial na trajetória de conhecimento desses espetáculos. A movimentação, o timbre de voz, a gestualidade e todos os demais elementos de ação e expressão das personagens são aprendidos, reproduzidos e criados tendo como base a apreciação. O espetáculo tem como princípio a tradição, ou seja, a transmissão de um conhecimento que se reproduz de forma mais semelhante possível a cada ano. O público tem a oportunidade de ver a mesma encenação com poucas modificações, sendo a memorização visual, auditiva, gestual e cênica acionada a cada apreciação, mesmo esta acontecendo apenas uma ou duas vezes ao ano.

A beleza se estabelece na realização individual, na execução de movimentos e sons, na preparação do figurino, mas ela se completa na relação com o outro

que assiste ao espetáculo. O sentido relacional entre o brincador e plateia gera em Cosme Maciel, participante da Luta de Mouros e Cristãos, uma expansão do seu corpo, possivelmente um estado que se aproxima ao que Eugenio Barba chama de «tensão física pré-expressiva», «qualidade extracotidiana da energia que torna o corpo teatralmente 'decidido', 'vivo', 'crível'. (BARBA, 2009, p. 25). Cosme diz, em relação ao momento que está atuando: «Parece que meu corpo abre, meu corpo fica alegre. Não sei que moda que é. O corpo fica maneiro de um jeito, que parece que nem sou eu».

Para a execução do belo, faz-se necessário uma preparação, um aprendizado para a execução de gestos e ações pertinentes a cada personagem. A apreciação do espetáculo, citada como a primeira etapa do processo de aprendizagem, faz concluir que é na condição de espectador que se dá o conhecimento que posteriormente contará como elemento importante na trajetória de aprendizado do brincador.

Numa perspectiva mais individual, da parte de quem se apresenta, a relação com a comunidade, na qualidade de público, soa de forma tensa, no que tange à relação com o belo, o desejo de ser aprovado pela qualidade estética da gestualidade, da voz, da memorização das deixas. João Paulo Cassandra, funcionário público, membro da comissão organizadora, revela que sua timidez era esquecida quando estava diante da plateia representando os papéis cristãos. Assim justifica: «As pessoas quando vestem a farda, depois de tá no meio dos outros, mesmo não querendo ser diabo, aprende a sê-lo. E essa movimentação toda, o próprio público a puxar pelas pessoas nas batalhas, nas palavras, nas cenas todas, obriga que haja maior vigor por parte do participante e isto leva que a gente, sem complexo, sem problemas, represente muito bem o nosso papel.»

A reação do público funciona como incentivo ou como intimidação para os figurantes. A comparação é um elemento presente na avaliação. Como o mesmo papel, no caso da Floripes, é representado, praticamente, a cada ano, por pessoas diferentes, o cotejamento das atuações e posteriores comentários são práticas frequentes. O espaço e as condições técnicas e ambientais da organização do espetáculo favorecem a atuação do público na realização de comentários, palmas, permanência ou saída diante da cena.

Dentre os pontos comuns vividos nas trocas culturais no eixo atlântico Sul-Sul, as narrativas de tradição carolíngia alcançaram uma dimensão lendária: o humano e o mito se fundiram na criação de um personagem marcado pela força, coragem, audácia, sabedoria, com histórias de cunho evangelizador, de exaltação cristã e derrota muçulmana.

São expressões que se construíram em formatos de predominância oral, escrita e cênica. Considerando essas três formas como distintas e possíveis de co-existência na produção, transmissão e perpetuação de conhecimentos, que as narrativas carolíngias atravessaram séculos materializando-se em literaturas, dentre elas num livro, matriz para as encenações da Luta de Mouros e Cristãos e do Auto de Floripes. Acredito que as possibilidades de interseção de formas (escrita, recitada ou encenada) e, principalmente, a relação porosa entre a obra e o público, possibilitou a transformação e adaptação das narrativas carolíngias para os diferentes tempos e lugares. A apreciação dessas obras se efetivou em contato direto com o público, aceitando e incorporando, mesmo na escrita, as reações e intervenções da sua plateia.

O caráter dinâmico da encenação proporciona um maior espaço para modificações de palavras, de cenas. Acrescenta-se a recepção do público aceitando ou rejeitando e dos próprios brincadores como quesito para a introdução e permanência de novos vocábulos ou frases no texto. Já no processo de aprendizagem das récitas, a leitura, quando usada hoje, é feita sobre as anotações do que foi visto ou do que se tem na memória e não mais das páginas da literatura carolíngia.

Se o livro fixa o conteúdo de forma a limitar as inovações ou nenhuma modificação, a encenação lida com uma memória e com a fixação do conhecimento de forma mais solta e dinâmica, de maneira que as transformações dialogam mais diretamente com o produto –o espetáculo– e com o público. Tal dinamismo aparece na Luta de Mouros e Cristãos, que mesmo com uma estrutura de roteiro pautada na repetição, não é difícil perceber algumas inovações vindas da supressão ou acréscimo de gestos ou expressões.

As narrativas de temática carolíngia se caracterizam pela diversidade de possibilidades combinatórias. No seu repertório temático, que passa tanto pelas histórias românticas quanto pela guerra e por conflitos religiosos, elas se desenvolveram em múltiplos formatos. No Prado apenas o tema do combate é explorado. Já em Santo António, dentro do conflito religioso, o romance entre a princesa turca e o cavaleiro cristão ocupa espaço significativo no drama. Assim sendo, desenvolvida em variações como romances, canções, literatura de cordel, encenações, e em diversos contextos – África, Brasil, Espanha, Portugal, França etc– a sua estrutura e adaptabilidade possibilitaram a atualização e permanência no decorrer da história, em diferentes circunstâncias temporais e contextuais.

Na cidade do Prado, a oposição religiosa se reconfigurou localizando os inimigos mouros nos povos nativos do Brasil. De forma não explícita no espetáculo, mas evidente no discurso dos brincadores, a Luta de Mouros e Cristãos ressignifica o conflito religiosos inserindo referências da cultura local. Assim, o grupo indígena passa a ocupar o papel do opositor, o infiel, aquele que precisava ser convertido à fé cristã. Com argumentos apresentados nos elementos do espetáculo, como a cor que representa os mouros, o santo homenageado, os gestos executados, a base matricial da narrativa carolíngia localiza-se não mais, apenas, no universo europeu- muçulmano, mas também como sendo indígena, pradense, brasileira. Seguindo a lógica discursiva dos brincadores, as flechas no corpo de São Sebastião remetem à cultura indígena, o tronco no qual ele está atado representa a mata que já foi típica da região e a gestualidade mais agressiva dos «mouros» é uma referência ao perfil selvagem dos índios.

O Auto de Floripes, no seu aspecto dramatúrgico, acentua a sua gênese e o seu pertencimento à literatura carolíngia, numa representação que reproduz trechos específicos do livro. Entretanto, no espaço da criação visual e sonora e nos rituais de preparação, o auto são-tomense explora na multiplicidade de cores complementares do figurino e na customização com fuxicos e elementos decorativos a sua especificidade cultural. A preparação para a cena dos figurantes, mesmo num espetáculo de afirmação católica, absorveu a prática religiosa típica de rituais africanos, como a utilização de folhas na proteção do corpo do figurante à exposição dos olhos do público.

Historicamente, a interação com pessoas e ambiente onde se expressa é um traço recorrente na trajetória destas narrativas, por estabelecer uma relação de mutualidade com o público. O livro «A História do Imperador Carlos Magno e dos doze pares de França», base para os espetáculos aqui analisados, teve momentos de leitura e recepção na coletividade, com a atenção de editores que suprimiam e acentuavam determinados trechos levando em consideração a participação dos ouvintes. Esta relação aproxima a prática de leitura coletiva à natureza dos eventos espetaculares, que, em geral, se efetivam na vinculação recíproca com a plateia.

Da literatura migrou para o Auto de Floripes e para a Luta de Mouros e Cristãos. Nessa última, a encenação atingiu o status de ser o espaço preferencial de memória para a sua existência, pois o texto escrito não é mais presente na cidade de Prado. Pierre Lévy apresenta suas reflexões afirmando que as narrativas dramáticas têm mais chance de sobreviver pela possibilidade de explorar múltiplas linguagens com músicas e rituais. (LÉVY, 1993, p. 82)

Tanto a Luta de Mouros e Cristãos como folguedos denominados como Cavalhadas são os lugares de memória primordiais das narrativas carolíngias, hoje, no Brasil. No ambiente cênico, a memória dispõe de uma rede complexas para possíveis combinações. Assim, quem assiste a um espetáculo tradicionalcomo o folguedo pradense, sendo este o que lida com a repetição, está diante de um objeto que aciona seus múltiplos sentidos, podendo despertar em quem tem contato com esse tipo de espetáculo, a construção de intensas e numerosas associações que possibilitam a criação de várias vias de acesso ao que foi assistido.

No depoimento de brincadores são encontradas relações de memória associadas às emoções vividas na apreciação do espetáculo: o medo dos golpes de espada, a excitação do combate, a vivacidade das cores, o cheiro do suor dos gestos misturado com o da cachaça, o suspense acentuado pelo estampido dos fogos de artifícios, a relação familiar ou próxima com o brincador/ personagem, a tenuidade entre a ficção e a realidade... A recepção, a realização e a significação do drama carolíngio em Prado sobrevivem tendo como referência a sua memória construída na estrutura cênica.

Enquanto o Auto de Floripes explora a relação entre o formato cênico e escrito tendo o livro-matriz como apoio no aprendizado dos diálogos e roteiro, nas cidades do extremo sul baiano onde acontece Luta de Mouros e Cristãos a presença do livro não é sequer notada. Ao analisar o desenvolvimento das narrativas carolíngias considero que o formato cênico se constitui como uma forma de organização específica na produção, recepção e transmissão de conhecimento, em relação à oralidade e à escrita, formas destacadas nos processos de transmissão de conhecimentos.

A distinção cênica em relação à escrita e à oralidade, que a faz constituir numa forma particular de comunicação, justifica-se pela evidência dos sentidos implicados nos processos de sua realização e recepção. Enquanto na oralidade a técnica destacada se constitui pelo par fala- escuta, e na escrita/ leitura o ler e o ver, na encenação há uma implicação das sensorialidades corporais no processo de anunciação e recepção. São percepções sensoriais que demandam tanto a audição, como a fala, mas também a visão, em simultaneidades de sentidos evocados na emissão e recepção de conhecimentos.

É importante perceber as circunstâncias de transmissão e os modos de realização de obras de narrativas carolíngias no passado e no presente. O que a obra respondeu em momentos históricos passados, e o que ela responde atu-

almente. A catequização católica exposta no roteiro dramatúrgico da Luta de
Mouros e Cristãos, com a constante supremacia cristã, não responde mais à
necessidade da propagação e afirmação do catolicismo. A constatação do atual
decréscimo no interesse pela realização dessa festa por parte da comunidade
pradense mostra tanto a sua dispensabilidade como também a construção de
novas motivações e significados.

A Luta de Mouros e Cristãos ensaia acrescentar novos sentidos para a sua
realização, principalmente explorados, ainda que timidamente, pelo poder exe-
cutivo no financiamento da festa. Ao acontecer num período em que a cidade
recebe turistas, a inclusão das festas tradicionais locais na programação das fé-
rias de verão abre a possibilidade de investimento na «Luta» como uma estra-
tégia cultural e econômica de visibilidade das tradições culturais da cidade para
o seu público visitante.

O Prado, nas duas últimas décadas, viveu mudanças demográficas com acen-
tuado crescimento turístico. O estereotipado perfil afro-baiano divulgado na-
cionalmente interferiu na inserção de novas práticas como a capoeira, danças e
shows de *axé music*. Esse atual quadro identitário da cidade coloca os folgue-
dos tradicionais num lugar secundário no que tange a sua aceitação, realização
e valorização, apesar das recentes iniciativas de exploração turística do folgue-
do por parte do poder público.

Já o Auto de Floripes goza de um status diferente em relação à Luta de
Mouros e Cristãos. Atualmente, 15 de agosto é o dia de maior mobilização e
concentração de moradores da Ilha do Príncipe na cidade de Santo António.
A atualização da função poética passa pela manutenção da realização do ritual
coletivo, que também proporciona uma maior visibilidade da ilha que recebe

as atenções da capital São Tomé, com a vinda de políticos e visitantes, produção de matéria televisiva e o interesse de alguns turistas e pesquisadores. Isso já foi percebido e vivido pelo elenco do Auto. Afinal, foi por essa via que o grupo já saiu do país a convite de instituições internacionais, o que permitiu a migração, mesmo que ilegal, de parte de componentes do grupo, despertando interesse em novos figurantes em utilizar a mesma estratégia para sair do país.

Santo António, em relação ao Prado, vive de forma mais amenizada os efeitos do mundo globalizado contemporâneo. A própria condição de insularidade da ilha, com dificuldade de acesso ao seu território, o baixo desenvolvimento tecno-comunicacional, as reduzidas transações comerciais, permitem um contato mais restrito com o mundo exterior. Tal condição reforça o laço com a cultura interna, com uma ambientação menos propícia para trocas e mudanças.

Considerando seus laços históricos, o breve cotejamento apresentado permitiu evidenciar os caminhos comuns que resultaram em similitudes e diferenciações decorrentes da dinâmica cultural de cada um dos locais onde acontecem os referidos dramas carolíngios.

Referências

DUMAS, Alexandra Gouvêa (2011). *Mouros e Cristãos- caminhos, cenas, crenças e criações: análise dos espetáculos de tradição carolíngia Auto de Floripes (Príncipe, São Tomé E Príncipe, África) e Luta de Mouros e Cristãos (Prado, Bahia, Brasil)*. Tese de Doutorado, Salvador / París-Nanterre, 25-X-2011. Disponible en red: http://www.cult.ufba.br/wordpress/?page_id=988.

LÉVY, Pierre (1993). *Les technologies de l'intelligence : l'avenir de la pensée à l'ère informatique*. Paris : La Découverte.

Beatriz Aracil Varón

Santos guerreros en la tradición mexicana: las fiestas de San Miguel y la danza de Moros y Cristianos[1]

1. Introducción

En San Felipe Torres Mochas (Guanajuato) se celebra cada año, en torno al 29 de septiembre, un curioso «combate de moros y cristianos» en el que se simula el enfrentamiento entre las cristianas «milicias del glorioso San Miguel» y un batallón moro dirigido por el propio «traidor Luzbel». Al grito de «¡Quién como Dios! ¡Viva Señor San Miguel!», los «soldados de Cristo y también de la Virgen María» triunfan sobre las fuerzas del Mal y recuperan «la santa imagen» del venerado patrón del municipio.[2]

Desde luego, los festejos de San Felipe no son un caso aislado: el arcángel San Miguel (o «el niño Miguelito», como es llamado también en esta población) es uno de los «santos» más populares en México y su festividad da lugar a importantes celebraciones no solo en Guanajuato, sino también en estados tan diversos como Puebla, San Luis Potosí, Sinaloa, Guerrero, Yucatán, Jalisco, Oaxaca o el Estado de México.[3]

Estas celebraciones, de carácter eminentemente religioso aunque con influencias populares de todo tipo, suelen iniciar con peregrinaciones que pueden du-

Universidad de Alicante.

[1] El origen del presente trabajo está en una ponencia presentada en el V Coloquio Internacional de Teatro Mexicano «Thèâtre, Rite et Teatralité», celebrado en Perpignan en 2001. Agradezco al grupo de investigación LAiREM (2014 SGR 894) y al proyecto I+D «Traza y figura de la danza en la larga Edad Media» (FFI2013-42939-P), en los que estoy integrada, la oportunidad de desarrollar de forma más exhaustiva el asunto entonces esbozado.

[2] Citas de García (1993).

[3] Sobre el traslado además de esta devoción a EE.UU. a través de procesos migratorios (en concreto desde el estado de Puebla), véase el interesante trabajo de D'AUBETERRE BUZNEGO 2005, 19-50.

rar varios días,[4] e incluir procesiones[5] y danzas nativas,[6] pero también diversas formas de teatralidad popular, algunas de ellas vinculadas a la tradición de «moros y cristianos» como la «danza de Moros», la de la Conquista, la de los Santiagos, o las «Milicias del Señor San Miguel» de San Felipe Torres Mochas; danzas que probablemente constituyen la manera más adecuada de manifestar la devoción a un «santo guerrero» cuyos orígenes deben buscarse en el proceso de «conquista espiritual» de la población indígena que tuvo lugar durante las primeras décadas del siglo XVI.

Mi propósito el presente trabajo será precisamente indagar sobre los rasgos que definen el origen sincrético de la devoción a San Miguel en México para intentar señalar a continuación algunos momentos claves de un recorrido que ha vinculado la figura de este ángel-soldado a la teatralidad popular desde las primeras representaciones medievales europeas hasta expresiones culturales sincréticas, en concreto vinculadas a la citada tradición de «moros y cristianos», que aún hoy tienen amplia difusión en tierras mexicanas, como la danza dialogada de San Felipe.

2. Los orígenes de una devoción

2.1. San Miguel en el discurso evangelizador

Según el biógrafo Cristóbal Gutiérrez de Luna, fue el arzobispo Pedro Moya de Contreras quien, habiéndosele aparecido una noche la imagen del arcángel San Miguel, instituyó en México la festividad del 29 de septiembre con unos festejos en los que, además de arcos de flores, villancicos y «muchas luminarias», se incluyó una «invención» o cuadro escenificado en el que

> ...bajó una figura de un San Miguel de bulto (...) y con él otra suma de ángeles de bulto con venablos en las manos (...) a un tablado en que estaba una boca muy grande de infierno y en ella muchos demonios llenos de cohetes y a la puerta Lucifer con notable disconformidad todo artificioso de fuegos de pólvora y de tal manera estaba medido y ajustado, que habiendo bajado como está dicho San Miguel y su cuadrilla con gran presteza que pareció el acto hacerse de verdadero a lo vivo, le dio con el venablo en la boca (...) [y] comenzó todo (a) arder y encenderse.[7]

---

[4] Al modo de la que reúne en Aquismón (San Luis Potosí) a fieles llegados de toda la región de la Huasteca o la que lleva a las comunidades de indios otomíes hasta Acambay (Estado de México).

[5] Es célebre la de Chalma, en el Estado de México, en cuyos carros se representan escenas y personajes alegóricos (véase la información del municipio en https://www.facebook.com/media/set/?set=a.670756129624376.1073741830.191957714170889&type=1).

[6] Al modo de la ejecutada por los indios mazatecas en el atrio de la iglesia de Soyaltepec (Oaxaca). Este tipo de fiestas han sido estudiadas al menos desde la primera mitad del siglo XX en trabajos como el de Díez de Sollano (1927) o el de Vázquez Santa Ana (1940-1953), en especial vol. 1 pp. 197-8 y 374-375.

[7] *Cinco cartas del Illmo. y Exmo. Señor D. Pedro Moya de Contreras (...). Precedidas de la Historia de su vida* (1962), pp. 31-32 (sobre el conjunto de los festejos celebrados en honor

Aunque los festejos que inauguraron la celebración oficial de la festividad de San Miguel debieron celebrarse hacia 1585[8], lo cierto es que la devoción al arcángel en la Nueva España está estrechamente unida a la actividad misionera desde sus inicios. En efecto, los primeros franciscanos españoles llegados a México en 1524 mostraron desde un principio una especial devoción «al gloriosísimo arcángel» (Torquemada 1979: vol. 5, 60-61), pero, además, la figura de San Miguel jugó un papel determinante en el contenido mismo de la predicación de estos misioneros desde las dos vertientes principales que definían su presencia en las Sagradas Escrituras y que lo habían caracterizado en la tradición medieval[9]. En primer lugar, San Miguel fue presentado como el caudillo de los ejércitos celestiales, el arcángel que triunfaba sobre Lucifer en el *Apocalipsis* de San Juan, y como tal sirvió para demostrar la superioridad del Dios cristiano sobre los falsos dioses indígenas al tiempo que ofreció una explicación convincente sobre el origen de los dioses prehispánicos como descendientes del Demonio. Según el testimonio recogido por fray Bernardino de Sahagún, apenas llegados a la ciudad de México, los doce primeros franciscanos mantuvieron un coloquio con diversos sabios indígenas en el que les explicaron cómo Lucifer quiso poner su trono junto al de Dios y cómo San Miguel se enfrentó a él provocando así una terrible batalla celestial en la que, vencidos por los ángeles buenos, los malos

> ...se transformaron entonces en demonios (...).
> Ellos por todas partes, en el mundo,
> en la tierra, han hecho burla de la gente,
> la han engañado fingiéndose dioses.
> Muchos creyeron en ellos,
> los tuvieron por dioses suyos,
> y también así con vosotros lo hicieron. (Sahagún 1986: 175)

La argumentación aducida en este llamado «Coloquio de los Doce» se convirtió en lugar común para explicar el origen de los dioses indígenas[10] y pronto se difundió entre los naturales el culto a San Miguel, el poderoso ángel-soldado

---

a San Miguel en aquella ocasión véanse pp. 28-34). Para Rivera y Estrada, que han analizado pormenorizadamente el pasaje de Gutiérrez de Luna, «es posible suponer que las figuras tuvieran tamaño y proporciones semejantes a las de un ser humano, y que esta representación, en el caso de los ángeles, se sirviera de una combinación de tipos de títeres y técnicas de animación: títeres de hilos y autómatas»; en cuanto a los demonios, debieron ser «esculturas construidas con material inflamable (madera, tela, papel) y rellenas de dispositivos pirotécnicos (...) encendidos por los dardos en llamas que les lanzan los ángeles» (Octavio Rivera Krakowska y David Aarón Estrada 2013, 216).

[8] Fecha propuesta por Rivera y Estrada por ser la de la celebración del Tercer Concilio Provincial Mexicano (véase Rivera y Estrada 2013, 215).

[9] Vertientes que no agotan la definición del arcángel durante la baja Edad Media, como demuestra el Tratado V del *Libre dels àngels* de Eiximenis (puede consultarse Eiximenis 1983).

[10] Cf. en el ámbito mexicano la *Doctrina Cristiana* de fray Pedro de Córdoba en Durán 1984, vol. 1, pp. 235-236 y 242-244 (fragmentos que se consideran adición mexicana a dicha doctrina).

vencedor de la idolatría[11] cuya imagen triunfante inundó fachadas, paredes y retablos de capillas e iglesias, ocupando un lugar más privilegiado si cabe que el que durante siglos le había otorgado la iconografía cristiana europea[12].

Pero San Miguel era asimismo, según profetizó Daniel en el Antiguo Testamento, «el gran príncipe» que surgiría el día del Juicio Final, en el que «muchos de los que duermen en el polvo de la tierra se despertarán, unos para la vida eterna, otros para el oprobio, para el horror eterno» (*Dn*, 12, 2). Esta otra faceta de San Miguel como *Psychopompos*, el que conduce las almas de los muertos ante el juez supremo, el que pesa las acciones de las almas para llevarlas con él al Paraíso o arrojarlas al Infierno (una imagen creada fundamentalmente a partir de los Evangelios Apócrifos y muy difundida durante la Edad Media), fue destacada también por unos misioneros fuertemente influidos por las concepciones apocalípticas de la época que mostraron a San Miguel como compañero de Cristo el día del Juicio (y, por tanto, símbolo de la justicia divina) en algunas de las representaciones teatrales en lengua náhuatl que organizaron con fines evangelizadores a lo largo del siglo XVI. Sin duda la obra más representativa a este respecto es la conservada con el título de *Neixcuitilmachiotl motenehua Juicio Final*, cuyo texto probablemente corresponde al que compuso el franciscano Andrés de Olmos para ser puesto en escena en la ciudad de México en 1538, en la que desde el comienzo mismo de la representación encontramos a un amenazante San Miguel que exclama mientras baja de los cielos:

> Desapareceréis ¡oh hombres de la tierra! En vuestros corazones ya sabéis que se levantarán los muertos, y los rectos, que sirvieron obedientemente al verdadero juez, Dios, serán llevados allí a su casa real a gozar de la gloria con sus santos. Pero los malvados que no sirvieron a Dios Nuestro Señor en sus corazones, sufrirán los tormentos del infierno.[13]

Cabe advertir, sin embargo, que, a pesar del importante papel que jugó en la tarea evangelizadora el teatro (y más concretamente las diversas representaciones del Juicio Final que debieron tener lugar en el valle de México en las primeras décadas del siglo XVI) (Aracil 2004), esta imagen de un San Miguel juez de las almas[14] no alcanzó la misma relevancia entre la población indígena

---

[11] Así insiste en mostrarlo asimismo el propio fray Bernardino de Sahagún en una obra tardía, su *Psalmodia christiana* de 1583 (véase la ed. de José Luis Suárez Roca, 1999).

[12] Cf. a este respecto Báez Macías (1979). Aunque su principal objetivo es el estudio iconográfico de la ermita y el santuario de San Miguel del Milagro (Tlaxcala), el trabajo de Báez resulta de enorme interés tanto para el estudio de los orígenes de la devoción a San Miguel en México como para profundizar en la evolución iconográfica que lleva de las imágenes del arcángel en la tradición medieval europea a su presencia múltiple en el arte colonial mexicano.

[13] *Juicio Final*, ed. de Fernando Horcasitas 1974, 569. Encontramos también este mismo papel del arcángel en un texto probablemente más tardío (tal vez de comienzos del XVII), *Las ánimas y los albaceas*, en el que, llegado el momento del Juicio, San Miguel apenas disputa con Lucifer por las almas de los pecadores protagonistas, que son arrojadas al infierno (véase *Las ánimas y los albaceas* en Horcasitas 2004, 246-254).

[14] Imagen que todavía es posible rastrear en manifestaciones populares indígenas actuales (véase, a modo e ejemplo, en este mismo volumen el trabajo de Eugenia JURADO, donde se describe el papel de san Miguel en el inicio de la fiesta de los huehues en la Huasteca).

que aquella otra del glorioso arcángel-soldado. La razón de dicha preferencia resultó evidente incluso para los propios frailes: paradójicamente, aquellos atributos guerreros que difundían su devoción como símbolo de la lucha contra la idolatría eran los que lo acercaban en la mente de los naturales a los antiguos dioses del panteón náhuatl.

2.2. Del dios prehispánico al ángel guerrero

La pretendida voluntad de los misioneros de eliminar cualquier vestigio de la antigua idolatría no fue obstáculo para que la labor de evangelización de la población indígena de México contara con todo un proceso de sustitución religiosa que comenzó por los mismos espacios sagrados, ya que –como explicaba uno de los primeros misioneros franciscanos, fray Toribio Motolinía– «para hacer las iglesias [los frailes] comenzaron a echar mano de sus *teocalme* para sacar de ellos piedra y madera, y (...) servir de cimiento para las iglesias» (Motolinía 1985: 131).

En ocasiones, este proceso de sustitución provocó fenómenos de sincretismo religioso que, por lo que respecta en concreto al culto a San Miguel, se vieron favorecidos además por su identificación con algunos dioses prehispánicos, en concreto Tezcatlipoca y, sobre todo, ese otro «arcángel asimismo guerrero y vencedor» que era en la religión náhuatl el dios Huitzilopochtli. Si bien algunos de estos procesos acabaron siendo denunciados como idolátricos[15], lo cierto es que en muchos casos los misioneros aprovecharon (o ignoraron deliberadamente) estas identificaciones: como ha explicado Solange Alberro, «ciertas fundaciones franciscanas, sobre todo aquellas que fueron edificadas encima de las ruinas de antiguos templos dedicados a Huitzilopochtli, fueron colocadas bajo el amparo de san Miguel» (Alberro 1992: 31 y 26-35). La superposición de espacios constituía así el signo externo más evidente de una superposición de cultos (similar a la que en la Europa de la primera etapa del cristianismo había llevado a San Miguel a suplantar al dios pagano Marte) que probablemente no solo obedeció al hecho de que tanto el arcángel cristiano como Huitzilopochtli fueran espíritus guerreros, sino también a otras analogías. En primer lugar, si San Miguel era considerado en la religión cristiana el principal entre los ángeles y los santos, Huitzilopochtli, el numen tutelar de la tribu mexica, se había convertido desde comienzos del siglo XV en el dios más poderoso del panteón náhuatl.[16] En segundo lugar, ambos eran espíritus protectores que habían fa-

---

[15] Puede consultarse a este respecto el proceso inquisitorial de 1545 contra Tomás Tunatl, indio de Izúcar, «por haber ofrecido una petaca con ropa a la capilla de San Miguel», en el que el acusado declaró que la ofrenda no se había dedicado a San Miguel sino a Tezcatlipoca, sobre cuyo santuario se había construido la capilla de San Miguel. En dicho proceso, otro indígena interrogado adujo que el ídolo de Tezcatlipoca «era igual a San Miguel» (A.G.N. Inquisición. Tomo 42, expediente 20).

[16] Este engrandecimiento del dios Huitzilopochtli está relacionado con la nueva visión «místico-guerrera» implantada por el consejero Tlacaélel a partir de 1424 (véase León-Portilla 1993: 249-257), visión que permitió identificar a su vez a Huitzilopochtli con el ya citado Tezcatlipoca, el dios guerrero que aparece en la leyenda de las edades o «soles» (p. 252).

vorecido el dominio de sus pueblos sobre otras naciones: el nombre de San Miguel, al que se refirió el profeta Daniel como «el gran Príncipe que defiende a los hijos del pueblo de Dios» (*Dn*, 12, 1), fue invocado a lo largo de la Edad Media, junto al de santos guerreros como Santiago o San Jorge, en unas guerras de cruzada de las que la conquista de América se definiría solo como una continuación; los aztecas, por su parte, llamados a sí mismos «el pueblo del Sol», confiaban en Huitzilopochtli, el Sol en el cénit que había triunfado sobre el resto de los astros, para someter a las otras naciones, de ahí que la invocación al dios se entremezclara con la arenga guerrera en himnos sacros o *teocuícatl* (León-Portilla 1993: 253). Cabría considerar, además, que la imagen misma de San Miguel pudiera acercarse también en la mente de los indígenas a la del dios prehispánico, no solo por las alas que lo caracterizaban como ángel y que podrían haberles recordado a su dios Huitzilopochtli, el «colibrí (huitzilin) zurdo (opochtli)», simbolizado en ocasiones (sobre todo con posterioridad a la conquista) solamente con los rasgos del pequeño pájaro, sino sobre todo por el hecho de ser representado también iconográficamente junto a un ser infernal o dragón, ya que, según explica Sahagún, Huitzilopochtli era para los mexicas un dios «de grandes fuerzas y muy belicoso» que «en las guerras era como fuego vivo, muy temeroso a sus contrarios, y así la divisa que traía era una cabeza de dragón muy espantable que echaba fuego por la boca» (Sahagún 1988: I, 37).

Favorecido, pues, por estas analogías, el culto a san Miguel no solo se reflejó en la construcción de capillas, sino también en la difusión de imágenes del arcángel (a menudo realizadas por los propios *tlacuilos* indígenas) y sobre todo en la fundación de numerosas poblaciones bajo su advocación.[17] Con ello, dicha devoción vino a insertarse en un proceso de asimilación más amplio, señalado entre otros por James Lockhart, según el cual los santos patronos pasaron a adquirir un papel preponderante en la vida de las comunidades, que vieron en ellos el símbolo principal que las identificaba tanto desde un punto de vista religioso como socio-político. Si, como ha señalado Lockhart, «el día que se celebraba el santo patrono de la unidad era la ocasión más importante del año para toda la población»,[18] fue en especial en el seno de estas celebraciones en el que se desarrollaron además diversas formas de teatralidad popular fruto a su vez de un proceso de síntesis entre la tradición cristiana europea y antiguas tradiciones prehispánicas.

---

[17] Un ejemplo ya tardío de este tipo de fundaciones, vinculado además a un espacio sacro, es la citada población de San Miguel del Milagro (Tlaxcala), construida en el lugar donde, en 1631, San Miguel se apareció al joven indio Diego Lázaro de San Francisco para indicarle la localización de una fuente de agua milagrosa que sanaba todas las enfermedades (que había sido lugar de culto en tiempos prehispánicos) junto a la cual debía edificarse un santuario dedicado al arcángel (véase Báez 1979, 57).

[18] Lockhart 1999: 342 (sobre esta importancia de los santos en la vida religiosa indígena véanse pp. 339-363).

3. Fiesta y teatro en torno a san miguel

3.1. La tradición europea

La presencia de San Miguel en el teatro medieval europeo parece iniciarse con determinadas obras sobre «La caída de Lucifer», representadas al menos desde finales del siglo XII, en las que la primera «caída», es decir, el castigo divino tras la batalla que Lucifer mantiene con San Miguel por haber pretendido igualarse a Dios, tiene su correlación posterior con esa otra «caída», la del primer hombre, Adán, también castigado por desafiar a su Creador.[19]

En el ámbito peninsular, sin embargo, los escasos datos conservados al respecto parecen indicar que este tipo de obras, vinculadas más bien al tema de la Creación del mundo y del hombre, ceden paso a danzas y representaciones teatrales cuyo asunto central o incluso único es la batalla celestial entre San Miguel y Lucifer, símbolo máximo del triunfo del Bien sobre el Mal. Así, por ejemplo, el 8 de diciembre de 1424, la ciudad de Barcelona ofreció a Alfonso V «entremesos de la dita ciutat representando paradis e infern ab la batalla de Sant Miguel e dels angels e de Llucifer e de sos secuaces».[20]

Ahora bien, ya en fecha tan temprana como 1238 encontramos una significativa alteración de este mismo motivo: la procesión del Corpus valenciano de ese año presentó una *roca* o cuadro escenificado en el que San Miguel fue elegido para simbolizar la victoria de Jaime I sobre los moros de Valencia (Very

---

[19] El dato más antiguo que he podido hallar sobre este tipo de obras es el registrado por William Tydeman (1978: 126) sobre un «ordo» representado en la región de Bavaria el 7 de febrero de 1194 en el que se muestra ya esta correlación entre la derrota de Lucifer y la caída de Adán. El mismo tema fue recogido en algunos ciclos ingleses del Corpus a lo largo del siglo XV, en los que, como vemos, la batalla entre San Miguel y Lucifer era un elemento importante, pero no esencial, de la representación teatral (véase R.W. Hanning, «'You Have Begun a Parlous Pleye' The Nature and Limits of Dramatic Mimesis as a Theme in Four Middle English 'Fall of Lucifer? Cycle Plays», en Davidson et al (eds.) 1982: 140-168).

[20] Cit. en Cotarelo y Mori 1911: I, p. LV. Francesc Massip da cuenta de la preparación un año antes (1423) de una batalla entre ángeles y demonios en Nápoles con la que debía culminarse otro acto solemne en honor a Alfonso el Magnánimo, que finalmente no se llevó a cabo (Massip 2010: 134, nota 259). Por lo que respecta ya a obras más tardías, los datos aportados tanto por Sánchez Arjona como por Sentaurens sobre el Corpus sevillano indican que a lo largo de los siglos XVI y XVII se representaron al menos dos piezas teatrales sobre este tema, *La soberbia y caída de Lucifer*, cuya puesta en escena en 1561 corrió a cargo de Juan de Figueroa, y el auto titulado *Lucifer*, representado en 1570 por Luis Díaz. Respecto a las danzas, podemos señalar las siguientes: 1570. La batalla de San Miguel. Cosme de Jerez. 1591. *La caída de Luzbel*. Antón de Espinosa. 1605. La caída de Luzbel y triunfo de San Miguel. Martín de la Rumia. 1609. La caída de Luzbel y triunfo de San Miguel y Virtudes. Juan de Castro. 1612. *El triunfo de San Miguel*. Martín de la Rumia. 1644. *El triunfo de San Miguel*. Hernando de Rivera. 1651. *El triunfo de San Miguel*. Francisco Pérez de Rivera. Sobre esta última danza se conserva además la descripción de los personajes y de cómo debería ejecutarse: «se armará una guerrilla entre los demonios y San Miguel; los demonios con sus insignias en las manos y San Miguel con su venablo donde se descogerá un estandarte que dirá 'quien como Dios', y atropellará a Lucifer y entrará por una boca de dragón que ha de estar delante de la danza y volverá a salir por detrás del dragón» (Sentaurens 1984: II, 1221). Para el resto de los datos cf. pp. 1146, 1175, 1179, 1221, así como Sánchez Arjona 1990: 45, 301 y 315.

1962: 27-28). El dato es importante porque, aun sin tratarse todavía de una representación teatral, encontramos aquí una de las primeras escenificaciones de la lucha «celestial» entre el Bien y el Mal vinculada a esa otra lucha «terrenal» entre cristianos e infieles que por la misma época estaba generando en la península una de sus más significativas tradiciones: los festejos de moros y cristianos.

3.2. San Miguel en las morismas novohispanas del XVI

La tradición de «moros y cristianos», surgida como parte de los fastos cortesanos medievales y asimilada más tarde por el folklore popular europeo,[21] fue trasladada a tierras americanas por los conquistadores desde fechas muy tempranas,[22] y aprovechada asimismo por los misioneros, quienes vieron en estos fingidos combates entre cristianos e infieles un argumento para la conversión del indígena a la nueva religión, cuyo Dios aparecía vencedor en todas las batallas, y una forma de justificar entre los recién convertidos esa conquista militar que había dado paso a la conquista espiritual de América.

En la primera escenificación de este tipo realizada en el ámbito misionero novohispano, la espectacular puesta en escena de *La conquista de Jerusalén* que tuvo lugar en Tlaxcala en 1539, la breve intervención de San Miguel en mitad de la batalla sirvió para ofrecer la imagen de un Creador todopoderoso que brindaba a los infieles la posibilidad de convertirse a la verdadera fe, pero también para infundirles el temor que les llevaría a rendirse ante unos hombres que luchaban apoyados por Dios y sus ángeles[23]. Habría que esperar, sin embargo, a las últimas décadas del XVI para encontrar una nueva puesta en escena, la del sencillo cuadro presenciado por el franciscano Alonso Ponce en Zapotlán (en el actual estado de Jalisco) en 1587 en el que aparecía «un indio como ángel, representando a San Miguel, con una espada en la mano, como que hería a Lucifer» (Ciudad Real 1993: II, 148), que aparentemente no distaba mucho del que, como hemos visto, formó parte de los festejos con los que el arzobispo Moya de Contreras instituyó la festividad de San Miguel Arcángel (salvo por la intervención en esta ocasión de actores) pero que apuntaba ya una necesaria

---

[21] Sobre el origen de los espectáculos de Moros y Cristianos en relación con el fasto cortesano medieval, así como su evolución posterior en la península hasta el siglo XVII, pueden consultarse, entre otros: Joan Oleza, «Las transformaciones del fasto medieval», en Quirarte Santacruz (ed.) 1992: 47-64; Ferrer 1993: 39-44 y Ferrer 1991: 19-47. Como estudio evolutivo de la tradición de moros y cristianos hasta nuestros días, tanto en España como en México, resulta todavía fundamental el libro de Warman 1992.

[22] Según Warman, la introducción de las fiestas de moros y cristianos en Nueva España pudo realizarse hacia 1524 durante la expedición a las Hibueras, con motivo del recibimiento de Cortés en Coatzacoalcos, donde, según Bernal Díaz, se hicieron «arcos triunfales y ciertas emboscadas de cristianos y moros» (Warman 1992: 74). Para Warman, entre los conquistadores dichas fiestas cumplen diversas funciones: «se convierten en una declaración de unidad frente a un ambiente hostil; una reafirmación de la continuidad de las tradiciones originales; una reiteración del papel de los conquistadores como pueblo elegido, depositarios de una santa cruzada sucesora digna de la que realizaron sus antepasados» (p. 71).

[23] Cf. la descripción que hace fray Toribio Motolinía de esta representación (1985: 202-215).

vinculación entre el arcángel y la imagen de la conquista mostrada en las danzas y representaciones de moros y cristianos tal como dicha tradición fue adaptada al ámbito indígena a lo largo del siglo XVI: como hemos visto, San Miguel, vencedor en la lucha espiritual contra el Mal, se había convertido a su vez para los naturales en un símbolo esencial del triunfo del cristianismo sobre la idolatría, pero, además, esta sencilla puesta en escena tuvo lugar en un contexto geográfico en el que la propia realidad novohispana había aportado a la tradición de moros y cristianos un tema autóctono precisamente vinculado en su origen al culto a San Miguel, el que reflejaron las llamadas «danzas de chichimecas».[24]

3.3. Las danzas de chichimecas

El convento agustino de Ixmiquilpan, en el actual estado Hidalgo, fue fundado en 1550 bajo la advocación de San Miguel Arcángel. En sus muros, unos peculiares frescos muestran a guerreros indígenas (caballeros-tigre) enfrentándose a figuras de apariencia mitológica que, sin embargo, muestran rasgos humanos. En un intento por desentrañar el misterio de estas pinturas, investigadores como David Charles Wright o Serge Gruzinski han apuntado, entre otros aspectos, una probable conexión entre dichas imágenes y su contexto social y militar más inmediato: situada en el eje comercial entre México y Zacatecas, Ixmiquilpan se acercaba a la zona de frontera donde tanto españoles como indígenas cristianos se enfrentaban a los chichimecas, los indios nómadas del norte no sometidos todavía al poder ni a la religión del virreinato; dichos enfrentamientos podían ser considerados, pues, una nueva forma de lucha entre el Bien y el Mal que, como tal, era digna de ser reflejada en los muros de una iglesia.[25] De ser cierta esta relación, y considerando además que la iglesia fue dedicada a San Miguel, podríamos interpretar que la escena en la que se entrevé un guerrero en su lucha contra lo que parece ser un Dragón con pies humanos y calzando huaraches está mostrando en realidad la batalla entre San Miguel y Lucifer,[26] una batalla en la que San Miguel no aparece triunfante, como en la iconografía europea, porque en el nuevo contexto novohispano la batalla contra el Mal, contra el Chichimeca, todavía no estaba ganada.

Tanto el tema mismo como el carácter dinámico de las figuras que aparecen en los frescos de Ixmiquilpan recuerdan, como ha expresado el propio Gruzinski, a aquellos combates fingidos con los que se recrearon estas luchas de frontera,

---

[24] En realidad esta adaptación de la tradición de moros y cristianos al contexto inmediato había sido apuntada ya en la misma *Conquista de Jerusalén*, en la que los tlaxcaltecas se representaron a sí mismos como cruzados cristianos a las órdenes del virrey Mendoza y del propio Carlos V (cf. Aracil 1994: 37-54).

[25] Véase «Los Centauros de Ixmiquilpan», en Gruzinski 1994: 53-89. David Charles Wright (1998), por su parte, rechaza esta interpretación, que llevaría al tema cristiano de la psicomaquia, para proponer, en cambio, una idea menos ortodoxa: la de que estas pinturas representaban una guerra sagrada, imagen a su vez de la lucha cósmica entre el Sol y las fuerzas de la noche. Otra interpretación de estas pinturas que insiste en su valor sincrético aunque sin ahondar en su relación con el contexto socio-político es la de Schuessler (1994).

[26] Así lo sugiere también Schuessler 1994: 271-272.

las «danzas de chichimecas», ampliamente difundidas a fines del siglo XVI en la zona de Nueva Galicia,[27] que habían surgido como adaptación al contexto indígena de los tradicionales combates de moros y cristianos.

No me detendré ahora a analizar el posible sentido político y religioso de estas danzas, a las que ya he dedicado algún trabajo anterior (Aracil 1999: 496-501). Sí desearía, en cambio, insistir en el proceso de adaptación a ese nuevo contexto que se da respecto a la temática, ya que –como señala Gruzinski– «tal como los cristianos de España se afanaban en vencer a los combatientes del Islam, los indios cristianos de México y los invasores españoles tenían que rechazar el asalto de las poblaciones paganas (...): los Chichimecas» (Gruzinski 1994: 68), pero también en el aspecto formal, porque el desarrollo de estas danzas, que podían incluir «europeas» invocaciones a Santiago o tomas de castillos construidos al efecto, reproducía asimismo en buena medida el de aquellas otras danzas guerreras (recordemos que «chichimeca» significa «hombre de guerra») con las que en tiempos prehispánicos los indígenas recreaban sus combates con otros pueblos: los «indios desnudos y embixados como chichimecas» (Ciudad Real 1993: II, 120) o adornados «con muchas plumas en las cabezas y con adargas hechas de varillas y cubiertas con cortezas de caimanes» (Ciudad Real 1993: II, 121), que fingían entrar en combate dando gritos y alaridos, solían finalizar estos simulacros con esos mismos bailes al son de tambores y flautas que en otros tiempos habían acompañado las letras de los *yaocuícatl* o cantos de guerra.[28]

En definitiva, al igual que el culto a San Miguel, las danzas de chichimecas nacieron como una manifestación popular en la que la tradición prehispánica se reelaboró para entrar a formar parte de un universo cristiano. Pero además fue la propia devoción a San Miguel la que, si atendemos al testimonio del cronista fray Antonio Tello, jugó un papel determinante en el origen de este tipo de danzas: según el padre Tello, cuando españoles e indígenas cristianos acudieron a sofocar a los indígenas rebeldes del norte en la guerra del Mixtón (hacia 1541), tuvo lugar un «milagro», la aparición de «un hombre en un caballo blanco con una capa colorada (...) y con una espada desenvainada en la mano derecha echando fuego», sin duda identificado como el apóstol Santiago, que

---

[27] El comisario franciscano Alonso Ponce, que recorrió buena parte del territorio de la Nueva España entre 1586 y 1588, presenció «danzas de chichimecas» en lugares tan diversos de dicha zona como: Tzacapo (Michoacán), el 11 de noviembre de 1586 (Ciudad Real 1993: II, 79); Charapa (Michoacán), el 17 de noviembre de 1586 (II, 81-82); Patamba (Michoacán), el 18 de noviembre de 1586 (II, 82-83); Huanimba (Michoacán), el 26 de noviembre de 1586 (II, 85); Santiago Tecomatlán (Nayarit), el 20 de enero de 1587 (II, 114); San Pedro Tanauehpa (Nayarit), el 21 de enero de 1587 (II, 115); San Felipe Atztatlan (Nayarit), el 26 de enero de 1587 (II, 118); San Juan Omitlán y Cientípac (Nayarit), el 28 de enero de 1587 (II, 120); Acualixtempa (Jalisco), el 30 de enero de 1587 (II, 121); Tetitlán (Nayarit), el 31 de enero de 1587 (II, 123); San Pedro, Teuhtlán y Zapotitlán (Jalisco), el 17 de febrero de 1587 (II, 136-137); Matzatlán (Jalisco), el 18 de febrero de 1587 (II, 141); Tzayula (Jalisco), el 1 de marzo de 1587 (II, 149); Atoyaque (Jalisco), el 3 de marzo de 1587 (II, 150-151) y Techalutla (Jalisco), el 4 de marzo de 1587 (II, 152).

[28] Es muy significativa a este respecto la escenificación que tuvo lugar en Patamba (Michoacán) el 18 de noviembre de 1586 (Ciudad Real 1993: 82-83).

llevó a los cristianos al triunfo en la batalla.[29] Aunque, como vemos, su protagonista fue Santiago apóstol, lo cierto es que San Miguel intervino de forma decisiva en esta supuesta aparición milagrosa, ya que, según explicó también el padre Tello, antes de la misma,

> ...el bachiller Estrada les predicó un sermón *en que trató de la victoria que los ángeles tuvieron en el cielo contra Lucifer, cuyos ministros eran aquellos indios*: que se esforzasen, porque San Miguel les ayudaría y el Señor Santiago, patrón de España y de los españoles, y que de parte de Dios les aseguraba la victoria.[30]

En Nueva Galicia creyeron que aquel triunfo había sido «obra del cielo» y representaron el milagro desde entonces cada año[31] dando origen a las citadas «danzas de chichimecas», por lo que dicha expresión popular debió favorecer la devoción de los indígenas a Santiago y a San Miguel, los nuevos santos que habían venido a sustituir a sus dioses guerreros.

4. San Miguel en la tradición popular contemporánea: los festejos de San Felipe

Las danzas de chichimecas son un significativo ejemplo de la forma en que la devoción a San Miguel debió quedar definitivamente enlazada ya en el siglo XVI a la tradición popular de moros y cristianos, pero su evolución hasta nuestros días, a través de las «danzas de mecos» y, al menos desde mediados del siglo XIX, de las «danzas de concheros» que hoy hacen las delicias de los turistas en la capital mexicana, ha implicado, aun sin perder el carácter bélico-religioso, un distanciamiento cada vez mayor del modelo inicial que impide ver en ellas una pervivencia clara de aquellos primeros argumentos de evangelización.

La lucha entre San Miguel y Lucifer ha continuado, sin embargo, presente en representaciones populares religiosas con un auge y/o decadencia variables a lo largo del último siglo entre las que cabe citar las famosas pastorelas (que, a diferencia de sus homónimas españolas, suelen incluir siempre el episodio de la tentación de Lucifer a los pastores y su posterior enfrentamiento con San Miguel, que libra a éstos de la influencia del Mal) y también, por lo que atañe al tema del presente estudio, algunas derivaciones de la danza de moros y cristianos como las «danzas de Moros», que mantienen el tema original de la lucha contra el Moro en Europa, o las «danzas de la Conquista», con las que se recrean episodios fundamentales de la propia conquista de México. En dichas formas de teatralidad popular, reaparecen una y otra vez los mismos tópicos que caracterizaron la presencia de San Miguel en las escenificaciones misioneras del siglo XVI. Así, encontramos apariciones de San Miguel en el fragor de la batalla para apoyar al bando cristiano;[32] invocaciones al arcángel para que

---

[29] Véase fray Antonio Tello, *Historia de la Nueva Galicia*, en García Icazbalceta ed. 1980: 408-410.
[30] Tello 1980: 408 (la cursiva es mía).
[31] Tello 1980: 410 (la cursiva es mía).

favorezca a sus ejércitos;[33] o intervenciones que recuerdan los argumentos del ya citado Coloquio de los Doce, como la incluida en la *Danza de la Conquista* representada en Juchitlán (Jalisco) al menos hasta 1943: «Con grande fuerza te hablo, / pues la ley de Dios ignoras, / y es que ciegamente adoras / la ruina de un barro-diablo / cuyo horroroso retablo / los tiene a vez engañados. / Como dijo San Miguel, / por soberbio Lucifer / del cielo fue despachado» (Mendoza ed. 1944: 175).

En este ámbito, el combate entre moros y cristianos «a la manera de la milicia de Señor San Miguel» de San Felipe Torres Mochas puede considerarse un peculiar ejemplo de apropiación de tópicos referentes al arcángel en una puesta en escena popular, ya que, en este caso, la fingida batalla entre moros y cristianos vuelve a sus orígenes peninsulares con la presentación de un tema propio de la reconquista (como ocurre, por ejemplo, en las danzas de «los Doce Pares de Francia», recientemente estudiadas por Massip 2015) para fundirse (al igual que en la roca valenciana del siglo XIII) con el enfrentamiento bíblico entre San Miguel y Lucifer, que se convierten en *jefes* de sus respectivos *batallones*.

La festividad de San Miguel Arcángel viene celebrándose anualmente al menos desde 1867 en la comunidad rural de La Labor y desde 1888 en la cabecera de San Felipe (Salinas Ramos 2009: 36-41). Siguiendo lo que es ya un lugar común, los investigadores remontan los orígenes de las representaciones que forman parte de la misma al siglo XVI, que es cuando se instituye el culto a San Miguel en la zona como parte de la tarea evangelizadora y cuando, como hemos visto, se inicia asimismo la tradición de «moros y cristianos» en esta y otras regiones de la Nueva España.[34] Lo cierto, sin embargo, es que, como toda fiesta tradicional, la de San Felipe no escapa a procesos de apropiación y transformación que hacen muy difícil determinar tanto el verdadero origen de estos festejos como las fases de dicha transformación, y que, en los diálogos manejados en las últimas décadas, su combate entre moros y cristianos manifiesta algunos rasgos fijados en el siglo XIX (etapa en la que las comunidades rurales recuperan o instituyen en México sus fiestas tradicionales como seña de identidad).[35] Por lo que respecta en concreto a las fiestas patronales de la

[32] Como la que tiene lugar en la danza de Moros de Tochimilzingo (Puebla) registrada por Gabriela Espinosa en los 90: «Soy San Miguel de la ciencia, enviado por mi Señor, aquí me tienes cristiano, yo te presto mi valor, a tu amparo va Miguel» (*Moros y cristianos*. Transcripción hecha por Gabriela Espinosa de los Monteros, México, Instituto Nacional para la Educación de Adultos, s.f., p. 12).

[33] Un ejemplo es la que realiza Hernán Cortés en la Danza de la Gran Conquista que al menos hasta 1952 se representaba en Jicotepec (ahora Villa Juárez, Puebla), en la que se recuerda lo que hizo San Miguel «allá en el cielo cuando arrojó en la batalla a Lucifer y a todos los espíritus demoníacos» (Byron McAfee, ed., (1952), «Danza de la Gran Conquista», *Tlalocan*, III:3, p. 246). En su transcripción de esta obra, McAfee explica que originalmente se representaba en náhuatl, a partir del texto que recoge y transcribe al inglés en su artículo, pero que pasó a ser representada en castellano hacia 1894 (pp. 246-273).

[34] Véase Salinas Ramos 2009: 33-36, donde se rebate la teoría de Jesús Ibarra sobre la posible introducción de esta variante de la danza de moros y cristianos en la zona por parte de los agustinos y se atribuye a los franciscanos.

cabecera de San Felipe,[36] éstas abarcan varios días y comprenden tres elementos básicos: la peregrinación, las procesiones y el combate entre «moros y cristianos» propiamente dicho.

La peregrinación parte de diversos lugares (algunos de ellos bastante alejados de los límites del estado de Guanajuato)[37] e incluye unos curiosos diálogos o encuentros entre los batallones de San Miguel realizados, según explica Salinas Ramos, «con el fin de que el batallón que recibe la visita identifique a los demás grupos como compañeros suyos y miembros de la Milicia de San Miguel» (Salinas Ramos 2009: 79). El diálogo transcrito por Salinas Ramos (2009: 84-85) muestra una serie de preguntas y respuestas a través de octosílabos más o menos deformados en los que se ha intentado mantener la rima de los versos pares. Los generales de los batallones «cruzan sus banderas» y proponen «caminar formados de dos en dos» al grito de «viva señor San Miguel / que dijo 'Quién como Dios'» en un encuentro en el que se ratifica la identidad religiosa de los peregrinos como devotos del arcángel al tiempo que se insiste en el «simulacro bélico» que caracteriza todo el festejo.[38]

Estas mismas milicias serán las encargadas de interpretar las marchas militares que forman parte de la procesión, en la que los porteadores de los «sanmi-

[35] Sobre estos procesos de adaptación y transformación de diversas formas tradicionales de teatralidad en el territorio mexicano, puede consultarse Beatriz Aracil, «Reflexiones para una historia de la teatralidad religiosa popular en México», en Aracil y Ruiz (coord.) 2006: 5-17.

[36] Sobre estas fiestas objeto del presente estudio he podido consultar dos documentos básicos: la transcripción parcial realizada por María Guevara y María de la Cruz Labarthe Ríos de la grabación sobre los «Encuentros de batallones de las milicias del Señor San Miguel» que hizo en 1992 Ysidro García, participante en la Cabalgata (amablemente cedida por sus autoras), y el citado estudio monográfico de Miguel Santos Salinas Ramos de 2009, en el que se aporta información de primera mano sobre el desarrollo de la fiesta y se transcriben a su vez los diálogos incluidos en la misma entre 2006 y 2008 (Salinas creó además ese mismo año un blog, http://fiestadesanmiguelensanfelipe.blogspot.com.es/, con algunos datos sobre «la peregrinación y fiesta de San Miguel en San Felipe Torres Mochas»). Ambos documentos pueden completarse con algunos vídeos colgados en la web por la Casa de Cultura del municipio de San Felipe (cuyo director es actualmente D. Rigoberto Servín Hernández) y otras instituciones y particulares. En este sentido, son de especial interés el vídeo sobre la entrada de san Miguelitos en 2011 (en el que pueden observarse las danzas de concheros y las entradas de las milicias), en https://www.youtube.com/watch?v=JbwmMhMikD0, y las corridas entre moros y cristianos de 2008 incluidas en: https://www.youtube.com/watch?v=SsSFC81qkNk, https://www.youtube.com/watch?v=pPxJEJ6aa8Y y https://www.youtube.com/watch?v=vXYlhdSV5xM, a propósito de las cuales se explica: «La fiesta regional de San Felipe Gto, es la corrida de San Miguel, cuyo argumento es la heroica reconquista española, los personajes principales de la milicia de San Miguel son: el rey, la reyna, y el gran turco de un bando, del otro los ejércitos cristianos».

[37] Sobre los lugares de procedencia de los peregrinos y algunas rutas pueden consultarse los mapas de Salinas Ramos 2009: 120-121.

[38] De hecho, observados desde una perspectiva histórica, los versos finales («Ya vamos a caminar / que las bandas toquen dianas / que viva Cristo Rey / y María Guadalupana») podrían evocar el carácter militar de algunos momentos del cristianismo en México como la propia guerra de Independencia (iniciada con el grito de Dolores en el que se invocaba a la Virgen de Guadalupe) o la guerra cristera (1926-1929), cuyo lema fue precisamente «viva Cristo Rey».

guelitos» marchan seguidos de dichas milicias y precedidos normalmente por danzantes (concheros) que pueden ir acompañados de diablos.

Las milicias intervienen a su vez como «cristianos» en el combate contra los «moros» (encarnados por los «jugadores») que, al igual que en las fiestas de «moros y cristianos» de la península, dura varios días (en este caso, del 28 de septiembre al 1 de octubre).[39] El motivo del enfrentamiento es uno de los tópicos de este tipo de representaciones que todavía perdura asimismo en el ámbito peninsular: el robo y rescate de una imagen (evidentemente, la de San Miguel),[40] e incluye dos coreografías sencillas: las llamadas «corridas», previas a los enfrentamientos, en las que «las personas recorren ciertas líneas trazadas en el campo para formar figuras» (Salinas Ramos 2009: 95-96) (una cruz, círculos, elipses o la flor de cempasúchil),[41] y la danza con la que se desarrolla la lucha entre cristianos y moros en la que estos últimos, a caballo,

> ...forman un círculo que es rodeado por otro más grande, formado por los representantes de la cristiandad. Unos caminan en una dirección del círculo y los otros hacia el lado opuesto, de tal forma que, al encontrarse, se entabla un diálogo entre el moro y un representante de la Milicia.[42]

En la transcripción parcial que he consultado del combate que tuvo lugar en 1992, se observa de forma muy clara tanto el origen medieval del argumento (en especial a través de la referencia a las reliquias de Tierra Santa defendidas por los batallones cristianos) (García 1993: 27) como la identificación entre el enfrentamiento de cristianos y moros y la batalla bíblica de San Miguel contra Lucifer:

> - Que no se escape ningún soldado de Miguel, que sienta nuestros estragos, a pelear vasallos míos y si acaso es necesario ¡guerra contra el cielo mismo que es nuestro mayor adversario!
> - Batallón ¡Quién como Dios! ¡Viva Señor San Miguel! (García 1993: 26)

En la versión recogida por Salinas Ramos del combate de 2006, en cambio, aunque los «cristianos» aluden a la lucha de San Miguel contra el Demonio, solo comparan sus batallones con los del arcángel («Capitanes y sargentos, no nos dejemos vencer, luchemos como luchó San Miguel para vencer a Luzbel» (Salinas Ramos 2009: 109), de manera que podemos observar una distinción entre el enfrentamiento «humano», que finaliza con la prisión y muerte del Moro y los suyos, y el «divino», que es el que cierra realmente el festejo:

[39] Sobre el desarrollo de la fiesta y la incorporación a ésta de los distintos momentos del combate, véase Salinas Ramos 2009: 91-96.

[40] Tal vez el ejemplo más conocido de este tópico en España sean los festejos de «moros y cristianos» que se celebran en honor a la Virgen de la Cabeza en la comarca de Baza, sobre los que todavía resulta de utilidad el trabajo clásico de Muñoz Renedo 1972, pero se pueden consultar también estudios más actuales como el de Rodríguez Martínez 2012.

[41] Sobre los trazos y su significado, véase Salinas Ramos 2009: 103-104.

[42] Salinas Ramos 2009: 96. Cf. descripción de Salinas, con una versión de estos diálogos, en pp. 106-109.

...después de que los moros son ejecutados, se realiza un combate simulado entre un niño vestido como san Miguel y una persona disfrazada del Diablo. Así, san Miguel aparece simbólicamente para concluir el combate. Su intervención y victoria dan fin a la fiesta.(Salinas Ramos 2009: 112)

Resulta significativo, además, que en esta versión el moro y los suyos mueran fusilados,[43] no tanto por lo anacrónico de la ejecución como por la ejecución misma, que no solo se aleja del final de conversión (y habitualmente bautismo) que suele caracterizar este tipo de festejos en México desde el siglo XVI (propio del carácter moralizante con el que fueron implantados por los misioneros) sino que parece discordar con la última intervención de los moros en el diálogo previo, en el que, cuando los cristianos les piden que dejen caer las armas, responden: «Pues ya las dejaremos caer, con nuestro corazón contrito, el que nos ha de ayudar, es san Miguelito» (Salinas Ramos 2009: 109). No debe sorprendernos, sin embargo, esta aparente incongruencia: el fusilamiento de los moros, al igual que su vestimenta, «más relacionada con la imagen del charro o el chinaco» (Salinas Ramos 2009: 110), pueden entenderse como fruto de un proceso de «degeneración» o «desgaste»[44] propio de este tipo de festejos, al igual que el hecho de referirse en el diálogo a San Miguel como «de Jericó una rosa»[45] (calificativo propio de la Virgen) responde a fenómenos de contaminación inherentes asimismo a la pervivencia de una tradición a lo largo del tiempo.

4. Falso epílogo

Las continuas modificaciones o interpolaciones que cada comunidad va realizando respecto a sus textos originales son un rasgo habitual en las representaciones de moros y cristianos (como en cualquier manifestación de tradición popular) ya destacado, entre otros, por Warman[46] o Beutler, quien ha llamado la atención precisamente sobre el «largo camino» que existe desde las representaciones del período colonial «hasta los textos actuales, tan enmarañados, con sus abigarradas alusiones históricas, la mezcla anacronística de personajes, sus diferentes estratos lingüísticos y sus elementos catequizantes» (Beutler 1986: 224).

Intentar trazar al menos algunos de los pasos de ese largo camino resulta fundamental para configurar un panorama de la teatralidad religiosa popular en México. A pesar de la deficiente documentación conservada, ello implica a su vez tanto ubicar los orígenes como vincular los momentos clave de transformación de dichas representaciones con los sucesivos contextos históricos en los que se han desarrollado (pienso sobre todo en períodos significativos de la historia mexicana como la Independencia, la Revolución o la Guerra Cristera). Mi propósito en el presente trabajo ha sido contribuir a esa línea de investiga-

---

[43] Véase Salinas Ramos 2009: 111 e imagen p. 134.
[44] Tomo estos conceptos de García Ortega 1982.
[45] Diálogo del combate, en Salinas Ramos 2009: 109.
[46] Véase en especial Warman 1972: 143-144.

ción a través del análisis concreto de una devoción, la de San Miguel, y su arraigo a través de la tradición de moros y cristianos, que espero haya servido para entender algunos de los procesos de evolución de la teatralidad popular como manifestación de la identidad religiosa en México hasta nuestros días.

Bibliografía

ALBERRO, Solange (1992). *Del gachupín al criollo. O de cómo los españoles dejaron de serlo*, México, El Colegio de México.

ARACIL, Beatriz (1994). «Teatro e ideología en el siglo XVI novohispano: *La conquista de Jerusalén*», en Daniel Meyran y Alejandro Ortiz, eds., *El teatro mexicano visto desde Europa*, Perpignan, Presses Universitaires de Perpignan, pp. 37-54.

ARACIL, Beatriz (1999). *El teatro evangelizador. Sociedad, cultura e ideología en la Nueva España del siglo XVI*, Roma, Bulzoni.

ARACIL, Beatriz (2004). «El *Juicio Final* como paradigma del teatro evangelizador novohispano», en Jesús G. Maestro (ed.), *Teatro colonial y América Latina*. Monográfico de *Theatralia* 6, pp. 181-201.

ARACIL, Beatriz y RUIZ, Mónica (coord.), *Fiesta religiosa y teatralidad popular en México*, monográfico de *América sin nombre*, 8 (octubre de 2006), pp. 5-17.

BÁEZ MACÍAS, Eduardo (1979). *El arcángel San Miguel*, México, UNAM.

BEUTLER, Gisela (1986). «Algunas observaciones sobre los textos de 'Moros y Cristianos' en México y Centroamérica», en A. David Kossoff et al. (eds.), *Actas del VIII Congreso de la Asociación Internacional de Hispanistas*, Madrid, Istmo, pp. 221-233.

Cinco cartas del Illmo. y Exmo. Señor D. Pedro Moya de Contreras (...). Precedidas de la Historia de su vida, Madrid, Porrúa, 1962.

CIUDAD REAL, fray Antonio de (O.F.M.) (1993). *Tratado curioso y docto de las grandezas de la Nueva España. Relación breve y verdadera de algunas cosas de las muchas que sucedieron al Padre fray Alonso Ponce en las provincias de la Nueva España siendo comisario general de aquellas partes*, ed. de Josefina Quintana y Víctor M. Castillo Ferreras, México, UNAM, 2 vols.

COTARELO Y MORI, Emilio (1911). *Colección de entremeses: loas, bailes, jácaras y mojigangas desde fines del siglo XVI a mediados del XVIII*, Madrid, Bailly-Bailliére.

D'AUBETERRE BUZNEGO, María Eugenia (2005). «San Miguel Arcángel, un santo andariego. Trabajo ceremonial en una comunidad de transmigrantes del estado de Puebla», *Relaciones: Estudios de historia y sociedad*, 26:103, pp. 19-50.

DAVIDSON, Clifford et al (eds.) (1982). *The drama in the Middle Ages; comparative and critical essays*, New York, AMS Press.

DÍEZ DE SOLLANO, Carlos (1927). «Las fiestas de San Miguel», *Revista Mexicana de Estudios Históricos*, I:5 (septiembre-octubre), pp. 213-227.

DURÁN, Juan Guillermo (1984). *Monumenta Catechetica Hispanoamericana*, Buenos Aires, Facultad de Teología de la UCA.

EIXIMENIS, FRANCESC (1983). *De Sant Miquel Arcàngel*, ed. de Curt J. Wittlin, Barcelona, Curial Edicions.

FERRER, Teresa (1991). *La práctica escénica cortesana: de la época del Emperador a la de Felipe III*, Londres/Valencia, Tamesis Books Limited/Institució Valenciana d'Estudis i Investigació.

FERRER, Teresa (1993). *Nobleza y espectáculo teatral (1535-1622)*, UNED, Universidad de Sevilla y Universidad de Valencia.

GARCÍA ICAZBALCETA, Joaquín (ed.) (1980), *Colección de documentos para la historia de México*, México, Porrúa.

GARCÍA ORTEGA, Adolfo (1982). «Cinco tesis sobre el folclore», *Revista de Folklore*, 2:16, pp. 124-128.

GARCÍA, Ysidro (1993). «Encuentros de batallones de las milicias del Señor San Miguel» (1992). Transcripción realizada por María Guevara y María de la Cruz Labarthe Ríos, León, Guanajuato [cedida amablemente por las transcriptoras].

GRUZINSKI, Serge (1994). *El águila y la sibila*, Barcelona, Moleiro.

HORCASITAS, Fernando (1974). *El teatro náhuatl. Épocas novohispana y moderna*, México, UNAM.

HORCASITAS, Fernando (2004). *Teatro náhuatl II. Selección y estudio crítico de los materiales de Fernando Horcasitas*, María Sten y Germán Viveros (coords.), México, UNAM.

LEÓN-PORTILLA, Miguel (1993). *La filosofía náhuatl*, México, UNAM.

LOCKHART, James (1999). *Los nahuas después de la conquista*, México, FCE.

MASSIP, Francesc, (2010), *A cos de rei. Festa cívica i espectacle del poder reial a la Corona d'Aragó*, Valls, Cossetània Edicions.

MASSIP, Francesc (2015). «Los Doce Pares de Francia en el México de hoy: vasos comunicantes con la teatralidad popular europea», en Beatriz ARACIL; José Luis FERRIS; Mónica RUIZ (eds.), *América Latina y Europa. Espacios compartidos en el teatro contemporáneo*, Madrid, Visor, pp. 19-53.

MCAFEE, Byron (ed.) (1952), «Danza de la Gran Conquista», *Tlalocan*, III:3, pp. 246-273.

MENDOZA, Vicente T. (ed.) (1944), «La Danza de la Conquista», *Anuario de la Sociedad Folklórica de México*, IV, p. 175.

Moros y cristianos. Transcripción hecha por Gabriela Espinosa de los Monteros, México, Instituto Nacional para la Educación de Adultos, s.f.

MOTOLINÍA, fray Toribio de Benavente (O.F.M.) (1985). *Historia de los indios de Nueva España*, ed. de George Baudot, Madrid, Castalia.

MUÑOZ RENEDO, Carmen (1972). *La representación de «Moros y Cristianos» de Zújar*, Madrid, CSIC.

«Proceso inquisitorial de 1545 contra Tomás Tunatl, indio de Izúcar». A.G.N. Inquisición. Tomo 42, expediente 20.

QUIRARTE SANTACRUZ, Luis (ed.) (1992). *Teatro y espectáculo en la Edad Media*, Instituto de Cultura Juan Gil-Albert, Diputación de Alicante y Ajuntament d'Elx.

RIVERA KRAKOWSKA, Octavio; ESTRADA, David Aarón (2013). «Títeres en Nueva España en el siglo XVI», en José Ramón Alcántara, Adriana Ontiveros y Dann Cazés G. (eds.), *Dramaturgia y teatralidad en el Siglo de Oro I: la presencia jesuita*, México, Universidad Iberoamericana, pp. 187-233.

RODRÍGUEZ MARTÍNEZ, Alberto (2012), «La devoción a la Virgen de la Cabeza en la comarca de Baza: Benamaurel, Zújar y Cúllar», en *Advocaciones Marianas de Gloria*, San Lorenzo del Escorial, pp. 159-174.

SAHAGÚN, fray Bernardino de (O.F.M.) (1986). *Coloquios y Doctrina cristiana...* ed. de Miguel León-Portilla, México, UNAM.

SAHAGÚN, fray Bernardino de (O.F.M.) (1988), *Historia general de las cosas de Nueva España*, ed. de Alfredo López Austin y Josefina García Quintana, Madrid, Alianza.

SAHAGÚN, fray Bernardino de (O.F.M.) (1999). *Psalmodia christiana*, ed. de José Luis Suárez Roca, Diputación Provincial de León.

SALINAS RAMOS, Miguel Santos (2009). *Entre la historia y la tradición. La fiesta de san Miguel Arcángel en San Felipe, Gto.*, Guanajuato, Ediciones La Rana-Forum Cultural Guanajuato.

SÁNCHEZ ARJONA, José (1990). *El teatro en Sevilla en los siglos XVI y XVII*, Sevilla, Centro Andaluz de Teatro.

SCHUESSLER, Michael (1994), «Iconografía y evangelización: observaciones sobre la pintura mural en la Nueva España», en José Pascual Buxó y Arnulfo Herrera (eds.), *La literatura novohispana. Revisión crítica y propuestas metodológicas*, México, UNAM, pp. 255-276.

SENTAURENS, Jean (1984). *Séville et le théâtre: de la fin du Mogen Age à la fin du XVIIe siècle*, Presses Universitaires de Bordeaux.

TELLO, fray Antonio (1980), *Historia de la Nueva Galicia*, en GARCÍA ICAZBALCETA ed. 1980: 408-410.

TORQUEMADA, fray Juan de (O.F.M.) (1979). *Monarquía Indiana*, ed. de Miguel León-Portilla, México, UNAM.

TYDEMAN, William (1978). *The theatre in the Middle Ages*, Cambridge University Press.

VÁZQUEZ SANTA ANA, Higinio (1940-1953). *Fiestas y costumbres mexicanas*, México, Juan Pablos.

VERY, Francis George (1962). *The Spanish Corpus Christi Procession: a literaty and folkloric study*, Valencia, Castalia.

WARMAN, Arturo (1972). *La danza de moros y cristianos*, México, SEP-Setentas.

WRIGHT CARR, David Charles (1998). «Sangre para el Sol: las pinturas murales del siglo XVI en la parrquia de Ixmiquilpan, Hidalgo», *Memorias de la Academia Mexicana de la Historia*, 41, pp. 73-103.

Ramon Fontova Carles

El ball de Moros i Cristians de Lleida

El coneixement sobre la presència d'un ball de Moros i Cristians a la ciutat de Lleida no és una notícia absolutament nova. Des de fa ja algunes dècades, diversos autors havien donat compte d'aquesta representació festiva. Joan Amades ja l'havia exposat l'any 1952 al seu *Costumari català* (1982: 596-599) i també el cità a la seva obra *Las Danzas de moros y cristianos* (1966). Tot i que en realitat Amades no fou el primer autor en parlar-ne en una publicació analítica, sinó que el primer va ser Fernando Tarragó Pleyán, en dos articles publicats a la revista *Ilerda* (1944: 441-446 i 1948: 127-153). Tot i això, la descripció d'Amades, que deixem-ho ja clar d'entrada, en poc coincideix amb la majoria d'informacions que jo he pogut localitzar, és la que s'ha anat reproduint posteriorment en diverses publicacions i monografies locals, com les de Xavier Massot Martí (1986) o Jordi Curcó Pueyo (1989) entre d'altres. Amb una honrosa excepció, la de Josep i Francesc Rabasa a la seva *Història del teatre a Lleida* (1985).

Fets aquests preàmbuls i ja entrant en matèria, podem afirmar que, des del punt de vista històric, i amb les dades concloents de què avui disposem, a Lleida es representà, almenys des de 1802 i per darrer cop l'any 1945, un ball parlat anomenat *Ball de Moros i Cristians*. Les dades de què disposem no ens permeten afirmar que la continuïtat del ball durant aquest període de prop de cent cinquanta anys fos assídua, més aviat el contrari, només disposem de dades precises sobre la seva actuació els anys 1802, 1899, 1906 i 1945. La primera en motiu de la visita a Lleida de Carles IV, mentre que les altres tres en ocasió de la festa major de Sant Anastasi. A més, hi ha algunes noticies confuses que ens parlarien de la representació d'aquest ball els anys 1840 i/o 1860, coincidint amb sengles visites d'Isabel II a Lleida, alguna altra de principis de segle XX i una concreta de l'any 1933, en què un regidor demanà al ple de l'Ajuntament que, en vistes a la propera festa major de Sant Anastasi, es recuperés el que en les actes s'anomena «rondalla de moros i cristians», tot i que, per les notícies que tenim de la festa major d'aquell any, la petició del regidor no reeixí. També hi ha notícies que poden fer suposar o conduir a la interpretació que aquest ball ja es representava a la ciutat a finals del segle XVIII (Fontova 2012: 221-226).

1. La representació

Les informacions que tenim del ball ens parlen d'una representació en què s'escenificava la lluita entre els dos bàndols. Una crònica de 1802 ens diu que es tractava d'una «danza militar (...) que recordaba las proezas de nuestros mayores, y su heroico valor, arrojando los Moros de España» (Sanmartí 1802).

Una gasetilla de premsa de 1906 la descriu com «la [comparsa] de moros y cristianos, que es una de las más típicas y antiguas y acaso constituye un resto olvidado de algún Auto por estilo de los sacramentales», i ja ens introdueix clarament la presència de parlaments (*Diario de Lérida*, 13/5/1906).

Aquest aspecte tant important del ball, ja que és el que ens permet classificar-lo com a ball parlat, queda totalment aclarit a partir de les entrevistes que vam poder realitzar a tres antics balladors, que participaren en la representació de 1945: Modesto Guinau Ballesté, Fermí Jové Fumanal i Antoni Curcó Selisi. Tots tres expliquen que deien uns *versos* o *versets* (què és la manera com ells anomenaven als parlaments) i que cada personatge reptava els contrincants, valent-se d'aquests versos. No tots recordaven amb exactitud els seus parlaments, però tots tres expliquen clarament i amb precisió el seu ús dins de la representació i el moment concret en el qual els deien.

Un poema de Ferran Colàs Mateo, publicat el mateix any 1945, en el qual s'evoca el Pregó de la festa major de Lleida, dedica una estrofa al ball de Moros i Cristians, amb la qual també ens dóna compte de l'ús de parlaments en la representació:

> Una estranya comitiva
> són els moros i cristians
> *nau de versos en deriva*
> color de sol a les mans
> un pagès fa de dimoni
> l'angelet és un cadell
> porta el penó un bon Saldoni
> ningú tan content com ell.

Els testimonis d'aquests tres balladors de l'any 1945, conjuntament amb algunes fotografies conservades,[1] són la font més valuosa que ens permet reconstruir, ni que sigui parcialment o de manera aproximada, com era el *Ball de Moros i Cristians* de Lleida. Altres fonts documentals més antigues també ens

---

[1] Tant els enregistraments d'aquestes entrevistes com còpies de les fotografies esmentades, estan dipositats a l'Arxiu de Patrimoni Etnològic de Catalunya pertanyent a la Direcció General de Cultura Popular de la Generalitat de Catalunya.

aporten informacions, però cap de tan rica i completa com aquesta. A partir d'ara seguirem, doncs, aquests testimonis de 1945. Valgui a dir, però, que podem plantejar la hipòtesi, versemblant, que la representació de 1945 entronca perfectament amb les de 1899 i 1906, a través de la figura de l'impulsor de l'actuació de 1945, Tomàs Polo, persona estretament vinculada a la recuperació de balls lleidatans a la dècada dels anys 1940. Per exemple sabem que també fou l'impulsor de l'actuació del *Ball de Negres* l'any 1946 (*Tarea*, 1/5/1946, p. 24), ja que per edat ben bé hauria pogut ser un dels balladors dels anys 1899 o 1906 (segons la revista *Tarea*, Tomàs Polo tenia 78 anys el 1946, així doncs, el 1899, deuria tenir 31 anys). Segons els testimonis de 1945, Tomàs Polo sabia tots els versos de memòria i tota la forma de desenvolupar la representació. Ell fou el *director* del ball l'any 1945.

2. Personatges

Pels testimonis de 1945 sabem que hi havia els següents personatges: els *reis*, un per cada bàndol, al qual també anomenaven *jefe* o *cap* (els informants parlen tant de *rei* com de *jefe* o *cap*); els *ambaixadors*, també un per cada bàndol; els *soldats* moros o cristians; i l'àngel i el *dimoni*. En total hi intervenien uns set o vuit balladors per bàndol, més l'àngel i el *dimoni*.

Cal dir que alguns d'aquests personatges també apareixen en altres documents i testimonis referents al ball. Així, un dels pagaments als balladors de l'any 1802, s'efectuà en concret al qui féu de *Rey*, sense especificar el bàndol (Fontova 2012: 226). El poema de Ferran Colàs que hem vist anteriorment, també ens dóna compte dels personatges del *dimoni* i l'àngel.

Cadascun dels *soldats* tenia un nom concret. Per exemple Modesto Guinau representà el personatge del *moro Boleix*. Fermí Jové representà l'*ambaixador* cristià i Antoni Curcó, l'àngel. L'*ambaixador* tenia una certa jerarquia, entre el *rei* i els *soldats*. Així ho assenyalava el senyor Jové, i també ho insinuà el senyor Guinau. De fet, l'*ambaixador* moro vestia de forma diferent a la resta de *soldats*, i portava turbant, igual que el *rei*.

Tots aquests personatges recitaven versos, excepte el *dimoni*. La seva funció era la «d'*emmaranyar* i empudegar», segons paraules de Modesto Guinau. Antoni Curcó, que feia d'àngel, recordava molt bé com ell era un dels blancs preferits de les entremaliadures del *dimoni*, ja que fins i tot li féu mal a un dit del peu amb la forca que portava. El mateix Curcó ens explicà que «només m'empaitava a mi, provocant-me, *pues* perquè ell era el dimoni i jo era l'àngel». El *dimoni* es posava entremig del públic, no tenia una ubicació fixa en la formació, deambulava per l'espai, intentava fer equivocar o distraure els balladors, etc. Al mateix temps, segons el testimoni d'Antoni Curcó, el *dimoni* tenia una clara funció de personatge antagonista, contraposat a l'àngel.

3. Parlaments

Els informants en recorden alguns fragments, però molt breus. El qui recordava més versos del seu parlament era Antoni Curcó, l'àngel:

> Toma este pendón cristiano.
> Ama a Dios de corazón
> Que tú saldrás victorioso
> Contra el turco traidor.
>
> Del cielo me han enviado
> A decirte una nueva
> Si te quitan de rey
> Uno mejor te espera.

El vers de l'àngel ens permet introduir dos aspectes de la representació. El primer i més evident és el de l'idioma. El segon seria el caràcter adoctrinador, catequètic, que introduïa aquest moment culminant de la representació: el triomf de la religió vertadera, la cristiana, sobre les falses, com la islàmica. El simbolisme de l'àngel entregant el penó al *rei* cristià, abans de la victòria cristiana, és ja revelador per sí sol. L'antagonisme amb el *dimoni* també forma part d'aquest aparell simbòlic de la representació.

Ens centrem ara en el primer aspecte, l'idiomàtic. Tant els senyors Guinau com Curcó afirmaven categòricament que la llengua dels versos era el castellà. Els seus parlaments, i el que en recordaven, eren en aquesta llengua. En canvi, el senyor Jové, que féu d'*ambaixador*, recordava fragmentàriament dos versos en català, i afirmava que aquesta era la llengua que ell emprava en la representació. A què pot ser deguda aquesta aparent contradicció? Una resposta hipotètica rau en la funció diferent que tenien els parlaments de cadascú. Així, l'*ambaixador*, recordava que els seus versos tenien un caire més aviat crítico-satíric, lligats a situacions del moment, a la vida quotidiana de l'època. Fermí Jové ens digué que «més aviat eren uns versos de broma, com se podrien fer ara, que sé jo..., contra l'Ajuntament, perquè hi ha un forat al carrer, una cosa per l'estil». Els fragments de vers que recordava són:

> (...) avui dia...
> Qui pot menjar pollastre
> Si no és un sastre!
> (...)
> Que les culpes d'aquest món
> Qui les té, no sé qui són.

Mentre que tant el senyor Guinau (*soldat* moro) com el senyor Curcó (àngel) representaven papers més inserits dintre de l'argument estricte de la lluita entre ambdós bàndols i la seva resolució.

Tenint en compte aquests trets argumentals diferenciats dels personatges i posant-los en relació amb la llengua usada per cadascú, podem plantejar la hipòtesi de que no hi hauria tal contradicció entre els testimonis, sinó que podria donar-se el fet que determinats parlaments, els seriosos, els que donaven cos a l'argument central o principal de la representació (els dels *reis*, *soldats* o *àngel*), fossin en castellà, mentre que els parlaments més susceptibles de ser actualitzats segons la realitat o les situacions socials que es donaven en cada moment, adaptant-los a la seva funció crítico-satírica, s'efectuessin en català (aquesta seria la funció dels *ambaixadors*).

Aquesta dualitat o diversitat de llengües en els balls parlats, associada a diferents funcions interpretatives o argumentals, la trobem també en altres balls. Per citar algun exemple, trobem que a la versió del *Ball del Fill Pròdig* estudiada per Rosa M. Angulo (1992) el protagonista introduïa uns parlaments paròdics, en forma de monòleg, en els quals expressava la seva queixa del món, i en aquest cas, aquesta paròdia monologada, era en llengua castellana, mentre que l'argument central del ball es desenvolupava en català.

Pel que fa a la temàtica dels parlaments, els informants ens manifestaren que consistien en reptar-se mútuament, donant-se bravura per enfrontar-se en la lluita, sense fer esment a cap episodi concret, històric o llegendari, ja sigui local, nacional o forà, com podrien ser, per exemple, la reconquesta de la ciutat en temps medievals, les guerres hispano-marroquines del segle XIX, la batalla de Lepant, la presa de la ciutat de Buda, etc.

4. Desenvolupament de la representació

Les representacions s'efectuaven al carrer. Seguien un itinerari i cada cinquanta o cent metres s'aturaven i feien *l'obra*, com l'anomenen els informants.

Els balladors es disposaven en dues fileres encarades, una per bàndol. Al cap de cada fila hi havia el respectiu *rei* i entremig dels dos reis l'àngel. El *dimoni* no adoptava cap disposició fixa i deambulava per l'espai d'actuació. En aquesta disposició s'iniciaven els parlaments. A partir d'aquí, els informants ens ofereixen versions diferents de com es desenvolupava l'acció dramàtica.

Segons Modesto Guinau i Fermí Jové, cada cristià o moro (no sabem qui començava) reptava a la lluita a qui tenia situat enfront, sense cap altre moviment, ni desplaçament. En canvi, Antoni Curcó recorda que cada personatge, abans de dir el seu parlament, feia una passada en cadena per la seva fila, al ritme de la música, fins a situar-se davant del seu *rei*, lloc on deia el vers. El *rei* li responia i, llavors, el *soldat* se'n tornava al seu lloc fent la mateixa cadena al ritme de la música. Fermí Jové també recordava algun moviment semblant, però sense precisar tant com el senyor Curcó. El senyor Jové ens digué que feien «una espècie d'entrecreuar-nos, una espècie com fan els armats, per dir-ho d'alguna manera! (...) una cosa per l'estil».

En algun moment de la representació intervenia l'àngel, que lliurava un penó al *rei* cristià, tot recitant el seu parlament. Finalment també es representava la batalla (la *pelea* o la *lucha* com l'anomenaven).

Aquesta batalla la recordaven tots tres testimonis, tot i que no coincidien en afirmar si era o no perfectament coreografiada. Tampoc coincidien en el moment en què s'efectuava. Segons Antoni Curcó, la *lucha* tenia enlloc enmig dels parlaments, de manera que, un cop acabada, hi tornava ha haver versos. Fermí Jové ho explicava de forma similar. No ho recorda així Modesto Guinau, que ens digué que la batalla era l'acte final de la representació. La batalla consistia en enfrontar espases. *Pim-pam* o *clic-clic* eren onomatopeies que utilitzaven els informants per il·lustrar aquesta confrontació i xoc d'espases. A banda de les espases, els personatges també duien uns petits escuts de fusta, en forma de mitja lluna els moros i en forma de cor els cristians. Una de les fotografies que hem pogut recollir del ball ens mostra que, a més de la lluita amb espases, també es deurien efectuar uns picaments amb aquests petits escuts. Aquest aspecte ens fa pensar que hi deuria haver algun tipus de coreografia per tal de representar la batalla, hipòtesi que també vindria reforçada per la presència d'acompanyament musical. Efectivament, Fermí Jové afirmava que la batalla era coreografiada: «Al moment que simulàvem la batalla [...] feies una espècie de ball, com si diguéssim, passant i traspassant com fan los bastoners, una cosa per l'estil. [...] ja era un ball que havíem assajat, mos crusàvem..., en fin, totes aquestes coses». Antoni Curcó, tot i no afirmar-ho rotundament, sí que ho insinuà, tot relacionant la presència de músics amb la batalla. Al final de la batalla els moros s'agenollaven en senyal d'haver sucumbit, i els cristians els apuntaven amb les espases, en senyal de victòria.

Els informants tampoc es posen d'acord sobre el fet de si les representacions del ball eren sempre senceres (amb tots els parlament de tots els personatges) o bé es podien representar fragments. En el que sí que coincidien era que sempre s'acabava qualsevol representació amb la victòria cristiana.

Després de cada representació els balladors es desplaçaven fins al lloc on fer-ne una altra. Tampoc es posen d'acord sobre com feien aquests desplaçaments. Mentre els senyors Guinau i Jové deien que els feien mantenint la formació de dues fileres i desfilant al pas, el senyor Curcó afirma que la formació es desfeia i tothom anava com volia. Tot i això, Antoni Curcó sí que afirmava que els músics tocaven durant els desplaçaments entre parada i parada.

Finalment, pel que fa a les situacions i llocs en què el ball actuava, els informants ens diuen que es desplaçaven per tot Lleida. També exposen que actuaren diversos dies, matí i tarda, excepte el senyor Jové, que només recordava haver sortit un dia. A més a més, el senyor Curcó ens digué que anaven a actuar davant de casa de l'alcalde, del governador i de les principals *personalitats* de la ciutat. Els testimonis documentals de 1899 i de 1906 ens informen que el ball també participava al seguici del Pregó de la Festa Major i a la processó de St. Anastasi. Tot i que els informants de 1945 no ho recordaven, la premsa de l'època manifesta que el ball també actuà almenys al seguici del Pregó (Fontova 2012).

5. *Música*

És l'últim aspecte que tractarem de la representació. No tots els informants de 1945 recordaven la presència de música. Només la recordava el senyor Curcó. Amb tot, les fotos recollides són concloents al respecte, ja que en algunes d'elles hi observem diversos músics, tocant diversos instruments moderns: saxofon, clarinets, trompeta, trombó i tuba. Aquests músics, tots vestits igual a les fotos, deurien compondre una xaranga que acompanyava el ball. El vestit que portaven els músics també coincideix amb el vestit que portava Tomàs Polo, que apareix en una de les fotografies (camisa blanca amb un escut no identificat a la butxaqueta del pit, faixí i pantalons negres). Aquesta coincidència amb el vestuari reafirma l'acompanyament que aquests músics feien al ball.

La crònica de 1802 ja ens diu que aquesta «Comparsa o danza militar» es desenvolupava «al son de una música militar» (Sanmartí 1802). Amades també donà una música, segons ell recollida per Josep Pinyol (Amades 1982). Nosaltres hem pogut localitzar una melodia, recollida també per Josep Pinyol Mirada, que aquest músic i mestre lleidatà compilà dins d'un recull presentat a un dels concursos de l'Obra del Cançoner Popular de Catalunya (OPCP) l'any 1924. El manuscrit on es recull aquesta melodia porta el títol «Ball de moros i cristians (Lleyda)». El mateix Pinyol ens explica la font d'on obtingué aquesta melodia, recollida per ell mateix l'hivern de 1923: «Plàcid Brugulat, 36 anys, de Lleyda, cafeter i propietari. Sap música i la recorda bé».[2] Aquesta melodia recollida per Pinyol el 1923, no es correspon a la que Joan Amades publicà al *Costumari* per tal d'il·lustrar la música del *Ball de Moros i Cristians* de Lleida. Així doncs, hi hauria, si més no, dues melodies per acompanyar el ball, totes dues recollides en el seu moment per Josep Pinyol. Per la seva banda Xavier Massot també publicà, en diverses obres, algunes melodies atribuïdes al ball. N'hi ha que coincideixen amb les recollides per Pinyol i d'altres no (Massot 1986). Massot, però, no cita la font d'on les obtingué, i ara com ara, és dubtós que aquestes músiques pertanyessin realment a l'acompanyament del nostre ball. Les dues melodies recollides per Josep Pinyol, i més clarament atribuïbles al ball, són les següents:

Melodia transcrita per Josep Pinyol en el seu recull de 1924 presentat a concurs de l'OCPC.

---

[2] PINYOL MIRADA, Josep. *Nº 20. Paquet Nº 2/Collita ponentina/…La melodía popular nova Font de Juvenci.* 1924. Obra del Cançoner Popular de Catalunya, B-51. [Biblioteca de Catalunya; microfilm rotlle 15].

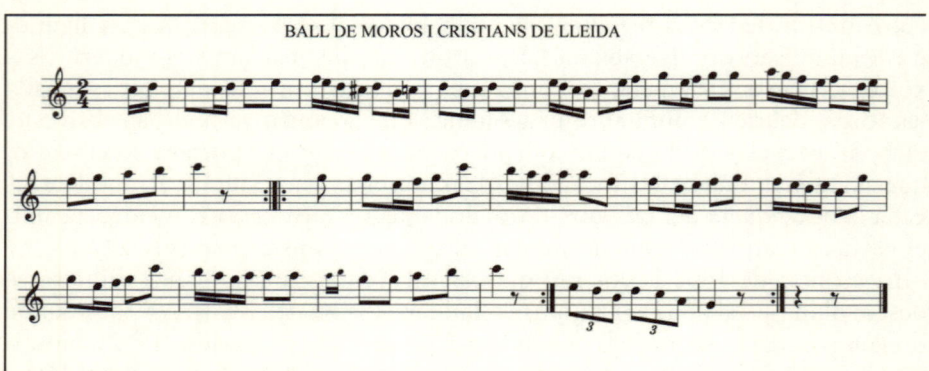

Melodia publicada per Joan Amades al *Costumari català*, i recollida per Josep Pinyol.

6. Sobre la denominació o nom propi de ball

La primera referència clara que tenim del ball, als comptes de les festes per la visita de Carles IV a Lleida el 1802, hi ha cinc anotacions que l'anomenen, en castellà: *Bayle de Moros y Cristianos*.[3] Tot i això, no sempre s'ha anomenat *ball* a la representació. Així, a la premsa lleidatana i altres publicacions com els programes de Festa Major, se l'ha anomenat de molt diverses maneres. Les recollim a la següent taula:

Denominació	Any	Publicació o font
Bayle de Moros y Cristianos	1802	Comptes de les despeses per la visita de Carles IV
Comparsa o danza militar	1802	Sanmartí, Antonio (1802)
Comparsa de moros y cristianos	1899	*Diario de Lérida*, 13-05-1899. Programa Festa Major.
Comparsa de moros y cristianos	1906	*Diario de Lérida*, 11-05-1906
moros y cristianos (a seques)	1906	*El País*, 11-05-1906
los moros y cristianos (en castellà)	1906	*El Ideal*, 13-05-1906
moros y cristians (en català)	1908	*El Pallaresa*, 9-05-1908
Ball de moros i cristians	1924	Josep Pinyol, OCPC
Rondalla de moros i cristians	1933	*Llibre d'actes del Ple*, 1933, sessió 21-04-1933
un número de «Moros y Cristianos»	1933	*El País*, 22-04-1933
espectacle tradicional (...) de Moros i Cristians	1933	*La Jornada*, 25-04-1933
Grupo folklórico típico leridano «Moros y Cristianos»	1945	Programa Festa Major

[3] CAT AML. Fons Municipal, *Documents del segle XIX*, reg. 1639.

Grupo folklórico de «Moros y Cristianos»	1945	La Mañana, 11-05-1945
els Moros y Cristians (en català)	1945	COLÀS, Ferran (1945)
«Ball de Moros i Cristians»	1944	TARRAGÓ PLEYÁN, Fernando (1944)
baile de «moros y cristians»	1948	TARRAGÓ PLEYÁN, Fernando (1948)
moros i cristians (a seques) també «fer moros i cristians»	2006	Modesto Guinau, Fermí Jové i Antoni Curcó (antics balladors)

Això ve a tomb de que actualment utilitzem de forma majoritària i gairebé única la denominació *Ball de Moros i Cristians*. El terme *ball* ja ens introdueix, d'una forma o d'una altra, en una categoria classificatòria o fins i tot analítica, entesa com una tipologia de representació que associem a unes certes característiques formals i trets de significat, i en concret en el congrés què ens ocupa, a les de la categoria balls parlats. Però cal anar amb certa cura a l'hora de manejar les fonts documentals històriques o fins i tot els testimonis orals, perquè històricament aquestes categories no tenen una correspondència terminològica tant evident amb les denominacions d'aquestes representacions.

No hi ha una única forma d'anomenar el mateix tipus de representació o fins i tot la mateixa representació, com veiem en el cas del *Ball de Moros i Cristians* de Lleida. No hi ha una forma única de denominar a aquesta representació que ens permeti associar el nom a la cosa, no hi ha una correspondència biunívoca entre nom i categoria. Com diu la dita, aquí podríem aplicar allò de que el nom no fa la cosa. Això ha portat, per exemple en el cas de Lleida ciutat, a que alguna referència històrica al *Ball de Moros i Cristians*, en la qual sortia designat com a *comparsa*, s'hagi interpretat contemporàniament amb el significat i sentit que actualment es dóna al terme *comparsa* en les festes de moros i cristians valencianes, i això hagi servit per argumentar, erròniament al meu parer, la suposada realització històrica d'una *festa de moros i cristians* d'aquest tipus (alcoià o valencià) a Lleida.

Bibliografia citada

AMADES, Joan (1982): *Costumari català*. Vol. III. Barcelona: Salvat i Edicions.
— (1966): *Las Danzas de moros y cristianos*. Valencia: Instituto de estudios ibéricos y etnología valenciana, Institución Alfonso El Magnánimo.
ANGULO VELASCO, Rosa M. (1992): «Una nova *Història del Fill Pròdich*», a Montserrat PALAU i Magí SUNYER (ed), *Els Balls parlats a la Catalunya Nova (teatre popular català)*. Tarragona: El Mèdol.
COLÀS MATEO, Ferran (1945): *Inquietud*. Lleida: Artes Gráficas Ilerda.
CURCÓ PUEYO, Jordi (1989): *Fets, costums i llegendes. Segrià III (2a part)*. Lleida: Virgili i Pagès.
FONTOVA CARLES, Ramon (2012): *Les representacions festives a Lleida*. Lleida: Ajuntament de Lleida i Pagès Editors.
MASSOT MARTÍ, Xavier (1986): *Cultura popular a Lleida, 1150-1950*. Lleida: Ajuntament de Lleida.

MASSOT, Xavier; PEDRÓS, Joan (s.d.): *50 melodies ponentines per a gralla*. Lleida: Associació cultural Lo Carrau.

RABASA FONTSERÉ, Josep; RABASA REIMAT, Francesc (1985): *Història del teatre a Lleida*. Lleida: Institut d'Estudis Ilerdencs.

SANMARTÍ, Antoni (1802): *Relación de los festejos públicos, que el ayuntamiento de la ciudad de Lérida dispuso para obsequiar á sus Majestades y real familia, con motivo de su tránsito por ella desde Madrid a Barcelona, En los días 6, y 7 de Setiembre de 1802*. Lleida.

TARRAGÓ PLEYÁN, Fernando (1944): «*Lo ball de bastons* en Lérida». *Ilerda*. (Lleida), número 3, fascicle 2, 441- 446.

— (1948): «La *Moixiganga* y el *ball* de la Torre en Lérida». *Ilerda*. (Lleida), número10-11, 127-153.

Lucía Pérez Garcia-Oliver

Los Dances aragoneses

> *El dance es teatro…*
> Ana Abarca de Bolea
>
> *El teatro es la vida.*
> William Shakespeare.

En nombre de los pueblos y barrios aragoneses con Dance y del Instituto de Investigación Serranía Celtibérica de Investigación[1] del Campus universitario de Teruel, agradecemos a la organización de este Congreso habernos invitado a hablar de los Dances y aprender de quienes en él participan.

Qué son los Dances

Trataré de exponer muy brevemente de modo general las singularidades de los Dances aragoneses, su situación actual y alguna de nuestras propuestas para su mejor conocimiento y conservación.

Consecuencia de la evolución histórico-teatral que arranca en la Edad Media y alcanza especial auge a partir del barroco, en la configuración y expansión de los Dances puede adivinarse la influyente mano del clero para introducir, impulsar, adaptar y dirigir celebraciones en sus circunscripciones parroquiales como un recurso didáctico- doctrinal de difusión social en el tiempo y espacio más eficaz que cualquier sermón.

Seguramente en este sentido tuvieron mucho que ver factores como la representación barroca de comedias hagiográficas o *Comedias de santos*, el pa-

---

Instituto Serranía Celtibérica de Investigación. Campus Universitario de Teruel.
[1] Ver www.celtiberica.es para mayor información del proyecto.

pel de las órdenes religiosas y la práctica generalizada desde finales del XV del teatro escolar: un instrumento educativo en escuelas y seminarios[2] trasladado más tarde por los mismos clérigos en el desempeño de su labor a las clases populares rurales y/o urbanas.

Pero no sólo el clero. A lo largo del tiempo, médicos, maestros, escritores, músicos o personas de las más variopintas profesiones[3] nacidos o plenamente integrados en la comunidad, han sido transmisores, introductores o renovadores textuales del Dance en un lugar para realzar momentos especiales, pasando desde entonces a formar parte de las tradiciones y patrimonio festivo local en unos casos o quedando, en otros, como algo ocasional o foráneo sin verdadero arraigo ni continuidad, porque el Dance precisa inexcusablemente identificarse con el colectivo que borra el nombre de los posibles autores de textos, música o coreografías rebautizándolo todo, decide sustituir o incorporar algo en él y lo convierte así en propiedad exclusiva del pueblo aunque, como resultado de los mencionados traslados, pueda ser con frecuencia total o parcialmente idéntico a otro u otros.

Sólo pequeños detalles, unas cuantas palabras, a veces el simple cambio nominal del patrono ensalzado o del municipio, modificaciones externas de ritmo o figuras pero, sobre todo, el contenido de la parte final directamente relacionado con las personas, sucesos y aconteceres del grupo humano concreto que intencionadamente sólo conocen sus propios miembros, son suficientes para justificar las diferencias entre Dances y tratar de ignorar mutuas dependencias.

En realidad, cada Dance es un acto endogámico, colectivo y complejo celebrado en torno a una festividad religiosa que, partiendo de una raíz común y modificándose a lo largo del tiempo y el espacio, refleja la asimilación, apropiación e integración interpretativa por parte de las clases populares de modelos sociales y fórmulas más elaboradas consideradas «cultas» para expresar públicamente el sentir del pueblo y sus condiciones de vida, dando lugar a un género peculiar en el que coexisten diversos tipos, algunos desaparecidos de los que sólo existe cierta constancia documental y otros conservados total o parcialmente hasta hoy con mayor o menor fuerza.

---

[2] Véanse sobre el tema los trabajos de Julio ALONSO ASENJO, Manuel de los REYES PEÑA y otros.

[3] Desde los siglos XVII y XVIII hay constancia escrita de ello. Por citar algunos ejemplos más recientes (s. XIX y XX) en la provincia de Zaragoza uno de los textos inéditos de Monegrillo (clero). Véase también el firmado por Valero Aliana el 31 de agosto de 1884 para La Puebla de Alfindén en Lucía PÉREZ GARCÍA-OLIVER, Jesús GONZALO LÓPEZ et alt. *Los Dances en La Puebla de Alfindén*, Zaragoza, Excmo. Ayuntamiento de La Puebla de Alfindén, 1990 (ed. no venal); el texto inédito que, al parecer escribe para Torres de Berrellén un médico a principios del s. XX y se representaba también, con ciertas variantes, en Cabañas de Ebro y Garrapinillos, o el más moderno de los textos del Dance de Bardallur igualmente inédito, que en los años 50 de ése mismo siglo compone un periodista hijo del pueblo. Asimismo en la provincia de Teruel, el Dance de Moros y Cristianos que entre 1950-60 se celebró dos años en El Vallecillo, lo traslada e introduce en el pueblo *...un forestal de Zafrilla llamado Calleja. Vivía en El Vallecillo pero se desconocía su procedencia...* Juan Manuel BERGES SÁNCHEZ, «El Vallecillo: Paisaje natural y patrimonio inmaterial por descubrir» en *Revista Rehalda*, 19, 2013, http://cecalbarracin.org/2013/12/07/

Aunque aparentemente se trate de una representación teatral en verso con un número aleatorio de danzas en grupo que organizan e interpretan de modo voluntario y altruista parte de los miembros del municipio rural, barrio urbano o gremio[4], todo en el Dance manifiesta una intención votiva. Tradicionalmente, dado que la totalidad de los componentes pertenecen a las clases trabajadoras de la sociedad rural o artesanal sin formación artística, su preparación y puesta en escena exige a los actores y a la comunidad, importantes esfuerzos y sacrificios económicos e intelectuales que deben superar en pro de los fines perseguidos.

Esa cadena de obstáculos salvados solidariamente, evidencia el valor meritorio del Dance a ojos del ser sagrado convirtiéndolo, dentro del entramado festivo, en un hecho extraordinario,[5] en una plegaria - confesión colectiva que sólo tiene lugar una vez la fecha conmemorativa de un patrón@ concret@. Con él, sus ocasionales ejecutantes,[6] representando temporalmente a la comunidad, manifiestan públicamente ante la imagen la especial proximidad afectiva y los términos del mutuo «compromiso» entre aquella y el colectivo local o artesanal, de manera que la «conversación» entre el personaje celestial y los accidentales actores- portavoces funciona como instrumento de propaganda acerca de la vida, milagros, poderes y motivos con los que dicho personaje manifestó su singular protección hacia un pueblo o profesión y como prueba de agradecimiento, preferencia patronal y confianza del colectivo que le expresa con el Dance sus problemas comunitarios e individuales esperando la solución gracias a sus poderes o intercesión.

Formalmente la representación teatral consta de dos apartados claramente definidos por su contenido y situación en el desarrollo del acto, separados por las danzas que, a su vez, son un variado conjunto de coreografías y melodías de diversas épocas, estilos y procedencias, independientes entre sí y del discurso dramático anterior y posterior a ellas.

El Dance se integra en el capítulo festivo de honores populares dedicados al patrón@, casi siempre tras la misa y la procesión que encabezan los componentes del mismo a las órdenes del Mayoral investido temporalmente de la máxima autoridad local. Durante las horas que la imagen permanece en el espacio público, hay una inversión de poderes: el sector más bajo la sociedad rural - los pastores- toman el mando absoluto, dirigen y exponen con picardía y sencillez sus observaciones sobre todos los ámbitos sociales.

Como aparece en muchas copias manuscritas ellos, promotores, organizadores y principales protagonistas, empiezan el acto con una *Loa* al estilo de las que conocemos en el teatro renacentista y barroco. Supuestamente llegan al pueblo desde las montañas donde continuamente han de trabajar y vivir aislados, deci-

---

[4] La pertenencia a la comunidad por origen o plena integración, es condición indispensable para participar en el Dance.

[5] La periodicidad anual no es común en todos los Dances. Viene marcada por diversas circunstancias locales y depende, en gran parte del consenso popular y sus posibilidades.

[6] Aunque en la actualidad participan en la mayoría de los Dances jóvenes de ambos sexos, tradicionalmente los componentes del Dance eran de sexo masculino, algunos papeles empezaban el aprendizaje desde los 10-12 años y otros (Mayoral, rabadán, diablo o jerarquías militares de Moros y Cristianos) a partir los 18 o 20 años.

didos a rendir su particular pleitesía a la imagen -el Dance- y disfrutar de un día festivo. Con el diálogo entre ambos, cada cual desde el grado de autoridad social que representa, llevan a cabo la primera parte dedicada a rememorar la figura del personaje celestial y declararle la fidelidad de todos los pastores (danzantes), a quienes llaman con una sencilla fórmula para que dirijan su breve oración a la imagen y ejecuten las danzas especiales que componen el segundo apartado.

Finalizadas éstas vuelven a escena satisfechos el mayoral y rabadán dando paso a la parte final de la representación –Los Dichos y Despedidas- en la que, con subliminal crítica e ironía fiel a la verdad, expresan directamente ante la figura celestial los problemas, necesidades y quejas de todo tipo que afectan individual y colectivamente a los habitantes de la localidad, suplicando su intercesión para solucionarlos y advirtiendo insistentemente a los vecinos y autoridades presentes en el acto que quienes han hablado con la imagen contándole el acontecer del municipio, han sido los pobres Mayoral y Rabadán del Dance, personajes extremos de las cuadrillas, anónimos, ficticios y atemporales cuyas palabras reflejan la vox populi.

Sobre este modelo esencial, a lo largo y ancho del territorio aragonés pueden hallarse distintos tipos que inciden externamente en el número y características de los personajes necesarios para desarrollar la trama elegida: –es el caso de los de ángel y diablo, Moros y cristianos, etc.-[7] sin que por ello se altere la estructura global del acto ni mucho menos los motivos y fines de su celebración siempre en torno al mantenimiento (Dance) de la especial relación de intercambio y favor entre los poderes sobrenaturales atribuidos a la imagen patronal y el pueblo llano. En todos, sean de un tipo u otro, el equilibrio numérico de intérpretes y los contrastes llevan implícitos rasgos simbólicos que exceden la necesaria armonía visual dramática o coreográfica para reflejar, en síntesis, correspondencias con la percepción del mundo y la realidad social.

La protección celestial se visualiza con mayor nitidez en unos que en otros: la aparición de los personajes ultraterrenos ángel y diablo, ubicados en los extremos del imaginario tripartito: cielo, tierra e infierno, representan respectivamente todas las variables e instrumentos del Bien y el Mal en pugna por poseer la naturaleza humana- cuya figura se identifica con la celebración o no del Dance-, que termina con la victoria del primero como portavoz enviado por la imagen para desenmascarar la presencia e intenciones del diablo, expulsarlo de escena (pueblo) e impulsar la continuación del festejo-homenaje.[8]

Sin entrar en cuestiones histórico-literarias, el espectro de personajes se amplía asimismo en los llamados «de Moros y Cristianos» por cuanto en su primera parte[9] dos grupos, iguales en número y jerarquías, figuran ser tropas (el poder) de ambas religiones que luchan dialéctica y militarmente por la posesión de la imagen milagrosa (y el territorio) que el pueblo guarda, quedando reducida la

---

[7] Véanse los mapas adjuntos al final de estas páginas donde hemos detallado las diversas variantes tipológicas.

[8] Por ejemplo en José Ángel AZNAR GALVE (coord.), El Dance de Santa Bárbara de Andorra (Teruel), Zaragoza, Culturandorra- Gobierno de Aragón, 2008.

[9] Llamada en la mayoría de los Dances Embajada y, con menor frecuencia, Soldadesca para diferenciarla de las Loas y de la parte final crítica –Dichos o Despedidas– que protagonizan exclusivamente los pastores Mayoral y Rabadán.

participación de los pastores (el pueblo) a un mínimo papel de colaboración con los cristianos y de observadores a la espera del desenlace para continuar o no su devoto propósito festivo. También en ellos son imprescindibles los personajes del diablo y el ángel prestando su ayuda a una y otra milicia hasta conseguir el mismo resultado: la expulsión del Mal, identificado aquí con la religión islámica, y la conversión de sus seguidores al Cristianismo considerada «verdadera fe» tras incruenta victoria cristiana[10] o milagrosa resurrección[11] de los musulmanes. Tras ello, viene la confirmación devota de ambas tropas y los pastores recuperan, con las *Loas* de alabanza, el protagonismo hasta el final del acto.

Como en párrafos anteriores señalamos, los lazos verbales de unión entre los tres apartados secuenciales son mínimos y, por su situación, podría eliminarse o reproducirse ocasionalmente alguno o algunos de ellos sin alterar la lógica del proceso escénico, mientras vayan ligados al motivo religioso de su intervención o a algún evento de extraordinaria excepcionalidad. Por tanto, pueden actuar independientemente y/o combinarse según las necesidades, circunstancias o momentos cuándo, dónde y cómo el colectivo propietario del acto decida y considere oportuno.[12]

Hoy, pese a los cambios que las circunstancias han introducido a su puesta en escena, presenciar un Dance en su contexto permite aproximarnos al modo de «hacer teatro» medieval y seguir los procesos de cambio o sustitución de ciertos elementos, no de la estructura interna, estrategias de representación y objetivos del acto porque, pese a los avances tecnológicos, persisten la mayoría de los problemas y los Dances siguen manifestando ... «el sentir de nuestra gente/ que cansada de observar/ cómo no les hacen caso/ los poderes de la tierra/ y temiendo sus castigos/ claman a Dios por testigo/ en la fiesta patronal/ disfrazados bajo el nombre/ de un personaje teatral» (Dance de Jorcas a San Pedro mártir, 2011).

El estado de los Dances aragoneses en la segunda mitad del siglo XX

Desde que Siesso de Bolea[13] y luego J. Borao[14] señalaran rasgos peculiares que definían el Dance, podemos decir que ha habido un lento goteo de tra-

---

[10] Numerosas ejemplos en el clásico trabajo de Arcadio LARREA PALACÍN, *El Dance aragonés...*, Tetuán, Instituto Hispano-Árabe, 1953 o, entre otras publicaciones monográficas, menos conocidas pero más recientes, Jaime CINCA YAGO (coord.) *El dance de Lécera* (Z), Zaragoza, Gobierno de Aragón, 2002.

[11] Véase por ejemplo, Lucía PEREZ GARCIA-OLIVER, «El Dance de Codos (Z)» en *Cuadernos de Aragón 25*, Zaragoza Institución Fernando el Católico, 1999.

[12] Es prácticamente imposible que un Dance se ejecute fuera de su espacio y fecha. Fuera de su contexto resulta anacrónico, tedioso y aburrido. Cuando participan fuera de su entorno en ocasiones y fechas especiales, como la ofrenda a la Virgen del Pilar en Zaragoza o las fiestas de San Blas en Sax (A), sólo interpretan alguna o algunas de las danzas y declaman *dichos* cortos compuestos exclusivamente para la ocasión o persona.

[13] José SIESSO DE BOLEA, *Borrador de un diccionario de voces aragonesas (1715-1724)* Edición y estudio de José Luís Aliaga Jiménez, Zaragoza, Gara d'Edizions-Prensas universitarias de Zaragoza-Institución Fernando el Católico, 2008.

bajos con distintos enfoques sobre este acto. A los clásicos trabajos de R. del Arco, A. Larrea Palacín, M. Arnaudas, A. Mingote, D. Ynduraín, A. Beltrán, A. Canellas, C. Lisón Tolosana o M. Pueyo se sumó desde 1978 la labor del Instituto de Ciencias de la Educación organizando las *Jornadas sobre el Estado Actual de los Estudios en Aragón* y la creación en los 80 del Instituto Aragonés de Antropología -con Ángel Gari y Julio Alvar a la cabeza- que en 1984 propuso al Gobierno Autónomo un *Programa piloto de recogida y sistematización del Patrimonio Etnológico de la provincia de Huesca* que pese a su breve duración, incluyó la documentación, entrevistas y filmación videográfica de los dances de Castejón de Monegros, Huesca y Graus, además del completar con trabajo de campo los de Lanaja, Valfarta, Paloteao de Boltaña y Ball de Benás.

En 1985 la Diputación de Zaragoza inicia el *Proyecto de recuperación de Dances y Patrimonio Etnográfico*[15] de esta provincia con un doble objetivo: permitir a los pueblos y barrios conocer, recuperar total o parcialmente su antigua manifestación y crear un archivo documental, fonográfico y de imagen de Dances ampliable a otros campos del Patrimonio Etnográfico. Este proyecto que mereció la atención de Unesco en 1991, perduró hasta 1992 dando lugar, entre otros resultados posteriores indirectamente relacionados con él, a la recuperación activa y documental de aproximadamente 62 Dances en la provincia de Zaragoza.

Con la aprobación de la Ley del Patrimonio Cultural Aragonés 3/1999, de 10 de marzo, se creó el Servicio de Patrimonio Etnológico, Lingüístico y Musical dentro de la Consejería de Educación, Cultura y Deportes del Gobierno de Aragón. Dicho Servicio propuso crear el *Fondo Documental del Patrimonio Etnológico de Aragón*[16] a fin de: a) poner al servicio del investigador y el gran público la catalogación, difusión, recuperación y transcripción de fuentes de información, actualización y edición electrónica de libros y trabajos que recogería lo realizado en y sobre Aragón en los principales archivos y bibliotecas nacionales desde los diferentes sectores y soportes b) ofrecer dicho Fondo en Internet a través de la página web[17] para la localización, acceso y actualización continua mediante un sistema de búsqueda múltiple por temas, lugares y autores.

El Proyecto hoy paralizado, que diseñaron y llevaron a cabo Alberto Turón y Mercedes Souto, en julio de 2003 reunía 4.000 registros documentales y aproximadamente 8.000 piezas musicales en permanente crecimiento unos y otras.

No obstante y pese a los obstáculos, son destacables las aportaciones realizadas casi siempre gratuitamente por estudiosos de diferentes áreas y publicadas por los respectivos ayuntamientos, Asociaciones Culturales y/o Centros de Estudios, así como el conocimiento, mantenimiento y revitalización de los dances locales, producto de la labor soportada por los esfuerzos y medios de particu-

---

[14] Jerónimo BORAO, *Diccionario de voces aragonesas*, Zaragoza, Imp. Calixto Ariño, 1859. Voz: *Dance*.

[15] Lucía PEREZ GARCIA-OLIVER, *Proyecto de recuperación de Dances y Patrimonio Etnográfico para la provincia de Zaragoza*, Diputación Provincial de Zaragoza, 1985-1992.

[16] Alberto TURÓN LANUZA y Mercedes SOUTO SILVA, «Fondo Documental del Patrimonio Etnológico de Aragón» en *Seminario 2002 Patrimonio Etnológico en Aragón*, Zaragoza, Gobierno de Aragón, Consejería de Cultura y Turismo.

[17] http//www.aragob.es/edycul/patrimo/etn_presentacion.html

lares, pueblos, barrios, asociaciones culturales y profesionales, con el apoyo y la colaboración en los últimos años de los Centros comarcales de Desarrollo Rural con Fondos Europeos. Así pues, en las provincias aragonesas se ha hecho una importante labor de trabajo de campo etnográfico en materia musical, literaria, coreográfica e indumentaria, enriquecida en no pocas ocasiones con datos procedentes de fuentes históricas o iconológicas y documentación fotográfica, aunque el apoyo e interés mostrado hacia el Patrimonio Inmaterial en general y concretamente hacia los Dances en ámbitos institucionales aragoneses ha sido y viene siendo escaso y aleatorio, pendiente siempre de la moda o conveniencia política.

Este problema unido a los específicos de un acto con las características del que nos ocupamos y los endémicos en Aragón de la despoblación y envejecimiento humano plantea la necesidad de otorgar a los Dances la consideración de Patrimonio Inmaterial aragonés y, a la luz de las actuales directrices marcadas por los organismos internacionales, acometer seriamente la tarea de su puesta en valor y uso coherente.

Identificación y registro. Propuestas inmediatas para su conservación y puesta en valor

Desde 1998 en el campus universitario de Teruel, un equipo multidisciplinar bajo la dirección del catedrático Francisco Burillo, viene trabajando en el *Proyecto Serranía Celtibérica: Desarrollo integral y sostenible para el territorio montañoso de la Celtiberia* al que se ha unido la Asociación Cultural de Teruel Existe y hoy respaldan universidades, asociaciones y entidades locales de varias Comunidades autónomas, permitiendo la futura creación de la *Fundación Celtiberia de Investigación centrado en el Desarrollo Rural y Patrimonio* que contempla el estudio y recuperación de los dances entre los factores cohesivos y dinamizadores de sus entornos.

Esto plantea la necesidad de observar desde una perspectiva más amplia el tema que nos ocupa, puesto que los Dances tienen puntos comunes con celebraciones festivas en territorios vecinos y es preciso situarlos dentro de Aragón en el lugar que culturalmente les corresponde.

Conscientes de la carencia de instrumentos efectivos de amparo y respaldo institucional, el trabajo lento pero conjunto de investigadores y colectivos con Dance ha servido para crear en ellos conciencia de su valor patrimonial y social, fortalecer lazos internos e intercambios mutuos de conocimiento, fomentar la capacidad de debate y análisis de iniciativas o propuestas en torno al mantenimiento, valoración, orientación, organización y renovación de sus dances a la luz de las directrices que tanto UNESCO ha marcado en favor del Patrimonio Inmaterial desde 1989 a la Convención para su Salvaguardia,[18] como las

---

[18] UNESCO, Sector de la Cultura, Patrimonio Inmaterial: *Texto de la Convención para la Salvaguardia del Patrimonio Cultural Inmaterial*, 32ª Reunión, París, 29 de septiembre - 17 de octubre 2007.

del Consejo de Europa relacionadas con el concepto amplio de Patrimonio y sus criterios de conservación integral para la mejora y revitalización de territorios deprimidos.[19]

Desde el respeto a su individualidad creemos que es el momento idóneo para tratar que los *Dances en Aragón* sean declarados *Bienes protegidos de Patrimonio Inmaterial aragonés* como punto de partida indispensable para avanzar hacia otras metas más ambiciosas y, respondiendo a la petición e iniciativa de los pueblos turolenses que lo mantienen, estamos trabajando en la elaboración del informe preceptivo para obtener del Gobierno aragonés esta declaración[20], considerando la diversidad de situaciones y modelos que ofrece la celebración en nuestro territorio y el estado de conservación y posibilidades de recuperación en la que muchos de los dances conocidos, actualmente existentes o no, se hallan.

Pese a su carácter meramente simbólico, esta declaración supone socialmente el reconocimiento y estímulo para su conservación y mejora en el caso de los existentes, un acicate para los que corren el peligro de desaparición, un pequeño impedimento a voluntarias e involuntarias posibles apropiaciones o usos indebidos del acto, un tema obligado de reflexión y estudio riguroso para trabajar la urgente necesidad de instrumentos y medidas de protección adecuadas a las peculiaridades que el Patrimonio Inmaterial exige.

Acorde con las directrices que marca la Convención, sin merma de nuevas aportaciones hasta el momento no conocidas que pueden rellenar posibles lagunas e interrogantes y completar sus aspectos menos definidos, hemos identificado y registrado las características de los dances aragoneses y el abanico de variables podría resumirse del modo siguiente:

1.- En buena parte de los dances, especialmente de la zona pirenaica perviven únicamente algunos de sus *paloteos* procesionales que pudieron ser más numerosos y variados o no, con o, en muchas ocasiones, sin restos de texto o representación teatral conocidos documental u oralmente.

2.- Por otro lado, en La Ribagorza eran frecuentes las conocidas como *pastoradas,* diálogos o recitados entre pastores que, bien pudieron ir acompañadas en algún momento de su historia con música y danzas hoy olvidadas o nunca lo fueron.

3.- Un tercer grupo, territorialmente mucho mayor, muestra *dances con intervención conjunta de diálogo y danzas* donde pueden encontrarse:

   3. a.- Aquellos en los que hay constancia oral o escrita de una pretérita representación teatral con varios personajes (Dances de pastores, de pastores y/o pastoras o gitanillas, con ángel y diablo, cipotegato, de moros y cristianos, de pastores con soldadesca por separado, etc.) que, por diversas causas y circunstancias dejó de interpretar-

---

[19] Existe una extensa documentación sobre la labor del Consejo de Europa en el área de cultura y patrimonio www.coe.int/culture. La aplicación de la conservación integral y el Convenio Europeo del Paisaje puede verse en VV. AA. *Programa Patrimonio y Territorio del Valle del Nansa y Peñarrubia* (3 tomos) Santander, Fundación Botín-Universidad de Cantabria-Universidad Autónoma de Madrid, 2013.

[20] Ley del Patrimonio Cultural Aragonés 3/1999, de 10 de marzo.

se total o parcialmente, manteniendo activa la presencia de todas o algunas de las melodías y mudanzas de baile junto a otros aspectos importantes del acto como indumentaria, complementos de baile, proceso de representación etc.

3. b.- Los que, por el contrario, oralmente o por escrito conservan los textos de representación teatral pero no recuerden las melodías ni coreografías de baile ni incluso han llegado a las generaciones ancianas restos de otros componentes importantes como la indumentaria. En estos casos la manifestación se perdió por completo sin que, con el transcurso del tiempo, el pueblo o barrio la haya retomado.

3. c.- Otros en los que igualmente, en una época relativamente cercana, la manifestación dejó de celebrarse por completo. Sin embargo su pasada existencia está documentada y la memoria de sus últimos participantes y del colectivo conserva vivo en todo o en parte recuerdos del acto.

4.- En otros lugares las únicas referencias son simples citas documentales de su existencia más o menos lejana en el tiempo que no ofrecen más datos que la presencia de «danzantes» o «danzas» en festividades concretas, acompañadas o no de «soldadesca» exenta a las danzas.

5.- Dances de los que únicamente se conservan la noticia de su pasada existencia sin otros datos que su semejanza a otros próximos.

6.- Dances de los que pueden aparecer o han aparecido materiales aún inéditos de los cuales el pueblo o colectivo concreto no tiene conocimiento de su pasada existencia.

Sin duda nuestros esfuerzos deben centrarse tanto en la *búsqueda, investigación* y *conservación* como también y paralelamente en la *sensibilización*: conseguir transmitir al municipio o colectivo y al conjunto de la sociedad el valor cultural de los dances poniendo a su disposición lo hasta ahora conocido de forma clara y asequible.

Respecto al primer aspecto, además de las *grabaciones y publicaciones monográficas*, creemos importante, cuando sea posible, insistir en la conservación oral de las *formas tradicionales de declamación* de los Dances con el mismo respeto y cuidado que se guarda para la conservación de textos, melodías, fotos, coreografías e indumentaria etc. en tanto que es parte del modo de hacer tradicional, coherente con su carácter popular.

Asimismo convendría insistir en lo que desgraciadamente no se ha tenido ni se tiene en cuenta: *la filmación a tiempo real, por lo menos de los prolegómenos y celebración de cada Dance y su conservación como fondo documental de estudio*, toda vez que de ésta pueden extraerse copia, si se desea, para reportajes cortos de divulgación. Las habituales filmaciones sesgadas, preocupadas por la estética y fluidez cinematográfica de relato, casi nunca contemplan aspectos etnográficos y sociológicos esenciales para el conocimiento del hecho cultural. Cuestión importante en este sentido es la *necesidad de migración y digitalización de las filmaciones a sucesivos soportes* que faciliten el acceso al mayor número de investigadores posibles.

En cuanto a la sensibilización, proponemos la *creación de materiales y recursos útiles* para explicar en los centros educativos y sociales no sólo el concepto que arrastra el término sino también el complejo entramado de su significado y puesta en escena que lo diferencia de otras manifestaciones festivas. En esa línea se ha confeccionado como primer ensayo de nuestra propuesta, el power y la carpeta-trabajo de diapositivas *Adivina adivinanza: Qué es un Dance. 1* que partiendo de una visión global introductoria, abre la posibilidad multidisciplinar de confeccionar otros específicos en las diversas áreas: lengua y literatura, teatro, historia, arte, música, filosofía, danza y expresión corporal etc.

Con ello, además, podrían subsanarse errores involuntarios pero peligrosos que se producen en la misma escuela al utilizar algunos profesores, especialmente los de educación física y música, las partes de los dances en las que intervienen sus materias, como elementos sueltos de aprendizaje, de manera que en el primer caso llegan a percibirse por sus alumnos y por cuantos los ven, como juegos o ejercicios rítmicos de conjunto sin otro sentido que el formal de lucimiento sin la conexión interna en la que alcanzan su significado y coherencia y, en el segundo, como piezas sueltas para cualquier ocasión festiva que nada tiene que ver con su procedencia y contexto.

Igualmente pero desde otro prisma, el desconocimiento generalizado de esta manifestación y las condiciones demográficas extremas de muchos pueblos aragoneses en los que hubo Dance, favorecen la captación y uso discriminado de mudanzas de baile y melodías desvinculadas de su medio para incluirlas en repertorios y espectáculos de grupos semiprofesionales de baile regional, argumentando una voluntad de rescate y conservación ante su posible pérdida al «devolverlas» al pueblo del que desaparecieron y/o mostrar su existencia ante otros públicos como un objeto arqueológico.

Consideramos igualmente importante la *creación de calendarios y mapas de celebraciones festivas* que permita lanzar *Itinerarios de conocimiento* en programas de *Turismo Cultural* específico[21] para los territorios comprendidos dentro de la Serranía Celtibérica como instrumento para conocer *in situ*, relacionarse y difundir este hecho cultural no sólo dentro del territorio aragonés, sino también para establecer lazos de colaboración e intercambio con otros territorios nacionales e internacionales.

Sólo me resta añadir que desde el Instituto Serranía Celtibérica estamos dispuestos, totalmente receptivos y abiertos a trabajar conjuntamente en todo aquello que fomente el desarrollo sostenible de los territorios y sus habitantes y favorezca la mutua compresión, recogiendo las apreciaciones e indicaciones que salgan de este Congreso e invitándolos a que conozcan la provincia aragonesa que tienen más cercana.

---

[21] Lucía Perez García-Oliver, *Patrimonio y Turismo Cultural, fuentes de desarrollo sostenible para los territorios. La labor de los organismos internacionales e instituciones europeas en favor de la conservación y puesta en valor del Patrimonio como agente socioeconómico de dinamización.* Memoria del Máster de Derecho e Instituciones Comunitarias, Zaragoza, Real Instituto de Estudios Europeos y Universidad de Zaragoza, 1993 (inédita).

DANCES DESAPARECIDOS

Referencias:

- ●Sólo Pastores sin danzas= Pastoradas
- ●Sólo Paloteos y/o danzas= Paloteao y/o Balls o Danzas procesionales
- ●Pastores con danzantes = Dance
- ●Dance sólo de Pastoras y/o Gitanillas.
- ●⊙Dance con Pastoras o/y otros personajes
- ●⊙Dance con ángel y diablo
- ●⊙Dance con ángel, diablo y Pastoras y/o Gitanillas
- ●⊙Dance con ángel, diablo y Cipotegato
- ● Soldadesca independiente del Dance. ●Con Reina Mora
- ●Dance de Soldadesca con ángel y diablo
- ◉Dance de Soldadesca, Reina mora y "llorones"
- ▲Dance de Soldadesca y otros personajes

- ●●Dance y Soldadesca
- ⊙ Soldadesca y Pastorada sin danzas: Morisma (Ainsa)
- ¿? Tipo de Dance por cercanía (sin refs. concretas)
- ⊙ Soldadesca de acompañamiento con pólvora.

Zonas limítrofes con posible influencia mutua.

Elaboración: L. Pérez (2013-2014)

DANCES TOTAL O PARCIALMENTE ACTIVOS

Referencias:

- ■ Sólo Pastores sin danzas= Pastoradas
- ■ Sólo Paloteos y/o danzas= Paloteao y/o Balls
- ■ Pastores con danzantes = Dance
- ■ Dance sólo de Pastoras y/o Gitanillas.
- ■●Dance con Pastoras o/y otros personajes
- ■ Dance con ángel y diablo
- ● Dance con ángel, diablo y Pastoras y/o Gitanillas
- ■ Dance con ángel, diablo y Cipotegato
- ■ Soldadesca independiente del Dance. ● Con Reina Mora
- ■ Dance de Soldadesca con ángel y diablo
- ⬤ Dance de Soldadesca, Reina mora y "llorones"
- ▲ Dance de Soldadesca y otros personajes
- ■ ● Dance y Soldadesca
- ● Soldadesca y Pastorada sin danzas: Morisma (Ainsa)
- ¿? Tipo de Dance por cercanía (sin refs. concretas)
- ▪ Núcleos de población que no figuran en el mapa

Elaboración: L. Pérez (2013-2014)

Joan Lluís Escoda Parra

El Ball de les Espies de Biar

El motiu principal de la nostra comunicació serà explicar i descriure el *Ball de les Espies*[1] de Biar a la comarca de l'Alcoià, al sud del País Valencià. Diuen que la història determina el caràcter dels habitants. Biar durant anys, i encara ara, ha estat considerat un poble de frontera. Només a 8km tenim la població de Villena, tradicionalment del Regne de Castella. Per tant, Biar ha necessitat uns senyals d'identitat per afirmar-se com a tal. Per açò, la vila de Biar ha adquirit, amb el temps, una forta personalitat i és hereva de moltes tradicions que ara determinen la seua idiosincràsia. Podem citar com a exemples més significatius el Rei Pàixaro; i dins les festes de Moros i Cristians, el Ball de les Espies. Per aquests motius, el caràcter de Biar està marcat per la conservació i la reafirmació com a poble.

Per un dia, els carrers de Biar es traslladen a l'època medieval i *les Espies*, com a viatgers del temps, recorren els carrers esbrinant què ha passat al poble durant aqueix any. El *Ball de les Espies* és música, color, ball, crítica, pantomima, teatre, religiositat popular, tradició i història. Una tradició popular que s'ha convertit en una senya d'identitat de Biar que els biaruts i biarudes protegeixen amb zel.

El protagonista de tot aquest ball és la Mahoma, un gegant amb cap de cartó i vestit de moro, que representa el profeta Mahoma. Aquest costum estava molt lligat a la festa de Moros i Cristians. Un inici certament xenòfob però

---

[1] Des d'un punt de vista lingüístic, la utilització de l'article femení està motivada per dos motius. D'una banda perquè s'ha conservat el gènere femení del mot espia propi de l'època medieval. Aquesta característica la podem justificar perquè a Biar trobem contextos on l'adjectiu concorda amb la paraula espia en femení: «les espies són divertides». D'una altra banda, des d'un punt de vista dialectal, també hem de destacar el fet que ens trobem en una zona de transició lingüística (línia Biar-Busot) entre els parlants que diferencien *els/les* i els parlant que no fan aquesta distinció i utilitzen *es/es* per a tots dos gèneres. Aquesta fluctuació ha provocat que pobles com Biar o Relleu utilitzen l'article femení també per al masculí: les moros, les xiquets, les bombers o les espies junt amb les xiques, les cases, etc.

molt útil per a la festa. Igual que els Cristians tenen la figura de la Mare de Déu o un sant com a protector, e ls moros havien de traure també una imatge. Evidentment, un dels objectius de la festa dels Moros i Cristians no és més que reivindicar la cristiandat i evangelitzar la població. La referència més antiga que hi ha sobre una efígie o personatge de Mahoma la trobem a les festes de Moros i Cristians de Jaén de l'any 1463. També a les festes de moros i cristians celebrades a Toledo en 1533 queda clara la utilització d'un ninot gegant denominat «el gran turco». Aquesta figura es va anar estenent i popularitzant dins de les festes de Moros i Cristians de l'edat moderna. Concretament es documenta a Alacant en 1700 i 1732, a Alcoi en 1741 o a Oriola en 1789. A Biar, la referència més antiga que coneixem és la d'un article aparegut al Semanario Pintoresco Español el 5 de maig de 1839, titulat «Costumbres Valencianas. Moros y Cristianos»:

> En medio de la plaza se levanta un castillo de madera. El pabellón aragones tremola sobre sus almenas, y la comparsa de cristianos lo guarnece para defenderlo. El numeroso concurso de vecinos y forasteros yace en el mayor silencio, y espera con afán el sonido de un clarín anuncio de la llegada del ejército morisco. Se oye por fin, y aparece un grupo de espias vestido del modo mas ridículo y asqueroso, conduciendo un compas y un telescopio, con los que aparentan practicar un reconocimiento. Los ademanes y contorsiones raras y estraordinarias de estos graciosos de la fiesta, producen en el vulgo una risa descompasada, pero en medio de ella es notable la seriedad de los espias, que trabajando por hacer reir nunca

se rien, graves hasta lo sumo trabajando por el placer ageno, ellos se atormentan por no gozarlo. [...]

Suena de nuevo el clarín, y el capitán sarraceno aparece en un caballo escoltado con alguna tropa: pide una conferencia al gobernador del castillo y recita en alta voz una mal forjada relacion a la que se da el nombre de embajada. [...] La plaza se inunda de guerreros; los cristianos son vencidos, el castillo es tomado y abatida la bandera de la cruz, se levanta en su lugar la triunfante media luna. El fuego cesa y los árabes se complacen en la victoria, entregándose los espias á los gozos de la embriaguez.

Mas el árabe feroz aun no está satisfecho; ha vencido a los cristianos, quiere insultar al cristianismo. Mahoma va a ser conducido a la plaza espugnada, y la comparsa morisca marcha en su busca. Se oye una desagradable música, y en un carro de triunfo llega Mahoma festejado por los espias. [...] Mahoma es subido al castillo entre las más ridículas demostraciones de alegría...

La descripció que es dóna en aquesta publicació s'ajusta enormement a la festa actual. Tanmateix, no trobem cap referència directa al ball, ni als versos satírics que actualment es fan des del Carro de la Mahoma. Sobre aquest punt cal citar l'article de Joan-Antoni Cerdà i Mataix sobre l'origen i la vinculació del *Ball de les Espies* amb el *Ball de Torrent*. Sobre aquest fet en parlarem més avant.

Actualment, el ritual de les Espies comença per la vesprada, després de la *guerrilla* del dia 11 de maig. Quan els moros es proposen conquerir el castell, comença un acte anomenat *la medició*. Aquesta pantomima representa l'espionatge del bàndol moro sobre la plaça cristiana. La representació consisteix en anar mesurant el terreny i apuntant dades fins que arriben al castell. Els protagonistes d'aquest acte són les Espies.

Els personatges principals que apareixen són: el *medior* i el *cartògraf*, els quals amb un cordell i amb un compàs respectivament van medint el carrer, o qualsevol persona que se'ls pose per davant, preferiblement una dona amb una falda curta o un bon escot. No obstant això també es fan ressò de les obres que s'hagen pogut fer al carrer; el *portaor de l'allarga-vistes*, una llarga carabassa buida recolzada en un trípode; *l'escrivà*, que anota totes les informacions amb una enorme ploma en un gran cançoner eclesiàstic del segle XVIII; *l'ajudant de l'escrivà*, que porta un orinal de porcellana que serveix de tinter i la *mare de la Mahoma*, que porta un cànter ple de ratolins, tapat amb flors. Aquest personatge l'interpreta un home vestit de dona i duu dos acompanyants.

L'espai on es desenvolupa l'acció és el carrer Major que serveix de nexe entre la plaça del Raval i la plaça de la Constitució, on es troba plantat el castell de festes. Tot aquest ritual comença de vesprada quan els biaruts que representaran els diferents papers s'ajunten a la Casa de les *Nofres* per començar a mascarar-se i posar-se els vestits pertinents. Allà es conten els versets que després dirà la Mahoma i recorden a les Espies que ja no estan en oracions. Després d'açò, es dirigeixen a la Plaça del Raval on comença l'acció. De manera molt seriosa representen la pantomima, cadascú amb el personatge assignat. L'objectiu principal és aconseguir la rialla del públic assistent, mitjançant la mímica. En arribar a la plaça de la Constitució colpegen descaradament el castell per aconseguir entrar, però són descoberts pel vigilant del castell que dispara un arcabús. Aleshores s'arma un guirigall i les espies fugen espantades. En aqueix moment la mare de la Mahoma llança a terra el cànter que portava, ple de ratolins.[2]

Després de l'ambaixada, quan els moros han guanyat el castell, primer amb paraules i després amb trons d'arcabusseria, els cristians han d'abandonar-lo. Tot seguit, els moros es dirigeixen cap al Raval per arreplegar els seus símbols (la bandera de la mitja lluna i la Mahoma) i entronitzar-los dalt del castell. És aleshores quan es fa el *Ball de les Espies*. Encetant la comitiva, apareixen de nou els personatges que han participat en la *medició*. Aquestes primeres parelles tenen les posicions assignades i les reben per herència. Darrere apareixen totes les parelles que per promesa o divertiment volen eixir a ballar.[3]

El *Ball de les Espies* és una dansa de moviments senzills que permeten avançar a les parelles pel carrer Major. Una part important del ball és el moment en què acaba la melodia. En aqueix moment els balladors paren i s'abracen amb la parella.[4] La música la interpreten bandes de música. No obstant, antigament s'efectuava amb dolçaina i tabal. Són les bandes oficials de les comparses les que s'ocupen d'interpretar-la. Els balladors hi van davant i darrere en grups de 30 parelles. La participació ha augmentat considerablement en els últims vint-i-cinc anys. En les festes passades van participar unes sis-centes parelles. Aquest increment ha provocat controvèrsies dins de la festa, ja que ocupa gran part de la vesprada i s'han hagut d'ajornar alguns actes posteriors al ball.

Com a ball de tipus ritual, la indumentària també ocupa una part important. Es poden distingir tres models, pel que fa als hòmens: de llaurador, de senyoret i de bruixot o pallasso.[5] El vestit de la dona es composa d'una falda, d'una brusa o camisa blanca amb un mantó de Manila o un mocador antic o una toqueta, etc. El conjunt es completa amb un pomell de roses ben obertes al pit i al cap. El maquillatge és una altra de les característiques ha ressenyar. D'una banda els hòmens s'emmascaren amb sutja o amb ceres de colors i les dones amb colors de cara i llavis.

Tradicionalment la indumentària de les Espies es buscava als baguls i caixes de les cases antigues. Era un acte espontani. Amb el temps aquesta espontaneïtat ha anat desapareixent. Des del nostre punt de vista podem dir que el ball ha sofert un canvi substancial en tant que, antigament, es basava en fer el ridícul de manera pública i ara ja no. La gent sent el ball com un element que els identifica com a poble i ara ja no volen fer el ridícul, sinó lluir. També és cert que els temps han canviat i l'assumpte religiós (promeses, etc.) ha estat substituït pel merament festiu. Tal volta aquesta siga la raó perquè els hòmens no s'emmascaren i les dones trien vestits més afavoridors.

---

[2] Antigament dins del càntir portava rates d'albelló. Amb aquesta acció s'ha volgut simbolitzar l'entrada de les tropes àrabs al castell. Una interpretació certament dolenta del món àrab. També trobem altres interpretacions com ara que el naixement del profeta Mahoma.

[3] Cal remarcar que, antigament, *ballar les Espies* suposava fer el ridícul de manera pública. Per aquest motiu solia ballar-se per promesa. És a dir, les persones a les quals els ocorria alguna desgràcia, malaltia, etc., prometien a la Mare de Déu de Gràcia eixir a ballar les Espies, si se solucionava el seu problema. Actualment molt poques persones ballen per promesa, la majoria ho fan per divertiment o per complir la tradició.

[4] Antigament, al gest d'abraçar-se se li sumava una carassa al públic.

[5] Per a més informació us remetem a l'article de Joan-Antoni Cerdà (2001).

Per fi, darrere del ball va la *Mahoma*. Aquesta es munta en un carro engalanat amb rames de xop blanc i és transportada des de la plaça del Raval cap a la plaça de l'església on està el castell de festes. Damunt del carro, de cara al castell, va la *mare de la Mahoma*, el *versaor* i el *consumeta*. A la part de darrere de la Mahoma, un Espia s'encarrega d'estirar les cordes que fan que la Mahoma moga els braços i el cap.

Durant el trajecte, el *versaor* va recitant els versos que escarneixen persones o fets ocorreguts durant l'any. Abans de recitar un vers, el *versaor* fa un, dos o tres tocs de corneta en funció del to crític del vers. Els de tres són els més escandalosos o polèmics i sovint els que van dirigits a les autoritats locals: Rector, Jutge de Pau, Alcalde, etc. Una vegada s'aplega a la plaça, el *versaor* recita l'últim vers acompanyat de tot el poble i tot seguit la Mahoma puja al Castell on romandrà fins la vesprada del dia 12 de maig:

> La Mahoma de Biar
> menja rotllets[6] i fogasses,
> se l'emporten a Villena
> i la inflen a remolatxes.

Biar comparteix la Mahoma amb la veïna ciutat de Villena. En l'article del *Semanario Pintoresco Español* se'ns descriu com se li explotava el cap a la Mahoma i com els villeners i els castalluts es disputaven les restes del gegant:

> Los de Biar y algunos otros se esparcen indistintamente por los costados de la plaza, los de Villena se colocan a la derecha del castillo, la izquierda está ocupada por los de Castalla [...] Los vecinos de Villena y Castalla se arrojan a él; desatan los restos de MAHOMA y asidos a ello se disputan a golpes la honra de llevarlos... Vencen los de Villena, así por su mayor número como por la protección que le dispensan los de Biar, y llenos de gozo arrastran los restos mezquinos del odioso profeta por el camino de su pueblo.

Fins fa uns anys encara es rebentava el cap de la Mahoma a localitats com ara Beneixama i posteriorment se celebrava una *cordà*, actualment només es conserva la *cordà*. A Biar, ja fa molts anys que aquesta tradició es va perdre perquè, com ja hem assenyalat, la Mahoma i el *Ball de les Espies* s'entenen com un fort símbol d'identitat.

Determinar l'origen dels actes de la *Medició* i dels versos del carro de la Mahoma és problemàtic. Són dos actes característics de les festes de Moros i Cristians de Biar dels quals no tenim cap documentació.

Hi ha diverses opinions sobre el tema que els relacionen amb altres festivitats. D'entre totes elles cal destacar les reflexions de Joan Antoni Cerdà[7]. L'investigador biarut fonamenta aquestes relacions en dos punts. En primer lloc, la

---

[6] En el seu recorregut pel carrer Major, la Mahoma fa una parada en la casa de Paco Candela, on des d'un balcó se li posen, a la mitja lluna del turbant, els *rotllos* de la Mahoma — pasta típica d'aiguardent.

[7] Cerdà Mataix, Joan-Antoni, Revista Oficial de Festes de Maig, Biar, 2001, p. 94-99.

influència del *Ball de Torrent* en l'acte de la *Medició* i d'una altra, la connexió dels pregons de les *Festivitats dels Folls* amb els versets de la Mahoma.

Pel que fa a la primera influència, hem de comentar que el Ball de Torrent va ser una celebració de carrer, teatral, còmica i festiva duta a terme durant el segles XVII, XVIII i XIX per companyies semi-professionals a les principals ciutats valencianes amb motiu de noces, naixements, coronacions i visites reials. Era una pantomima on es representava de forma grotesca la visita d'uns virreis. En ella s'efectuaven diferents quadres còmics, danses, figuracions, etc. El *Ball de Torrent* fou hereu de les antigues moixigangues i mascarades valencianes. Atès el seu èxit, molts pobles van copiar coreografies i músiques d'aquest ball que es van afegir a les seues festes patronals, algunes de les quals han arribat a l'actualitat. Alguns exemples podien ser la *Dansa dels Oficis* de Llíria o els *Porrots* de Silla (Pardo 1995 133-134).

Segurament açò és el que va ocórrer a Biar, ja que trobem un enorme paral·lelisme entre algunes parts del Ball de Torrent i el ritual de les Espies. Segons Joan-Antoni Cerdà, aquestes similituds es basen sobretot en la comparsa del *Repés*. Els seus membres recorrien carrers i places imposant uns patrons de pesos i mides descomunals, posant multes i a més de mesurar o pesar a les persones que es trobaven al seu pas. Algun d'aquests figurants duia un vestit de bruixot o pallasso amb un gran capell en forma de con, molt semblant al d'alguns espies. Al *Repés* apareix també l'escrivà, amb idèntics atributs que el de les Espies; amb ulleres, levita i capell de copa, amb un gran llibre i un orinal que serveix de tinter.

Sembla, doncs, que algunes parts del *Ball de Torrent* es van acomodar dins les festes de Moros i Cristians de Biar, mudant el seu significat i passant a representar l'espionatge del bàndol moro sobre el castell cristià i la posterior entronització de l'efígie de Mahoma entre signes d'alegria, segons Cerdà.

D'altra banda, pel que fa a l'aparició dels anomenats *versets* de la Mahoma, Cerdà considera que són herència dels antics bàndols o pregons de les Festes de Folls.[8] A Biar tenim informacions que la festa es va celebrar fins a començaments dels segle XX. Tal volta per l'evolució i importància que van adquirir les Festes de Maig començaren a incorporar-se elements d'altres festivitats populars, com ara els *Folls*. Amb tot, aquesta hipòtesi presenta diverses controvèrsies, com bé assenyala Joan-Antoni Cerdà, d'una banda no tenim notícies que a Biar es fera cap pregó a la Festa dels Folls. Cerdà considera que en un principi sí que es faria un pregó còmic; però que acabaria traslladant-se a les festes de Maig, integrant-se en el carro de la Mahoma. I d'una altra que per a poder fer aquesta afirmació s'hauria de confirmar que la Festa dels Folls és anterior a les Espies, cosa que hui encara no sabem. Amb tot, s'ha de constatar el fet que a Atzeneta d'Albaida també existiren aquests versos recitats des del carro de la Mahoma.

[8] Aquesta festivitat es duia a terme la vespra i la festa dels sants Innocents. Al llarg i ample de la geografia valenciana encara es mantenen vius nombrosos exemples de *Festes de Folls*. A la mateixa comarca de l'Alcoià tenim els casos d'Ibi i el Camp de Mirra. Aquestes festes es caracteritzen per l'existència de bans o pregons satírics on es fa crítica dels successos de l'any. És el cas del Carro dels Amantats a les Festes d'Hivern d'Ibi.

L'assumpte està obert, però aquestes hipòtesis són prou encertades i explicarien, si més no l'aparició d'aquests elements dins el *Ball de les Espies*. Elements que vinculen aquest ball amb el gènere dels balls parlats. En primer lloc, com hem assenyalat, es tracta d'una representació de teatre popular de carrer, que es representa en el marc d'una festivitat concreta, en un dia i un lloc fixat i de manera anual; també perquè té un significat simbòlic dins la festa on s'inclou, és a dir, l'alegria dels moros i el festeig al profeta Mahoma; perquè uneix teatre, música i dansa, amb uns esquemes coreogràfics determinats alhora que senzills, que serveixen perquè el ball i el teatre desfile pels carrers en el curs d'un seguici festius; perquè utilitza una indumentària especial que sol seguir unes pautes; perquè la música que l'acompanya és interpretada per Banda de Música, que es pot considerar com el tipus d'agrupació musical pròpia d'actes festius oficials; perquè el to burlesc i satíric dels versets de la Mahoma sobre persones i esdeveniments d'actualitat local s'assembla als versos del *Ball de Diables* amb parlaments, i finalment, perquè hi trobem un cert caràcter religiós, al dedicar-se el ball a una imatge de Mahoma i fer-se antigament per promesa a la Mare de Déu de Gràcia.

A resultes, podem dir que el *Ball de les Espies* és una evolució de les pantomimes de teatre popular i de carrers, assimilat dins de l'estructura i el simbolisme de les Festes de Moros i Cristians. Una forma de fer festa que ha anat evolucionant fins a convertir-se en uns símbols que representen la identitat d'un poble. Un poble que manifesta mitjançant aquesta ball la crítica social i el rebuig comunitari davant certs fets o comportaments, així com la burla del poder.

De nou, nord i sud compartim la mateixa manera d'entendre i fer festa. Aquest gènere que té a Catalunya una llarga tradició amb peces com el *Ball de Serrallonga*, els *Balls dels Diables* o el *Ball de Dames i Vells*, també es pot documentar amb el *Ball de les Espies* al Sud del País Valencià.

Bibliografía

ALBERT, Jean-Pierre; ALBERT-LLORCA, Marlène (1999). «Acerca del intercambio de la Mahoma». *Revista anual Día 4 que fuera*, Sant Vicent del Raspeig: Junta Central de Fiestas, Villena, p. 276-277.

ARIÑO, Antonio (1999). *El teatre en la Festa Valenciana*, València: Generalitat Valenciana-Consell Valencià de Cultura.

CERDÀ I MATAIX, Joan-Antoni (1999). «Les tradicionals festes d'hivern. La Festa dels Folls i la Volteta de la Reina». *Revista Oficial de Festes de Maig*, Sant Vicent del Raspeig, Ajuntament de Biar, p. 199-201.

— «El ball dels espies. Origen i evolució» (2001). *Revista Oficial de Festes de Maig*, Biar, p. 94-99.

DOMENE VERDÚ, José Fernando (1999). «Historia e identidad en el origen de las fiestas de moros y cristianos». *Jornadas de Antropología de las Fiestas. Identidad, Mercado y Poder*, Sueca, p. 165-180.

ESTEVE FAUBEL, Josep-Maria. «Danses i balls de la comarca Camp de Túria» (1991). *I Congrés d'Estudis Comarcals del Camp de Túria*. Llíria: Institut d'Estudis Comarcals del Camp de Túria, p. 135-144.

FÀBREGAS, Xavier; BARCELÓ, Pau (1976). «Biar. El Ball de les Espies». A: *Cavallers, Dracs i Dimonis. Itinerari a través de les festes populars*. Barcelona: Publicacions de l'Abadia de Montserrat, p.107- 130.

GÓMEZ I SOLER, Sergi. «Una mirada als nans i gegants valencians» (1999). A: *El teatre en la festa valenciana*. València: Consell Valencià de Cultura, p. 337-356.

MAESTRE CASTELLÓ, Miguel; LUNA SANTONJA, Pedro (1988). «El Ball dels Espies». *Revista Oficial de Festes de Maig*. L'Olleria: Comissió de Festes de Moros i Cristians de Biar.

MARTÍ I MORA, Enric (1995). *El Ball de Torrent*. València: Caixa Rural de Torrent.

MASSIP BONET, Francesc (2007). *Història del Teatre Català, vol. I: Dels orígens a 1800*. Tarragona: Arola Editors.

MOLINA I CONCA, Mateu (1996). «La música del Ball dels Espies». *Revista Oficial de Festes de Maig*. L'Olleria: Comissió de Festes de Moros i Cristians de Biar.

MONFERRER, Àlvar (1996). *Les Festes de Folls*. València: Consell Valencià de Cultura.

N.B.S. (1839). «Costumbres Valencianas. Moros y Cristianos». A: *Semanario Pintoresco Español*. Madrid, p. 140-142.

OLLER BENLLOCH, M. Teresa (1951). «Canciones y danzas de la Sierra Mariola». A: *Cuadernos de Música Folklórica Valenciana*, núm. 10. València,. p. 78-79, 128-129.

PARDO PARDO, Fermín (1995). «Danses rituals i processionals». A: *Festes d'Estiu. Calendari general de festes de la Comunitat Valenciana*. Volum 1. València: Conselleria de Cultura de la Generalitat Valenciana, ITVA, p. 129-143.

PITARCH ALFONSO, Carles (1999). *La Xaramita en Alcoi. El repertori de Bene Ripoll Peidro (1907-1999) i altres peces tradicionals. Alcoi*. Grup de danses «Sant Jordi» d'Alcoi, Taller de música «Castell Vermell» d'Ibi.

Un espía. «Els Espies» (1987). *Revista de Moros i Cristians de Biar*. Biar: Comissió de Festes de Moros i Cristians de Biar.

VARGAS LLOVERA, M. Dolores (1999). «La identidad en un ritual festivo: El Ball dels Espies de Biar». A: *Jornadas de Antropologia de las Fiestas. Identidad, Mercado y Poder*. Sueca, p. 97-108.

Arantzazu Fernández
Patrizio Urkizu

Los diálogos de los Satanes en el teatro vasco

> Il tema del mostruoso-demoniaco nell'arte e nella letteratu-
> ra, e certamente complesso e suggestivo, per il patrimonio
> di memorie mitiche e letterarie, che esso eredita dalla clas-
> sicita prima, e dalla tradizione medioevale romanico-gotica,
> poi, nel crogiouolo delle diverse culture, da quelle pagane
> dunque, a quella cristiana, con la sua peculiare rifiessione fi-
> losofico-teologica, arricchita dai contributi successivi della
> civilta araba e, infine, di quelle dell' estremo oriente.
>
> XII Convegno, *Diavoli e mostri in scena dal Medio Evo al
> Rinascimento*, 30 giugno/3 luglio 1988. Centro Studi sul
> Teatro Medioevale e Rinascimentale, Roma.

Introducción

El tema de *La Diablada*, como la llama Francesc Massip al hablar de la *Repre-
sentació de l'Assumpció* tarragonina de 1388 [2009: 45-48], es de luenga tradi-
ción tanto en el arte como en la literatura según subraya el Congreso de Roma
de 1988 sobre diablos y monstruos del Medioevo al Renacimiento.

Hace ya más de un siglo, el vascólogo y folklorista inglés Wenthort Webs-
ter [1897: 243] afincado en Sara, en una ponencia presentada en el Congre-
so de San Juan de Luz sobre las Pastorales vascas, analiza los trabajos de los
investigadores anteriores y compara la lista de dichas pastorales con la de los
misterios bretones hallando enormes coincidencias, a la par que clasifica dicho
repertorio en los siguientes apartados y temas básicos: 1 Ciclo Bíblico. 2 Ciclo
Hagiográfico. 3 Ciclo clásico, greco-latino. 4 Ciclo de cantares de gesta, no-

---

UNED-Euskaltzaindia 'Academia de la Lengua Vasca'.

velas de caballería y narraciones folklóricas. 5 Farsas, y 6. Nuevas pastorales. Señala también las semejanzas con el teatro griego, de cómo se representaban ambos al aire libre, de cómo tienen un prólogo y un epílogo, de cómo el verso y la danza en ambos son inseparables, de cómo el rol del coro lo asumen los satanes, etc., etc. y dice:

> *Es curioso observar que el teatro en la Edad Media se parece más al teatro griego que al teatro clásico francés. El misterio se parece al drama griego al menos en este punto, que celebra también la historia de los dioses y de los semidioses ... Como en el fondo de cada tragedia griega vemos la figura medio escondida del Destino, de la Fatalidad, y de esta ley suprema a la que los dioses también como los mortales se hallan obligados a someterse. Así, mediante la introducción de los satanes y de los turcos toda pastoral viene a ser, cualquiera que sea el tema accidental, un episodio del Bien y del Mal, de la guerra entre Satán y el buen Dios, donde, como es sabido, siempre vencerá este último, pero donde el vencido jamás se rinde.*

El *errejenta*, en francés *instituteur*, es a la vez autor y director de la obra. Más que director de teatro podría considerarse director de orquesta, ya que se halla presente en el escenario y da las órdenes oportunas de entradas y salidas de los actores y de los músicos a base de un sistema de banderas. Es el conservador del patrimonio, de los numerosos *cahiers*, donde se copian los textos. Recopia y remodela los manuscritos antiguos según las oportunidades. Dirige todos los ensayos, la preparación del escenario, en fin, es un auténtico hombre de teatro al viejo estilo. Pertenecía al mundo rural suletino compuesto en general de agricultores y artesanos, pero también de curas y maestros.

Fiel a la tradición general de la Edad Media, la Pastoral no admitía la mezcla de sexos entre actores. Así, los personajes femeninos eran representados por jóvenes travestidos, dándose al única excepción en la época de la Revolución Francesa, en la pastoral *Clovis*, en la que al parecer participaron algunas ciudadanas. Hoy día, evidentemente ha cambiado esta situación hasta tal punto que la pastoral *Ximena* representada en Atharratze en 1979 y en la de *Akitaniako Alienor* de este año de 2014 escenificada en Maule todos los papeles son representados por actrices (Leonor, Henri II, Louis VII, Ricardo Corazón de León...) a excepción de los satanes, que son encarnados por hombres.

Los jóvenes que han decidido representar la pastoral de acuerdo con el errejenta eligen el protagonista, *sujeta*, que es seleccionado por una serie de características entre las que la voz juega un papel muy importante. Los mejores danzarines serán los que lleven a cabo el rol de satanes, y los turcos serán representados por aquellos que tengan el aspecto más feroz. Los ángeles serán unos mozalbetes de diez a doce años.

Hasta la guerra del 14 la mayoría de los actores eran iletrados, pero solían poseer en algunos casos una memoria extraordinaria. Cuenta Marzeline Heguiaphal, descendiente de una familia de *errejentak*, ininterrumpida al parecer desde el siglo XVIII, que el actor principal de *Napoléon*, en 1927, debía memorizar más de seiscientas cuartetas, y que toda la vida se le conoció con el apodo del personaje representado.

Como hemos visto perfilado en Webster, hay siempre dos mundos opuestos en la pastoral, el del Bien y el del Mal. Georges Hérelle distingue, en cambio, tres: el mundo divino, el mundo satánico, y el mundo humano. Ni Dios, ni Cristo aparecen nunca representados. Se podría pensar incluso en una cierta repugnancia a darle una figura a la divinidad. Los ángeles son quienes transmiten los mensajes divinos, reconfortan a los mártires y llevan los justos al cielo. Los satanes, sin embargo, intentarán llevarse al infierno a todos los que encuentren en su camino.

De los diversos nombres del diablo

La *diablada* como la nombra Massip tiene su correspondencia en la *Sataneria*, como se dice en las didascalias, las acotaciones escénicas vascas, y la conforman una serie de nombres variados que denotan orígenes diversos que vamos a comentar a continuación. Evidentemente el catálogo es bastante menor comparado con el de los 69 demonios que aparecen con sus nombres respectivos en la obra de Johannes Weier, *Pseudomonarchia daemonum* (1577).

Deabrua (1571) es el nombre genérico en euskara. En el siglo III, con la redacción de la *Biblia de los Setenta*, los traductores griegos del *Antiguo Testamento*, sustituyeron el hebreo *Satán* por el griego *Diábolos* (Διάβολος), que signifca 'acusador' o 'calumniador', sustantivo que proviene del verbo *diaballein* ('calumniar, difamar') y este a su vez de las raíces *día* ('a través') y *ballein* ('arrojar'). Utilizado como *diabolus* por Tertuliano en el siglo III, ya ha adquirido la forma de *diavle*, en el texto cristiano de *Eulalie* del siglo IX.

Satan, cuya primera documentación en euskara es de 1571, se halla acompañado de diversos servidores, cuyos nombres varían: *Asmodeo, Aztarot, Belzebuth, Bulgifer, Jupiter, Luzifer* ...El nombre de *Satán*- deriva como es sabido del latín *Satāna*, y éste a su vez del arameo שָׂטָן, *ha-shatán*, «adversario, enemigo, acusador». Aunque luego se le menciona como un espía errante de Dios sobre la Tierra, el sentido primario, de la raíz שׂטן (*štn*, «impedir, hostigar, oponerse»), sería simplemente el de «enemigo».

Asmodeo, es un demonio, conocido comúnmente por aparecer en el *Libro de Tobit* o *Libro de Tobías*, que no forma parte del Antiguo Testamento protestante ni del judío, pero sí del canon católico. En una leyenda Asmodeo es presentado como el rey de todos los demonios, similar al concepto cristiano de Satán, y como amante de Lilith después de que ésta abandonara a Adán. Sirvió de inspiración al escritor Luis Vélez de Guevara (1578-1644) para escribir su famosa novela *El Diablo Cojuelo*. Este nombre ya es mencionado por Robert Mandrou (1968: 282), a propósito de una obra que se representó el 20 de abril de 1634.

Aztaroth, al parecer, procede de *Astarté*, diosa de la fertilidad. Y ya aparece como tal en la *Teulfelscomödie* de 1514. Es uno de los 68 príncipes infernales al que se asignan 40 legiones de diablos según Weier.

Belzebuth procedente del dios cananeo *Baal Zebûl* (literalmente 'el señor príncipe') derivó en el actual demonio que aparece como *Welczebub* en la *Teulfelscomödie* de 1514.

Bründemor es uno de los personajes de la novela *Richard sans peur*, que dio lugar a adaptaciones de pastorales suletinas, y en la actualidad da parte del nombre del grupo musical de black metal Drangsalymir- Brundemor.

Bulgifer, compuesto al igual que *Luci-fer*, *Tenebri-fer*, de una segunda parte que significa portador, viene a ser como un híbrido de Belzebuth y Lucifer.

Júpiter, nombre clásico, que a veces aparece junto a otros como *Neptuno*, *Pluton*, *Vulcano*, *Tantalo*, *Venus*...

Luzifer (del latín *lux* «luz» y *fero* «llevar»: «portador de luz») es, en la mitología romana, el equivalente griego de *Fósforo* o *Eósforo* (Έωσφόρος) 'el portador de la Aurora' que proviene de la antigua dama oscura *Luciferina*. En la tradición cristiana, Lucifer representa al ángel caído, ejemplo de belleza y sabiduría a quien la soberbia condujo a los infiernos, transformándose en Satanás.

En el teatro vasco van apareciendo tanto en la obra mencionada del dieciocho escrita por Pedro Ignacio de Barrutia, como en las farsas chariváricas del XVIII (*Petit Jean eta Sebadina, Bubane eta Xiloberde, Kabalzar eta bere familia, Xiberua eta Marzelina, Rekokilart eta Arieder...*) y del XIX (*Malku eta Malkulina, Kaniko eta Belttxitina, Pierrot eta Xarrot, Planta eta Eleonora...*) [Urkizu 1998], o en las pastorales: *Jundane Jakobe Handia, Jundane Eustaxa, Jeana Arkekoa, Rolan*, [Urkizu 1996 y 2007], *Madalena de Jauregiberri* [Berzaitz 2000], *Akitaniako Elionor* [Bedaxagar 2014] etc.

De los temas que tratan sus diálogos

Vamos a presentar, pues, algunos diálogos de los satanes que aparecen tanto en el teatro religioso como en las farsas y las pastorales desde el siglo XVIII al XXI.

En la Tragedia de *Jundane Jakobe Handia*, es decir, Santiago el Mayor, -probablemente el texto teatral más antiguo en euskera, pues se trata de una copia de un texto de 1634- se cuenta la vida y muerte del apóstol, a la vez que se inserta aquella historia de El Colgado Resucitado. Es el suceso que se recuerda en el refrán que dice *Santo Domingo de la Calzada, donde cantó la gallina después de asada.* La historia, que conoce versiones en muchas lenguas europeas, aparece ya en el *De Miraculis Sancti Jacobi*, en las ilustraciones de *Las Cantigas* de Alfonso X el Sabio, en la obra de Jean Fouquet del Museo Condé de Chantilly, en el *Spill o Llibre de les dones* de Jaume Roig (c. 1460), donde se lee: [...] *Una vil hosta, / royn, disposta / a puteria [...] per maravella / dos cuyts ocells / present tots ells / resuscitaren / e alt cantaren / gallina e gall. / Sens entrevall / l'hosta damnada / prest fon penjada.*

En la versión teatral vasca tras indicar el preboste que el hijo del peregrino se halla vivo dice la nota didascálica, *bi oilasko bizirik egin kukurruku,* [dos gallos vivos hacen kikiriki]. Más adelante al hablar de las batallas de moros y cristianos dice Satán a su servidor *Mithila:*

SATAN

1342. Espainul fripu hurak zaitzat oro eskapi,
      Nahiagorik eraman guziak nureki.
1343. O Jakobe madarikatia, hi iz ene etsai handia,
      Hitzaz baizik ene zukeia Espainako armada guzia.
1344. Bena despit diala fripua, moruak ezteiztadak idikiren,
      Hurak bereren enetako dutuk oro izanen.

[1342. Todos los pícaros españoles se me han escapado, aunque quería llevárme-
los todos conmigo. 1343. Oh, maldito Santiago, eres mi peor enemigo, si no fuera
por ti toda la armada española sería mía. 1344. Pero a pesar de todo, bribón, todos
los moros serán para mí.]

[Ed. Urkizu 1996: 265]

Como podemos comprobar la fanfarronería y las balandronadas pueden ser
también elementos cómicos, y como subrayaba François Rabelais en su *Gar-
gantua...* (1535) es preferible escribir de temas cómicos que de lágrimas, pues-
to que la risa es lo característico del hombre.

En el *Acto para la Nochebuena* escrito antes de 1759 por el escribano de Mon-
dragón Pedro Ignacio Barrutia (Aramayona 1682 – Mondragón 1759) se mez-
clan personajes reales (los de Mondragón de la época) con los de la tradición
(La Virgen, San José, los pastores...) y con los satanes habituales siendo éstos
el eje de la comicidad del texto. Como subraya Rainer Hess [1976:290] lo ri-
dículo posee la función de subrayar plásticamente la impotencia del Mal frente
a la fuerza todopoderosa del Bien.

Ya en el País Vasco hay noticias de esta representaciones navideñas al menos
desde 1510, tales como la *Remembranza de la Encarnación* representada en Ge-
saltza-Salinas de Añana o la *Representación sobre el Nacimiento de Jesús* en la
ermita de San Sebastián de Azpeitia en 1672. (Urkizu 2009: 30-36).

(Sale el demonio echando fuego)

LUZIFER

Ai, ni mila bíder desdichadua !
Nola ausi deusten neure burua !
Orain portalean jaio-dan orri
Ausia emango deusat sekula beti.
Gizonak ene kontra ainbat podere !
Gizona izatea ez da posible.
Nun aiz Asmodeo?, nun aiz Berzebu?
Okasino onetan fabore indazu.
Fabore infernua, fabore, fabore,
Lagun izango dogu Erodes errege.
Zierra, zierra, guerra, guerra.

[¡Ay de mí, mil veces desdichado! ¡Cómo me han roto la cabeza! Al que ahora
ha nacido en el portal Le daré ansias por siempre jamás. ¡Un hombre contra mí
tanto poder! ¡No es posible que sea hombre! ¿Dónde estás Asmodeo, dónde es-
tás Belcebú? Favorecedme en esta ocasión. ¡Favor, oh infierno, favor, favor! Nos
ayudará el rey Herodes. ¡Cierra, cierra, guerra, guerra!]

(Hacen ruido. Salen Asmodeo y Berzebu)

ASMODEO

Luzifer andi balerosoa, ez adila turbadu
Ire favore etorri gaituk Asmodeo ta Berzebu
Baal, Belial, Lebiatan ta beste gañeko jentea
Azean dituk dakardela ire estandartea.
Publica vidi gerra cruela gerra mundu gustiti,
Emon bekio, ala da kumpli, xaio dan infante oni.

[No te turbes grande y valeroso Lucifer. En tu favor hemos venido Asmodeo y Belcebú Baal, Belial, Leviatán y demás gente. Tras de ti los tienes trayendo tu estandarte. Publíquese guerra cruel, guerra por todo el mundo. Désele como conviene al infante que ha nacido.]

BERZEBU

Gure kontra etorri da, benturaz bere kostuan,
Padezídu bearko ditu mila trabaju munduan,
Al dagidana egingo dot nik neure podere gustían,
Kruze baten isete-arren Jerusalengo mendían.

[Ha venido contra nosotros, por ventura, a su costa. Habrá de padecer mil trabajos en el mundo, Haré lo que pueda con todo mi poder. Por colgar[lo] en una cruz en el monte de Jerusalén.]

(Sale el Gracioso)
[Ed. Lakarra 1983: 88-90]

Como se puede comprobar los diablos en esta escena son unos pobres tipos que expresan su impotencia de modo cómico, ante el poder del Señor nacido en Belén. Sigamos comentando el rol de los satanes en las pastorales y farsas chariváricas en otras piezas teatrales.

Los manuscritos de tragedia vasca *Roland* fueron estudiados por el profesor de la Sorbona Jean Saroíhandy que hizo la transcripción y edición de un texto facticio de 343 estrofas (1927), aunque el manuscrito más antiguo que es de Pierre d'Arhets tiene 1024 y es de fines del XVIII. Se trata evidentemente de una reescritura libre de la novela de Jean Bagnyon, *La conqueste du gran roy Charlemagne des Espaigne* (1478), traducida y editada en Sevilla ya en 1528, y con ediciones por todas las ciudades españolas, incluso una en Iruña-Pamplona de 1758. Está claro que la edición que utilizó Arhets fue una española, ya que habla de *Oliveros* y no de *Olivier*, de *Zaragoza* y no de *Cesarie*, incluso Carlomagno y Ganelon juegan a las cartas, como en la historia española además de que la fuerza de *Ferragus* es de cuarenta hombres, términos que no aparecen en la versión francesa. La historia de Roland y el triunfo de los vascos sobre la retaguardia del ejército de Carlomagno es uno de los *leitmotiv* más frecuentados en la historia del teatro vasco. Los nombres de los diablos que participan son: Satán, Jupiter y Aztarot. He aquí sus discursos:

(Retira oro Turkiarat. Satanak jalki. [Se retiran todos a Turquía y salen los satanes])
SATAN

288 Zer zaik, Jupiter, orai gure egitekuez,
Enuk hanbat kuntent, Fierrabrasen jestuez.

289   Malerus khiristi harek hura goithu dik,
        Eta Floripa ere beste batek ezarri dik kolpaturik.
290   Hik ere bahien lehen elhe eta espantu franko,
        Bena feitik ez deusere ene behar ordientako.
[288. ¿Qué pasa, Júpiter con nuestros quehaceres?, no estoy nada contento con
las gestas de Fierabrás. 289. Aquel desgraciado cristiano lo ha vencido y Floripa
otro lo ha golpeado. 290. Tú tambien en otra época ya fanfarroneabas, pero nun-
ca actuabas según mis órdenes.]

JÚPITER

291   O zer pheretxia, Satan, untsa trabaila undoko,
        Nausi gaiztuek bethi badie estakuru urthia finitu undoko.
292   Eta zeren hori soldatarik ez emaiteko,
        Disputa xerkatzen dizie gero pletzatzeko.
293   Ene lanik hobenak ikhusi dutukezu,
        Zihaurek heben harat oro egin itzazu.
[291. Oh, qué estimación tras el buen trabajo, Satán, Los malos jefes siempre tie-
nen problemas tras acabar el año. 292. Y porqué eso, para no cobrar un sueldo,
buscais disputar y pleitear. 293. Podrás ver mis mejores trabajos y de ahora en ade-
lante hazlos todos. 292. Y por no pagar, buscáis disputas y pleitos. 293. Podréis
ver mis mejores trabajos y de ahora en adelante hazlos vosotros.]

AZTAROT

294   Ukhenen dik bai lagun franko hi beno hobiagorik
        Ezpahiz nahi trabailatu fera futre juan adi.
[294. Tendrá sí más amigos mejores que tú, y si no quieres trabajar vete a tomar
por culo.]

                    (Rekokilart eta Arieder jalki. [Salen Rekokilart y Arieder])
                                        [ed. Urkizu 2007: 814]

El intermezzo de *Rekokilart eta Arieder*, es una farsa chariválica de 240 estrofas
que se debió representar a la vez que la tragedia de Roland, y que el profesor Ur-
quizu editó en la obra *Zuberoako Irri-teatroa, Recueil des farces charivariques bas-
ques*, con prólogo del profesor Jean-Baptiste Orpustan (1998: 324-342). Como es
habitual en las farsas *l'homme est battu par la femme*, o sea, el hombre es golpea-
do por la mujer, con gran regocijo de los diablos que constantemente la incitan
a procrear a diestro y siniestro. En otra farsa de autor anónimo titulada *Malku
eta Malkulina* representada en Arüe en 1807 también aparecen los diablos-que en
este caso se llaman Satán y Bründemor- y dialogan en los siguientes términos:

SATAN

251.   Holaxe, jaun anderiak, emazie azkarki,
        eta popüla mündia ahal bezain abondanki.
252.   Bründemor, sendi dütügün jenthe egile hüak hik,
        nülaxe ari diren ohen gainen etzanik.
[251. Así, señores y señoras, obrad rápido y poblad el mundo lo más posible.
252. Brundemor, escuchemos cómo estos procreadores están y obran tumbados
en la cama.]

BRÜNDEMOR

253. Ützi itzazü, sira. Traballa bite azkarki,
      agian ezarriren dizie Arhuen hirüna liberaz peti.
254. Hortzeko saldo hori ere, oro birazka jarririk,
      sarri ikhüsiren tüzü erdiak lürrian etzanik.
255. Beste erdiak oheti ezpeitükie jeikitzerik,
      ez eta kota iphürdien batere xahatzerik,
255. eta bihar goizian, berdin phünzela tüzketzü,
      oheti jeiki ondüan galdegiten badütüzü.

[253. Déjelos, Señor, que trabajen bien, acaso pondrán el acto en Arhue por de-
bajo de tres libras. 254. Y esa gente también empujándola la veremos enseguida la
mitad yaciendo en el suelo. 255. Como la otra mitad no puede levantarse ni lim-
piarse el culo a causa de la gota. 256. Y mañana por la mañana igual son de nuevo
doncellas si les preguntas apenas levantadas de la cama.]

SATAN

257. Arrazün dük, Bründemor, ükhatzen die azkarki,
      nun eta eztiradien ahoradino ernari.
258. Ordian ere eztikeie erauntsi behin beizik,
      eta bera lo delarik gizatzar batek sarthürik.
259. Bestek beste gisa bat, aldiz erraiten die,
      bena eztütük heltzen aldi bat beizik batere.

[257. Tienes razón, Brundemur, lo niegan rápidamente a no ser que estén ya a pun-
to de parir. 258. Incluso entonces dicen que sólo han yacido una vez, y estando
ellas dormidas han sido violadas por un malvado. 259. Otras dicen otras cosas, en
cambio, pero siempre sólo lo han hecho una vez.]

[Ed. Urkizu 1998: 238-241]

La comicidad como se puede comprobar se halla basada en el uso libre y des-
inhibido de los temas relacionados con el sexo y el acto sexual cuya riqueza
léxica y expresiva es notoria.

Uno de los autores de farsas y remodeladores de Pastorales más conocidos
de mediados del siglo XIX es el tejedor Jakes Oihenarte (Zibitze 1821 - Uharte-
Amikuze 1859). Entre sus obras o adaptaciones se hallan: *Kaniko y Belxitina*
(1848), *Roland o los doce pares de Francia* (1849), *Los cuatro hijos de Aymon*
(1851), *Phantzart* (1852), *Abraham* (1855)….

Kaniko eta Belxitina es una farsa un tanto especial, ya que más bien es un
híbrido de tragedia y farsa y ha sido editada tres veces. Una en francés tra-
ducida por George Hérelle, gran estudioso del teatro popular vasco (1908)
otra por el poeta y estudioso del teatro vasco a la vez que autor y traductor,
Gabriel Aresti (*Jakes Oihenarte*, Kriselu, Donostia, 1971, 62-70.) y la terce-
ra por el profesor Urquizu en la colección o *recueil* ya mencionado. Repre-
sentada en Larribar en 1848 los diablos que participan en la revolución; uno
de los temas fundamentales, son Júpiter, Bulgifer y Satán, y se expresan del
siguiente modo:

SATAN
221. Eztiat erraitekorik zientako batere,
    bena nün egon zirien bertan errazie.
[221. No tengo nada que deciros, pero decidme dónde estabais.]

BULJIFER
222. Jauna, eztüzü propi orai erraiteko züri;
    hartakoz pazentzia har zazü arranküra gati.
[222. Señor, no es adecuado decíroslo ahora, por tanto tenga paciencia y no se preocupe decíroslo ahora. Por tanto tened paciencia y no os preocupéis.]

SATAN
223. Propi ala ez propi erradazie fite;
    bestela aldiz, kanpua biek har ezadazie
[223. Adecuado o no decídmelo rápido, si no iros a tomar vientos.]

JUPITER
224. Jauna, atsülütoki jakin nahi badüzü,
    hortxe, etxe gibelian khaka egiten egon gütüzü.
225. Lan hori gük zure zerbütxüko egin dügü,
    eta satisfet güntükezü hala kuntent bazina zü.
[224. Señor, si lo desea saber en absoluto, ahí mismo hemos estado cagando en la parte trasera de la casa. 225. Y eso lo hemos hecho a su servicio, y estaríamos contentos si se halla satisfecho.]

SATAN *mintza khexatürik*
226. Beste manerarik ehiana arrazu horren esplikatzeko?
    Ziauzte, badiat nik xarpa zier üzkiaren xahatzeko!
[SATAN *habla quejándose*. 226. ¿No tenías otra manera de decirlo? Venid, ya tengo yo un trapo para limpiaros el culo.]

BULJIFER
227. Lan hortako, jauna eztüzü aski ezti hori;
    egitekoz, egin itzagüzü zure mihi lüziareki.
[227. Para ese trabajo, señor, no es suficientemente suave, hacedlo con vuestra larga lengua.]

SATAN
228. Errespetiak oro nürat ützi dütüzie?
    Alo, untsa mintzatzen ikhasi behar düzie.
229. Defenda zitaie eni, edo gogua emazie;
    bestela biek biziak galdü behar dütüzie.
[228. ¿Dónde habéis dejado vuestro respeto? Bueno, tendréis que aprender a hablar correctamente. 229. Defendeos de mi, que si no vais a perder vuestras vidas.]

BULGIFER

230.   Koraje, to, Jupiter, loth akio Satani;
        larrütü behar diagü, ene fedia, oraikoti.

Bataila. Mithilak belharika.

[230. Coraje, tú, Júpiter, agarra a Satán, por mi fe, que esta vez lo vamos a deslo-
mar. *Batalla. Los chicos de rodillas.]*

SATAN

231.   Eztü deüs egiten orai heben belharikatziak.
        Alo, eni eraküts etzatzie xahü tüzienez üzkiak.

*Bataila. Ezkapa mithilak. Satan dantza;
gero erretira.Belxitina, erhatz bat bizkarrian, jin.*

[231. Ahora nada importa que os arrodilleis, y enseñadme a ver si tenéis los
culos limpios. *Batalla. Se escapan los chicos. Satan danza, y luego se retira.Sale Be-
lxitina con una escoba al hombro.]*

[ed. Urkizu 1998: 193-195]

Como se puede comprobar se da una transición en los motivos de la comi-
cidad, pasando de lo erótico a lo escatológico, a la vez que la rebelión de los
demonios contra Satán como espejo de lo reflejado en la revolución también
se convierte en motivo hilarante.

Esta tradición sigue teniendo su influencia en el teatro actual, ya que, por
ejemplo en la obra representada en Eskiula el 23 de julio de 2000, titulada *Ma-
dalena de Jaureguiberri*, escrita por Pier Paul Berzaitz, podemos hallar frases,
además de en castellano, en francés, en italiano y en inglés, como no podía fal-
tar, ya que como bien sabemos el teatro es el espejo de la sociedad. He aquí un
ejemplo de lo último. Dice uno de los Satanes:

SÜ

Wouah, nausiak entzün banintza
Adio, ene abantzamentüa,
Goazen goazen lanealat,
War, blood and tears.

[Wouah, como me oiga el patrón! / Adiós, mi ascenso / Venga, a trabajar! / Gue-
rras, sangre y lágrimas.]

[Berzaitz 2000:18-19]

Y para acabar con la última versión de los diálogos de satanes indiquemos
que de algún modo de la mano de Jean Michel Bedaxagar, autor del libreto de
Akitaniako Alienor (2014) se intenta volver al modo tradicional y a sus discur-
sos estereotipados entre Satan y Sütan (literalmente *En el fuego*)

SATAN ETA SÜTAN

21.   Sütan, hau da hütsünea , zer eginen düt hitarik,
        Ez gütük egoiten ahal deus ere egin gaberik.

[Sütan ¡oh qué vacío! ¿qué voy a a hacer contigo? No podemos quedarnos con
los brazos cruzados.]

SÜTAN

22. Satan, atzaman neikezü haitzür iguin egiten lan,
Jenteen erdiak bestea besagainka jorra dezan.

[Satan, podría emplearte en urdir mentiras, a fin de que la mitad de la gente murmure de la otra mitad.]

SATAN

23. Azkenekoz uste diat badükegüla zer egin,
Kiristi zizkatü horik ifemüan sartü aitzin

[Finalmente veo que tenemos algo que hacer, antes de meter en el infierno a esos carcomidos cristianos.]

[Bedaxagar 2014: 25]

De todos modos podemos concluir que la virulencia, brutalidad y erotismo de los discursos tradicionales de las farsas y pastorales dieciochescas se ha perdido. No como señala Teresa Ferrer a propósito del *Auto de Lusitania* de Gil Vicente, que estuvo en el *Index librorum prohibitorum* y sólo se podía imprimir si se suprimían los personajes de los demonios, ya que en su discurso hacían una clara parodia de las Horas Canónicas, de modo radical, sino porque en una sociedad permisiva como la actual son lícitos los diálogos eróticos y escatológicos, pero no de buen tono.

De la vestimenta, la danza y la música

En una de las notas escénicas del auto sacramental *El Valle de la Zarzuela* de Calderón de la Barca, se lee: *Sale el Demonio vestido de pieles y en la cabeza una media visera, en forma de testa de león, de quien penderá un manto también de pieles, asidas las garras a los hombros y dice* ... [González 1952: 315]

Sólo en una referencia del siglo XVIII hemos encontrado que los satanes salían disfrazados de cazadores. En general, éstos son a la vez diablos, bufones y danzarines. Favorecen a los malos y llevan a los turcos al infierno, cuya puerta consiste en una trampilla abierta en medio del escenario por la que hacen pasar de bruces a los malos. Vestidos de chaqueta roja engalanada en oro, salen siempre por la puerta izquierda (derecha del espectador colocado en frente del escenario), mientras que los buenos salen siempre por la derecha. Llevan a veces unas coronas iguales a las de los reyes infieles, y otras una boina roja con cordones blancos; pequeños cascabeles atados a la cintura o a las piernas; y una batuta de unos 40 centímetros, acabada en una melena adornada de cintas con las que hacen sus diabluras. Tanto los satanes como los turcos antes de salir de escena por la puerta izquierda saludan al maniquí, que representa al diablo, que danza automáticamente por un sistema manejado desde detrás del telón, y recibe los nombres de Mahomet, Júpiter o El Ídolo.

Aunque hay quien considera que tienen una función puramente coreográfica y que no tienen ninguna maldad, por lo que más que *satans* deberían ser llamados *sautants*, esto no es cierto como ya hemos indicado al hablar de los temas de sus diálogos.

Hay un dato sobre los satanes que pensamos no ha sido señalado con detalle anteriormente por los estudiosos de la pastoral, que deseamos subrayar aquí. Es que los satanes no cantan, sino que únicamente bailan y dialogan. La explicación podría hallarse en lo anotado por Francesc Massip [1988] a propósito del repertorio musical del teatro medieval catalán, y es que en el *Ordo Virtutum* de Hildegard von Bingen (1098-1179) se le niega al diablo la facultad de la música, ya que se entiende que la música es la expresión de la Armonía, y que por lo tanto esta armonía no puede concedérsele a aquél que intenta precisamente arrebatársela al hombre.

El mundo humano se halla dividido en dos bandos: los cristianos (o sea, los azules) y los turcos (los rojos). El Papa, los cardenales, los obispos, los curas, los eremitas, los reyes, los guerreros y los nobles pertenecen a la primera categoría, mientras que los turcos con sus reyezuelos y salvaje soldadesca pertenecen al segundo. Los reyes turcos llevan encasquetada una *koha* < *corona(m)* lat.) adornada de espejitos brillantes, lo que les diferencia a parte del color rojo, de los reyes cristianos.

La regla del simbolismo de los colores se aplica también a los personajes femeninos. Si una mujer se halla vestida de blanco y lleva una cinta roja es señal inequívoca de que pertenece al bando de los turcos. Incluso en alguna ocasión, como en la pastora *Abraham*, los rebaños de ovejas que suben al escenario se distinguían por el color de la cinta que les colgaba. Los de Abraham llevaban el distintivo azul y los de Loth el rojo

Del lenguaje

Su lenguaje es tan bajo, picante y procaz que fue durante mucho tiempo la causa de que el clero no asistiera a las pastorales. Pierre Lafitte, uno de los primeros sacerdotes en asistir a una pastoral, en 1922 aparece partidario de que los diálogos entre satanes se abrevien, precisamente a causa de su lenguaje soez, sin embargo treinta años después, cuando Marzeline Heguiaphal dirige su *Jeanne d'Arc* (1952), considera que se ha castrado la función fundamental de los satanes, convirtiéndolos en meras figuras de danza.

Albert Boadella, el conocido director y actor catalán se expresaba en estos términos sobre los satanes de la Pastoral:

> Uno observa que incluso aquí en Cataluña en los Pastorets o en las Passions, que cuando sale el diablo es cuando surge el auténtico teatro y la gente disfruta, y es lo que está esperando ver. Porque el Mal es más espectacular que el Bien, que adolece de algo, es más afeminado y acaramelado. Esto para mí es una teoría teatral. El Mal es siempre más espectacular, tiene más colorido y más rasgos folklóricos. [Urkizu 1983]

El teatro farcesco ha sido valorado por Lafitte, sacerdote y crítico literario que considera que el euskera en estas obras es aún mejor que en las pastorales, sin vanas pedanterías ya que mana del tesoro cotidiano en términos claros y sonoros, aunque sea exagerando a la manera rabelesiana.

Conclusión

Los diablos del teatro vasco como es habitual tienen como función principal la risa y el rechazo del público. Su comicidad está basada en su propia ridiculez e impotencia ante el Bien, en los diálogos procaces y escatológicos, y en el multilingüismo. Son los únicos personajes de la pastoral que no cantan, ya que el canto significa armonía, y el Señor no podía concederles este don a quienes trataban de arrebatársela a los hombres, por eso, están condenados a danzar por toda la eternidad.

Referencias bibliográficas

BEDAXAGAR, Jean Michel (2014). *Akitaniako Alienor trajeria.* Ozaze : Imp. Ideki.

BERZAITZ, Pierre (2000). *Madalena de Jauréguiberry pastorala.* S. l.: Eskiula.

COHEN, Gustave (1951). *Histoire de la mise en scène dans le théâtre religieux français du moyen âge.* París : Ed. Honoré Champion.

FERNÁNDEZ IGLESIAS, Arantzazu. (2013) «Las pastorales modernas: fenómeno multitudinario en el País Vasco. La pastoral Xahakoa». *Signa, Revista de la Asociación Española de Semiótica.* Madrid: UNED, pp. 33-59.

GONZALEZ, Eduardo (ed.) (1952). *Autos sacramentales desde su origen hasta fines del siglo XVII.* Biblioteca de Autores Españoles. T. LVIII.Madrid : Atlas.

HERELLE, George. (1908). *Canico et Beltchitine farce charivarique, traduite pour la première fois du basque en français.* París : H. Daragon.

HESS, Rainer. (1976). *El drama religioso románico como comedia religiosa y profana: (siglos XV y XVI).* S/l : Gredos.

KOOPMANS, Jelle. (1997). *Le Théâtre des exclus au Moyen Âge. Hérétiques et marginaux.* París : Imago, París.

MASSIP, Francesc. (1988). «El repertorio musical en el teatro medieval catalán», *Revista de musicología*, X, nº 13. Madrid, p. 722.

— & KOVÁCS, Lenke. (2004). *El baile: conjuro ante la muerte. Presencia de lo macabro en la Danza y la Fiesta Popular.* Ciudad Real: CIOFF.

— (2009). «La Representació de l'Assumpció de Tarragona a la Plaça del Corral (1388)», *Tarragona: espai festiu, espai teatral. De la plaça del Corral al teatre all'italiana.* Tarragona: Cossetènia, pp. 33-50.

MUCHEMBLED, Robert (2000). *Une histoire du diable. XIIe –XXe siècle.* París: Ed. du Seuil.

SIRERA, Josep Lluís (2001). «Els autors de teatre hispànic al'edat mitjana i la construcció de l'actor ideal», *De Actor Medieval a nuestros días.* Actas del Seminario del IV Festival de Teatre i Música Medieval d'Elx: Ed. Ajuntament d'Elx. pp. 103-119.

URKIZU, Patrizio (1983). «Impresiones de Boadella sobre la pastoral vasca», *Antzerti berezia*, 4. Donostia: Ed. Eusko Jaurlaritza, p. 2.

— (ed.) (1996). *Jundane Jakobe Handiaren Trajeria (1634).* Errenteria: Errenteriako Udala, pp. 125-295.

— (ed.) (1998). *Zuberoako irri-teatroa. Recueil des farces charivariques basques.* Préface de Jean-Baptiste Orpustan. Biagorri: Izpegi.

— (ed.) (2007). *Teatro popular vasco. Manuscritos inéditos del siglo XVIII. Estudio y edición.* Madrid: UNED.

— (2009). *Teatro vasco. Historia, reseñas y entrevistas, antología bilingüe, catálogo e ilustraciones.* Madrid: UNED

WEBSTER, Wenthort (1901).«Les pastorales», *Les loisirs d'un étranger au Pays Basque.* Chalon-sur-Saône: Imprimarie française et orientale E. Bertrand, pp. 213-238.

4. Els balls festius

José Manuel Pedrosa

Bombas y relaciones, entre España y América[1]

El hermanamiento de bailes y de teatro (o de parateatro) popular con músicas y con parlamentos recitados interpolados ha dado lugar, en no pocas tradiciones del mundo, a una variedad amplísima de artes y de espectáculos folclóricos, que van desde los más elementales (aquellos en que pocas personas, de clase por lo general popular y rústica, se juntan para bailar, cantar y recitar ante públicos familiares o locales) hasta espectáculos teatrales sofisticados y aparatosos, con cientos de actantes (danzantes, músicos, actores) movilizados ante millares de espectadores (algunos del lugar, y otros turistas). La mayoría de las ponencias y de los ponentes que han respondido a la convocatoria de este congreso está atendiendo a los grandes (a veces fastuosos) *balls*, fiestas o danzas de moros y cristianos, dances, pastoradas, autos... Yo prefiero enfocar mi lente sobre las manifestaciones más modestas e informales, menos proclives al espectáculo de masas, porque creo que en ellas puede hallarse el embrión, o uno de los embriones, de muchos de los espectáculos más elaborados y complejos, además de algunas de las claves más esenciales y reservadas de su poética y de su sociología.

En efecto, en muchas comunidades —por lo general de clase baja o campesinas— de todo el mundo hispánico ha sido tradicional, durante siglos, que, llegado algún momento de ocio o de fiesta, los nativos se diviertan con bailes acompañados en parte de cantos y en parte de recitados —tales bailes suelen asociarse a nombres como los de *bombas, relaciones, bailes de candil, balazos, aros, aro-aros* y otros— sustanciados en actos rituales compactos, que podríamos considerar rudimentariamente parateatrales. No me estoy refiriendo aquí a cualquier baile acompañado por algún o por algunos cantores y músicos, de

Universidad de Alcalá.
[1] Agradezco la ayuda y orientación que, mientras redactaba este artículo, me han prestado Pepe Rey, Francesc Massip, Raül Sanchis Francés y Gloria Libertad Juárez.

guitarra o pandereta, por ejemplo. Me refiero a bailes en grupo en que hay in-
terpoladas secuencias de diálogos con varias voces cantantes, por lo general la
de un hombre y una mujer, que dejan de bailar, se enzarzan en diálogos reci-
tados (no cantados), con réplicas y contrarréplicas que pueden ir alternándo-
se durante largo tiempo, separadas por intermedios musicales en que los dos,
muchas veces de acuerdo con el coro de las demás voces, vuelven a cantar y
bailar. Bailes con diálogos en que, por lo general, una de las parejas recitantes
deja paso, cuando acaba su turno, a la siguiente; aunque a veces hay solo dos
personas en diálogo, y la danza termina cuando una de las dos voces cantantes
se impone dialécticamente a la otra, o cuando ambas deciden poner punto final
a su controversia. Los diálogos en verso incrustados en el seno de tales bailes
suelen ajustarse a la forma métrica de la cuarteta o de la décima en gran parte
del mundo hispánico; son algunas veces improvisados en el calor del momen-
to, y otras veces se nutren de versos tradicionales, sacados del amplio arsenal
lírico que cada cantante guarda en su memoria; funcionan dentro de marcos
de ritualización compleja, que reclama no solo habilidades verbales destacadas,
sino dispositivos gestuales sofisticados; y sus temas y tonos suelen estar en la
órbita de la sátira, de la invectiva, a veces hasta de la picardía y la irreverencia.

Sobre todo —y eso interesa aquí, porque es un rasgo que tiende puentes ha-
cia el teatro o el parateatro de los *balls* o los autos más complejos—, se trata
de un repertorio que se ajusta a un esquema de canto y de baile en grupo en
que la música y el baile cesan de improviso (o quedan reducidos a acompaña-
mientos de bajo y a movimientos muy tenues) y dos voces se ponen, mientras,
a dialogar en verso hablado, no cantado.

Nadie podrá aducir pruebas documentales —porque a casi toda la documenta-
ción folclórica antigua se la ha llevado el olvido— que avalen que en estos bailes
musicados-cantados-recitados modestamente populares y/o campesinos se halle
el embrión de las formas teatrales o parateatrales —las de los autos, etc.— ma-
yores. Pero hay no pocos argumentos indirectos que apoyarían tal posibilidad.

Uno que interesa destacar: que las formas mayores no pudieron nacer por
generación espontánea, sino como desarrollo de formas más modestas y menos
aparatosas; téngase en cuenta, a modo de aval, la opinión dominante entre los
especialistas en la cultura clásica de que la gran comedia y la gran tragedia de
la antigüedad griega nacieron de viejísimas líricas corales prehistóricas y pre-
literarias, campesinas, asociadas a ritos de propiciación agraria y ganadera y a
cultos mágico-religiosos y heroico-militares, que integrarían desde el principio
diálogos cuyos *amplificatio* y perfeccionamiento habrían devenido en teatro.

Y otro argumento más, que más adelante desarrollaremos: en la lengua es-
pañola —y en otras lenguas como la catalana o la gallega— de ambas orillas del
Atlántico, la palabra *relación* tiene muchas acepciones; pero una de ellas atañe,
de manera bastante específica, a determinados diálogos recitados que se inser-
tan dentro de bailes cantados. Bailes que a veces son elementales y rústicos —
las *relaciones* engastadas en algunos bailes tradicionales en Hispanoamérica: gato
con relaciones, pericón *con relaciones*, chacarera *con relaciones*, etc.— y otras ve-
ces complejos y elaboradamente teatrales: las *relaciones* o parlamentos que recitan
ciertos personajes dentro de autos sofisticados, que en ciertos lugares, en vez de

autos, llegan hasta a denominarse *relaciones*. El que haya una denominación que vincule las *relaciones* humildes —bailes de pareja animados, como mucho, por un coro pequeño— y las *relaciones* más aparatosas —obras teatrales extensas, espectaculares, con muchos personajes y peripecias— es otro argumento que juega a favor de la relación genética que ha de haber entre ambos repertorios.

Pero los bailes en pareja con versos recitados insertos —con pequeño coro acompañante— no reciben solo, en la tradición panhispánica, el nombre de *relación*. Se acogen a nomenclaturas y variedades más amplias y variables. Las limitaciones de espacio obligarán a que en este artículo no podamos descender a la descripción ni al análisis de repertorios como el de los *bailes de candil* que fueron tradicionales en el sur de España en siglos pasados, o como el de los *aros* o *aro-aros* que siguen vivos hoy en varios países de Sudamérica, y que están conociendo un periodo de insólita expansión gracias al favor que encuentran entre los jóvenes y a su desembarco en Internet. Tampoco nos referiremos aquí a repertorios más o menos equiparables como el de las *patacades* de Cadaqués, que son minuciosamente desentrañadas en un artículo de Pep Vila que se publica en este mismo volumen. Nos tendremos que limitar a hacer una revisión somera de los repertorios de *bombas* (que en algunos lugares de Argentina y Uruguay son denominadas también *balazos*) y *relaciones*, que son los que, con tales nomenclaturas, gozan de una difusión más amplia, que alcanza a las dos orillas del Atlántico.

En el año 2001 publiqué un extenso artículo sobre el repertorio de las *bombas*[2] cantadas tradicionalmente en España, México, Puerto Rico y otros países de América. Nombre, el de las *bombas*, que debe aludir (como el de los *balazos*) al efecto repentino, contundente e (irónicamente) agresivo con que interrumpen, por unos momentos, el baile coral en que suelen insertarse. Voy a procurar no reincidir demasiado en ese artículo aquí, ya que lo tienen ustedes a su disposición en Internet. Pero como sí va a ser nuestro punto de partida, convendrá reiterar aquí alguna de las definiciones —que ya aduje entonces— que, en México, se han dado de la *bomba*:

> En el sureste del país, copla improvisada, por lo común irónica, intencionada, erótica, que el bailador de zapateo, en los saraos o huapangos, echa a la bailadora que le hace pareja, con relación a algún rival o simplemente galanteándola. Es peculiar de los bailes populares entre gente del campo. Lo mismo en Antillas y Centro América.[3]

La poética, las fuentes, las mezclas e hibridismos que hay detrás de este repertorio fueron ya analizados por especialistas como Yvette Jiménez de Báez, quien subrayó algo interesante para nosotros: que en Veracruz es tradicional, englobado en la amplia constelación de las *bombas*, el repertorio llamado de las «dos relaciones». Prueba de contigüidad e incluso solapamiento ocasional de las dos denominaciones:

---

[2] PEDROSA, «Las bombas: un género de canción y de danza en las tradiciones mexicana y panhispánica», *Revista de Literaturas Populares* 1 (2001) pp. 157-187.

[3] Francisco J. SANTAMARÍA, *Diccionario de mejicanismos*, 2ª ed. corregida y aumentada (México: Editorial Porrúa, 1974) *s.v. bomba*.

Así como Bastide señala que en Ecuador se ha heredado el «baile africano, la *Bomba*, bailado sobre todo en Navidad (y acompañado de canciones en español)», habría que añadir que el baile de *bombas* es tradicional en los estados mexicanos de Yucatán y Veracruz, en Puerto Rico y otras partes del Caribe. El ritual mínimo de su desarrollo consiste en empezar a bailar por parejas; luego uno de los bailadores grita: «¡*Bomba*!». Se detiene la música y el bailador recita una décima (copla de Puerto Rico), que deberá contestar su pareja. Lo que en Veracruz llaman «dos *relaciones*» que se asocian a sones como el de las «Décimas de desenojo» [...] En un interesante artículo relativamente reciente, Ricardo Pérez Monfort (1990:45) apunta la relación entre el fandango (la fiesta jarocha o veracruzana por excelencia, que se define por el uso de la tarima para el zapateado y la música de arpa, jarana y requinto), la tradición indígena y la negra. En su ejecución se siguen los lineamientos básicos con los que he caracterizado el ritual de *La Bomba*.[4]

Yo mismo demostré, en aquel artículo de 2001, que el repertorio de las *bombas* tradicionales de México, Puerto Rico y otros países de América viene del repertorio de las *bombas* que se han cantado tradicionalmente en no pocos pueblos y aldeas de España. A los documentos peninsulares que entonces aporté se pueden sumar muchos otros. Por ejemplo, este episodio del cuento *La cencerrada* de Vicente Blasco Ibáñez:

> La cosa marchaba. Hablaban todos a un tiempo, y la gente deteníase en la calle para admirar la alegría de los convidados.
> Aquel vinillo claro coronado de brillantes surtía efecto. Todos querían brindar.
> ¡*Bomba... bombabaaa*! aullaban los más alegres. Y se ponía en pie un socarrón, vaso en mano, y después de mirar a todos lados con sonrisa maliciosa que prometía mucho, rompía así:
> Brindo y bebo
> y quedo *convidao* para *aluego*.
> Todos, a pesar de que este chiste lo oyeron ya a sus abuelos, acogíanle con grandes risotadas, y gritaban palmoteando:
> ¡*Vítor... vítooor*!
> Y tras esta muestra de ingenio venían otras, todas ellas tan rancias, no faltando quien se lanzaba a improvisar cuartetas rabudas en honor de los novios.[5]

Aunque las *bombas* parecen haber tenido más arraigo tradicional en el sur de España, no han dejado de ser también documentadas en tierras del norte. En las regiones de Asturias y de Cantabria, por ejemplo, han estado ligadas a las ocasiones festivas de las cencerradas y a otras modalidades de canto burlesco:

---

[4] Yvette JIMÉNEZ DE BÁEZ, «Décimas y glosas mexicanas: entre lo oral y lo escrito», *La décima popular en la tradición hispánica. Actas del Simposio Internacional sobre la décima*, ed. M. Trapero (Las Palmas de Gran Canaria, Universidad de Las Palmas de Gran Canaria-Cabildo Insular de Gran Canaria: 1994) pp. 87-109, pp. 95-97. El artículo referenciado es el de Ricardo Pérez Monfort, «Fandango, fiesta y mito», *Universidad de México* 478 (1990) pp. 45-49.
[5] Vicente BLASCO IBÁÑEZ, «La cencerrada», en *Cuentos valencianos* (Madrid: Alianza, reed. 1998) pp. 31-61, pp. 50-51.

Pero, además de la censura popular contra estos enlaces penados con el castigo del ruido, hay también en algunos lugares denuncia pública de los defectos de los contrayentes. La algarabía infernal de los instrumentos se interrumpe de vez en cuando para dejar oír unas sangrientas sátiras, con las que se escarnece a los novios, publicando sus faltas, defectos físicos, supuestos motivos aviesos para la boda o imaginarias palabra pronunciadas por los esposos difuntos. Estas sátiras en forma de pregones o coplas, llamadas *bombas* en Corias de Pravia, *jaculatorias* en Cornellada (Asturias), y con otros muchos nombres en cada sitio[6].

Las coplas de los rondadores se llaman *bombas* en aquellos casos en que sueltan expresiones agudas para zaherir, y cuando están caldeadas por algún contratiempo de un novio celoso a o un amante desdeñado.[7]

No contamos en esta ocasión con espacio para extendernos acerca del canto de *bombas* en América. Ya ofrecí, en mi artículo de 2001, testimonios abundantes y reveladores de su arraigo en tradiciones orales que van desde México y Puerto Rico hasta Venezuela o Ecuador, pasando por El Salvador o Nicaragua. Sí es obligado remarcar, en cambio, que en los países más meridionales de América la voz *relación* parece ser la preferida, frente a la de *bomba*, para denominar repertorios análogos de bailes con músicas y versos cantados y recitados. De hecho, ha sido atestiguado en aquellas latitudes un vistoso elenco de bailes que reciben nombres como los de danza *de relación*, o gato *con relaciones*, o pericón *con relaciones*, o chacarera *con relaciones*. Suelen identificar las *relaciones* con las secuencias concretas de los versos recitados que se insertan dentro de los bailes cantados.

La voz y el género de la *relación* no ha recibido la atención que se merece por parte de los historiadores de los cantos y de las músicas populares del mundo hispánico. Acaso porque *relación* es palabra muy polisémica, con varias acepciones relevantes (las que tienen que ver con sus sentidos de «vínculo» y de «narración», sobre todo) que oscurecen la muy específica (la que se halla en la órbita de la danza, la música y la poesía populares) que nos interesa ahora a nosotros. Y porque se halla emparentada, además, con la voz *relato*, que tiene también viejísima historia y múltiples y complejas acepciones. De hecho, en el canónico *Diccionario de la música española e hispanoamericana*, la voz *relación* no tiene entrada propia. Sí la voz *relato*, en un contexto en que funciona, de manera bien significativa, como sinónimo de *relación*:

Relato. Bolivia. En la entrada del Carnaval de Oruro es la puesta en escena de dos dramas teatralizados antiguos pertenecientes a dos comparsas de danza callejera: el *Relato de los siete pecados capitales* representado por la Fraternidad Artística y Cultural la Diablada y el *Relato de la conquista de los españoles* dramatizado por los bailarines del Conjunto de Incas Hijos del Sol. Los *relatos* son presentados el lunes de Carnaval en la plaza del Socavón de Oruro, a los

---

[6] Pilar GARCÍA DE DIEGO, «Censura popular», *Revista de Dialectología y Tradiciones Populares* XVI (1960) ps. 294-331, p. 321.

[7] Sixto CÓRDOVA Y OÑA, *Cancionero popular de la provincia de Santander*, 4 vols. (Santander: Aldús, 1948-1949) II, p. 192.

pies del templo de la Virgen de la Candelaria, también conocida como Virgen del Socavón.[8]

En la geografía hispanoamericana (sobre todo en la de América del Sur), la voz *relación* ha solido funcionar más como «apellido» que como «nombre» de danzas del tipo del gato *con relaciones*, pericón *con relaciones*, chacarera *con relaciones*... En Argentina sabemos, por ejemplo, que fue muy tradicional la danza denominada *gato*, y que su modalidad más relevante fue el llamado *gato cordobés*. Pero también ha habido «el *gato cuyano*, con giro y contragiro en su segundo tramo, el *gato porteño*, con un giro inicial antes de la primera vuelta, el *gato correntino*, de cuatro esquinas, el *gato con relaciones*, el *encadenado*, el *polkeado* y otros».[9]

En España, la palabra *relación* tuvo, a partir del siglo XVI, dos acepciones (entre otras) que nos interesan: la de narración noticiera que se imprimía en pliegos de cordel, y que hoy recibe el nombre genérico de *relación de sucesos*; y la de monólogo o parlamento o discurso o tirada extenso y circunstanciado, de carácter narrativo, que se hallaba inserto, por lo general, dentro de alguna pieza teatral compleja. Muy cercano formal y funcionalmente, a la loa teatral. Hacer el seguimiento de los usos que la palabra *relación* tuvo en aquellos siglos sería empresa difícil y agotadora, que revelaría muchos más casos, contextos rituales y circunstancias culturales que los que podemos detenernos a historiar aquí. Quede tal desafío para alguna próxima ocasión.

Y, dando un salto a algunos siglos después, señalemos que es común, dentro de no pocos autos de pastores y representaciones de moros que se siguen representando hoy, que haya extensas *relaciones* por lo general recitadas y monologadas, no cantadas ni dialogadas, que funcionan como relatos menores insertos en marcos argumentales superiores. Tienen, además de eso, plena vitalidad en la actualidad bastantes representaciones dramáticas populares, sobre todo de moros y cristianos, que reciben el nombre de *relaciones,* según sucede en Requena y Utiel (Valencia), por ejemplo.[10] Se da, por tanto, el hecho de que la misma palabra, *relación*, puede designar la pieza teatral completa y una de sus secciones específicas:

> Actualment, l'esquema predominant de les representacions a la zona contempla tres elements principals: *Correr la bandera*, *Las danzas* i *Las relaciones*. La primera és una cerimònia processional que consisteix a fer rodar la bandera insígnia d'una confraria o d'una altra entitat al voltant del cos mitjançant moviments de muscles, colzes i canells. Pel que fa a les danses, per exemple, a Campo Arcís es conserven encara les executades amb espases, pals i planxes, a més dels balls de parella com el *Baile del caracol*. Finalment, les relacions són els textos teatrals que representen diversos actors que encarnen el capità cristià, l'ambaixador moro, les parelles de

---

[8] Mauricio SÁNCHEZ PATZY, «Relato», en *Diccionario de la música española e hispanoamericana*, 10 vols., eds. Emilio Casares Rodicio y otros (Madrid: SGAE, 1999-2002) vol. 9, p. 96.

[9] Rubén PEREZ BUGALLO, «Gato. I. Argentina», en *Diccionario de la música española e hispanoamericana*, IV, pp. 539-540.

[10] Véase al respecto el artículo de Raül SANCHIS FRANCÉS, «Ambaixades i balls amb parlaments al País Valencià: les *Relaciones* de Requena i d'Utiel», publicado en este mismo volumen. Y también Arcadio Piqueras, *Relaciones de moros y cristianos: Campo Arcís* (Campo Arcís: Cooperativa y Caja Rural San Isidro Labrador, 1998).

cristians i moros, l'àngel i les donzelles cristianes i mores junt amb els *botargues*, contraposició còmica i burlesca de l'entramat narratiu principal. La representació té com objectiu la disputa per una imatge sagrada i no un castell, com succeeix al sud del País Valencià. L'espai escènic on s'interpreten les danses és el conjunt dels carrers de la població i la plaça major, on es representa l'acció teatral i es reciten les relacions finals.[11]

Tenemos indicios de que, a partir del siglo XVIII, el ritual de *echar relaciones* se desarrollaba a veces dentro, otras veces en los aledaños y en ocasiones fuera del marco teatral. En este último caso podía funcionar como una especie de desafío que se planteaba a los concurrentes a bailes y diversiones públicos para que declamasen o improvisasen, de repente, versos ingeniosos. Su medio ambiente social solía ser humilde y popular, aunque sabemos que fue costumbre que asumieron también las clases medias y que llegó hasta los salones y saraos de la burguesía. Una escena del sainete *La visita de duelo* (1768) de don Ramón de la Cruz resulta muy reveladora:

> D.ª Seb. *¿Hay más de que no bailemos*
> *y que cantando tonadas*
> *y echando estos caballeros*
> *relaciones, divirtamos*
> *la noche?*
> ....
> D.ª Ignac. Ea, pues, haced que salgan
> luego al instante los ciegos.
> D. Fern. Que cante el ama de casa
> una tonada.
> (Los criados sacan á los ciegos.)
>
> D.ª Marta. Primero
> cantará unas seguidillas
> Pepa.
> D.ª Pepa. Pronta estoy.
> D.ª Marta. *Y luego*
> *echará una relación*
> *cada uno.*
> Todos. No la sabemos.
> D.ª Ignac. ¿Ni usted tampoco? (A D. Lino.)
> D. Cosme. Nosotros
> somos, señora, hombres serios,
> que solo nos empleamos
> en sublimes ministerios;
> ni acompañamos madamas
> a comedias ni a paseos,
> ni cortejamos, ni somos

---

[11] Extracto de Sanchis Francés, «Ambaixades i balls amb parlaments al País Valencià».

capaces de algún defecto.
Todo en nosotros es ciencia,
virtudes y buen ejemplo.[12]

Otro sainete de don Ramón de la Cruz, *La botillería*, de 1776, enmarcaba la costumbre de *echar relaciones* dentro de un contexto relacionado, aunque parece que desde el margen, con el teatro popular. La *relación* que echó, acaso de manera informal y espontánea, «el hijo de la Andrea», es consideda por uno de los personajes como preferible a la comedia, a la zarzuela, al auto de Carnestolendas:

    Segura. A mí se me ha hecho
un instante la comedia.
    Guzmana. No es comedia.
    Navas. ¡Ya se ve!;
¡si ésta es lo propio que un bestia!
    Segura. Pues ¿qué es?
    Navas. ¡Qué sé yo!, una cosa
que hacen allí.
    Guzmana. Es... es.. zarzuela.
    Navas. Es verdá; no está malita;
mas la que en Carnestoliendas
hicieron en el lugar,
ésa sí que estaba buena.
    Guzmana. *Valía más la relación*
que echó el hijo de la Andrea
que todo esto.
    Navas. ¿Y el barbero,
no hizo un papel de primera
dama, que rompieron todos
los bancos y las silletas
de risa? ¡Madril Madril!
y es todo una friolera.
    Segura. Sin embargo, á mí me gusta
cómo cantan las más de ellas,
y el teatro es mucho cuento.
    Navas. Yo cantaba, cuando era
monago, mejor que todas.[13]

Sabemos de una censura moral muy curiosa, fechada en 1786, que aseguraba, de manera posiblemente exagerada, que la moda de *echar relaciones* en contextos festivos bastante desenvueltos había entrado en decadencia cuarenta años antes:

---

[12] Ramón DE LA CRUZ, *La visita de duelo*, en *Sainetes, en su mayoría inéditos*, ed. Emilio Cotarelo, 2 vols. (Madrid: Bailly-Baillière, 1915-1922) I, p. 514.
[13] Ramón DE LA CRUZ, *La botillería*, en *Sainetes*, I, p. 265.

Se entretejian los saraos echando relaciones, pasos de comedia, cantando al fandango jácaras de valentones, y se recitaban poesías ó sermones burlescos. Todo esto cesó de cuarenta años á esta parte (1786); y más vale que no se restituya, si no fuese con mejor cultura y mejor influjo para las costumbres.[14]

Se equivocaba el grave moralista dieciochesco que declaraba en 1786 que la costumbre de *echar relaciones* había entrado en decadencia cuarenta años antes, puesto que fue costumbre que siguió viva, aunque sin dejar obviamente de evolucionar, en España y en la América hispana hasta mucho tiempo después. Pero, antes de asomarnos a algunos casos, y con el fin de respetar el orden cronológico histórico, nos detendremos a recuperar un texto verdaderamente insólito que refleja una curiosísima tradición híbrida de loas y de *relaciones* teatrales, en lengua indígena, que estaba vigente en Filipinas en los inicios del XIX, según el testimonio que fue publicado en 1803:

Dejamos los caballos, y luego que nos sentamos, empezó la loa, que era semejante á las que suelen echar comúnmente todos los indios en estas ocasiones.

Se presenta el que ha de decir la loa en medio del teatro, bien vestido como un caballero español: está sentado y recostado en una silla en ademán de que está durmiendo; detrás de las cortinas cantan los músicos una letra en un tono lúgubre en el idioma del país; el que está dormido despierta y empieza á dudar si ha oído alguna voz, ó será sueño lo que oía: se sienta otra vez, durmiendo, y se repite la letra en el mismo tono lúgubre; vuelve á despertarse, se levanta y hace nuevas reflexiones sobre la voz que ha oído. Esta escena se repite dos ó tres veces, hasta que se persuade de que la voz le dice que ha llegado un héroe y es preciso hacer su elogio. Entonces empieza á decir su loa con bastante propiedad, representando como hacen los cómicos en el coliseo y *echando una relación en el idioma del país* en alabanza de aquel por cuyo respeto se ha dispuesto la fiesta.

En esta loa celebraron las expediciones navales del General, los grados y títulos con que le había condecorado el Rey, y acabaron dándole las gracias y reconociendo el favor que les había hecho en pasar por su pueblo y visitarlos, siendo unos pobres infelices.

Estaba esta loa en verso, compuesto muy retóricamente en estilo difuso, conforme al gusto asiático. No faltaban en ella las expediciones de Ulises, los viajes de Aristóteles y la desgraciada muerte de Plinio, y otros pasajes de historia antigua que les gusta mucho introducir en *sus relaciones*. Todos estos pasajes suelen estar llenos de fábulas que afectan siempre lo maravilloso.[15]

Unos versos hermosísimos del poeta argentino Bartolomé Hidalgo, compuestos en torno a 1822, nos traen ecos —revestidos de insólita calidad etnográfica— de un tipo de festejo popular en que la declamación de *relaciones* se daba dentro de un marco no estrictamente teatral:

---

[14] Manuel Pérez Valderrábano, *Prefacio a la Angelomaquia, o Caída de Luzbel, poema* (Palencia, 1786); *apud* Leopoldo Augusto de Cueto, *Bosquejo Histórico-crítico de la Poesía Castellana* (Madrid: Atlas, 1952) p. LXXXVIII.

[15] Joaquín Martínez de Zúñiga, *Estadismo de las Islas Filipinas*, ed. W. E. Retana, 2 vols. (Madrid: Imp. de la Viuda de M. Minuesa, 1893) I, p. 61.

A las ocho, de tropel,
para la Mercé tiraron
las gentes a las comedias;
yo estaba medio cansao
y enderesé a lo de Roque;
dormí, y al cantar los gallos
ya me vestí, calenté agua,
estuve cimarroneando;
y luego para la plaza
agarré y vine despacio;
llegué, ¡bien haiga el humor!
Llenitos todos los bancos
de pura mujerería,
y no, amigo, cualquier trapo,
sino mozas como azúcar,
hombres, eso era un milagro;
y, al punto, en varias tropillas
se vinieron acercando
los escueleros mayores
cada uno con sus muchachos,
con banderas de la Patria
ocupando un trecho largo;
llegaron a la pirame
y al dir el sol coloriando
y asomando una puntita...
bracatán, los cañonazos,
la gritería, el tropel,
música por todos laos,
banderas, danzas, junciones,
los escuelistas cantando.
Y después salió uno solo
que tendría doce años,
nos echó una relación...
¡Cosa linda, amigo Chano!
Mire que a muchos patriotas
las lágrimas les saltaron.[16]

Otro gran poeta decimonónico argentino, Hilario Ascasubi, imaginó en 1872 una fiesta de boda, es decir, una ocasión no formalmente teatral, en que un payador interrumpía un baile para *echar una relación*:

En fin, se hizo el casamiento
y todo el pago asistió
a la fiesta de esa boda,
en la cual nada faltó;

---

[16] Bartolomé HIDALGO, *Poemas*, eds. Jorge Luis Borges y Adolfo Bioy Casares (México: Fondo de Cultura Económica, 1955) pp. 29-30.

> de modo que el Paisanaje
> a gusto se divirtió;
> y en medio del beberaje,
> me acuerdo que canté yo
> unos compuestos al caso;
> *y al fin, una relación,*
> *cosa linda, les eché*
> *en el baile que se armó.*
> Finalmente, en esa fiesta
> el padrino se portó;
> ansí fué que el paisanaje
> hasta el día fandanguió...[17]

Los interesantísimos textos argentinos de Hidalgo y Ascasubi nos ofrecen una plataforma perfecta para mejor interpretar ciertos recuerdos, que remontarían a finales del XIX, del también argentino Adolfo Bioy Casares. En ellos, el *decir una relación* se revela como una costumbre emancipada por completo de cualquier marco formalmente teatral, inserta en el puro y elemental baile con recitados:

Refiere mi padre (*Antes del Novecientos*) que en los bailes del campo, cuando llegaba el momento en que la mujer debía *decir una relación*, a veces por vergüenza callaba y que entonces había algún comedido que la decía por ella. Este papel le gustaba a mi tío, el Cabo Bioy; en una fiesta, en que Antonino Gómez bailaba muy satisfecho, con un prodigioso grano en la punta de la nariz, el Cabo improvisó *esta relación*, en nombre de su compañera:

> Sos de la señal de Unzué,
> contraseñal de Baudrix,
> punta de lanza en la oreja
> y botón en la nariz.[18]

Está por hacerse un diccionario detallado, razonado, relacional, diacrónico al tiempo que sincrónico, de los cantos, danzas y músicas populares del mundo hispánico. El día en que dispongamos de un instrumento de tales alcances, estaremos en mucha mejor disposición que ahora para apreciar e interpretar la evolución, la geografía, las variedades, los hibridismos que han podido establecerse entre unos géneros y unos usos poéticos, coreográficos y musicales que han sido parte esencial de la cultura de nuestros pueblos durante los últimos siglos. Mientras llega ese momento, valgan como modesto avance estos apuntes acerca de dos repertorios, el de las *bombas* y el de las *relaciones*, que hermanan las dos orillas del Atlántico y abren horizontes complejos y prometedores a esa investigación.

---

[17] Hilario ASCASUBI, *Santos Vega, el payador* , eds. Jorge Luis Borges y Adolfo Bioy Casares (México: Fondo de Cultura Económica, 1984) p. 374.

[18] Adolfo BIOY CASARES, *De jardines ajenos. Libro abierto*, ed. D. Martino (Barcelona: Tusquets, 1997) p. 262.

Peter Harrop

El *Mummers Play*: una forma de teatre popular anglès

Quan vaig veure una representació del *Ball de Malcasats* a Anglaterra l'any 2011[1] se'm va fer evident que els balls parlats comparteixen una sèrie de característiques amb una forma teatral que es coneix a Anglaterra com a *Mumming*. Es tracta d'un terme genèric per a un seguit d'activitats dramàtiques associades a diferents èpoques de l'any en diferents parts d'Anglaterra. És una forma de teatre on els artistes i el públic sovint tornen a acudir als mateixos llocs i repeteixen les mateixes representacions en dates determinades i en moments concrets any rere any, i així arriben a ser un exemple del que Marvin Carlson anomena «efecte fantasma» o «alguna cosa que retorna en el teatre».[2]

A grans trets, la temporada de l'espectacle de *Mumming* a Anglaterra comença amb les representacions anomenades *Soul-Caking* (en referència a unes pastes que es fan per Tots Sants) del nord-oest a finals d'octubre i finalitza a la Pasqua següent amb les representacions de *Pace-Egging* (nom que ve de la paraula Pasqua en anglès antic) de West Yorkshire. Aquestes actuacions, com els espectacle de *Mumming* de Nadal del centre i sud d'Anglaterra, les *Sword Plays* (actuacions amb espases) d'Any Nou del nord-est, i les *Plough and Wooing plays* (representacions de l'arada i del festeig) de Lincolnshire, solen mostrar la mort i el retorn a la vida d'un protagonista com a motiu central d'una processó en què hi ha personatges i actes que són presentats i representats. Les diferents versions ocupen un total d'entre cinc i vint minuts, aproximadament. Les re-

---

University of Chester (Gran Bretanya).

[1] El Ball de Malcasats va ser convidat a la primera edició de «International Mumming Unconvention», celebrat a Bath, Anglaterra, el 2011. Per més detalls, vegeu http://mummersunconvention.wordpress.com/ Consulta: 22/01/2012, com també Peter HARROP (2012), «The Mummers Unconvention in Context», *Popular Entertainment Studies*, vol. 3, núm. 1, p. 77-82.

[2] Marvin CARLSON (2001), *The Haunted Stage: The Theatre as Memory Machine*, Ann Arbor, University of Massachusetts Press, p. 2.

presentacions tenen lloc al carrer, als bars, als aparcaments, a les llars, escoles i sales comunals, depenent dels costums i de les pràctiques locals.[3]

La descripció fiable més antiga d'una representació que s'assembla a una obra dramàtica popular moderna es remunta només fins al 1737.[4] El primer text que ens ha pervingut en el que coneix com a *chapbook* –és a dir aquells fullets que solien comercialitzar els venedors de carrer– prové de mitjan segle XVIII. Es considera que John White és l'editor de la primera obra de teatre d'aquest tipus titulat *Alexandre i el rei d'Egipte*, publicada a Newcastle entre 1746 i 1769.[5] Se sol considerar que el primer text del que es podria anomenar un espectacle folklòric data del 1780.[6] Però d'on provenien aquests textos?

L'historiador de teatre Bill Tuck apunta que les dècades del 1730 i 1740 van ser una època de gran agitació en el món del teatre anglès, no només per l'increment del públic interessat en les formes tradicionals, sinó també en els nous gèneres, com l'òpera de balades i la pantomima.[7] Companyies ambulants, teatre de titelles, fires i festes, tots estaven oberts al conreu d'aquestes noves formes. Fins i tot la Llei de Llicències de Teatres del 1737 podria haver contribuït al creixement i a l'àmplia difusió d'aquest estil més subversiu de teatre 'no escrit'.

Una connexió encara per estudiar és la que hi podria haver amb la tradició pantomima anglesa que es va originar en els escenaris de Londres a l'inici del segle XVIII, però que en el transcurs del segle es va anar traslladant d'allí a fires locals i altres espais d'actuació. Així, per exemple, la pantomima de Perseu i Andròmeda va ser realitzada centenars de vegades entre el 1730 i el 1780 i presenta similituds amb el conte popular de Sant Jordi i el drac. En ambdós casos l'heroi mata un monstre per alliberar la filla d'un rei (en un cas d'Egipte, en l'altre d'Etiòpia), que ha estat encadenada a una roca com una ofrena de sacrifici a la bèstia. Aleshores, el rei agraït concedeix a l'heroi la mà de la princesa.

A més, a les fires, les presentacions de pantomima sovint anaven vinculades a les actuacions de venedors de potingues, que utilitzaven caràcters còmics com a testaferros per a les seves operacions. Aquest podria ser un origen plausible per al caràcter del metge dels espectacles populars. Tuck espera que investigacions d'aquest tipus contribueixin almenys una mica a aclarir el context en què els espectacles populars es desenvolupaven en la dècada del 1730 i després, i invita

---

[3] Les següents pàgines web ofereixen una introducció i una visió panoràmica del teatre popular anglès: http://www.folkplay.info/ [Consulta: 30/11/2014] i http://www.mastermummers.org/ [Consulta: 30/11/2014].

[4] Michael James PRESTON et al. (1979), *Morrice Dancers at Revesby*, Sheffield, Centre for English Cultural Tradition and Language.

[5] Michael James PRESTON et al. (1977), *Chapbooks and Traditional Drama: An Examination of Chapbooks containing Traditional Play Texts: Part I: Alexander and the King of Egypt Chapbooks*, Sheffield, Centre for English Cultural Tradition and Language, Bibliographical and Special Series, 2, University of Sheffield.

[6] Michael James PRESTON (1973), «The Oldest British Folk Play», *Folklore Forum*, 1973, vol. 6, núm. 3, p. 168-174.

[7] Bill TUCK (2011), *Experiments in the reconstruction of early 18th century English pantomime*, Mummers Unconvention, Bath http://www.folkplay.info/Confs/Tuck2011.pdf [Consulta 30/11/2014].

a reflexionar sobre el rol dels mems[8] teatrals o dels *lazzi* amb un repertori que pot ser infinitament reciclat per adaptar-se a diferents històries o circumstàncies.

Si bé a Anglaterra l'espectacle de *Mumming* es considera sovint com un fenomen especialment local, es va començar a exportar en un estadi bastant primerenc. L'illa de Terranova és el punt més oriental d'Amèrica del Nord, i es va constituir com la primera colònia d'ultramar d'Anglaterra el 1583. Posteriorment va ser poblada per un grup de colons anglesos i irlandesos, amb poblacions més petites d'origen escocès i francès. Terranova va rebre un gran nombre d'immigrants irlandesos en particular entre el 1750 i el 1830 – el període que sembla haver vist l'aparició de l'espectacle de *Mumming* a Anglaterra. L'estudi de les tradicions de l'espectacle de *Mumming* a Terranova revela un costum molt arrelat d'anar disfressat de casa en casa durant la temporada de Nadal, una pràctica a la qual els habitants Terranova es refereixen com a «mummering», o més recentment com a «janneying». Aviat van sorgir notícies d'un altre costum d'anar de porta en porta: la realització de representacions de *Mumming* en diversos punts de la província. El costum de *Mumming* s'ha convertit en una característica important de l'autodefinició de Terranova en el si de la comunitat canadenca.[9]

Durant la segona meitat d'aquest mateix període, amb l'abolició del comerç d'esclaus el 1808 i de l'esclavitud el 1834, el canvi dels patrons de l'emigració transatlàntica i la migració de la Gran Bretanya al Carib podria haver causat l'exportació de les tradicions de l'espectacle de *Mumming* a algunes illes d'aquella regió. Les obres documentades per Roger Abrahams a les dues illes St Kitts i Nevis en la dècada de 1960 són de particular interès, ja que són textualment idèntics als espectacles de *Mumming* britànics i irlandesos.[10] Més recentment, una gran comunitat immigrant afrodescendent de parla anglesa s'havia instal·lat a la República Dominicana. Aquestes persones no van venir només de St Kitts i Nevis, sinó també d'altres illes com Antigua, Tortola, St Eustatius, St Marten i Anguilla. La investigació recent de Caspar James entre els emigrants de St Kitt a la República Dominicana, juntament amb un descobriment casual pel seu col·laborador Peter Millington a la Biblioteca de la Societat de Folklo-

---

[8] El terme mem (de l'anglès «meme») va ser creat pel biòleg evolucionista britànic Richard Dawkins a *The Selfish Gene* (1976) com a concepte per a la discussió dels principis evolucionistes per referir-se a la difusió d'idees i fenòmens culturals.

[9] Herbert HALPERT i George Morley STORY (1969), *Christmas Mumming in Newfoundland*, Toronto: University of Toronto Press. També Lynn LUNDE (2011), *Illegal Acts in Disguise: Mumming as a Component of Collective Social Action in 19th Century Newfoundland*. Mummers Unconvention, Bath. http://www.folkplay.info/Confs/Lunde2011.pdf [Consulta: 30/11/2014]. Paul SMITH i John WIDDOWSON (2013), *Traditional Drama in Newfoundland: Text; Context and Performance*, Mummers Unconvention, Gloucester. [En premsa] Lynn LUNDE (2013), *Mummers, Janneys, and Naluyuks: 'one of these is not alike'*. Mummers Unconvention, Gloucester. [En premsa] Ídem (2013), *Naluyuks of Northern Labrador: views from the printed page*, The Mumming Unconvention, Gloucester. [En premsa] Ídem (2014), *Anonymity and Strangers; Three versions of the Unknown in Newfoundland Christmas Visiting*. Mumming Unconvention, Gloucester. [En premsa]

[10] Roger D. ABRAHAMS (1968), «'Pull out your purse and pay': A St George Mumming from the British West Indies», *Folklore*, vol. 79, núm. 3, p. 176-201. Ídem (1970), «British West Indian Folk Drama and the 'Life Cycle' problem», *Folklore*, vol. 81, núm. 4, p. 241-265.

re, va descobrir la font textual utilitzada per almenys alguns dels artistes del Carib. Es tracta del guió elaborat per l'escriptora de literatura infantil d'època victoriana Juliana Horatia Ewing i publicat per primera vegada el 1884 per respondre a les preguntes dels lectors sobre una història sentimental seva anterior, titulada *The Peace-Egg*, que se centrava en una representació popular. Aquest guió va ser reeditat diverses vegades, al costat *The Peace-Egg*, sobretot en edicions publicades per la *Society for the Propagation of Christian Knowledge* (Associació per a la Propagació del Coneixement Cristià).[11] A l'inici del segle XX el costum de *Mumming* havia fet un viatge transatlàntic per establir-se en diversos llocs en tot el Carib i Terranova. També ens han pervingut algunes referències suggerents d'arreu dels EUA.

L'escenificació d'aquestes obres –tot i la dificultat d'establir una definició precisa i un resseguiment en la història– sovint s'associa amb una major varietat de tradicions de disfressa i d'anades de casa en casa, per la seva banda vinculades a una varietat de costums estacionals. Prèviament s'han tingut en consideració actuacions formalment similars als Balcans del sud i el nord de Grècia, així com a Bulgària i a Romania.[12] Més recentment l'enquesta destacable de Terry Gunnell sobre màscares i el costum de *Mumming* a la regió nòrdica s'ha centrat en Noruega, Suècia, Dinamarca, l'Atlàntic Nord, incloent-hi Islàndia, les Illes Fèroe, les illes Shetland i les Orcades, Finlàndia i Karelia, i Estònia. Groenlàndia també és present a causa dels seus vincles danesos.[13] Una forma recurrent de disfressa i actuació es coneix com a Cabra de Nadal o d'Any Nou – o *Julebukk*. És el cap d'una cabra, o la representació d'un cap de cabra, en un pal que és sostingut per una persona que s'inclina cap endavant i que és coberta amb una pell o un llençol. És portada de casa en casa, on es poden interpretar cançons o fins i tot una obra de teatre. Aquest costum és similar a les tradicions britàniques en què en lloc de la cabra s'utiliza el cap d'un cavall, per exemple en l'espectacle de *Hoodening* a Kent, i Mari Lwyd a Gal·les. Una semblança encara més gran es pot observar amb les representacions de *Derby Tup* a la zona de Sheffield.[14] Aquestes actuacions es canten en la seva majoria amb interludis dramàtics curts. En resum, podem veure disfresses estacionals de caràcter performatiu arreu d'Europa –amb la possibilitat d'influències inuit

---

[11] Peter MILLINGTON i Caspar JAMES (2011), *Mummies and Masquerades: English and Caribbean Connections*, Mummers Unconvention, Bath http://www.folkplay.info/Confs/Millington&James2011.pdf [Consulta: 30/11/2014].

[12] Margaret DEAN SMITH (1958), «The Life Cycle or Folk Play: Some conclusions following the examination of the Ordish papers and other sources», *Folklore*, vol. 69, núm. 4, p. 237-253. Dean Smith remet als volums VI, XI, XVI i XXVI de *Annual of the British School at Athens*. Vegeu també Gail KLIGMAN (1999), *Căluş: Symbolic Transformation in Romanian Ritual*, Bucarest: Romanian Cultural Foundation Publishing House. Gerald W. CREED (2011), *Masquerade and Postsocialism: Ritual and Cultural Dispossession in Bulgaria*, Bloomington, Indiana University Press.

[13] Terry GUNNELL (2007), *Masks and Mumming in the Nordic Area*, Uppsala: Kungl. Gustav Adolfs Akademien för svensk folkkultur.

[14] Ian RUSSELL (1979), «'Here Comes Me and Our Old Lass, Short of Money and Short of Brass': A Survey of Traditional Drama in North East Derbyshire 1970-80», *Folk Music Journal*, vol. 3, núm. 5, p. 399-478.

en certes àrees de Labrador i Groenlàndia,[15] que, com a mínim, a Anglaterra, Irlanda i Escòcia, poden haver rebut la influència de les evolucions de les formes dramàtiques a principis del segle XVIII.

És en aquest context que prenc part en aquesta conferència, a fi de considerar si els Balls Parlats encaixen en aquest quadre més ampli.

Qualsevol que sigui la propagació d'aquestes formes dramàtiques, el seu significat és sempre local i infinitament canviant. No obstant això, la següent consideració relativament contemporània d'una tradició anglesa pot ser aplicable a altres llocs:

> El significat de l'obra se centra en la idea de comunitat. [...] Quatre grans temes hi contribueixen: el poble [d'Antrobus] com una entitat que fa una crida a la lleialtat dels seus membres i requereix la celebració periòdica i el reforç. Representen una idea de la comunitat com un sistema de relacions en el present i continuïtat a través de les generacions. La celebració d'Antrobus com una entitat es manifesta en els nadius del llogaret que tornen cada any per fer una actuació davant dels seus habitants actuals i per proporcionar un sentit de la concòrdia i de convivència. El seu recorregut pels pobles veïns, en nom d'Antrobus, defineix el seu poble com a tan diferent dels altres. [...] El vincle amb les generacions anteriors és proporcionat per la idea que els personatges són fantasmes, és a dir, que són una forma de realització de certs aspectes del passat. L'element didàctic d'això –i la raó per la qual l'obra és una comèdia– és que els aspectes escollits de representació no són dignes de lloança. [...] Hi intervenen personatges aparentment diversos que tenen en comú que tots són de fora, tots perifèrics o una càrrega per a la comunitat rural. El rol del caràcter que porta per nom Letter-In [...] és el de mediar entre els actors i el públic. [...] El Cavall Salvatge [...] no és humà, i ni tan sols de manera inequívoca equina. És un estrany entre els estranys. [...] El Cavall Salvatge és una metàfora de la tradició. [...] Finalment, la idea de la bona i la mala sort es pot veure com un resum dels punts anteriors. La colla són portadors de sort, però l'obra pot causar la ruïna igual que la benedicció. Una resposta positiva, acollidora i hospitalària porta sort al públic; una resposta negativa produeix efectes negatius. Rebutjar l'obra equival a rebutjar la comunitat que la representa i celebra; equival a rebutjar les obligacions contemporànies i històriques.[16]

La sofisticació d'aquesta anàlisi rau en el fet que explica el que és explícit en la tradició d'actuació a més del que els artistes van dir sobre això en aquell temps. Ara bé, encara més important per a mi és la concepció de l'alteritat –arrelada en les condicions històriques concretes de l'època en què el costum de *Mumming* va evolucionar com una forma dramàtica, però que també és central per a l'acte mateix de l'actuació.

Ara és un lloc comú assenyalar que la idea de la supervivència de la cultura s'ha convertit ella mateixa en una supervivència en una cultura tan atàvica com

---

[15] Lynn LUNDE (2013), *Naluyuks of Northern Labrador: views from the printed page*, The Mumming Unconvention, Gloucester. [En premsa]

[16] A.E. GREEN (1980), «Popular Drama and the Mummers Play», *Performance and Politics in Popular Drama*, dins David Bradby *et al.*, Cambridge, Cambridge University Press, p. 139-166.

les supervivències rituals descrites per Tylor i altres autors.[17] El que es considera amb menys freqüència és fins a quin punt aquestes idees s'han incorporat al teixit del costum tradicional contemporani. Folkloristes d'avui dia han acceptat que s'utiliza la interpretació del costum ofert per Frazer[18] per explicar els costums tradicionals per l'observador llec que mostra un interès ocasional. Ara bé, el que sovint exaspera els mateixos folkloristes és la popularitat d'aquesta lògica entre els exponents de les tradicions que s'estudien, i això és especialment molest quan aquestes persones s'assemblen molt als folkloristes. El que tenim aquí és una difuminació del folklore en la representació d'un 'metafolklore' per la qual cosa l'element original del folklore es realitza com si l'explicació posterior fos el motiu de la seva existència. Els folkloristes solen acceptar ells mateixos les raons que dóna la gent quan se'ls pregunta per què fan alguna cosa, fins i tot quan estan segurs que el que «aquesta gent» fa no és el que «aquesta gent» pensa que està fent, i que per tant la seva raó per fer-ho és sospitosa. L'any passat vaig tenir la sort d'avaluar una tesi doctoral d'un nord-americà, Mark Gowers, que em va fer conéixer l'expressió encantadora 'contemporary ludergy', per referir-se al mecanisme adoptat substancialment per una comunitat com a mitjà legítim per a la recol·lecció o la re-unió dels seus propis membres en diverses ocasions. Aquest mecanisme comparteix la qualitat més perdurable de la tradició, el costum social de «retornar-hi.» Gowers va explicar que és a través del retorn de l'actuació que una comunitat es torna a recollir i de reunir, i vam estar d'acord «que és l'acte de re-membre-ció, tant en el seu sentit fenomenològic i social que posa en relleu el valor de la tradició i sustenta l'eficàcia i la popularitat dels costums estacionals».[19]

Deixaré l'última paraula a Lynn Lunde, una investigadora i intèrpret de *Mummering* a Terranova:

> La representació de *Mummers* és un excel·lent vehicle per a la comunicació. Intèrprets podien castigar i censurar els individus i grups sota la disfressa de les seves funcions, encara que no necessàriament en l'anonimat, ja que els intèrprets de l'obra no sempre anaven disfressats, sinó caracteritzats com a personatges d'una obra de teatre. L'assumpció d'un rol i d'un caràcter en l'actuació no conferia l'anonimat, però llicència i la impunitat.[20]

Aquest podria ser un altre element que els espectacles de *Mumming* i els Balls Parlats tenen en comú.

---

[17] Edward Burnett TYLER (1871), *Primitive Culture, Researches into the Development of Mythology, Philosophy, Religion, Art and Custom*, 2 vols. Londres, J. Murray.

[18] James George FRAZER (1894), *The Golden Bough: A Study in Comparative Religion* 2 vols., Londres, Macmillan.

[19] Mark GOWERS (2013), *Postmodern Ludergies: Theorizing Participatory Theatre Events as Folk Play*, unpublished doctoral thesis, Royal Holloway University of London. 323 p.

[20] Lynn LUNDE, *Mummers Janneys Naluyuks: 'one of these is not alike'*, p. 88, Consulta: 30/11/2014.

Bibliografia

ABRAHAMS, Roger D. (1968), «'Pull out your purse and pay': A St George Mumming from the British West Indies». *Folklore*, vol. 79, núm. 3, p. 176-201.
– (1970). «British West Indian Folk Drama and the 'Life Cycle' problem». *Folklore*, vol. 81, núm. 4, p. 241-265.
CARLSON, Marvin (2001). *The Haunted Stage: The Theatre as Memory Machine.* Ann Arbor: University of Massachusetts Press.
CREED, Gerald W. (2011). *Masquerade and Postsocialism: Ritual and Cultural Dispossession in Bulgaria.* Bloomington: Indiana University Press.
DEAN SMITH, Margaret (1958). «The Life Cycle or Folk Play: Some conclusions following the examination of the Ordish papers and other sources». *Folklore*, vol. 69, núm. 4, p. 237-253.
FRAZER, James George (1894). *The Golden Bough: A Study in Comparative Religion*, 2 vols. Londres: Macmillan.
GREEN, A.E. (1980). «Popular Drama and the Mummers Play». A: David Bradby [*et al.*], *Performance and Politics in Popular Drama.* Cambridge: Cambridge University Press, p. 139-166.
GOWERS Mark (2013). *Postmodern Ludergies: Theorizing Participatory Theatre Events as Folk Play*, unpublished doctoral thesis, Royal Holloway University of London.
GUNNELL, Terry (2007). *Masks and Mumming in the Nordic Area.* Uppsala: Kungl. Gustav Adolfs Akademien för svensk folkkultur.
HALPERT Herbert; STORY George Morley (1969). *Christmas Mumming in Newfoundland.* Toronto: University of Toronto Press.
HARROP, Peter (2012). «The Mummers Unconvention in Context». *Popular Entertainment Studies*, vol. 3, núm. 1, p. 77-82.
KLIGMAN, Gail (1999). *Căluş: Symbolic Transformation in Romanian Ritual.* Bucarest: Romanian Cultural Foundation Publishing House.
LUNDE, Lynn (2011). *Illegal Acts in Disguise: Mumming as a Component of Collective Social Action in 19th Century Newfoundland.* The Mummers Unconvention, Bath. http://www.folkplay.info/Confs/Lunde2011pdf [Consulta: 30/11/2014].
– (2013). *Mummers, Janneys, and Naluyuks: 'one of these is not alike'.* The Mummers' Unconvention, Gloucester. [En premsa]
– (2013). *Naluyuks of Northern Labrador: views from the printed page*, The Mummers' Unconvention, Gloucester. [En premsa]
– (2014). *Anonymity and Strangers; Three versions of the Unknown in Newfoundland Christmas Visiting.* The Mummers' Unconvention, Gloucester. [En premsa]
MILLINGTON Peter; JAMES, Caspar (2011). *Mummies and Masquerades: English and Caribbean Connections*, The Mummers' Unconvention, Bath. http://www.folkplay.info/Confs/Millington&James2011.pdf [Consulta: 30/11/2014].
PRESTON, Michael James (1973). «The Oldest British Folk Play», *Folklore Forum*, vol. 6, núm. 3, p. 168-174.

PRESTON, Michael James [*et al.*] (1977), *Chapbooks and Traditional Drama: An Examination of Chapbooks containing Traditional Play Texts: Part I: Alexander and the King of Egypt Chapbooks*, Centre for English Cultural Tradition and Language, Bibliographical and Special Series, núm. 2, University of Sheffield.
— (1979). *Morrice Dancers at Revesby*. Sheffield: Centre for English Cultural Tradition and Language, University of Sheffield.
RUSSELL, Ian (1979), «'Here Comes Me and Our Old Lass, Short of Money and Short of Brass': A Survey of Traditional Drama in North East Derbyshire 1970-80». *Folk Music Journal*, vol. 3, núm. 5, p. 399-478.
SMITH, Paul; WIDDOWSON, John (2013). *Traditional Drama in Newfoundland: Text; Context and Performance*. The Mummers Unconvention, Gloucester. [En premsa]
TUCK, Bill (2011). *Experiments in the reconstruction of early 18th century English pantomime*, Mummers Unconvention, Bath. http://www.folkplay.info/Confs/Tuck2011.pdf [Consulta: 30/11/2014].
TYLER, Edward Burnett (1871). *Primitive Culture, Researches into the Development of Mythology, Philosophy, Religion, Art and Custom*. 2 vols., Londres: J. Murray.

Traducció al català: Lenke Kovács

Josep Lluís Peñalver

Trenta *Tecles* amb el Ball de Gitanes

Per a molts tarragonins és normal veure passar durant les festes de Santa Te-
cla el ball que porta el pal amb les cintes. I és que ells l'han vist durant tota
la seva vida. Però no cal oblidar que per arribar a aquesta normalitat hi hagut
tot un procés d'assentament i consolidació que ha donat lloc al ball que tots
coneixem actualment. Tot seguit farem un petit repàs de la seva història cen-
trant-nos en la part parlada.

1. La recuperació

Queda ja lluny el 1985 quan després d'una sèrie de converses amb l'Ajunta-
ment de la ciutat, En Salvador Fa i Llimiana, director de l'Esbart Dansaire de
Tarragona, va muntar el *Ball de Gitanes* de Tarragona basant-se en uns escrits
que tenia, datats a principis de segle. La música, a manca d'una de pròpia, era
la que es ballava al Penedès.

En aquests inicis, l'Esbart assaja el ball com una dansa més i dóna més im-
portància a la perfecció en l'execució que a que sigui una dansa festiva i desen-
fadada. El grup encara no és estable i els seus components es van canviant se-
gons la seva disponibilitat. Són els començaments del seguici com el coneixem
ara i encara no hi ha prou consciència de viure la festa.

2. La consolidació

Serà l'any 1988 en què el ball acaba de trobar la forma que té actualment. En
primer lloc, els components formen una colla independent del Cos de Dansa
de l'Esbart i, a més, Salvador Fa i Vallverdú dóna una empenta a la introducció
dels parlaments, prenent com a model els de Vilafranca. Aquest darrer any es

fa la primera representació, amb la modificació de l'estructura general del ball que això comporta.

3. Una dansa amb parlaments molt viva: l'evolució

3.1. La dansa

Des del principi ha estat la part més estable tenint com a elements «l'entrada», «la trena», «el cordó», «el ball de Galerons», «desfer cordó», «desfer trena» i «la marxada». Cal dir que, abans de cada part, l'estaquirot fa un crit, avança el nom d'aquesta i anima tothom a ballar molt bé. A nivell de punts de dansa es van haver canviar els que es van fer al començament per adequar-los a la nova música.

En un moment donat es fa la baixada de les escales, afegint una nova figura que només serveix per a aquest acte.

3.2. La música

El 1990 es troba la música antiga del ball, però, davant la proximitat de les festes i la complexitat de la seva adaptació, es decideix deixar-ho pel proper any en què després de molts esforços s'acomoda la nova música al ball sense canviar la coreografia i molt poc els seus punts de dansa.

3.3. El vestuari

El 1994 es renova tot el vestuari per adequar-lo a la resta del Seguici Popular i el pal per fer-lo més portable. El nou vestuari es va batejar al carrer, ja que, com ens ha passat a vegades, va ploure per la nostra patrona. Posteriorment, s'han fet algunes faldilles noves per als homes i s'ha modificat lleugerament el color, però no hi hagut canvis importants des de l'inici.

3.4. Els parlaments

En aquest aspecte és on hi hagut més canvis, no trencadors, però sí progressius que han fet una dansa amb parlaments més viva i que connecta més amb el públic.

El 1988 es prenen com a exemple els de Vilafranca, i el que sí es fa és una estructura de ball-parlaments que dura fins als nostres dies. No hi ha papers definits i no es trenca la formació per a fer-los. A partir d'aquí es decideix que hi haurà una part fixa («galerons», «gitano gros» i «estaquirot») i una variable cada any que seran les converses de les parelles. També s'accepta que els temes seran de Tarragona, i només en casos comptats i rellevants d'altres indrets.

En els dos anys següents es queda fixada la temàtica de cada parella («política», «bruta», «llençada» i «mentidera»), encara que no apareixeran expressades als parlaments com a tals fins a anys més tard. Aquesta forma d'actuar es conservarà vint anys.

El 2005 es canvien una mica els parlaments afegint al començament de cada una de les parelles una part fixa que explica quina tipologia de parella és.

Però és a partir del 2009 quan s'intenta millorar la part teatralitzada del ball. Trobem la presència en els assajos durant alguns anys de Tere Valls per a millorar tant la dicció com la posada en escena. També es dóna més importància al posicionament i la interacció del grup dalt de l'escenari. Tot són petits canvis que busquen una millora general.

El 2012 es fan parlaments específics per les parelles dels galerons, del gitano gros i de l'estaquirot, que seran també fixes. El grup agafa més confiança i les seves actuacions dalt de l'escenari estan més treballades.

3.5. Les trobades

Un dels objectius del ball és donar a conèixer entre els tarragonins danses semblants a la nostra i per aconseguir aquest objectiu s'han fet diferents exposicions i trobades. La primera d'elles el 1997 dins de la XV Mostra de Folklore Viu, on es fa una trobada de *Balls de cintes* amb la presència de grups de Catalunya, País Valencià, Euskadi, Castella-Lleó i Ucraïna. Tot plegat és un bon aparador per donar a conèixer els *Balls de cintes*, molt estesos arreu del planeta, però aquí no es pot veure la part parlada en cap cas.

El 2009 es fa una trobada de *Balls de Gitanes* amb motiu dels 25 anys de la recuperació del ball a Tarragona. Hi participen els *Balls de Gitanes* de Sant Pere de Ribes, Valls, Vendrell, Vilanova, Reus, Sitges, Vilafranca, L'Arboç i Tarragona i dues colles infantils de Reus i Tarragona. En aquest cas, totes les colles fan el seu ball amb parlaments i es pot comprovar que és generalitzat l'ús d'aquest en els balls de gitanes actuals. Aquest 2014 s'ha tornat a fer una altra trobada amb el mateix format, i també tots els balls assistents han fet el ball amb parlaments.

D'aquestes trobades es poden extreure les següents conclusions: el vestuari és molt variat, la musica és bastant semblant en els altres balls amb l'excepció nostra, encara que solen afegir alguna música diferencial; la coreografia és molt diferent, encara que la majoria tenen les mateixes figures de balladors.

4. El futur

El 2000, a més de marcar el començament d'un nou segle, significa la preocupació pel futur, i això comporta la creació del *Ball de Gitanes* petit, que vol ser la pedrera que faci possible la regeneració dels balladors i balladores. Tenint en compte que havia estat un ball molt estable quant a components, actualment més de la meitat dels balladors han passat pel ball infantil.

Una segona intenció serà donar a conèixer el ball als tarragonins, i per això es munten unes jornades de portes obertes, on tothom qui vol pot aprendre el ball, que es fan cada Santa Tecla. Dins del mateix objectiu, es va presentar el dossier pedagògic del ball, perquè les escoles que vulguin el puguin difondre entre els seus alumnes i així entendre millor el que significa. Posteriorment, es va editar el llibre *Santa Tecla a les escoles* amb els mateixos objectius.

Esperem que amb aquestes pinzellades les persones que omplen els carrers al pas del seguici entenguin que darrera dels balladors que executen la dansa hi ha un esperit de fer de la festa un lloc on tothom pugui participar i viure-la més intensament.

Aquesta Festa Major... *Gitanillas* (des del 1985).

Eloi Ysàs

El ball de l'ós amb parlaments

1. Introducció

La figura de l'ós la trobem ubicada en el cicle de festes tradicionals d'hivern, que s'inicia pels volts de sant Martí –uns quaranta dies abans de Nadal–, en el moment en què es creu que aquesta bèstia salvatge torna al seu cau. I finalitza amb la mort del Carnaval –l'última lluna nova d'hivern, situada quaranta dies abans de la Pasqua. Tanmateix, la data assenyalada més singular de l'hivern és la Candelera –el quarantè dia després de Nadal i la primera data possible per l'esperada última lluna nova d'hivern– moment en el qual es diu que l'ós treu el cap de la cova i si ho veu tot fosc –és a dir, si hi ha lluna nova– dóna per acabada la seva hibernació i queda anunciada així l'arribada de la primavera. No és estrany, per tant, que en les festes d'hivern més simbòliques es promogui el despertar del gran plantígrad i, fins i tot, s'escenifiqui la seva mort i resurrecció per tal d'invocar la primavera i acabar amb l'hivern. I és que, amb la seva entrada a la cova, s'enceta el període de lluita contra la foscor, un temps en què les nits més llargues donen pas al renaixement de la llum, i que culmina quan, en sortir del seu cau, l'ós es tira un gran pet que allibera les ànimes dels morts. En la representació d'aquesta figura *psicopompa* es xifra, doncs, el bon trànsit de l'hivern i de les ànimes dels morts, en definitiva, la correcta regeneració de la natura.[1]

Com bé podem discernir, la figura de l'ós que ens ocupa perviu arreu d'Europa en festes de carnaval d'aparença arcaica i salvatge, hereves d'antigues tradicions romanes, gregues, celtes i d'altres preexistents al cristianisme sempre

---

Universitat Rovira i Virgili.

[1] Molts estudiosos han parlat de la complexa figura de l'ós dins del calendari tradicional: Roma (1980), Amades (1983), Gaignebet (1984), Kostadinova / Revelard (1998), Grimaldi (2009), Romano (2009).

lligades a la fertilitat i la prosperitat dels camps i els ramats. A continuació presentem algunes de les representacions de l'ós més significatives que contenen balls parlats a Europa i, en especial, al nostre territori.

2. Sardenya

Els emmascarats típics de l'illa de Sardenya segurament són el record més viu del que haurien pogut ser aquells antics ritus d'hivern mediterranis com les Lupercals, dedicades al déu Pan. I justament, s'*Ussu*, s'*Ursu*, s'*Urzu*, s'*Urthu* o s'*Ussulu*, «l'emmascarat d'ós», havia sigut, fins al segle passat, una figura cabdal dins els carnavals sards (Moretti 1967). Segons els vells que Pierina Moretti va entrevistar als anys seixanta, l'assalt violent del personatge de *s'ussu* a l'audiència i les seves entrades impetuoses a les cases, havien provocat episodis molt sovint desagradables, de tal manera que cada cop es va anar restringint més la seva presència, fins a arribar a la seva desaparició total. Segons els testimonis, aquest emmascarat no representava ben bé un ós sinó un personatge ferotge antropomòrfic portador del caos, que finalment exercia de víctima sacrificial. Aquest esbojarrat rol, generalment, l'escenificava un jove emmascarat de sutge, vestit amb pells –de porc senglar, ovella, xai, rabosa o mufló, entre d'altres–, carregat amb esquellots i menat amb una cadena o corda per uns homes. L'esquema original de la representació consistia a escenificar reiterades vegades la seva caça, els maltractaments per fer-lo ballar, les pallisses que rebia estès a terra, els laments per la seva mort i el beure vi, com a símbol de consumir la seva sang. L'escenificació anava acompanyada amb l'execució de versos no gaire llargs que incitaven l'esmentada bèstia a ballar.

S'Ussu d'Uta, per exemple, anava sobre un carro estirat per uns homes que li deien «roba 'e macellu» –*aniràs a l'escorxador!*–, la marxa desfilava sota una pluja de naps i patates, mentre que alguns vilatans li allargaven la mà tot dient «mussia ussu!» – *mossega, ós!*– i ell els tocava. A Torpè, el dimarts gras, sortia un jove amb la cara ensutjada, embolicat amb pells i carregat de nombroses esquelles, que era animat a ballar amb l'expressió eloqüent: «coraggiu berrita 'e moltu, comu bi ses!» –*Va, gorra de mort, que ja hi ets!*. A Buddusò, *s'Ussu* també entrava en escena dalt d'un carro carregat de campanes i envoltat d'homes amb la cara tapada que cantaven: «Ferru frittu, malteddàdu l'ana a colpos de pirone a sa campana, resissìdo bi sono a la segare. Ferru frittu, malteddàdu l'ana» –*Ferro fred, han batut la campana a batallades fins a arribar a partir-la. Ferro fred, l'han batuda, la campana*2. I a la plaça, els homes formaven un cercle al voltant de l'ós que ballava i, en acabat, era aquest qui entonava uns versos: «duas peddes m'appo tusu pro mi faghere unu fodde» –*m'he pelat dues pells per a fer-me'n una bossa*. Finalment, en la ronda de ball, entre bromes i rialles era apallissat amb un pal. A Laerru, els menadors copejaven *s'ursu* amb un bastó instant-lo a ballar al crit de «balla ursu, balla bene, dei! dei! dei!» –*balla, ós, balla bé, au! au! au!*.

Actualment, diverses poblacions sardes han recuperat les figures més rituals dels seus carnavals i amb aquestes la de l'ós. És el cas de *s'Ussu* de Sàsser, *s'Urthu* de Fonni, *s'Ursu* d'Ulassai, *s'Urzu e sos Bardianos* de Ula Tirso, o de *s'Urzu e Mamutzones* de Samugheo. Cal esmentar que l'ós acompanyava, fins i tot, els famosos *Mamutones* e *Isohadores* de Mamoiada, comparsa que imaginem molt semblant a la dels no menys arcaics *Artza* i *Joaldunak* dels carnavals bascos d'Ituren i Zubieta. Del mateix estil són també l'*Onso* i les *Trangas* del carnaval de Bielsa i l'*Oso* i els *Zamarracos* de Silió.

3. Alps

Als Alps occidentals, la figura de l'ós la trobem especialment arrelada al Piemont i a la Vall d'Aosta, on *Sant'Orso* és un patró estès al territori. Els piemontesos que fan d'ós en aquestes contrades encarnen clarament un geni de la natura que no és únicament representat amb pells, també el podem veure tot vestit de plomes a Cortemilia, replet de fulles de blat de moro a Cunico o ple de sègol a Valdieri (Grimaldi-Nattino 2009: 83). La representació més teatral és la festa de l'*orso di segale* valdierià, que se celebra l'últim diumenge de carnaval, en el qual aquest personatge silvestre, després d'intentar escapar-se de les cadenes del seu domador, d'enfilar-se pels balcons i de fer tot tipus d'indecències, és jutjat per un capellà. La representació s'acompanya amb una recitació de versos, per part del sacerdot, que com el destí del rei carnestoltes, clou amb la crema d'un ninot de sègol que, en aquest cas, simbolitza el mateix ós. Aquest acte final il·lustra la imatge arquetípica del cristià contraposat al salvatge, la dicotomia entre el que és sagrat i el que és profà, tan característica de les festes prèvies a la Quaresma.

4. Cantàbria

On es manté amb força espectacularitat la representació de la mort de l'ós és a *La Vijanera*, el carnaval de la població càntabra de Silió que se celebra el primer diumenge de gener. Al matí, els *Zamarracos* –una quinzena de joves amb el rostre ensutjat i el tors cobert amb pells d'ovella i uns grans esquellots, que fan sonar estrepitosament quan avancen junts– arriben de la muntanya amb l'ós i tot un seguici de figures boscanes. S'escenifica la captura de l'ós i al migdia té lloc l'esperat acte satíric de les cobles, el plat fort d'aquesta gran festa tradicional d'any nou, en què, a tot estirar, es canten una vuitantena de quartetes octosil·làbiques, com per exemple: «Son los viejos vijaneros / nuestra esencia verdadera / con vosotros gritaremos / ¡que viva la vijanera!» (ACAV 2014). Moment en el qual els joves *Vijaneros* fan el repàs de l'any, i s'acaba fent al·lusions de l'actualitat local, nacional i fins i tot internacional. Les cobles es reciten dalt d'una tarima i finalitzen amb l'escena esperpèntica del part de *la Preñá*, en què un home vestit de dona pareix una gallina, un garrí o alguna altra bestiola que serà regalada a algú del poble. És després del naixement del

---

[2] En Carles Biosca ha fet les traduccions del sard.

nou any que l'ós, dominat pel seu amo, és conduït fins a la plaça de l'església
on els *Zamarracos,* i altres figures carnavalesques que l'escorten, el mataran. A
la plaça, els *Zamarracos,* dansen en cercle al voltant de l'ós assetjant-lo amb el
so de les seves esquelles fins que cau a terra: en aquest moment tots toquen,
amb els seus bastons. la bèstia abatuda, d'aquesta manera se simbolitza la vic-
tòria del bé sobre el mal. Amb *La muerte del oso* finalitzen els actes pautats
que donen pas a tiberis a les tavernes i a les llars.

5. *Romania*

El ritual europeu de cap d'any més significatiu on apareix l'ós és, sense dub-
te, el *Jocul Ursului.* Aquest *Joc de l'Ós* és un ball parlat romanès, de la regió
de Moldàvia, que continua celebrant-se durant la vetlla de cap d'any amb la
intenció d'acomiadar l'any vell i anunciar l'any nou. Es tracta d'una comparsa
de cantants i captaires, on els qui fan d'óssos es rebolquen per terra i s'alcen
reiterades vegades, mentre escenifiquen la seva mort i resurrecció. Els versos
d'aquest Ball de l'Ós són recitats a ritme de pandero per l'home que fa dansar
els joves emmascarats d'óssos. Essencialment, es parla de les edats de l'ós i del
rebrotar de la vegetació, tot desitjant un any ple de prosperitat. És una cançó
popular amb diverses variants, la més tradicional és el *Jocul Ursilor* de Bacau. Ens
hem atrevit a fer una adaptació aproximada al català mantenint el seu significat:

Bona tarda, famílies! / Venim amb l'ós des de la neu. / Si ens convideu, / el nostre
ós rebreu! / Té! Té! Té! Martí, té! / No et rendeixis, no et queixis. / Perquè aga-
faré fort la vara / i rebràs una trompada! / Au vinga, Martí, vés a terra / i escolta
la meva lletra! Quan eres més xic / eres més bonic, / però ara que has crescut / als
teus peus he caigut! / Té! Té! Té! Martí, té!/ Fes una altra volta així! / Balla, balla,
vell Martí! / que et donaré mel de romaní. / Balla, balla dringant / com gitano re-
doblant! / El meu ós del Pirineu (a la cançó original hi diu: *de Espania*) / que l'he
portat amb el trineu (*sania*)! Balla, balla, ós guillat / sinó vols quedar ensutjat! /
Fes la roda ben estirat. / Té! Té! Té! Martí té! / Balla, balla, no et quedis parat! /
Fulla verda d'avet, / el meu ós amb dos ossets, / fulla verda de *dudau* (mala herba),
/ el meu ós de Bacau / amb vostès ha estat / i el ball de l'ós ha dansat. / Té! Té!
Té! Martí, té! / No et rendeixis, no et queixis. / Balla, balla, ós, / que ja madura-
ran les cireretes d'arboç, / engreixaràs més que massa / i ballaràs de casa en casa.
/ Salta ben amunt, bota / com l'any que s'esgota! / Au vinga, fes una reverència
/ per saludar l'audiència! / Fulla verda del gra (sègol), / l'ós, ara sortirà! / Fulla
verda de roure. / Salut, caps de família! / Feliç any nou.[3]

[3] La Lidia Potoroaca ha ajudat en la traducció. El text original fa: «Bună seara, gospodari! / Venim
cu ursul din deal, / Dacă bine şi voiţi / Ursul nostru să-l primiţi! / Na! Na! Na! Martine, na! / Nu
te da, nu te muia, / Că pun mâna pe nuia, / Şi nuiaua-i de răchita, / Hai, Martine, la pământ, / Şi
ascultă-mă ce-ţi cânt! / Când erai mai mititel / Erai tare frumuşel, / Dar de când ai crescut mare,
/ Mă dai jos de pe picioare! / Na! Na! Na! Martine na! / Mai întoarce-te aşa! / Joacă, joacă, Moş
Martine, / Ca-ţi dau miere de albine / Joacă, joacă tropotit / Ca ţiganul la praşit! / Ursul meu din
Spania / L-am adus cu sania! / Joacă, joacă, urs nebun / Că de nu-ţi fac pielea scrum! / Merge roa-
ta prăvălită. / Na! Na! Na! Martine Na! / Joacă, joacă, nu mai sta! / Foaie verde de brăduţ, / Ursul

Mos Martin, el «Vell Martí», sembla ser una figura de fons per parlar també de la vida dels romanesos. I és que, en un moment de la cançó, el menador el defineix com l'ós que han portat d'Espanya; entenent que fa referència als gitanos i altres romanesos, que creuant els Carpats, van emigrar cap a territoris dels Pirineus.

6. Països Catalans

6.1. Vallespir

És curiós veure que a les festes de l'ós amb parlaments de la Catalunya Nord, com la de Sant Llorenç de Cerdans i la d'Arles de Tec, a l'ós domesticat també li reserven el sobrenom de Martí. Cal tenir present que al llarg del segle XIX hi hagué als Pirineus una gran indústria dedicada a la captura d'óssos joves, que eren usats per al seu ensinistrament i per als espectacles de carrer (Casanova 2005: 263). El perquè d'aquest nom, més enllà que Sant Martí –un dels sants més populars i de més devoció durant l'edat mitjana– sigui la data popular de l'inici de la hivernada de l'ós, s'atribueix a una llegenda ubicada a l'Arieja. La llegenda diu que un ós es va cruspir l'ase que Martí, l'arquebisbe de Tours, havia regalat al bon bisbe Valeri; aleshores l'home de fe, amb la paraula de Déu, reduí la golafre fera a l'estatus de ruc, d'ase, i li posà el nom del seu benefactor (Ladoux 1996: 67). Aquesta relació de sant Martí i l'ós sotmès a fer la feina de l'ase que s'ha cruspit no és un miracle aïllat, apareix en diverses hagiografies. La versió més antiga de la *vita* de sant Maximí, l'arquebisbe de Trèveris, escrita al segle V, sembla ser l'origen d'aquest *topos* (Pastoreau 208: 121).

Podem veure com, a les representacions populars de les festes de l'ós del Vallespir, aquell qui doma l'ós Martí, de tant en tant, li etziba un cop de bastó tot dient-li «burro». A Arles de Tec i Sant Llorenç de Cerdans el menador, anomenat *Menaire* o *Trappeur*, és el qui porta la veu cantant en la representació, és l'únic que parla, i ho fa només per recitar *la Prèdica*, uns versos en català septentrional amb què es vana d'haver capturat «la mala bèstia». El text complet que acompanya la farsa diu així:

«Amables habitants del ditxós Vallespir / avui he arribat per vos fer divertir / Us meni l'ós Martí, l'espant de la contrada / Que ell devorava bèsties, homes, dones i mainada / Dins tota la contrada tothom vivia espantat / Tothom pregava Déu, quan jo he arribat / Per un bonhort de Déu n'he pres les armes / Toquen a sometent / Tothom se reuneix, sobretot lo jovent / Tot seguit, en començant la caça

meu cu doi puiuți, / Foaie verde de dudău, / Ursul meu de la Bacău / A venit la dumneavoastră / Ca să joace-o ursarească / Na! Na! Na! Martine, na! / Nu te da nu te muia! / Joac, joacă, ursule, / Că s-or coace murele, / Mai tare te-i îngrăşa / Şi prin case vei juca. / Saltă, saltă tot mai sus, / Ca şi anul care-i dus! / Ia apleacă-te în jos, / Să saluţi gazda frumos! / Foaie verde de secară, / Să ieşi ursule afară! / Foaie verde de stejar / Sănătate, gospodari! / La anu' si la mulţi ani.» Vegeu Oastra. ro (2009) : *Jocul Ursului din deal*, [recurs electrònic] disponible a http://www.ostra.ro/traditii/uraturi/jocul-ursului-din-deal.html [consultat el 01-01-2015]

/ Ja te trobem aquesta grossa bestiassa / Jo el primer, li salti dessús / El tinc ben agarrat / en Pere el pren pel peu / La Rosa per la cua / I en Domingo pel nas / Així hem aterrat aquest gros animalàs / De seguit l'estaquem amb aqueixes grosses cadenes / En cridant victòria, hem acabat les penes / D'avui en davant seràs el nostre amusament / I ballaràs pas més el ball del casament. / Les pobres minyonetes tractava molt mal / Malhor quan sentia la flaire sota el devantal / Dret, la cua enlaire, piri que un dimoni / Els hi feia ballar el ball del matrimoni. / Ara, jutgeu minyonetes si n'era dolorós / De tenir per company un tal facinerós / Que us bull donar la mà i sobretot / El cor per vos acompanyar fins l'hora de la mort. / Jo ho faig per a res / I sense cap interès / Me fumi dels diners, duros i pessetes / M'estimi més abraçar aqueixes guapes minyonetes / Aquí en tinc una, una medalla, / Que me raporta cent mil escuts / I crec crevar de fam de tant de revinguts / Veniu avui sus la plaça pública / El veureu com sap ballar en música / Sap ballar la borega, la xinxirinxina / Sap fer salts i capgirells / Sap fer també la pantomima / Veniu tots, en farem un gran ball / I us convidi a ballar tot aqueix Carnaval. / En l'honneur de votre présence... Musique!» (Bosch 2012: 65).

El menador arlès, per tal de fer ballar l'ós, a més d'anar acompanyat dels caçadors, va servit de la Roseta, la seva dona, un home transvestit que encarna el rol femení de la manera més carnavalesca. Així que el prestigiós paranyer es fa servir del *sex-appeal* i les maneres de la seva estimada per atreure Martí; ella és l'esquer més infal·lible, la debilitat més profunda de la bèstia. L'acció principal que la Roseta desenvolupa en favor d'aconseguir tal objectiu és ventar les seves faldilles en direcció al bosc, com a reclam olorós destinat a despertar la insaciable concupiscència carnal del plantígrad. L'animal silvestre, pres pels seus instints, surt de la boscúria i, encegat, corre al seu encontre. La Roseta es defensa com pot dels abusos salvatges del jove emmascarat d'ós que aprofita per atacar totes les noies que pot fins que el *Trappeur* l'encadena i el passeja per les places tot recitant la dita *Prèdica*, un ball parlat que a principis del segle xx jugava amb l'elaboració de *versots* i guardava moltes més expressions per fer ballar l'ós, com ara: «L'agafarem pel nas / i farem ballar aquest animalàs» o «Cuadret com un dimoni / li farem ballar el ball del matrimoni» (Loaiza 1986: 75). Val a dir que la *Prèdica* del *Menaire* llorencí està construïda amb textos compartits amb la d'Arles, però en general és molt més curta, no entra tant en detalls i la figura de la Roseta no apareix en la representació.

Al Vallespir tothom sap que «la vinguda de l'ós» és signe d'adveniment de la primavera, per això el baixen de les muntanyes, li fan empaitar les noies del poble, el passegen per les places i el fan ballar. I és que, als Pirineus, on s'ubica la llegenda universal d'en Joan fill de l'ós, aquesta fera és una figura mitològica plena de fertilitat considerada ancestre de l'ésser humà. Tot i així, el moment més simbòlic d'aquestes representacions carnavalesques és «l'afaitada» a què són sotmesos els joves emmascarats d'óssos. Aquest moment es viu com l'acte final d'alliberació de la indumentària salvatge, i hom bé ho pot interpretar com a ritu de pas, relacionat amb la mort de l'animal i el naixement de l'home i, de manera més abstracta, amb la mort de l'hivern i el renou primaverenc. L'afaitada ritual no és un fenomen popular aïllat, sinó que ja la trobem esmentada en la literatura popular tardomedieval alhora de representar el procés d'humanitzar el salvatge, per exemple en la llegenda de *Valentin et Orson*. Tant a Sant Llorenç com a Arles el menador és qui escenifica la rasurada de la pell de l'ós amb una grossa picassa de fusta. A la població veïna de Prats de Molló, on no es recita la *Prèdica*, aquesta acció és executada de forma encara més exagerada per uns personatges enfarinats anomenats *barbers* o *óssos blancs*, que duen cadenes i destrals de debò. Els óssos pradencs destaquen per ser uns joves ensutjats que empastifen a tothom en un cos a cos coreografiat que bé podem definir com un ball de l'ós més corporal.

6.2. Andorra

L'altre ball de l'ós amb parlaments que perviu als Pirineus és el Ball de l'Óssa d'Encamp. *El Ball de l'Óssa*, que es representa el dilluns de carnaval, és una paròdia de la vida rural pirinenca on es representa la cacera fortuïta d'una óssa en l'entorn dels segadors. Aquesta farsa es completa amb el *Judici dels Contrabandistes*, l'altre acte tradicional dins dels dies forts del carnaval d'Encamp.

Els més vells d'Encamp recorden que la representació girava entorn una óssa molt gran que era abatuda; llavors. el senyor i la senyora del camp pagaven als dallaires i als caçadors per la feina feta i finalitzava amb danses de tots els personatges junts, inclosa l'óssa. Als anys cinquanta, però, amb la implicació de Rossend Marsol –*Sícoris*–, aquest ball tingué un gir substancial. Sícoris dinamitzà el poble per crear-ne una peça amb més elements teatrals. Es va escriure un text amb versos per als personatges, es van introduir cançons populars, es van fer vestuaris nous i es va incorporar megafonia (Perramon 1994: 110). Tot plegat ha possibilitat que, actualment, l'Óssa sigui un jove disfressat d'ós de peluix que ja no evoca en absolut la ferocitat de la mítica figura de l'ós en l'imaginari pagà. Tot i així, *El Ball de l'Óssa*, lluny de ser el ritual originari que era abans de quedar atrapat en un arranjament ara ja en decadència, sobreviu gràcies a la força vital d'un jovent que viu la festa amb ganes.

La representació comença després de dinar, amb una xaranga de tots els personatges que arriben a l'aparcament exterior del Comú d'Encamp, on els espera el poble distribuït a quatre bandes d'una gran escena repleta de palla. A tall de presentació, els dallaires, asseguts a la palla, esmolen les dalles tot cantant una versió personalitzada de *La desgràcia d'un pobre home*, cançó popular d'amor, entre una fadrina i un gitano, que es duu al terreny dels dallaires, com podem veure en aquesta estrofa: «Tu n'estàs avesadeta a dormir amb bon matalàs, casadeta amb un dallaire a la palla dormiràs» amb la tornada, «Si a la palla haig de dormir, res no se m'importa a mi, si el meu cor sempre en desitja un dallaire per marit». Acte següent, el manador ve a controlar la feina dels dallaires i per animar-los els canta la típica cançó d'*Els tres segadors* mentre els dallaires fan la tornada: «Sega-me-la arran tres pams enlaire» o més vulgarment «Sega ben arran que la palla és cara». Cançó de treball que il·lustra un diàleg eròtic entre mestressa i segador: «No em diries garberet quantes garbes n'has lligades. Trenta-set o trenta-vuit, trenta-nou la que faig ara i a quaranta arribaré si el garrot no se m'aplana. No t'espantis garberet, no t'espantis pas encara, ja te'l faré aixecar jo, amb força ous i cansalada». El manador se'n va i deixa al càrrec el cap de dallaires, que motiva els seus treballadors a cops de bastó. El cap és, també, qui llegeix el diari en veu alta, i així dóna a conèixer els *versots* pujats de to que els mateixos joves han escrit en forma de notícies crítiques del territori. Els parlaments acaben amb l'arribada de l'esperada S*ra. Fregona*, un home transvestit que ve a portar la cistella del berenar als treballadors. Podem dir que «força ous i cansalada» és el que la Fregona propina als dallaires, i així els tira pel cap els ous, la xistorra, el fuet, el vi i fins i tot els estomaca amb un gran pop. Els excessos duen la Fregona a rebolcar-se amb els dallaires i a deixar-los tots enfarinats. És aleshores, entre tant de rebombori, quan l'óssa apareix atreta per la flaire del berenar però és abatuda al moment per uns caçadors. Llavors, arriba la senyora del tros, dalt d'un cavall i després de fer un crit d'espant, en veure tan grossa bèstia, dóna una propina als caçadors i als dallaires i exclama: «la mort d'aquesta bèstia serà motiu de festa!». Aleshores tots junts fan un ball rodó al voltant de l'óssa i canten «Eixa nit hem mort la ruca perquè així Déu ho ha volgut, una ruca tan lletera que cada any criava un ruc. Qui en té un pam, qui no en té tant, qui els té negres, qui els té blancs...»; i altres cançons populars com *El senyor Ramon* i finalitzen amb la local: «... em fotria un gran fart de plorar, perquè aquí he crescut i he nascut, part de la meva gran joventut. Joventut, joventut, joventut... Els d'Encamp som els més collonuts. Visca Encamp!». Al final de la representació, tots els dallaires estenen les dalles sobre l'óssa, i entre el poble es reparteix allioli de codony i tothom es fa besades de celebració.

6.3. Els ports

Un ball de l'ós amb un parlament de més nova creació és *L'Onso de la Mata* –festa recuperada el 2007 a la comarca valenciana dels Ports. Se celebra la vesprada d'un dissabte de març i comença amb el pregó d'un trobador. El text, que va ser introduït com un acte nou de la festa recuperada, anuncia l'arribada de l'onso a la Mata tot recordant l'antic sentit:

> Diuen que fa molts anys, al poble de la Mata, se celebrava una festa famosa en la comarca. Veïns i veïnes cansats de passar un cru hivern esperaven la primavera i l'arribada del bon temps. Un senyal natural avisà tota la gent, era la despertà de l'Onso que dormia a la cova calent. Però l'Onso de la Mata, peresós i malifer, al bosc de la roureda passava tot l'hivern. Carregats d'esquelles, joves i majors saltaven i cantaven per despertar l'ós. Des de la Carrasqueta fins a les solanes, ressonaven les esquelles alçant perdius i espantant cabres. Al final de tant de sarau, l'animalot sent les veus i els caçadors que l'esperen l'amarren de cap a peus. A la plaça del poble el porten on espera tota la gent, així comença la festa i l'entreteniment. Portaran per davant les cases, l'Onso ben amarrat; doneu-los menjar i beure, si no, vos liamollaran. Donarem voltes pel poble, obriu les cases, tragueu el barral, al final tornarem a la plaça i l'Onso farem ballar. L'Onso és a punt d'arribar! Prepareu-vos pel moment: feu sonar les esquelles i un fort aplaudiment! (Carceller 2013: 85).

L'Onso actual és un personatge amb el rostre ensutjat i cobert amb pells d'ove-lla, que s'enfila pels balcons menat per dues *Diableres*, tal com recorden els avis de la Mata. La festa en si esdevé un passacarrer, acompanyat per una colla de gaiters i tabalers, en el transcurs del qual les cases treuen menjar i beure per a tothom. La disbauxa d'aquesta moderna festa de l'onso no acaba amb un final cruel a l'estil dels reis carnestoltes més tradicionals. Tot al contrari, després d'un ball rodó amb la mainada, s'allibera l'Onso que, amansit, ja no farà més mal fins a l'any següent. L'Onso és tornat al bosc perquè la població de la Mata, tot i recuperar el gust tradicional d'aquesta festa popular, és crítica, sensible i busca ser coherent amb la modernitat i el respecte als animals. Així doncs, es tracta d'un acte conscient de respecte a l'entorn, a la natura, i sobretot, a una espècie que per culpa de l'ésser humà està en perill d'extinció a tot el continent europeu.

7. Conclusions

Amb aquesta comunicació hem volgut presentar una visió panoràmica de di-verses variacions sobre el Ball de l'Ós que se celebren encara avui aquí a casa nostra i arreu d'Europa. No hem pretès parlar dels testimonis que són més co-reogràfics o escenogràfics sinó d'aquells que s'apropen més al ball parlat. Po-dem afirmar que la funció primigènia del parlament en un Ball de l'Ós és fer ballar l'ós exaltant tot el que aquesta figura complexa representa, com és *s'Us-su* de Sardenya, el *Jocul ursului* de Romania o la *Prèdica* del Vallespir. Per altra banda, el Ball de l'Ós –amb la representació de la seva captura, mort o resur-recció– el podem trobar plenament integrat a festes on les cobles o els versots tenen un clar protagonisme com succeeix als carnavals del Piemont, de Cantà-bria o d'Encamp. Dit això, no cal recordar que el sentit més profund del Ball de l'Ós és que es representi a l'hivern.

8. Referències bibliogràfiques

AMADES, Joan (1983). *Costumari català: el curs de l'any*, I: *Hivern*. Barcelona: Salvat.

ASOCIACIÓN CULTURAL AMIGOS DE LA VIJANERA (2014): *La Vijanera*. [recurs electrònic] disponible a http://www.vijanera.com/wordpress/imagenes/co-plas/ [consultat el 25-11-2014]

BOSCH, Robert (2012). *Fêtes de l'ours en Vallespir*. Canet: Trabucaire.

CARCELLER, Kassim (2014). *L'onso i el carnestoltes de la Mata*. Catelló de la Pla-na: Grupo Zona.

CASANOVA, Eugeni (2005). *L'ós del Pirineu, Crònica d'un extermini*. Lleida: Pa-gès editors.

GAIGNEBET, Claude (1984). *El Carnaval: ensayos de mitología popular*. Barce-lona: Alta Fulla.

GRIMALDI, Piercarlo (2009): «Carnavali di sangue. Il maiale di sant'Antonio abate, l'orso lunare e altri animali mitici». *Il Teatro della Vita, le feste tradizi-onali in Piemonte*. Torino: Omega Edizioni, p. 119-128.

GRIMALDI, Piecarlo; NATTINO, Luciano (2009). *Il Teatro della Vita, le feste tradizionali in Piemonte*. Torino: Omega Edizioni.

KOSTADINOVA, Guergana / REVELARD, Michel (1998). *Le livre des masques*. Waterloo: Renaissance Du Livre.

LADOUX, Jean – Dominique (1996). *L'homme et l'ours*. Grenoble: Glénat.

LOAIZA, Marià (1983). *La festa de l'ós al Vallespir*, Mont-Roig del Camp: Fundació Loaiza Vidiella.

MORETTI, Pierina (1967). «La maschera dell'orso nel carnavale sardo». *Lares*, núm. 33. Florència: Olschki, p. 23-31.

PERRAMON, Francesc (1994). *El Ball de l'óssa d'Encamp a Andorra: anàlisi d'un ritual de pas pirenaic*. Andorra la Vella: Instituts d'Estudis Andorrans.

PASTOREAU, Michel (2008). *El oso, historia de un rey destronado*. Barcelona: Paidós.

ROMA, Josefina (1980). *Aragón y el carnaval*. Zaragoza: Guara.

ROMANO, Fulvio (2009): «Il protocarnevale di san Martino, tra calendario lunare e meteorologia popolare». *Il teatro della Vita, le feste tradizionali in Piemonte*. Torino: Omega Edizioni, p. 167-173.

José Alberto Ferreira

Vir á baila: os bailes no repertório dos Bonecos de Santo Aleixo

Os fios de ariadne das marionetas

Quando Heinrich von Kleist encontra, casualmente, o Senhor C., primeiro
-bailarino da Ópera da cidade, à saída de um espectáculo de marionetas, espan-
ta-se com o facto de um grande bailarino frequentar aqueles divertimentos para
a «populaça com pequenos dramas burlescos misturados com cantares e danças»
(1810: 133). No diálogo que se segue assinala-se a superior *graciosidade* com
que os bonecos desenhavam as linhas rectas e curvas que a sua dança levemen-
te deixava traçadas no ar, deixando o autor incrédulo perante «uma modalida-
de [das belas-artes] afinal inventada para a multidão» (1810: 136).Voltarei mais
adiante às *linhas* ou fios sob cuja égide coloco aqui as marionetas, pensando-as
como parte de um *labirinto* em que tradição e mito se cruzam com os bailes e
as suas formas no espectáculo de marionetas.

Começo este percurso equacionando as relações das marionetas com os bailes
e danças. Como lembrava John McCormick, «Few marionette performances
were complete without either some variety acts or else a farce as an afterpiece»
(McCormick 1998: 183). Nos repertórios de marionetas europeus abundam as
informações que identificam bailes e danças ora comoparte íntegra do espectá-
culo, ora preenchendo animados intervalos com *balletti* de figuras admiráveis.
Graciosas as acharam autores como, por exemplo, Edmundo de Amicis,Auguste
Jal, historiador e viajante francês, ou Flaubert, não deixando de sublinhar a *in-
cantevole*qualidade destas demonstrações de arte e virtuosismo.[1]

CHAIA/Universidade de Évora.

[1] «Ma il ballo! Il ballo!», exclama Flaubert ao elogiar o espectáculo de marionetas (citado
em Melloni (cur.) 1980: 100). Jal recorda as figuras dos bailes milaneses dos famosos Fiando
e Gerolamo, elogiando de forma impressiva um «balletto, presentato come intervallo» do
drama *Il Principe Eugenio di Savoia all'assedio di Tamisvar* no qual todas as danças possí-
veis parecem ter lugar: «Il ballo di questi Pierrot e di queste Taglioni di legno è inimmagi-

Os Bonecos de Santo Aleixo (BSA)participam desta tradição, incluindo no seu repertório de textos e música executada ao vivo, organizado de acordo com uma gramática espectacular precisa (cf. Ferreira 2007), *bailes, balhos,bailhos* ou *balharadas*,[2] peças musicais curtas acompanhadas com guitarra portuguesa, bailadas e cantadas (por vezes faladas e cantadas alternadamente) pelos Bonecos, marcadas por uma linguagem de tom humorístico, às vezes com insinuações grosseiras, por vezes com disputas de tema amoroso,[3] sempre introduzidas por uma sequência destinada a interpelar o público e à improvisação. Estas *balharadas* ocupam a segunda parte do espectáculo,[4] que na primeira apresenta *autos* de tema religioso (mas plenos de uma linguagem faceta e ridente), em termos que adiante articularei com a tipologia e contexto tradicional do espectáculo.

O espectáculo originariamente variava conforme a época do ano, bem como as peças curtas, que se ligam (embora com menor impositividade) ao texto principal.Assim, apresenta-se no Natal o *Auto do nascimento do menino*, um presépio, como texto principal, e o *Baile dos cágados*, o *Passo do barbeiro*, seguidos de saiadas ou *balhos*.Na primavera tem lugar o *Auto da criação do mundo*seguido do *Fado do Paulo da Fonseca e da Menina Virgininha*e saiadas. Pela Páscoa, representa-se o *Auto da paixão* ou *Os martírios do Senhor*, seguido de *A confissão da beata* ou *A confissão do Mestre Salas*, o *Sermão do Padre Chancas*e fados ou saiadas (cf. Ferreira, 2007 para uma análise de detalhe da gramática deste sistema espectacular).

Balhos e trabalhos

Uma pequena observação sobre a história dos BSA permite compreender as conexões entre o sistema espectacular e as condições da sua apresentação conforme chegaram até nós. Os BSA são uma forma de teatro popular de bonecos existente no sul de Portugal, no Alentejo, remontando provavelmente ao século XVIII (ao menos) as suas manifestações, que conhecemos mal até chegar às mãos de Mestre Talhinhas, o último mestre tradicional desta arte, que a apresentava numa companhia familiar. Certo é que, pelos anos 60 vive alguns episódios de sucesso, nos quais avulta o registo do seu trabalho pelo musicólogo corso Michel Giacometti; a ida a Lisboa, por iniciativa de Osório de Castro, para

---

nabile. Non hanno davvero nulla da invidiare ai grandi danzatori di Napoli, di Londra e di Parigi che tanto guadagnano. Danza orizzontale, danza di fianco, danza verticale, tutte le danze possibili, tutti i passi meravigliosi che potete ammirare all'Opéra si ritrovano al Teatro Fiando» (*De Paris à Naples*, 1836, citado em Melloni (cur.) 1980: 100).

[2] Esta última ocorre como designação genérica (incluindo indistintamente passos e bailinhos) no programa do II Ciclo Gulbenkian de Teatro, de 1972, onde os Bonecos de Santo Aleixo (BSA) apresentavam *A criação do mundo* e a *Balharada ou o passo do barbeiro*.

[3] Como sucede no bailho de *Filomena e Zeferino*, um despique em que o barbeiro 'contrata' casamento com uma rapariga de 16 anos, que quer depois tratar como criada de casa... a evocar o *amor senex*, o *velho da horta* vicentino, por exemplo).

[4] Juntamente com os *passos*, textos dramáticos breves, de temática cómica e grotesca, com recurso a uma linguagem espirituosa e brejeira e personagens e situações claramente paródicas: o *Passo do barbeiro*, o *Sermão do padre Chancas*, as confissões *da beata* e *do padre Chancas*.

uma temporada de êxito na Casa da Comédia, repetida no fina de 1967 e com dimensão nacional (Passos 1999: 138-139; 208-209; Talhinhas & Coelho 1997: 27). Já em 1972, a integração nas digressões nacionais do III Ciclo Gulbenkian de Teatro, iniciativa «para a expansão do Teatro no País» (Programa) e a atribuição de um apoio estatal através de Norberto Ávila. Porém, devido ao casamento das filhas e à dificuldade em recompor a 'família', em 1974-75 Talhinhas parou a sua actividade.Em 1979 vendeu o seu estojo de bonecos à Assembleia Distrital de Évora, que os entregou à guarda do Centro Cultural de Evora – CENDREV (Passos 1999: 139-140). Aos actores do Centro Mestre Talhinhas ensinou o repertório macrotexual, as técnicas de manipulação, o canto e a música, assim como as técnicas de iluminação, a relação com o público, os segredos de palco em anos acumulados de saberes *incorporados* que o velho mestre passou contando histórias e tecendo também ele *fios* orientadores para a nova família de bonecreiros (no aprender das palavras, no canto, nos movimentos e ritmos do espectáculo). Este processo, inédito de muitas maneiras (cf. Ferreira 2014), prolongou-se pelos anos 80, até a nova 'familia de bonecreiros' começar a circular com o espectáculo autonomamente. Mestre Talhinhas morreu em 2001, com 91 anos, altura em que os actores do CENDREV tinham já levado um pouco por todo o mundo estas pequenas criaturas de pau e cortiça, de humor corrosivo e desbragado e certeira crítica social.

O que vem à baila: das coisas deles casos meus

Mestre Talhinhas era um grande poeta popular, cantor de fado e de décimas ao improviso que podia prolongar o espectáculo assente nessas qualidades pela noite dentro (normalmente saíam as mulheres a certa hora e só os homens ficavam, altura em que as coisas podiam tomar um tom mais brejeiro). É que os BSA são uma prática artística popular fortemente ligada a um calendário sazonal (por norma, o espectáculo corria os lugares do Alentejo entre o São Martinho e o Entrudo, e entre o Entrudo e Maio, a época da ceifa, pois os bonecreiros eram trabalhadores agrícolas, e a temporada do espectáculo coincide com o tempo de menos trabalho no campo) e a um público sobretudo rural, e essas circunstâncias repercutem na estrutura do espectáculo. Pelas qualidades de Mestre Talhinhas e pela tipologia de público, os *bailhos* da segunda parte apareciam como um material espectacular muito (quando não *mais*) apreciado pelos populares, que desafiavam o Mestre Salas (Talhinhas) com motes a que este respondia com a precisão versificada das rimas em décimas de rigorosa estruturae espírito chistoso!Tais motes podiam até já ir *amalhoados* (preparados), embora de forma discreta (Talhinhas & Coelho 1997: 81).

O retábulo, com a pequena boca de cena coberta de fios (como que figurando um labirinto, também aqui), montava-se num celeiro ou barracão e lá apareciam o Mestre Salas (como que um Mordomo) e o Padre Chancas, o cura, as duas figuras pivot do espectáculo,bem como todas as outras figuras de um repertório que os populares conheciam muito bem e acarinhavam em tempo de vidas de isolamento e de ausência de luz eléctrica (o que na altura era co-

mum na maior parte das aldeias). Apresentado sobretudo num meio pobre, o ingresso no espectáculo era um bilhete 'simples' (Passos 1999: 171). Por isto o Mestre desenvolveu uma série de estratégias cómicas para 'sacar' ao público grado / mais abastado mais qualquer coisa, fazendo valer a interacção com o público, os improvisos e o fado (Passos 1999: 171s).

É em função deste contexto que melhor se entende a organização da gramática espectacular da segunda parte. É sempre introduzida pela entrada de 'quatro meninas' (as primas) e pelo Mestre Salas, que em diálogo com elas, perguntava ao público se alguém queria um *balhinho*. Da audiência, normalmente conhecedora do repertório, respondia-se normalmente com o previsto na tradição (e ainda hoje se faz assim, embora o diálogo com o público seja regido por outros critérios). Escolhido (indicado) o texto, este era depois apresentado enquanto uma latinha,a que se chamava «o rapazinho», ia buscar a paga, em dinheiro ou géneros, que o espectador a quem era dedicado o balho entendia justa. Isto dava lugar quer a décimas de agradecimento (Talhinhas & Coelho 1997:82), quer a variantes jocosas, quando o dinheiro não fosse de feição aos bonecreiros, que entabulavam uma conversação de tom jocoso com a assistência a este respeito. Outro expediente era a figura nua: no estojo, o boneco nu é aquele cuja roupa era como que leiloada: quem dá quanto para se vestir o boneco? (Alexandre Delgado, relato citado por Passos 1999: 171).

Se alguém era interpelado para dedicar o balho e não aceitava, fazia-se-lhe o 'enterro': entrava em cena um caixão carregado por 4 bonecos [imagem] e uma carpideira à frente, que lamentava a morte de *fulano de tal* (o nome da pessoa que recusara o baile) (Passos 1999: 175-176). Michel Giacometti descreveu com síntese rigorosa o ambiente de interacção bakhtinianamente participada.[5]

Este entusiasmo de participação, com o apreço do improviso que mestre Talhinhas também exibia e cultivada, a modo de promoção porta a porta, no convívio com os populares nos sítios onde se apresentavam e eram ansiosamente esperados, respondia igualmente ao desafio de fazer ecoar casos versejados e casos vividos nos versos do poeta popular. Sintomaticamente, um baile como o *Lará*, apresenta-se exactamente como uma sequência de histórias ou *casos* 'locais': a vizinha que todos os dias tem um vestido novo que o marido lhe não dá; a mulher de quem os rapazes falam; ou os noivos que fogem da boda para o *lará*, insinuando ingenuamente que o *lará* (a palavra *lará* não tem significado dicionarizado) é o indizível obsceno que só assim pode ser dito. Este baile é, assim, de certo modo, uma ficcionalização mediadora do real.

Por vezes Mestre Talhinhas recebia os casos de surpresa, «à flor da pele», casos que *vêm à baila* da boca do público que pedia «para fazer das coisas deles casos [s]eus», como quem assim ganha voz ou alcança justiça ou resolução do seu caso. Havia também os *pontos* (os informantes da terra) que, de um ano para o outro, procuravam «o que mais interessava» para o mestre trabalhar «nas cantigas do fado». E estes que assim ajudavam ao desempenho do Mestre «não pagavam na entrada» (todas as citações de Talhinhas & Coelho 1997: 151). Como quer que fosse, o certo é que Mestre Talhinhas acrescentava ao repertório da *balharada* com o seu saber, desfiando casos de aldeia, entre escândalos e episódios amorosos, entre segredos e confissões, trovadas e balhadas a despique, o que pode justamente chamar-se o vir *à baila*, vir *ao balho*.

O que nos bailesvem à baila

Com tudo isto, pode bem entender-se que os bailes joguem significativa parte na atracção de público, que neles se revê, que neles participa, que neles se diverte com um inegável espírito de comunidade. Na perspectiva que aqui traço, trata-se também de admitir que *o que vem à baila*, como o quem vem à rede, rende. Rende porque abertamente agrada aos espectadores, que dão a paga. Mas rende também porque dialoga com as formas do entretenimento reconhecíveis para o espectador. E sobretudo, porque os envolve numa participação forte que os fios da tradição popular não enjeitam. É nesta dinâmica de reconhecimento (dos bailes tradicionais) e participação festiva que gostaria agora de me deter, já que os *balhos* envolvem componentes de dança dos bonecos, mas sempre de forma *reconhecível* para o espectador, como vou tentar mostrar com três exem-

---

[5] «Estes bailes populares são pretexto para diálogos e mesmo despiques entre títeres e espectadores, recheados de alusões indecorosas e satíricas, crítica social, motejos e remoques pessoais. // Com efeito, os dançadores de pau são apresentados com nomes de pessoas da assistência, o que provoca situações cómicas, quando não embaraçosas. As reacções nem sempre são pacíficas, pelo que gritos, palmas, disputas, assobios, comentários ásperos, ou azedos pontuam a actuação das figuras de pau» (Michel Giacometti, citado em Passos 1999: 172).

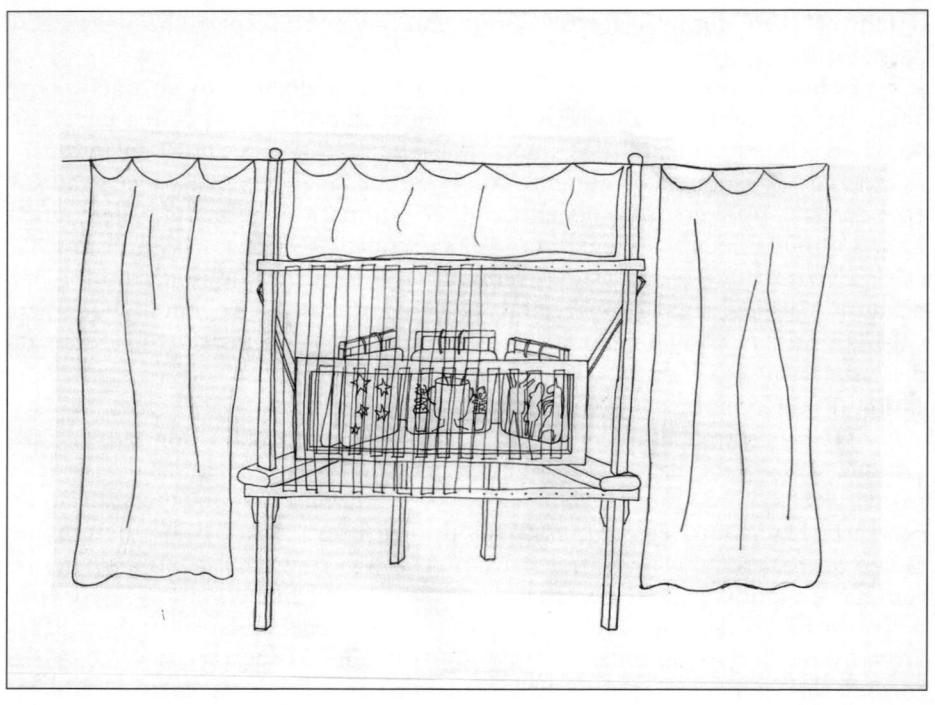

plos fortemente ligados i) à tradição das danças populares portuguesas,[6] ii) ao fado bailado e cantado, e iii) às saiadas.

Começo como caso dos bailes mandados,[7] bailes de roda em que um mandador alterna as instruções aos bailadores com elementos cómicos ou satíricos mais ou menos transgressores, em quadras por vezes maliciosas. Neles, a participação é aberta: entra na roda quem quiser dançar, seguindo os fios que o mandador lançar ao terreiro. É ainda a participação que determina a duração: o baile termina quando não haja quem baile, ou quem mande (mas pode substituir-se um mandador-homem por um mandador-mulher, dando ao baile mandado a forma de um despique aberto). No registo sonoro feito por Michel Giacometti em 1967 (cd2: 3), os BSA apresentavam precisamente um *baile mandado* (peça que no repertório actual vem designada como *contradança* ou *balancé*, em rigor, uma variante desta forma), no qual os bonecos — dois homens de um lado, duas mulheres de outro — dançam às ordens do Mestre Salas o que talvez configu-

---

[6] Com Tomás Ribas, «[...] por «danças populares portuguesas» queremos designar as «danças populares portuguesas tradicionais», as quais englobam três categorias: as «danças folclóricas», as «danças populares propriamente ditas» e as «danças popularizadas» (1982: xx). Aqui vou apenas referir-me à *contradança* e ao *baile mandado*.

[7] Sejam os exemplos foclóricos sejam os exemplos de participação, como as valsas mandadas, por exemplo, são uma forma de baile falado que conjuga as vozes de mando do mandador (vai de roda...), o ordenamento da dança (vira à esquerda, à direita, etc.), com as quadras de tom mais ou menos jocoso, mais ou menos transgressor, que o mandador vai cantando *durante* os movimentos da roda.

re memória de uma quadrilha. Ora, a *contradança* tem larga tradição europeia e gozou de ampla fortuna em Portugal, transmitida em tratados e submetida a inúmeras transformações que as enriqueceram «com novas figuras e passos».[8] Na sua curta duração (no registo sonoro tem quase 3 minutos), a *contradança* tanto exemplifica a *graciosidade* dos bonecos de que Kleist fala como fornece ao espectador, uma vez mais, um modelo ordenado da realidade reconhecível. Ou seja, assistir à contradança é assistir ao *baile no baile*, dançado por 'corpos sem orgãos' para corpos orgânicos. É por esta via que um pequeno episódio do que poderia chamar-se uma poética sensorial funciona. Diz o Mestre Salas, depois de chocar com o 'corpo' de uma 'menina': «Bati com o peito no da menina, até fiquei a tremer» (APB: 295).O riso geral do público ecoa os tempos em que os bailes eram de encontro de namorados, da cultura da aprendizagem sexual controlada pelas mães e pelos olhares sociais que mantinham a ordem ou ingenuamente a transgrediam, que a isso serviam também os bailes.

Centremo-nos agora no fado, definido pelo final do século XIX como uma «cantiga e dança popular, muito característica e pouco decente»,[9] e com forte presença no espectáculo dos BSA. Desde logo, importa reconhecer uma competência performativa do Mestre Talhinhas que o público aprecia e solicita,[10] simultaneamente pertencente a um sistema socio-cultural que ainda hoje valoriza o fado numa perspectiva identitária, regional e nacional. Não se estranhará, por isso, que o fado dê forma de expressão a várias das peças coreográficas curtas do repertório dos BSA, quer com versos estabelecidos quer com versos de improvisação inspirados, também aqui, em casos locais, ou no virtuosismo inventivo de Mestre Talhinhas.

No grupo dos fados, predomina a forma do despique homem-mulher, eventual memória de tradições de despique (que se encontram desde a Idade Média), mas também do despique poético que eventualmente lhes tenha dado origem. Terá sido o caso do *Fado do marinheiro*, do qual conhecemos apenas a parte do homem (que se queixa da traição das mulheres), tendo-se perdido a parte feminina (a parte da mulher não lembrava ao informante). No *Fado do senhor Paulo da Fonseca e da menina Virgininha*, representado com o *Auto da Criação do Mundo*, o despique (ou parlamento) rimado, com falas em prosa no início, o fado é marialva mas a menina, com 16 anos, tem respostas prontas para o pretendente, de 99 anos, que procura noiva e a corteja alegando ter muito di-

---

[8] Alexandra Canaveira de Campos 2010: 41. Esta mesma autora refere que, para «facilitar a memória», as figuras da contradança podiam ser «apelidadas com nomes sugestivos: «A cadeia social», «O bom marido», «As graças»» (designações conforme o tratado de Francisco Gomes da Fonseca, de 1849, citado por Campos 2010: 42). Sem prejuízo de posterior desenvolvimento, parece-me possível ler nessas designações, que nos salões os mandadores ou mestres de sala diziam em voz alta para *mandar* ordenadamente o baile, também uma dramaturgia, o que aproxima o *baile mandado* do *baile falado*. Seja como for, trata-se de uma dança que permanece nos tratados e nos salões até ao século XX, evidenciando uma forte disposição para a modelação da convivialidade festiva que a dança social também é.

[9] *Dicionário* de Lacerda (4ª edição, de 1874), citado em Alberto Pimentel 1904: 9.

[10] Mestre Talhinhas refere que por vezes procurava «prometer a [si] mesmo que já não cantava mais... Mas depois tinha pena dos pedidores...» (Talhinhas & Coelho 1997: 91).

nheiro, e por isso merecer ser 'amado'. No final, ela vai embora, e ele fica com
os dentes na boca, um gesto de emancipação feminina pouco 'fadista'.

No fado *Aldonso e Doroteia*, dois jovens namorados debatemas vontades do
amor, um amor muito *corporal*, ainda que de madeira. Ele pede-lhe para co-
nhecer o corpo dela, «ver e crer / diz o adágio» (APB: 282, 12-13), ao que ela
responde: «Sou mesmo esta justamente / se o meu corpo é virtuoso. / Eu não
quero que proves o mel / e a mim me saias amargoso». E acrescenta: «Mas to-
cares o meu corpo / sócom banhos na igreja» (APB: 282, 28-29). Os bonecos
são, como já se sabe, também *espelho de virtudes*.

Por fim, em*Filomena e Zeferino*, a disputa é de amores envolvendo uma casa-
menteira (Catarina) de linhagem vicentina, que oferece em casamento a jovem
Filomena a Zeferino, o barbeiro. O baile inicia-se com o diálogo entre os dois
(Catarina e Zeferino), e o pagamento de 100 escudos à casamenteira. Depois
inicia-se a música e começa um «fadinho», em quadras, entrando as personagens
(Filomena e Zeferino) em disputa. O tema do descante é a proposta de casa-
mento, que ela finalmente aceita. Depois de realizado o 'negócio', dá-se início
à segunda parte, quando Zeferino põe Filomena a trabalhar quando lhe pro-
metera vida de dona de casa, numa cena machista, que termina com pauladas.
Zeferino não deixa cair a moral da história e diz aos espectadores: «*O mesmo
há-de assuceder a algumas meninas destas que aqui estão para aqui a olhar*» (APB:
292). Não é uma ameaça, é a evidência de que aos espectadores se propõe um
teatro que é *espelho* das coisas da vida...

Por fim, o grupo das saiadas, dança regional típica do Alto Alentejo (Portalegre), de ritmo quaternário e frequentemente dançadas em ranchos folclóricos e etnográficos. Nelas, os versos são de estilo e autoria popular, aprendidos nas festas de São Mateus ou de Sousel (Talhinhas & Coelho 1997: 79) e podiam ser novos em cada ano.As saiadas recorrem à quadra, cantando 4 ou 6 em cada baile, duas a duas: os versos da 1ª quadra repetem sempre e são cantados por todos. Os da 2ª quadra repetem dois a dois os da primeira quadra, em espelho (abcb cbab).Os temas são geralmente amorosos, e há sempre um sujeito poético masculino, que dirige à amada as suas queixas, ou desejos, ou observações, ou remoques.As quadras duplas não constituem sequências de tipo narrativo, antes se apresentam como justapostas. No repertório publicado dos BSA incluem-se três saiadas, as que actualmente integram o espectáculo.

Balhar o mundo, o mundo no balho

Além destesque configuramuma *economia da participação*, com a aceitação do imperativo festivoque fortemente se verifica na estruturação dos *balhos* nos BSA, o repertório contempla ainda outras morfologias. Penso concretamente nos *bailes mudos* (isto, apenas coreográficos), ou quase, como o *Baile dos cágados*, divertido *pas de deux* com duas marionetas-harmónio, assente na mágica comicidade das figuras, cujo pescoço se vai progressivamente mostrando ao espectador na sua forma extensa, e cómica, enquanto um micro-diálogo joga com homofonias cômicas.[11]

É importante aqui notar que a abertura do espectáculo tem também uma forma coreográfica precisa. Esta inclui sempre osublime *Baile dos anjinhos* (baile que algumas fontes classificam como *contradança*) e a *Disputa do sol e da lua*, conjunto que proponho aqui considerarcomo um *baile cósmico* configurando um dispositivo de abertura com forma de *anúncio*: «ouvirás se quiseres / coisas que no mundo vão» (APB: 81, 18-19). É este apontar para o mundo que desde logo sintoniza com o que já vimos que acontece no *corpus* dos bailes. Por outro lado, porém, convoca um significado que a designação de *contradança* ajuda a entender: se a *contradança* se afirma como modelo de convivialidade, com uma corte de anjinhos (com suas ordens e hierarquias) ela remete para uma ordem superior, celeste. Ou seja, o gesto (o programa) que dá o mundo a ver situa-se de *fora do mundo*, apontando para ele de um lugar *outro*. E creio que é aí que, se não forço a leitura, se re-encontram as linhas do labirinto de Ariadne.

Da dança como labirinto

Quer enquanto prática ritual e colectiva, quer enquanto expressão artística performativa, a dança parece encontrar na figura do labirinto um eco originá-

---

[11] Berlim Dias, dito como *berlindins* (*berlindes*) e da fantasiosa elevação do pescoço dos cágados frente ao seu guarda (*APB*: 199-200).

rio, entre o mito e a história. Segundo conta Homero, na *Ilíada*, Dédalo, o arquitecto, terá construído uma grande arena de dança para a divina Ariadne, a «senhora do labirinto.»[12] Citando um texto de Gutzwiller, Kristopher J. Ide afirma que a plataforma de dança seria provavelmente «circular, just like the entrance and exit of the labyrinth»,atribuindo mesmo a Dédalo o domínio de uma *techné* coreográfica: «Daedalus devised the choreography of the dance and taught it to them [...] he was an artistic choreographer as well»,[13] assim articulando arquitectura, coreografia e ritual.

É pois nessa arena que Ariadne conduz as danças rituais chamadas *danças de corda* ou *danças do labirinto*, as quais exigiam, pela sua complexidade, orientação e guia. As danças eram dançadas correctamente — nos seus passos e posições — porque eram reguladas por um saber coreográfico, transmitido por Dédalo e convertido em sistemas de *fios*. Fios de Ariadne, precisamente. O que aqui importa prende-se menos com a hipotética historicidade da criação de Dédalo que com a procurada legibilidade desse fio de Ariadne na complexidade das danças do labirinto.Danças de corda, isto é, danças em que a proximidade dos corpos, as posturas, o movimento, as figuras e os passos se estabelecem pela precisão rigorosa do fio. Mas notando que daqui emerge a modelação de uma metáfora, em rigor memória da *techné* coreográfica de Dédalo: as linhas do chão (labirínticas), as linhas móveis que se prolongam pelos membros do corpo (pernas e braços cruzados em movimento, enlaçados como um fio condutor), as danças de roda infantis, ou as danças guerreiras que no cruzar de espadas (simbólicas ou reais) exigem a medida precisa dos fios no labirinto dos gestos, dos movimentos, da presença. Em rigor, até as *palavras* correspondem, nesta modelação coreográfica, ao desdobramento dos fios de Ariadne que dominam o labirinto, o lugar das danças, o espaço do baile, mecanismo de inscrição que se estende da corda ao corpo, do corpo à roda da saia eà cantilena da *palavra* cuja métrica, cadência e enunciação *conduzem* as danças como num modelo de base mítica.[14] Em rigor, se as instruções coreográficas de Dédalo permitem à

[12] Mark Edwards lembra que o nome Ariadne significa «most holy», um título divino. O mesmo autor encontra ainda em certos «Tablets from Knossos» referida uma «Mistress of the Labyrinth», provavelmente referindo-se a Ariadne (Edwards, *The Iliad: a commentary*. Cambridge, CUP, 1991: 229, citado em Albright 2009: 150, n. 141). Neste trabalho, Christine Loren Albright (2009) situa Dédalo (Daidalos) entre a tessitura mitológica e os dados históricos, precisamente tendentes a confirmar a construção da plataforma de dança para Ariadne, o que Kristoper James Ide (2011) confirma com abundante informação. A hipótese de leitura do mito de Ariadne como origem mitificada da dança devo-a à Prof. Ana Godinho (2011).

[13] Kathryn J. Gutzwiller (1977), «Homer and Ariadne», *The Classical Journal*, 73.1: 34, citado em Ide 2011: 9-10.

[14] Com efeito, nas cantigas de roda, ou nas lengalengas dançadas, como nos bailes mandados ou nas danças cantadas da tradição popular, que outra coisa são as palavras *sabidas de cor* (etimologicamente, no coração, que em latim é *corda*), senão os guias, as cordas de orientação das danças originárias, o fio de Ariadne que liga também tradições, tempos e saberes? Edwards parece pensar nesta circunstância quando recorda que «Dancers in Greece still hold each others' wrists, and a line of dancers is led by a person who does his own figures, in a semi-acrobatic way» (Edwards, *op. cit.*, 229, citado em Albright 2009: 150, n. 141).

senhora do labirinto dançar ali, é porque instituem *o* fio que domina o labirinto. Assim, toda a dança exibe o seu fio de Ariadne, toda a dança se baila no espaço mítico do labirinto.

Nem por serem de marionetas os bailes dos BSA escapam a esta inscrição mítica. Ao contrário: o mundo de fios e guias que suportam os corpos dos bonecos,[15] os fios que os separam do mundo, fios que à boca de cena traçam uma labiríntica fronteira entre ontologias. Mas também pelos múltiplos fios que, como procurei assinalar, as orientam nas *balharadas*. As formas de *vir à baila*, que articulam circunstâncias e saberes, arquivos culturais e experiências, expectativas e modalidades de participação. As dinâmicas relacionais estabelecidas com o público, os diálogos com as danças populares, com as poéticas tradicionais, pautadas por esquemas rigorosos (guiados) de versos e rimas sólidos, de palavras e músicas, de casos e descasos. Em todos estes fios, múltiplos, ecoam os fios de Ariadne e o labirinto de Dédalo, a cena e o mundo, a devoção e o riso, a memória e o tempo. Porque ali tudo segue as linhas do *balho*, tudo vem *à baila*.

Abreviaturas utilizadas

BSA — Bonecos de Santo Aleixo
APB — *Autos, passos e bailinhos* (e Zurbach, Ferreira & Seixas, 2007)

Bibliografia

ALBRIGHT, Christine Loren (2009). *Pandora's poetics: ekphrasis in the ancient epic*. Tese de Doutoramento apresentada à Univesity of Georgia, Atenas, Versão electrónica [https://getd.libs.uga.edu/pdfs/albright_christine_l_200905_phd.pdf].
CAMPOS, Alexandra Canaveira de (2010). «Dançar a partir dos tratados. As danças de sociedade e a função do baile», em Tércio, Daniel (Coord.), *Dançar para a República*. Lisboa: Caminho, p. 29-65.
FERREIRA, José Alberto (2014) (no prelo). «Por uma poética da fragilidade. Para um museu dos Bonecos de Santo Aleixo», *Midas. Museus e Estudos Interdisciplinares*, 4.
GIACOMETTI, Michel & GRAÇA, Fernando Lopes eds. (2000). *Bonecos de Santo Aleixo / Santo Aleixo Puppets*. Strauss: Portugalsom, 2 cds. [citado cd no texto]
GODINHO, Ana (2011). *A propósito de um mito grego*. Conferência integrada no ciclo *Fábrica dos mitos*, no âmbito do *Festival escrita napaisagem*. Évora, 14 de Agosto.
IDE, Kristopher James (2011). *The Daedalus of history and myth: the meaning of creation in literature from Homer to Joyce*. Tese de doutoramento apresentada

---

[15] Corpos *anti-graves*, que só tocam o chão «ao de leve» como disse Kleist que também das marionetas viu as linhas rectas e curvas (1810: 139; 134).

à University of California, Davis, versão electrónica [https://complit.ucdavis. edu/sites/complit.ucdavis.edu/files/attachments/kris_ide.pdf].

KLEIST, Heinrich von (1810). «Über das Marionettentheater», *Über das Marionettentheater und andere schriften*, 1811 [ed. ut.: *Sobre o teatro de marionetas e outros escritos*. Lisboa: Antígona, 2009. Trad.e apresentação de José Miranda Justo].

LIMA, Paulo (2004). *O fado operário no Alentejo, séculos XIX e XX. O contexto do profanista Manuel José Santinhos*. Vila Verde: Tradisom.

MCCORMICK, John & PRATASIK, Bennie (1998). *Popular puppet theatre in Europe, 1800-1914*. Londres e Nova Iorque: Cambrige U. P.

MELLONI, Remo cur. (1980). *Burattini, marionette, pupi*. Catalogo della mostra realizzata a Palazzo Reale 25 giugno-2 novembre 1980. Milão: Silvana.

PASSOS, Alexandre (1999). *Bonecos de Santo Aleixo. A sua (im)possível história*. Évora: Cendrev.

PIMENTEL, Alberto (1904). *A triste canção do sul - subsídios para a história do fado*. Lisboa: Livraria Central de Gomes de Carvalho.

RIBAS, Tomaz (1982). *Danças populares portuguesas*. Lisboa: ICLP-ME.

TALHINHAS, António Joaquim & COELHO, José Manuel Costa (1997). *Contos versados versus versos contados*. Évora: edição de autor.

ZURBACH, Christine ed. (2002). *Teatro de marionetas. Tradição e modernidade*. Évora: Casa do Sul.

ZURBACH, Christine, FERREIRA, J. A. &. SEIXAS, Paula eds. (2007). *Autos, passos e bailinhos. Os textos dos Bonecos de Santo Aleixo*. Évora : Casa do Sul [citado APB no texto.]

Gabriel Mayol Arbona
Joan Socies Fiol

Uns Cossiers amb lletra:
el cas de Montuïri (Mallorca)

1. Introducció

La Dansa dels Cossiers ha resistit, amb diferents evolucions, el pas del temps a les viles mallorquines d'Alaró, d'Algaida, de Manacor, de Montuïri i de Pollença. Així mateix existeixen, a dia d'avui, altres danses anomenades amb aquest mateix nom a les localitats d'Inca, Campos i Palma però sense cap tipus de continuïtat històrica. Per altra banda, sabem de l'existència d'aquesta dansa en el passat a Valldemossa, Llucmajor, Porreres, Santa Maria, Sineu, Artà, Sóller (on es documenten per primera vegada a Mallorca el 1544) (Rullán 1876: II, 421) i a diferents parròquies de Palma. En aquests casos, on els cossiers es perderen, les notícies que tenim sobre la dansa són escasses.

En les poblacions actuals on existeix la dansa, la seva pervivència ha estat marcada per continus talls i represes. La dansa s'ha anat perdent i recuperant almenys al llarg dels segles XIX i XX amb l'única excepció de Montuïri. En aquest poble del centre de Mallorca, almenys des de 1750, data de la primera notícia, els cossiers han tengut continuïtat fins als nostres dies. A Algaida foren recuperats l'any 1973; a Manacor el 1981; a Pollença el 1981 i a Alaró el 1993. En aquestes poblacions, segons el nostre parer, la recuperació presenta una alta fiabilitat històrica ja que es basà en prou documentació consultada i en la memòria d'antics dansadors.

Els cossiers mallorquins dels diferents pobles presenten semblances en el vestuari, en el nombre de dansadors (sis Cossiers i una Dama), en la coreografia que executen i en els instruments emprats per a la música (el flabiol, el tamborí i les xeremies). Unes característiques que es repeteixen en les danses d'arreu d'Europa; base de color blanc, amb roba de colors vius a sobre, cintes, cascavells, miralls i la utilització de mocadors, o broquers en el cas de Manacor. L'estudiós mallorquí Francesc Vallcaneras ens remet a un origen que cal cercar en antics cultes i ritus relacionats amb la fertilitat agrícola (Vallcaneras

1990: 9-13). A tot això, aquesta dansa també compta amb un personatge força present en balls d'arreu de la península i del món. A Mallorca i en la Dansa dels Cossiers se l'anomena *Dimoni* i s'assimila a la figura del bobo, arlequí o bufó, present en danses i festivitats d'arreu d'Europa.

Aquesta vella dansa, un cop passà pel sedàs de l'Església esdevingué la lluita del Bé, representat pels cossiers, i el Mal, el paper del Dimoni. Però sens dubte quan s'observa en deteniment es veu com els cossiers, de manera general, i els Cossiers de Montuïri, en particular, traspuen importants trets de para-teatralitat. La dansa va més enllà del ball, de la festa, de la bauxa i del ritu cultural en què s'ha convertit avui.

2. Els Cossiers de Montuïri

Avui, les sortides anuals dels Cossiers de Montuïri són per la Mare de Déu d'Agost (15 d'agost) i per la revetla i el dia de Sant Bartomeu (23 i 24 d'agost). A la festa de l'Assumpció, surten per la tarda, dansen davant el Llit de la Mare de Déu Morta i posteriorment fan una capta pels comerços i cafès del poble per recollir les *joies*[1] que seran els premis de les carreres de dia 25 d'agost. El dia de la revetla de Sant Bartomeu a la tarda, acompanyen els clergues de la rectoria a l'església parroquial per celebrar les Completes i, posteriorment, tornen a fer una capta per la vila. El dia del patró surten al matí per fer la capta i al migdia acompanyen les autoritats, civils i religioses, a l'església; dansen durant l'ofici religiós i, posteriorment, homenegen les autoritats civils.

Els Cossiers de Montuïri, pel fet que no hagin interromput les seves sortides d'ençà que es documenten per primera vegada l'any 1750, han preservat una sèrie d'elements i pràctiques arcaics i que en la resta dels cossiers de Mallorca s'han perdut. Per exemple, els Cossiers de Montuïri són el grup amb un nombre de danses diferents més important i conserven un lèxic ric per anomenar els punts de cada ball o les peces de roba dels vestits. Molts d'aquests elements, com la mateixa dansa, es conservaren gràcies a la tenacitat de Joan Grimalt Pocoví *Niu*,[2] antic cossier i flabioler durant gran part del segle XX. Així mateix, cal assenyalar que la continuïtat dels Cossiers de Montuïri ha provocat, també, la pèrdua d'alguns trets per la pròpia evolució de la dansa i els canvis socials esdevinguts al llarg del temps. Alguns d'ells són l'estil com s'interpreta la dansa o la processó del dia del patró, per assenyalar dos casos diferents. Aquests trets es troben vigents a Algaida i a Alaró, respectivament, pel simple fet que en la recuperació de la festa s'anà a pouar fins en el moment en el que s'havia perdut la festivitat i, aleshores, encara s'esdevenia la celebració d'aquella determinada manera, a l'estil i costum de principi o meitat del segle XX.

En el cas de Montuïri, les danses dels cossiers són onze: *La Flor de Murta*, *Mestre Joan*, *El Rei no podia*, *La Gallineta Rossa*, *Obriu-mos*, *La Dansa Nova*,

---

[1] Premi atorgat en una cursa, en un joc d'habilitat o en una competició qualsevol.
[2] Conegut també per *l'amo en Niu*, va ser cossier a la segona dècada del segle XX i flabioler i mestre dels cossiers dels anys vint fins als anys vuitanta. Va néixer al 1907 i morí al 1988.

L'Oferta, *Els Mocadors* o *es Caragolet*, *El Marquensó*, *La Gentil Senyora* (recuperada l'any 2011) i *La Mitjanit* (recuperada l'any 2014).

Com hem dit, els cossiers montuïrers presenten importants trets de para-teatralitat. En primer lloc, cal destacar el transvestisme del dansadors, tots de sexe masculí,[3] que actuen abillats amb una vestimenta considerada, a dia d'avui, clarament femenina. També són elements para-teatrals la dansa de *L'Oferta* davant la figura del patró Sant Bartomeu, la de *La Gentil Senyora* davant el Llit de la Mare de Déu d'Agost, del *Marquensó* davant les autoritats civils i l'acompanyament mitjançant la dansa dels *Mocadors* de les autoritats civils i religioses. També és d'una clara para-teatralitat la peça final de les danses en cercle. La Dama, al centre del rotle, agafa per una banya el Dimoni, l'estira a terra i el trepitja per passar-li per damunt.

Antigament, fins i tot sembla que els elements para-teatrals eren més presents. La peça en què la Dama venç el Dimoni arribava a convertir-se en una petita representació.[4] Quan el Dimoni començava a sentir la melodia característica amb la qual acaben les danses en cercle, sol·licitava, amb gestos mímics, al flabioler que no continués per no haver de morir sota els peus de la Dama. Si es donava el cas que el Dimoni fugia, la Dama l'anava a buscar i l'obligava a tornar al centre del rotle format pels cossiers per morir com maca la tradició.[5]

També sabem que almenys durant el segle XVIII la Dama dels Cossiers de Montuïri portava la cara coberta amb una màscara pintada.[6] Tal vegada seria semblant a les caretes pintades que portaven antigament els Tornejants d'Algemesí (País Valencià) i com, encara avui, duen els dos Dimonis que acompanyen els Cavallets de Felanitx (Mallorca).

Igualment, fins als anys vint del segle passat, els Cossiers de Montuïri també encapçalaven, dansant *Els Mocadors*, la processó amb la figura del sant que tenia lloc l'horabaixa de la festa de Sant Bartomeu. A la mateixa època, la segona dècada del segle XX, s'abandonà la tradició d'inaugurar les carreres de cós,[7] després de dansar *La Mitjanit*, amb una cursa en què deixaven arribar la Dama sempre en primera posició (Massot i Planes 1984: 188).

Així mateix, el Dimoni també juga un paper importantíssim dins aquesta para-teatralitat. Durant el ball, el Dimoni, actualment l'únic que va cobert amb una carota, quasi sempre interpreta la dansa amb gestos més secs i aspres que els dels dansadors i sempre girant en el sentit contrari en el que ho fan els set dansaires. Als elements ja explicats més propis de la dansa, cal afegir-hi el seu crit, un gemec, al ser trepitjat per la Dama al final de cada dansa. De la seva boca surt un *Uuu*, fort i greu. En els darrers anys, set o vuit, creim, però, que el gemec s'ha perdut o s'interpreta en contades ocasions.

---

[3] Alaró i Montuïri tenen un home en el paper de la Dama. A Algaida, Manacor i Pollença a partir de la recuperació es féu interpretar aquest paper a una dona.

[4] Com encara ocorre avui a la dansa de *la Titoieta* dels Cossiers d'Algaida.

[5] Comunicació oral de Joan Martorell Bauçà *Peixater* feta dia 24 d'agost de 2014.

[6] Arxiu Diocesà de Mallorca. Arxiu Parroquial de Montuïri. *Llibre de comptes de la Comfraria dels Santíssim Sagrament y Sant Bartomeu 1694-1849*. A Sóller l'any 1630 també es documenten màscares pels cossiers. José RULLÁN (1876: 420).

[7] Corregudes; acte de provar-se a córrer persones, animals o vehicles, per guanyar un premi, principalment en les festes majors de poble i en les festes de barri.

Cossiers de Montuïri, agost de 2012 i 2013 (autor: Gaizka Taro).

Avui en dia, el Dimoni ha esdevingut durant la festa un personatge que basa les seves accions externes al ball a fer lloc als cossiers amb les seves *escorretjades*[8] i a encalçar els joves que l'esperonen i l'insulten amb crits de *Banya verda*,[9] *Banya verda rostoll* o *El dimoni no fa por*. Sabem que abans dels anys noranta del segle XX, el Dimoni tenia un paper més de bufó i no tant de guardià de l'ordre. Però també cal assenyalar que no hi havia la massificació existent avui. Aquest fet també ha provocat que la figura del Dimoni agafàs més importància dins la festa i avui en dia ja poguem parlar d'una creixent dimonització del Sant Bartomeu montuïrer per sobre del paper dels cossiers.

3. Les lletres dels Cossiers de Montuïri

Les lletres conservades corresponen a les danses de *La Flor de Murta*, *Mestre Joan*, *El Rei no podia*, *La Gallineta Rossa*, *Obriu-mos*, *La Dansa Nova*, *La Gentil Senyora i La Mitjanit*. En canvi, no es coneix cap tipus de text associat a la resta de danses (*L'Oferta*, *Els Mocadors o es Caragolet* i *El Marquensó*).

[8] Instrument compost d'un garrot que a un cap duu una llendera per a pegar a les bísties.
[9] Al Dimoni de Montuïri també se'l coneix amb el nom de *Banya verda*.

Tradicionalment, les lletres dels Cossiers de Montuïri havien estat emprades com una manera de facilitar l'aprenentatge dels punts de la dansa als nous intèrprets. És a dir, s'usaven com a recurs mnemotècnic. Alguns passos dels balls agafen el nom del mot o frase que es canta en aquell moment. Per exemple, *Mestre Pere Pastera*, *Titoieta* o *Tretze per un reial*. El darrer rotle o grup de cossiers que aprengué amb aquest sistema, i de la mà de l'amo en *Niu*, va ser el que dansà des de 1977 fins al 1993. Aquest grup de dansadors i les dues colles més que fins ara els han succeït segueixen cantant aquests passos per tal d'executar de la manera més conjuntada possible aquestes figures. Això sí, durant les actuacions en el carrer, en poques ocasions es percep aquest cant al fer-se, a dia d'avui, gairebé sempre d'una manera mental per a cada dansaire.

Durant el segle XX, diferents investigadors varen recollir les lletres dels Cossiers de Montuïri. Els primers a fer-ho varen ser Baltasar Samper Marquès i Josep Maria Casas Homs durant la seva missió de recerca de l'*Obra del Cançoner Popular de Catalunya* l'estiu de 1925.[10] El seu informador va ser Pere Antoni Amengual Gomila *Canet*, antiga Dama i mestre de cossiers. A mitjan segle, mossèn Baltasar Pinya Forteza recollí també les lletres dels Cossiers de Montuïri del flabioler Joan Grimalt Pocoví *Niu* (Pinya 1994). Igualment, i durant la mateixa època, ho va fer el pare Rafel Ginard Bauçà.[11] La darrera ocasió en què es consignaren les lletres dels cossiers montuïrers va ser la dècada dels anys setanta a càrrec de Joan Miralles i Monserrat que entrevistà, també, el flabioler Joan Grimalt Pocoví (Miralles 1978: 158-159). Així mateix es coneixen dos enregistraments sonors també de final dels anys setanta i inici dels vuitanta realitzats a l'antic flabioler *Niu*.

Amb algunes petites variants, les lletres conservades del Cossiers de Montuïri són les següents:

La Flor de Murta
La flor de la murta
ditxós la complirà
elles tan petitones
que morigueren en pau.
I palulai
palulali, lo lai, trai
palulali, lo lai, lai
lare no lai
I palulai
palulali, lo lai, trai
palulali, lo lai, lai
lare no lai
lai lai, lai lai
lai lai, lai lai
lo lai, trai

[10] Biblioteca de Catalunya. Obra del Cançoner Popular de Catalunya (OCPC). Rotlle 38.
[11] Arxiu Provincial de la Tercera Ordre Regular dels Franciscans-Fons Pare Rafel Ginard (AP-RGB). Arxivador 44. *Cançoner popular de Mallorca VII* [Referència provisional].

Cossiers de Montuïri, agost de 2012 i 2013 (autor: Gaizka Taro).

la lai, lai
lare no lai
lai lai, lo lai lai
lo lai lai, lare no lai
lai lai, lo lai lai
lo lai lai, lare no lai
lai lai, lai la lo lai
tirolilolai, lai lai ...

Mestre Joan
Mestre Joan jeu al llit
i amb sa banya enrevoltada
ne foradà llençols
i cent dobles de flassada
diu que no hi és
que se n'és anada
i galandenc, gandenc, gandana
i galandenc, gandenc, gandana.
Ne foradà llençols
i cent dobles de flassada
diu que no hi és
que se n'és anada
diu que no hi és
que se n'és anada
Lai ...

El Rei no podia
El rei no podia
i viure més content
i que viure-hi juvell [joiell?]
i davant vós voldria
i com jo veig senyora
i estant a la porta
i vostra present cara
de tot lo mal comporta
i ella que és presumida
i del seu cor tan bell
i feta d'un pinzell
i davant vos voldria
Lai ...

La Gallineta Rossa
La gallineta rossa
des Jai Pere Cabot
n'ha feta gran distància,
no vol que es gall la toc.
Titoieta,
no vol que es gall la toc.
Es gall impertinent
diu que no vol menjar
ordi ni civadeta
no n'ha volgut tastar.
Titoieta,
no n'ha volgut tastar.
Com ve sa matinada
que es gall fa quec, que, quec,
sa gallineta rossa
li toca el barbonet.
Titoieta,
li toca el barbonet.
Titoieta,
li toca el barbonet.
Lai ...

Obriu-mos
- I obriu-mos senyoreta comare
i obriu-mos que no som sinó dos.
- No ho faré no, lo que no vol mon pare
No ho faré no, lo que no vol mon pare.
—Tots—
- I obriu-mos senyoreta comare
I obriu-mos que no som sinó dos.
I obriu-mos que no som sinó dos.
Lai ...

Cossiers de Montuïri, agost de 2012 i 2013 (autor: Gaizka Taro).

La Dansa Nova
Des que l'han batculat,
li han vengudes ganes,
des que l'han batculat,
li han vengudes ganes
d'anar-se'n a Ciutat
i tenen ses mans blanes,
d'anar-se'n a Ciutat,
i tenen ses man blanes;
lai, tretze per un reial
i mal no n'hi faran
lai, tretze per un reial
i mal no n'hi faran.
Sos parents li han dit
que se n'anàs de Campos
que no volen parents
que els toquin ses anques;
lai, tretze per un reial
i mal no n'hi faran,
lai, tretze per un reial
i mal no n'hi faran.
Concert en es doblers
que se n'anàs a Campos,
Mestre Pere Pastera
aqueix és qui fa batre;

lai, tretze per un reial
i mal no n'hi faran;
lai, tretze per un reial
i mal no n'hi faran.
Lai ...

La Gentil Senyora
Gentil senyora,
feta l'antiguitat,
recorda't d'alguna hora
que em tenies subjugat,
recorda't que em tenies subjugat.
Recorda't que em digueres
que un brot d'amor tenia.
Per recordança em dares
lo teu cor damunt sa mà;
per recordança em dares
lo teu cor dalt sa mà,
per recordança em dares
lo teu cor damunt sa mà
Lai ...

La Mitjanit
- D'on veniu?
- De la mitjanit
- Que estic en es llit.
- No hi som per a fer mal a ningun,
no som com qualcun.
Que la mala dona, per vós
per a vós, que la'm pagareu.
Lai ...

4. Característiques i origen de les lletres dels Cossiers de Montuïri

La primera característica rau en el fet que les lletres conservades corresponen a les danses més lúdiques i de carrer i, en canvi, de les danses més cerimonials no ens ha arribat cap tipus de text.

Pel que fa a l'estructura, la majoria de les lletres, a excepció de *La Dansa Nova*, són d'una extensió breu. Això podria relacionar-se amb el fet que es tracti o bé de només la primera estrofa o bé de la tornada de la cançó. També cal esmentar dos casos en què les composicions presenten una estructura dialogada, *Obriu-mos* i *la Mitjanit*, precisament dues danses amb una execució diferent a l'habitual en forma de cercle i en les que la Dama va ballant de manera individual amb cada un dels dansaires.

El contingut de les composicions dels Cossiers de Montuïri a vegades es fa difícil de destriar. Aquesta circumstància tal vegada seria conseqüència de l'ús tradicional dels texts com a recurs mnemotècnic que podria haver destruït el sentit original. La majoria de les cançons presenten una temàtica amorosa, eròtica o picant. Una menció especial mereix *La Gentil Senyora* que per alguns aspectes formals, per exemple l'ús de l'article literari, podria establir-se una relació amb algunes composicions cultes. En altres, *La Flor de Murta*, *La Gallineta Rossa* o *Mestre Joan*, es troben trets estilístics de les composicions populars com són els sons sense sentit per omplir parts quan la lletra s'ha oblidat, s'ha perdut o simplement no existeix.

Ara per ara, l'origen de les cançons associades als Cossiers de Montuïri és una incògnita. Dels títols de les composicions es pot extreure que la més recent és *La Dansa Nova*. Un fet que podria ser cert si pensam que és l'única on apareixen dos topònims mallorquins, Campos i Ciutat (Palma), i tal vegada pel que ens indica el seu propi nom.

La immensa majoria de les cançons no s'han localitzat en cap cançoner popular mallorquí ni en reculls de la resta dels Països Catalans.

L'única excepció és *Mestre Joan*. De manera parcial, s'ha trobat inserida en cançons com *No vaig arribar a Son Brondo* o *Es Dissabte de Nadal* del *Cançoner Popular de Mallorca* (Moll 1975: XXVIII). A Menorca també es documenta sota el títol de *Greu me sap* (Camps 1918: 175). A Catalunya és recollida a diversos indrets. A l'*Obra del Cançoner Popular* apareix com *Mestre Joan* a Sant Llorenç Savall –el Vallès Occidental–(Massot 1984, VI: 72) i a Tortellà – la Garrotxa– (Massot 1984, XXI: 132-133), *Déu vos guard, Mestre Joan* a Alfar –actualment el Far de l'Empordà, l'Alt Empordà– (Massot 1984, XX: 58), *Déu lo guard, mestre Joan* a Jafre –el Baix Empordà– (Massot 1984, XIV: 121-122), *La dona de Mestre Joan* a Sant Privat d'en Bas –la Garrotxa– (Massot 1984, VI: 264) i *Déu lo guard, galant Mingue*t a Organyà –l'Alt Urgell– (Massot 1984, VI: 205-206). Joan Amades la recollí com *Mestre Joan* a Reus l'any 1925 (Amades 1956: 523) i també es conserva una versió amb el mateix títol recollida a Sant Joan de les Abadesses –el Ripollès– al Fons de Música Tradicional.[12] Igualment apareix com *Mestre Joan* en una variant recollida a Cogolls –les Planes d'Hostoles, la Garrotxa. En alguns llocs, com per exemple l'Escala –l'Alt Empordà–, la mateixa cançó és present amb el títol de *La mala anyada*. Més modernament, Guillermina Motta enregistrà una versió anomenada *En Joan Banyes* al seu LP *Ni flors ni violes* (1967)[13] o, al 1994, el grup Clau de Lluna enregistrava *El pobre Banya* en el seu CD *Fica-li noia*.[14]

Tanmateix és a la vila mallorquina d'Algaida, just al costat de Montuïri, on trobam la versió que segurament és més propera a la cançó dels cossiers montuïrers. Va ser recollida per Gabriel Janer Manila (1974. 32-33) de la veu de mestre Llorenç Trobat Sureda *Maçoles*, un antic Dimoni dels Cossiers d'Algaida i, inexplicablement, és un text que no havia estat tengut en compte fins ara.

---

[12] Fons de Música Tradicional, Concurs C48, C48-176.

[13] *Cançons i música dels avis* [en línia] [S.ll; s.n; s.d.] <musicadelsavis.blogspot.com> [Consultat: 25 de novembre de 2014]

[14] *Temes del CD Fica-li Noia de Clau de Llu*na [en línia] [S.ll; s.n; s.d.] <http://ccf.intercomgi.com/ficali.htm> [Consultat: 25 de novembre de 2014].

Mestre Joan jeu a llit
amb sa banya enrevoltada,
ha foradat el llençol
i cent dobles de flassada.
— Déu vos guard, Mestre Joan,
quina botiga heu parada
de teules i tafetans
i altres coses delicades!
A on teniu la muller
que no la veig dins la casa?
— Els frares de la Mercè
que la m'han emmanllevada
quinze dies, quinze nits,
i encara no l'han tornada.
Ai muller, quan ne vendràs,
prou que et trencaré una cama,
de la cama en vendrà el braç
i del braç la carcanada.
Mentre estan diguent això,
la muller puja l'escala.
— Aquí tens una unça d'or,
els frares la m'han donada.
— Ai muller si ho fas així,
torna-hi una altra vegada,
que jo m'estaré al llit
amb la banya decantada
amb cent dobles de llençol
i altres tantes de flassada.
Mestre Joan jeu al llit
amb sa banya enrevoltada,
ha foradat el llençol
i cent dobles de flassada.

Pareix, doncs, segur que els Cossiers d'Algaida, molt semblants als de Montuïri (de fet, són dues viles veïnes), també tenien en el passat algun tipus de text. Els noms de les danses gairebé coincideixen amb les de Montuïri. Els cossiers algaidins dansen *L'Oferta*, *La Flor de Murta*, *Mestre Joan*, *Els Reis*, *La Titoieta*, *La Dansa Nova*, *Ses Bombes* i *Es Margansó*. Seguramment denota també alguna coincidència que els Cossiers d'Alaró dansin, o dansassin, *La Gentil Senyora* i *Es Bargansó*. Hi ha algun rastre que antigament també tenien algun tipus de lletra o recurs per aprendre les danses els Cossiers d'Alaró (Vallcaneras 1990: 66) i de Manacor.[15]

Per cloure aquest apartat sobre les lletres dels cossiers, tampoc no s'hauria de descartar que el *Mestre Joan* dels cossiers tengui alguna relació amb el teatre popular. Joan Amades esmenta l'entremès mallorquí *Mestre Banya, Mes-*

---

[15] Biblioteca de Catalunya. Obra del Cançoner Popular de Catalunya (OCPC). Rotlle 17.

tre Creu i Mestre Xera, dedicat al moviment continu, com un exemple de teatre popular escenificat en motiu d'algunes celebracions pròpies del medi rural en què els actors coneixien la història de memòria i improvisaven els diàlegs (Amades 1956: 818).

5. Uns cossiers que cantaven?

Un cop exposades la natura, les característiques i els lligams amb altres textos que presenten les lletres dels Cossiers de Montuïri, cal demanar-nos si aquests, antigament, cantaven mentre executaven la dansa.

Ja s'ha dit que els Cossiers de Montuïri empraren les lletres de les cançons fins als anys setanta del passat segle per aprendre la dansa. Un paral·lelisme clar amb el que explicà Antoni de Bofarull sobre la tonada del Ball de Gitanes de Reus que era recordada mitjançant una lletra (Bofarull 1880).

També sembla clar que els cossiers mallorquins podrien haver cantat de manera pública en un temps passat. Així ho referencia una anotació de l'Arxiu Parroquial de Sineu –Mallorca– (Rotger 1944).

> «1613: «Ball de Cossis»: Eren 10 a 12 joves, portaven cadascun una fusta diferent coberta de flors. Situats al portal major de l'església, començaven a cantar. Arribat el moment un d'ells avançava ballant i cantant una glosa i deixava enmig de l'església el seu fust cobert de flors. Tots feien el mateix successivament. Cada un cantava una estrofa diferent. Quan havia passat el darrer ballador resultava que, amb les fustes plenes de flors, que cada un havia deixat, restava formada una preciosa creu de flors que era costum exposar a la façana de l'Hospital durant uns dies».

El fragment podria tenir similituds amb el Ball de Bastons de Solsona quan, antigament, en motiu de la Mare de Déu del Claustre (8 de setembre), els bastoners pujaven un per un sobre un engraellat format pels companys per recitar cadascun un verset al·lusiu a la festa, compost per ells mateixos i diferent cada any (Amades 1956: 52).

El pare Gabriel Llompart, prenent la referència dels Cossiers de Sineu i les cançons dels Cossiers de Montuïri, assegura que fóra possible que els cossiers de Mallorca antigament cantassin (Llompart 1978: 13-44). Així i tot, la notícia de Sineu ens informa d'unes cançons improvisades, que es cantaven dins l'església i al·lusives a la festa, en canvi, les lletres dels Cossiers de Montuïri semblen cançons ja fixades i amb clar contingut amorós o, fins i tot, eròtic.

Molt més lligada als textos dels Cossiers de Montuïri és la informació ja citada de Gabriel Janer Manila. En el seu article a *Destino*, també afegeix que antigament la Dama dels Cossiers d'Algaida (els més semblants als de Montuïri) se separava de la resta de dansadors per cantar la cançó de *Mestre Joan* acompanyada de la música i, un cop havia acabat, tornava al cercle (Janer 1974: 32-33).

Aquesta important aportació s'hauria de contextualitzar amb altres elements propis dels cossiers com són el transvestisme dels dansadors, la tradició de captar per les cases i la figura, entre grotesca i burlesca, del Dimoni. Així doncs, segurament hauríem de pensar que, en un temps passat, els cossiers protagonitzarien un espectacle de dansa, cant i representació inserit dins un ambient de galaneig i de la transgressió lligada a la festa.

De fet, el galanteig era, antigament, una de les característiques més vistoses dels dansadors. Els Cossiers d'Alaró tenien per costum, el dia del patró, d'acompanyar les al·lotes de la vila a l'Ofici agafades del bracet i fent saltirons quan caminaven (Vallcaneras 1990: 33). També existeix la constància que els Cossiers de Porreres participaven al ball del vespre amb les noies del poble vestits de cossiers (Archiduque Luis Salvador 1985: 631). A Montuïri, a començament del segle XX, els cossiers sortien a festejar amb els cascavells posats davall els calçons de vestir i així les al·lotes sabien de la presència d'un dansaire (Martorell 1991: 18).

Malgrat tot, la recerca sobre l'evolució del paper de la dansa, el cant i la representació en els cossiers és una línia d'investigació que encara cal aprofundir.

6. Conclusions

El sol fet de conèixer l'existència del II Congrés Internacional de Balls Parlats ja ens serví per obrir la ment i, fent dues passes enrere, mirar-nos aquelles danses festives que des de petits hem conegut, i buscar molt més enllà del que és, per a molts, una simple bauxa estiuenca. La conservació, encara que capolades pel pas del temps, d'unes lletres a les quals fins al moment ningú havia prestat atenció, ens ha permès ampliar el camp de coneixement de la dansa ancestral illenca per excel·lència. Els Cossiers de Montuïri, gràcies a la seva continuïtat des del segle XVIII, han conservat una sèrie d'elements arcaics i parateatrals, que han anat evolucionant davant els ulls del poble sense que aquest tengués constància del fet.[16] Gràcies a la present comunicació, la temàtica de les cançons amoroses, eròtiques o picants ens fa entendre un clar deslligament de l'Església, tot i que no podem obviar que, al llarg dels segles, els obrers de Sant Bartomeu han estat els organitzadors de la festa. Aquest fet, però, no ens fa encasellar la celebració dins uns paràmetres purament religiosos. Basta remetre'ns a l'actual celebració del Sant Antoni d'Artà (Mallorca), on encara ara són els obrers de Sant Antoni els encarregats de dirigir la festa tot i que en el carrer, l'esplai, la bauxa agafa i té un sentit més bé laic.

Un fet similar podria ocórrer amb la dansa, la música, la teatralitat i el cant dels cossiers que, de ben segur, durant segles esdevingueren el màxim entreteniment festiu de la societat agrària. Els cossiers haurien centrat temps enrere el protagonisme de les festes fins que l'evolució els va conduir a un punt, entrat el segle XX, que eren vists com un element arcaic i que, fins i tot, arribà a ser motiu de burla (Vallcaneras: 1990, 68).

---

[16] Un cas exemplar seria com almenys entre el 1754 i 1767 sabem que la Dama portava una màscara i a principi del segle XX, tres o quatre generacions després ja ningú esmenti aquest fet.

El que sembla quedar ben clar és l'antiguitat d'aquestes lletres que ni tan sols són presents en els cançoners recollits al llarg del segle XX, ja sigui per un simple fet de fossilització dins la dansa dels cossiers o per la utilització només en aquest context. El romanç de *Mestre Joan* o de *Mestre Banya* i la seva presència en texts teatrals, un entremès, alhora ens obre una nova línia d'investigació per poder discernir clarament la utilització cantada dels textos en un entorn festiu. Les cançons conservades dels cossiers transiten entre l'estil de les composicions populars i el d'altres més cultes. Tanmateix, la manca de referents vàlids ens dificulta, com en tota la investigació sobre la dansa, destriar amb claredat l'ús de les lletres.

7. Fonts i bibliografia

7.1. Fonts

Arxiu Diocesà de Mallorca. Arxiu Parroquial de Montuïri.
Arxiu Provincial de la Tercera Ordre Regular dels Franciscans-Fons Pare Rafel Ginard.
Biblioteca de Catalunya. Obra del Cançoner Popular de Catalunya.
Fons de Música Tradicional.

7.2. Bibliografia

AMADES GELATS, Joan (1956). *Costumari Català. El curs de l'any*, Barcelona.
BOFARULL, Antoni de (1880). *Costums que es perden i records que fugen, Reus (1826-1840)*. Barcelona.
CAMPS I MERCADAL, Francesc (1918). *Folklore menorquí. De la pagesia*, vol. I, Maó.
ARCHIDUQUE LUIS SALVADOR DE AUSTRIA (1985). *Las Baleares: descritas por la palabra i el grabado, Mallor*ca, tom IV. Palma: Caja de Ahorros de Baleares-Sa Nostra.
GINARD BAUÇÀ, Rafel (1975). *Cançoner popular de Mallorca. Volum IV*. Palma: Editorial Moll.
JANER MANILA, Gabriel (1974). «*"Els cossiers"* entre el rito y la burla». A: *Destino*, núm. 1901, p. 32-33.
LLOMPART MORAGUES, Gabriel (1978). «Las danzas procesionales de Mallorca». A: Mascaró Passarius coord. *Historia de Mallorca*, X, Palma: Vicente Colom Rosselló, p. 13-44.
MARTORELL ARBONA, MIQUEL (1991). «Entrevista a Catalina Pocoví Pocoví *de sa Mata*». A: *Bona Pau* [Montuïri], núm. 465, novembre de 1991, p. 18.
MASSOT I PLANES, Josep (1984). *Cançoner Musical de Mallorca*. Palma: Ed. Caixa de Balears-Sa Nostra.
MOLL CASASNOVAS, Francesc de Borja (1975). «Introducció, p. XXVIII» A: Rafel GINARD BAUÇÀ, *Cançoner popular de Mallorca. Volum IV*, Palma, Editorial Moll, 1975.

MIRALLES I MONSERRAT, Joan (1979). «*Un homenatge montuïrer als cossiers i al mestre flabioler Joan «Niu»*». A: *Lluc: Revista de cultura i d'idees*, núm. 687 (Setembre-Octubre 1979).

PINYA FORTEZA Baltasar (1956). *Los cossiers y sus danzas*. Palma: Panorama Balear 62.

ROTGER, Joan (1944). *L'església de Sineu*. Palma: Impremta Mossèn Alcover.

RULLÁN, José (1876). *Historia de Sóller en sus relaciones con la general de Mallorca*. Palma. Imprenta de Felipe Guasp y Vicens.

VALLCANERAS JAUME, Francesc (1990). *Els Cossiers d'Alaró. Aproximació al fet dels cossiers de Mallorca*. Palma: Alpha·3 Serveis editorials. Palma.

7.3. RECURSOS ELECTRÒNICS

Cançons i musica dels avis [en línia] [S.ll; s.n; s.d.] <musicadelsavis.blogspot. com> [Consultat: 25 de novembre de 2014].

Temes del CD Fica-li Noia de Clau de Lluna [en línia] [S.ll; s.n; s.d.] <http:// ccf.intercomgi.com/ficali.htm> [Consultat: 25 de novembre de 2014].

Pep Vila Medinyà

Les patacades:
un ball parlat, un cant ballat cadaquesenc

1. Introducció

Llegim en el llibre confegit per diversos autors *La Bolangera*[1] que la dansa és una part del moviment dels homes i, per tant, expressa intercanvi i la relació entre ells i l'entorn. Però la dansa és una cosa més, forma part de la cultura i, en conseqüència, de la comunicació. La dansa l'hem de veure com l'espill d'una cultura ja que té funcions catàrtiques, alliberadores de tensions, presenta de vegades, conflicte entre sexes. Per entendre millor aquesta manifestació, hem de mirar d'estudiar la societat que la produïa. En el nostre cas la patacada, una dansa en rodona, antiga, té una simbologia pròpia, a voltes compartida amb altres balls en rodona. La seva localització és sempre en un espai festiu. La patacades són balls cantats amb lletres satíriques, una dansa en rodona,[2] que es fa sense instruments, derivada o emparentada amb la sardana i el contrapàs, ja que els balladors ho fan agafats de les mans, una manifestació cultural folklòrica, encara parcialment viva, que en altres èpoques no només era privativa de la vila de Cadaqués com molta gent avui en dia creu. En aquest poble, però,

---

Institut d'Estudis Gironins.

[1] Editorial Alta Fulla, El Pedrís, 27, Barcelona, 1992. Pròleg de Josefina Roma, pàg. 5.

[2] El dialectòleg Joan Veny, en una conferència llegida a la UAB sobre el diccionari de Pere Torre, ens va fornir un text a mà, en el qual entre altres citacions recollides a l'atzar hi havia copiada una referència provinent dels Arxius Departamentals dels Pirineus Orientals de Perpinyà, de 1570, sobre l'Ordre de Malta, en una enquesta feta al poble de Palau del Vidre, al mes de gener de 1570. En aquest text hi havia una citació sobre un «ball rodó», que ara ens interessa destacar, perquè a més de ballar, hom ja cantava cançons «en rollo»: «Testis dixit que diumenge propassat, trobantse en lloch de Palau, havent sopat, hora de nit, entre vut y nou hores ell y en Pere Massó de Palau, anaren en casa de la viuda Felipa ahont ballaven a cansons en rollo y, essent allí, se assentà; y havia acudida molta gent per mirar los balls y cansons que cantaven».

encara se'n canten, després de dinar, per la festivitat de Sant Sebastià (20 de gener), patró del poble, diada de festa, i, ocasionalment, per Carnestoltes, abans a les fogueres de sant Joan. Antigament també es ballaven a altres pobles de Catalunya amb altres dominacions: «Corrandes» a Palamós;[3] «Balls de cançons» a Arenys de Mar;[4] «Dansot» a la Conca d'Anoia; «La Raimundeta»[5] a Artesa de Segre; també n'hi havia en diades assenyalades a Collbató,[6] el Bruc, Esparraguera, Capellades, Orpí, Sant Pere de Riudevitlles, Sant Quintí de Mediona, Vallbona d'Igualada, etc. La majoria d'aquests balls rodons es troben descrits a l'obra de Francesc Pujol i Joan Amades *Diccionari de la dansa de Joan Amades* dins *Materials* de l'*Obra del Cançoner de Catalunya* (Barcelona, 1936: vol. I). En aquesta avinentesa centrem, però, la nostra recerca a la vila de Cadaqués.

[3] Ignasi Pagès, *La cercavila i les cançons de Palamós*, Revista de Gerona, vol. II, 1878. A Palamós es feia una gran cercavila, el segon i tercer dia de Carnaval, que començava a la Plaça Major. Es donava la volta per tot el poble, des de les onze del matí fins l'una de la tarda. Cada dia del Carnaval es ballava el contrapàs, la sardana, les corrandes i la borra. En els intermedis es ballaven aquests balls de cançons, generalment de quatre versos octosíl·labs, el segon i el quart consonants). «Para cantarlas los actores forman un círculo, cogidos de las manos como si bailasen sardanas, las canta un asistente con una sencilla tonada tradicional acompañada de un movimiento de brazos hacia adelante y hacia atrás de todos los que forman el corro siguiendo el compás del canto y al concluirlo se dan dos pasos de sardana a la izquierda y dos a la derecha cantando todos *la, la, ra, la* y parándose hasta que empieza otra cansó. El conjunto es de lo más sencillo en su clase, casi infantil y no valdría la pena de mencionarlo, sino creyésemos que merece serlo la índole de las *cansons* y que deben ocuparse y ensalzarse las buenas costumbres y lícitas espansiones populares». (pàgs. 6-7). L'autor del treball fa constar que hi havia un repertori d'aquest ball de cançons que es feia cantar als nens. A Palamós, en aquests balls d'adults, després de cada cançó, les gents s'apilotaven per terra. Segons la dita popular «feien com una pila de greix».

[4] Immaculada Caballé, *El Carnestoltes Arenyenc*, (Barcelona, Alta Fulla, 1985). En aquest poble hom en deia «Ball de Cançons». Era un ball de carrer al so de cançons, molt arrelat al Carnestoltes arenyenc entre les colles que organitzaven balls de societat. L'autora de l'estudi reprodueix algunes prohibicions en bans municipals de 1827, 1829, 1830 per tal de ferlo desaparèixer de la festa. La revista *La Costa de Llevant* de 16-II-1896 constatava que a la fi del XIX: «los antichs balls de cansons també han cuasi desaparescut». Com es ballaven totes les músiques? Per exemple, a la cançó *La Pepa galant*, quan abans es deia «Ai!», tothom s'ajupia, i després es reprenia; o també a la cançó *Seina Mameina*, quan es pronunciava: «rec, xec; rum, bum, bum», es fan petar els dits imitant les castanyoles». A Arenys... «el rotllo alternaven els homes amb les dones i, de vegades, quan ja era massa gros, se'n formava un de mainada al bell mig de l'inicial. La cançó era cantada per la dona, fadrina o casada que posseïa el millor espinguet de la colla i el responement el cantaven plegats» (pàg. 61). El llibre s'enriqueix amb una selecta de balls de cançons, lletra i música, molt interessant i exhaustiu, pàgs. 69-113. En aquest recull hi podem trobar cançons recollides a Arenys que també s'usaven a Cadaqués.

[5] En aquest altre poble el ballaven dones soles per Carnestoltes, a la font, mentre esperaven omplir el càntir. Vegeu altres aportacions de Valeri Serra i Boldú en «Lo Ball Rodó d'Artesa», *La Renaixensa*; Melé, «Cançons o corrandes de Carnestoltes», *Revista Catalana*, vol. 7, Barcelona, 1923; obres referenciades en la bibliografia arenyenca.

[6] Pau Bertran i Bros, *Cansons y Follies populars (inédites). Recullides al peu de Montserrat*, (Barcelona, Llibreria d'A. Verdaguer ,1885): «pel ball rodó, homes y dones, vells y canalla s'agafan les mans formant ampla roda y, tot cantant a la vegada, giravoltan sense parar, xano, xano y blinquejant lo cos a la posada, y depressa y saltant de botx al responent» (pàg. 287).

Fotografia/ Grup de balladors a Sa Plaça de ses herbes de Cadaqués ballant patacades. Observem que no hi ha la cobla, el grup no es pot confondre amb una colla que ballava sardanes. Font: Revista «Sol Ixent», juny 2014, pàg. 92. Arxiu Fotogràfic Pere Vehí de Cadaqués.

Quina era la funció de les patacades, en moltes ocasions un ball de dones, amb aquelles capatasses al mig de la rodona, en altres temps, atrevides, que portaven la veu cantant? La mateixa que trobem en altres formes d'expressió oral en les quals hi havia cant, ball, moviment, etc., en un moment en què l'esperit de comunitat i de confraternització era molt diferent al d'ara, amb pocs mitjans de comunicació, en zones prou aïllades. Dintre de la monotonia del viure i del treballar, arreu hi havia casinos, societats, colles de menestrals, d'amics, que practicaven aquest associacionisme, feien cercaviles, etc. Com diu Antoni Serrà Campins, Felip Munar i altres autors en el llibre col·lectiu que signen: *Formes d'expressió oral*[7] els glosadors en aquella societat preindustrial havien d'entretenir, provocar debat, ratificar la cultura del lloc i del moment. En una situació en què hi havia molt d'analfabetisme, poca instrucció, la cultura oral era molt important. Els balladors de patacades tenien la seva funció comunicativa, eren portaveus de la comunitat, donaven forma a anhels, pèrdues, desitjos sexuals, critiques per mitjà del ball i del cant metrificat, que es podia memoritzar.

En una societat que funcionava més rígidament, aïllada, sense mitjans de comunicació, es podien dir certes coses en diades assenyalades, contra els veïns, homes d'església, cacics locals, sobre embolics de faldilles, sense que fossin considerades massa transgressores. No sabem si aquestes crítiques eren temudes, si hi havia molta repressió, arguments censurats, etc. Com hem dit a Arenys de Mar, almenys, hi havia consignades prohibicions de fer aquests balls en bans municipals,

[7] Felip Munar i Munar (ed.), *Formes d'expressió oral. Notes per a l'estudi de la poesia oral improvisada*, Associació Cultural Canonge de Santa Cirga, Manacor, 2005, pàgs. 9 i ss.

de l'Ajuntament, ja dels anys 1827, 1829, 1830 perquè l'autoritat considerava que certes critiques podien faltar a l'honor de les persones del lloc. En pobles petits, abocats al treball, aquests balls tenien una importància social remarcable. Les prohibicions d'inicis del segle XIX, en el cas d'Arenys, indiquen potser que aquests balls, a la fi del segle XVIII, eren encara molt vius i presents a la societat arenyenca.

2. Els saraus o Balls de les Patacades

Un altra cosa eren els locals de balls públics de mala anomenada de la ciutat de Barcelona (a la Barceloneta) que reunien les classes menestrals. Recordem el *Sarau de la patacada*, el sainet costumista de Josep Robrenyo (Barcelona, c. 1780-1838), un centre de reunió, un ball públic, magistralment dibuixat per aquest dramaturg. Hom redueix l'argument del *Sarau de la patacada o Juan i Eulàlia* al fet que una dona assisteix amb una veïna, la Gràcia, a un ball de disfresses de Carnestoltes, al carrer de les Tàpies, on hi van diverses classes socials, sense el permís i l'autoritat del seu marit. L'engany, però, es descobreix quan un nen, fill de la veïna que havia deixat a l'Eulàlia vestits per disfressar-se i unes arracades per poder-les lluir al ball, porta un missatge, truca al domicili de la protagonista i denuncia davant del matrimoni, la pèrdua d'una pedra bona d'una de les joies, que s'haurà de pagar. Juan, el marit, descobreix mitjançant la confessió del nen, la desobediència de la muller; se sent enganyat perquè la seva dona ha qüestionat la seva autoritat. Aquí, però, el sentit de la «patacada», un conflicte entre menestrals, també seria moral, significaria que tard o d'hora qualsevol engany s'acaba sabent. La disfressa no tot ho podia tapar. És allò que resumeix aquella dita catalana: «s'agafa primer a un mentider que a un coix».

Segons Joan Amades, el dia de Sant Esteve, a Barcelona, hom feia una funció especial. En aquella diada, els nostres avis recordaven aquella dita: «ell ball de la Patacada era més de la patacada que els altres dies». Per Carnestoltes, en els saraus, on dominaven les classes baixes i menestrals, també hi havia el costum de fer esbroncs. Qui portava careta tenia uns certs drets, es permetia el luxe d'esbroncar un veí, un conegut, de cantar les quaranta a un personatge popular de la ciutat. En aquest ball de la Patacada hom indagava després, a la sortida, la qualitat de l'home ja sense disfressa per passar-hi comptes, fer-li pagar les seves insolències. D'aquí que al carrer hi haguessin moltes picabaralles entre ofensors i ofesos (Amades 1982-1983: II, 209 i 438).

El *Diccionari Català Valencià Balear* (DCVB) defineix així el mot «patacada»:[8] «Cop fort sia amb la mà, sia amb una eina o amb un altre instrument». «Ball de la

---

[8] És interessant el comentari que va fer un músic, Narcís Paulís, cap a 1927, a la trajectòria de l'orquestra Els Montgrins de Torroella sobre el sentit del mot patacada: «Vaig trobar la cobla una mica fluixa. Tocaven molt de patacada i jo la música ja la sentia diferent amb efectes, matisos, etc.» Vegeu Jaume Ayats (dir.), M. Cañellas, G. Ginesi, Jaume Nonell i Joaquim Rabaseda, *Córrer la sardana: balls, joves i conflictes*, Barcelona, Rafael Dalmau editor, 2006. Un altre testimoni del mot «patacada» el podem llegir a Massot i Muntaner 2006. Missió al Ripollès (1933). Aquí es copia una cançó que parla d'una minyona de la vila d'Igualada de la qual ens interessen aquests versos: «Els seus pares són forners, / una gent molt ben honrada, / un dia va anar a ballar / sarau de la patacada» (pàg. 58).

patacada, ball molt sorollós i desimbolt, de gent ordinariota». En canvi, no recull el sentit de sàtira, de cop moral, quan et foten una garrotada, t'adrecen una acerada crítica. Aquest és dels pocs balls cantats[9] que s'han conservat a l'Alt Empordà, a Cadaqués potser per l' aïllament secular del poble fins la primera Guerra Mundial.

3. Una mica d'història

Hi ha poques notícies històriques que testimoniïn la presència d'aquest ball a la població. De molts períodes del segle passat, no hi ha cap tipus de constància documental. L'arxiu municipal, el de les societats recreatives i culturals locals, presenta moltes llacunes en la documentació guardada. Possiblement ja es ballava a la segona meitat del segle XIX, amb l'auge a tot Catalunya de les festes de carnestoltes en què es permetien certes llicències. Les patacades presenten diversos talls o discontinuïtats històriques.

Hi ha referències puntuals, aïllades, textos, en una revista local de Cadaqués: *Sol Ixent*[10] (1923-1935). En aquesta publicació Iu Sala, propietari i editor del mitjà, reprodueix moltes cançons[11] que es feien servir per a les patacades, algunes de les quals es coneixen arreu de Catalunya.[12] N'hi ha d'altres que són

[9] En alguns pobles de mar de l'Alt Empordà, a Castelló d'Empúries, a Sant Pere Pescador, antigament s'havia celebrat l'anomenat *Ball de Nyacres*, cantat i ballat, practicat per gent de mar, que Pujol i Amades ja documenten en el seu *Diccionari* abans esmentat. Aquest era un ball que es feia per Carnestoltes al so d'un flabiol. Es ballava repicant castanyoles, fetes amb cloves de petxines. Sobre l'estrany nom d'aquest ball, els autors sostenen la teoria de la confusió existent entre «nacres»/»nyacres». Avui dia les «nyacres» són concursos de cants improvisats, que encara se celebren a Espolla, on es tria «el rei de les nyacres», la persona que té més èxit en les cançons. Ara, però, s'ha perdut la part que feia referència al ball. Sabem que el poeta empordanès Fages de Climent havia recollit i practicat l'art de les «nyacres», uns mena de glosats mallorquins. Bàrbara Schmitt Solà en el treball «O cantem o desapareixem», *Mirmanda*, 8, 2013, pàgs. 74-80, a més a mostrar l'arrelament de glossadors a tot el domini lingüístic català, es fixa en aquesta trobada, poc coneguda, de cantadors d'Espolla (Alt Empordà).

[10] Iu Sala Pomés, industrial, propietari a Cadaqués, pels volts de l'any 1900, d'un magatzem de salar peix, fou el fundador i principal animador de la revista *Sol Ixent*. Va morir el 3-6-1931. En el número 193 de *Sol Ixent* (13-6-1931) hi podeu llegir la seva necrològica.

[11] *Sol Ixent* núm. 35 (29-11-1924), publicava un anunci de la redacció de la revista en el qual es demanava la col·laboració de gent del poble que recordés lletres i tonades del ball de la patacada per tal de salvar-les de l'oblit: «Anem a obrir una secció folk-lòrica de les cançons i follies de la patacada qu'ens recordin i que se'ns enviïn, i aixís preguem a tothom que ens diguin les que recordin i siguin publicables; aixís potser assolirem que no·s perdin amb el temps les nostres cançons populars». A la pàg. 2 d'aquest número, transcriuen les dues primeres lletres per al ball: «La figa per ser madura» i «Una barca veig venir». Iu Sala a *Sol Ixent* (08-09-1928, pàg. 9) va arribar a publicar fins a 30 cançons de la patacada: «Amb el número 30 de les cançons de la Patacada queda per ara acabada la col·lecció que he pogut recollir i refer, deixant-ne algunes en cartera com «La filla del Duc», «El peu polidó» i el «Rector de Cornellà» per no haver-les cregut a propòsit per nostre periòdic, i altres com «A la plana de Vic» per no creure-les originals de nostra terra, però que inclourem quan en fem una publicació especial si un dia o altra algú es decideix a recullir-ne la música que és llàstima que encara no s'hagi fet»

[12] Vegeu apèndix.

molt arranjades des d'un punt de vista lèxic, formalment i que donen la impressió que han estat reelaborades per algú que tenia certs coneixements literaris.

Un col·laborador que signa «En Papet» escriu (*Sol Ixent* de 30-5-1931, pàg. 3) un article: «Realitats Cadaquesenques. Tradicions que moren» on assenyala, per diversos motius, la decadència del poble:

> Cadaqués, amb la seva decadència mercantil, seqüela indefectibe de l'emigració, va arrossegant totes les tradicions més estimades que en son temps foren el patrimoni espiritual de llurs habitants nadius». A més de denunciar l'acabament de la festa de Sant Sebastià, patró dels mariners, comenta també la pèrdua del ball de la Patacada, un ball nocturn on les lletres satíriques denunciaven comportaments abusius d'alguns vilatans: «S'ha acabat el ball de «La Patacada», ball nocturn, ball fantàstic, il·luminat amb aquelles fogueres de teia amb el *fester*, o amb els barrils de quitrà. Era el ball de les corredisses, de les empentes, de les estretes ignocentes, enceses per aquells cants satírics, aquells cants de fina ironia que en llur apreciació es condemnaven els fets insans i immorals del poble.

La revista *Sol Ixent* de 15 de febrer de 1934 (núm. 245) dedicava aquest número a glosar la festa de Carnaval, però no hi hem sabut trobar cap referència, entre els balls celebrats, entre els quals hi ha un desconegut «ball de pinyata?», al famós de la patacada. Josep Pla, autor del llibre *Cadaqués* (1947), reconeix que en les diverses estades al poble, algunes llargues, ja no les veié ballar.

L'historiador cadaquesenc Gaietà Rahola, escriu en un seu article: «La Patacada», *Sol Ixent*», (núm. 89, 26-2-1927), aquestes consideracions sobre aquest ball:

> La patacada en la seva forma coreogràfica és la progenitora de la sardana, i a la vegada, és oriunda de les antigues bacanals gregues d'aquelles festasses que entre vi....[---] La patacada com a cançó és un comentari i una sàtira acerba i impecable de tots els fets de significació social vilatana a l'abast del poble i ocorreguts des de la seva coneixensa fins ara; la patacada és una glosa vulgar i breu de tot quan ha captivat l'atenció del poble en el decurs dels segles amb una forma picant i burleta, obscena i tot si voleu, que el poble maliciós i xafarder ha recollit i ha estrofejat; la patacada és un flagell, un fuet fiblador que pega fent força remor,és a diré s una bofetada amb tota l'extensió de la paraula d'aquí el nom de patacada –bofetada, bastonada, batzagada, segons definició del Dicionari – amb que es va batejar la sàtira mordaç que incloïa la cançó.
>
> Per la patacada s'ha passat de *popa a paró:* el pagès de l'ala de Pení, el pescador de canya, el vicari de Llansà, el mestre, el metge, el marxant, el rector, l'ermità, etc., etc., en fi totes les institucions, autoritats i professions socials que afectaven el poble, a part d'una munió de casos particulars, infidelitós conjugals, catifets de veïnat, propòsits i situacions compromeses que covaven feia temps en la consciència del poble i que suraren a la via pública per mitjà de la patacada. Té certa semblança, amb el cuplet d'avui... [...] «És una verdadera llàstima que el ball de la patacada hagi caigut en oblit dels cadaquesencs en el que va de segle, ja que amb ells s'ha apagat una deu inesborrable sobre els costums, tarannà i gestes en fi, que donarien llum sobre l'història del poble en el decurs del temps, estroncant, alhora la veu poética popular que tanta aportació podría donar al folklore modern. (pàg. 4).

Joan Tomàs i Joan Amades van redactar una memòria, van recollir testimonis d'aquest ball en una missió folklòrica a l'Alt Empordà (1928).[13] Les notícies són, però, diverses. Hi ha qui diu que els homes feien un cercle i les dones un altre; altres testimonis recorden balls amb homes i dones mesclats. Ben segur que hi ha hagut discontinuïtats, molt marcades, sobretot durant als anys de la postguerra espanyola.

Llegim a la «Missió de recerca Tomàs-Amades» de 1928, aquest enunciat sobre diversos aspectes de la història d'aquest ball:

El ball dit de *La patacada* és una ballada de caient molt simple, un xic lliure en els seus moviments, propi dels temps de Carnestoltes per l'estil del ball dit de *Cançons* d'Arenys de Mar, de la *Borra* de Palamós, del *Dansot* de la conca de l'Anoia i de la *Raimundeta* d'Artesa de Segre, i no é pas propi i exclusiu de Cadaqués, com pretenen els seus habitants. Els ballaires reunits en rodona més o menys gran, segons el nombre que hi prenen part i en proporció i ordre irregular, això és sense formar parelles, van rodant alternativament tres vegades cap a la dreta i altres tres cap a l'esquerra, al so d'una cançó el cant de la qual és entonat per una sola persona, generalment una noieta que tingui un bon espinguet de veu, i tota la resta de ballaires i fins els qui s'ho miren responen la rescobla de la cançó. Mentre és cantada la cobla, la rodona resta quieta i en iniciar la rescobla emprèn la rodada, tot brandant els braços mentre volten. Entre cançó i cançó solien fer el moviment dit *sota* el qual es produïa al so d'un cant especial que començava amb aquesta paraula, que per extensió va pasar a qualificar el moviment que consistía a entrar tots els ballaires, sense deixar-se anar, però, de les mans cap endins de la rodona formant una compacta pinya, durant la qual situació es bellugaven tant com podien, donant-se cops els uns als altres en desenfrenat esborrajament.» (pàg. 255). «Les cançons emprades per aquesta ballaruga eren d'argument un bon xic atrevit i un xic bacanalesc, com també ho resultava el moviment dit *sota* [...] «No totes les cançons[14] de *La Patacada* eren ballades igualment, puix que en una d'elles, dita *El Mill*[15], es produïen les evolucions de manera diferent. El rollo cantava la cançó,

[13] *Sol Ixent* (núm. 126, 8-9-1928) testimonia la presencia Cadaqués dels dos folkloristes barcelonins: «Amb el propòsit d'incloure nostres belles cançons de la Patacada en el recull emprès per la gran 'Obra del Cançoner Popular de Catalunya' i en representació de l'Orfeo Català, estigueren en nostre redacció els senyors en Joan Tomàs i Parés i en Joan Amades Gelats, als quals facilitarem la colecció inserida en Sol Ixent i totes les dades que ens fou possible per tal de reconstituir i conservar les característiques de nostra antiga i bella dança.» (pàg. 7).
[14] Joan Tomàs-Joan Amades editen en aquesta selecta de cançons, amb un comentari, «Sota es mas Ventós», una de les cançons de la patacada que allunyava de la tònica general de la coreografia emprada. Aquesta cançó era usada pel ball de la Patacada, i els seus moviments eren diferents de la resta de cançons, puix que, en cantar la present, tots els ballaires, sense deixar-se mai per res, s'estrenyien tant com fos possible la rodona, agrupant-se enmig i donant lloc a un fregament de cossos. El jovent, quan volia fer aquesta part del ball que era la més viva i esbojarrada, cridava *Sota*, al·ludint a la primera paraula de la cobla, i la capatassa entonava aquest cant» (pàg. 356).
[15] Joan Tomàs-Joan Amades editen en aquesta selecta de cançons, amb un comentari, *Sota es mas Ventós*, una de les cançons de la patacada que allunyava de la tònica general de la coreografia emprada. Aquesta cançó era usada pel ball de la Patacada, i els seus moviments eren diferents de la resta de cançons, «puix que, en cantar la present, tots els ballaires, sen-

que té música diferent en tota la seva llargada, sense haver-hi cap mena de resco-
bla. Als pocs mots del text era anomenat el nom d'una de les noies o dones que
formaven la rodona, la qual es destacava d'aquesta i anaba a cercar de la rodona el
ballador que més li simpatitzava i sortia amb ell al mig a ballar sols, mentre la res-
ta dels cantaires anaven giravoltant al seu entorn. En acabar el text de la cançó, la
parella se'n tornava cap a la rodona, i seguidament era anomenada una altra de les
ballaires que, com l'anterior, es destacava i sortia a fer el mateix que la seva com-
panya, i així anava seguint fins que se'n cansaven» (pàg. 255).

La majoria de les cançons de *La patacada* que Tomàs i Amades van anotar en
aquest poble foren cantades per una pescadora i adobadora de xarxes de Cada-
qués, Alberta Penya, de 58 anys, que vivia a la platja de s'Arenella, havia estat
una darreres capatasses de *La patacada*. Els va confessar que les havia après de
la seva àvia (256).

Tomàs i Joan Amades no s'estan de denunciar la publicació de patacades amb
un text massa arranjat: «També hem de remarcar que moltes de les cançons re-
collides per nosaltres a Cadaqués, especialment les usades per ballar *La pataca-
da*, n'han estat publicats els textos en el quinzenari local titulat *Sol ixent*, però
els textos impresos en la indicada publicació han estat tan alterats i tergiversats
que no ofereixen cap valor documental» (pàg. 257).

També és interessant el comentari del metge i activista cultural barceloní An-
toni Bartomeus Casanovas (Barcelona, 1856 – Cadaqués, 1935), que estiuejava
a Cadaqués, que difonia el patrimoni cultural i etnogràfic de l'Alt Empordà en
conferències celebrades a Barcelona. En una conferència llegida l'any 1908, al
Centre Excursionista de Catalunya, testimoniava la presència en el ball d'una
capatassa que dirigia l'acció. Aquest és el seu testimoni:

> Una de les costums típiques de Cadaqués, costum antiquíssima i que no s'ha per-
> dut amb tot i els sigles transcorreguts, és la tan cèlebre patacada. Aquesta festa és
> ben bé un esboirat record de les antigues bacanals o festes en honor del Déu Bacus,
> en què els gentils, responent al cor de corifeu i entre les libacions del vi, cantaven
> i dansaven desenfrenadament. La patacada en Cadaqués és una dansa que es balla
> solament per carnestoltes. Homes i dones, joves i vells i criatures donant-se les
> mans al mig de la plaça, volten al compàs de lo que se canta generalment una dona
> posada al mig del rotllo, reprenent tots la tornada a cada final de l'estrofa. Com
> que en la ciutat tenim la costum de donar a les coses diferent nom del que tenen,
> amb lo qual nos quedem satisfets i enganyats, aquesta circumstància m'impedeix
> proporcionar-vos una mostra d'aquestes cançons de patacada, en què a voltes
> s'anomenen les coses per son nom d'una manera franca i picaresca. I la gent riu
> i canta i la rodona volta vibranta, potenta, exuberant de vida, i potser exposada a
> que la critiquin alguns de ciutat, que en aquella mateixa època de l'any s'empolven

---

se deixar-se mai per res, s'estrenyien tant com fos possible la rodona, agrupant-se enmig i
donant lloc a un fregament de cossos. El jovent, quan volia fer aquesta part del ball que era
la més viva i esbojarrada, cridava *Sota*, al·ludint a la primera paraula de la cobla, i la capatas-
sa entonava aquest cant» (pàg. 356).

la cara per a fer mil indecències disfressats de dona o es posen sabateta escotada i mitges de color per a vestir-se de bebè i fer monades de gust ben dubtós.[16]

Vegem que diu el *Diccionari de la Dansa* (1936) sobre el ball de la patacada a Cadaqués:

> A Cadaqués s'ha ballat fins fa pocs anys un ball de cansons anomenat també *la patacada*. Com tota aquesta mena de balls, era propi de Carnestoltes, si bé començaven ja a ballar-lo molts dies abans del temps de les llibertats carnavalesques. Els balladors es reunien en rodona i no paraven de voltar mentre mentre contínuament brandejaven les mans a un cantó i altre, sense mai desagafar-se, al so d'una cançó d'aire alegre i de text sovint desvergonyit que entonava una dona o noieta anomenada *capatassa*. Hi havia una evolució o moviment, que en deien *sota* perquè així començava la cantarella al so de la qual el feien, que consistía en agrupar-se tots els balladors formant estreta pinya, bellugant-se i sotraguejant-se tant com més millor els uns contra els altres, cosa que produïa una escena bon xic lliure i que possiblement motivà que el ball fos batejat amb el nom de *patacada*. Una de les cançons que en aquest ball dansaven i mimaven era l'anomenada *Peu polidor*, cançó enumerativa de totes les parts del cos.[17]

Joan Amades en el seu *Costumari Català* (vol. II, pàg. 247) també fa referència a aquest ball: «Fa anys que ha caigut en desús. La que menava el ball i feia d'espinguet solia ésser una noieta molt jove, la qual, sense saber el que es deia cantava les cançons més indecoroses i indecents que es puguin imaginar».

4. El ball en l'actualitat. La vida festiva continua...

Antigament a més de ballar-se durant la festivitat de Sant Sebastià, es podien escoltar abans de la Setmana Santa, també per Sant Joan, quan es reunia una colla de pescadors o de cantaires per celebrar un menjada, abans o després dels focs. Sabem que als anys 90 del segle XX, a la vista del defalliment de la tradició, el ball es va ensenyar a les escoles del poble perquè no es perdés. Des de llavors s'han incorporat a la celebració nens, gent vinguda de fora que puja a passar el dia a l'ermita de Sant Sebastià (20 de gener). Al meu entendre la festa, però, potser ha perdut autenticitat. Avui dia se'n poden veure ballar durant aquesta diada després del dinar. El ball sol durar uns 30 minuts. Com passa a moltes festes populars d'aquestes característiques, actualment hi ha més gent que s'ho mira, de la que en participa, ja que hom desconeix el valor i contingut de les lletres, el pes de la tradició. Als cadaquesencs, en general, els costa

---

[16] Arnald Plujà, Enric Prat, Pep Vila i Ernest Gutiérrez, *El cap de Creus al principi del segle* XX *Cadaqués, el Port de la Selva, Sant Baldiri, La Vall de Santa Creu, La Selva del Mar i Roses*, Ajuntament de Cadaqués, Port de la Selva, Centre Excursionista de Catalunya, 2014, pàg. 60.

[17] Pàg. 369; el *Ball del Peu Polidor* figura descrit a les pàgs. 382-383 d'aquest Diccionari. A les comarques de Tarragona, amb aquesta cançó, com una mena de joc, s'ensenyava a les nenes les diferents parts del cos».

d'improvisar uns versos de denúncia, dels molts que es podrien fer, sobre temes d'actualitat que afecten la vila. La repressió sexual tampoc és la que era en altres èpoques. De lletres picants noves no se'n senten. Generalment es tira del repertori conegut de sempre. Malauradament no tinc formació musical i no us puc dir res de com, en l'actualitat, s'organitzen musicalment. La cançó, sense instruments, sol ser un enfilall de versos rimats, gairebé sempre apresos de memòria. Generalment són versos agrupats en estrofes de quatre versos heptasíllabs que rimen el segon amb el quart. En principi hi ha una sola persona que diu el vers, mentre que la tornada la repeteixen els que ballen, però també els espectadors. També se senten crits del cap de colla que dóna instruccions, dels balladors, dels espectadors animant a la participació

4.1 El treball d'Anaís Falcó

Les patacades continuen.... El repertori és el de tota la vida, de vegades actualitzat, amb referències puntuals a l'actualitat local, més aviat poques. Sobre el ressorgiment d'aquesta tradició, el fet musical, us convido a llegir el magnífic treball de camp que enllaça amb el meu, d'Anaís Falcó Ibàñez, etnomusicòloga, redactat entre els anys 2010-2011, una estudiosa de la festa cadaquesenca, l'estudi de la qual: *Patacades, parenostres i sardanes....* una tesina de l'Escola Superior de Música que trobareu citada a la bibliografia, es pot consultar a la xarxa. Falcó que estudia l'organització sonora de la patacada, la seva melodia i el ritme, destaca la diferencia de ritme que hi ha entre l'estrofa i la tornada. Hi conviuen diferents accions rítmiques. Apuntava que l'any 2011, de les 54 patacades que es van dir i ballar, 42 les va cantar la mateixa persona, en Dionís Baró Nofre un antic pescador, que s'ha convertit en l'ànima de la festa. També entre les patacades s'executen altres cançons diverses.

A més d'haver-hi filmacions de 2004 i 2008 en poder de diverses persones, també a YouTube (*La patacada de Cadaqués*) hi trobareu un parell de filmacions recents sobre aquesta ballada. Veureu com el senyor Dionís canta cada vers i els altres balladors el repeteixen. Amb la tornada hi sol haver un desplaçament lateral del grup a la dreta i de vegades a l'esquerra. En acabar el quartet el cap de colla diu «garrotada», es desfà la rotllana i la gent es pica suaument. Després de «picar-se», la gent sol canviar de rotllana o de lloc dins la pròpia rodona. La gent fa salts amb el peu pla i es pica suaument, sense violència, com un senyal l d'afecte, per desinhibir-se, com si hom conjurés els mals esperits, d'aquí el nom de «patacada». Hi ha diferents tonades per a les patacades, encara que avui han quedat molt reduïdes.

Fins el dia d'avui, no ens ha estat possible, llevat d'una fotografia d'una collecció particular, de trobar cap mena de material gràfic antic sobre aquest ball desenfadat. Del ball actual, les càmeres digitals han afavorit centenars de testimonis fotogràfics, vídeos a YouTube. Ara el ball que es fa davant de l'esplanada de l'ermita, que s'ha folkloritzat, com hem dit, s'hi han incorporat nens i joves, forasters que una vegada a l'any pugen a l'ermita i entren en el cercle. Hi ha gent del poble allí ballant que no els acaba d'agradar sentir-se observats per turistes vinguts de fora que miren. La festa de Sant Sebastià, festiu a la vila, sempre ha estat una trobada exclusivament per a gent del poble.

Ara i aquí copiem tres cançons curtes sobre el ball de la patacada que hem sentit en els diferents anys que hem pujat a Sant Sebastià:

> 1. «Una figa per ser bona/ ha de tenir tres senyals: / sequillona, colltorcida i / pessigada d'es pardal».
> 2. «A sa muntanya des Pení / una dona collia olives/ i de tant vent que feia / li aixecava les faldilles. / Un home que la va veure / badava com un badoc. / Com que no portava calces / se li veia tot s'abricoc.».
> 3. «Ella en punteja, en punteja, / ella en punteja amb peu pla. / Porta sivilles de plata, / xim-pom, porta sivilles de plom. // *Qui la ballarà més bé, jo i el pare, jo i el pare, / qui la ballarà més bé, jo i el pare i en Peret. / Si en Peret no vol ballar, garrotades, garrotades, / si en Peret no vol ballar garrotades en tindrà*».

Del repertori històric, extretes de la revista *Sol Ixent*, transcrivim tres cançons ja més llarguetes, veritables històries, lletres que servien per al ball de la patacada que formen part del patrimoni de la cançó catalana:

> *Cadaquessenca* (Per ball de patacada)[18]
> *Sa barca d'en Manel Nyanca,*
> *ix com ranca!, ix com ranca!*
> *Amolla escota, no orsis tan,*
> *arria davant.*
>
> Hem sortit de Cadaqués,
> poca vela i ben trempada;
> amb el tercerol del mig,
> hem atracat a l'Escala.
>
> Les ninetes de la vila
> quan ens veuen arribar
> totes tiren d'es palanquí
> ajudant-nos a varar.
>
> Quan sortiu vora la platja
> per volgueu-hi emmirallar,
> i qui pogués ser tramuntana
> per venir-vos a abraçar!
> Desmarrem i donem fusa
> que va vol entra's llebeig;
> si voleu vení a sa barca
> no vos espanti's trapeig.
>
> Passarem es golf de Roses
> amb es ventet a garbí.

---

[18] En la transcripció respectem les particularitats gramaticals i dialectals dels textos.

Del Caragol i la Poncella
ens en podrem despedir.

De Norfeu i s'Ocelleta
passarem a prop, a prop
i allà tombarem la vela
per entrar millor a n'es port.

Mes, durant la travessia
vostres ulls heu de tancar,
que amb el foc de les mirades
ens podríeu marejar.

Adéu-siau escalenques,
ja que no voleu vení,
que si s'entorna la barca
nostres cors queden aquí.

Oh!, hissa la vela
i fem rumbo a Cadaqués!
L'enyorança i el record
no ens deixaran mai més.

Sa barca d'en Manel Nyanca,
ix com ranca!, ix com ranca!
Amolla escota, no orsis tan,
arria davant. (Iu)

La Guenya
La Guenya està malalta,
fa suca la muca[19], la Guenya,
malalteta al seu llit
   que fa cic, cic,
   per ensà, per enllà
   malalteta al seu llit.

Ningú no l'en va a veure,
fa suca la muca, la Guenya,
sinó lo seu marit
   que fa cic, cic,
   per ençà, per enllà
   sinó lo seu marit.

Envia a busca'l metge,
fa suca la muca, la Guenya,
que s'afanya a vení

[19] En altres llocs: «fer la suca-mulla».

que fa cic, cic,
per ençà, per enllà
que s'afanya a vení.

A la primera visita
fa suca la muca, la Guenya,
li ha quitat el vi
    que fa cic, cic,
    per ençà, per enllà
li ha quitat el vi.

Si el vi li quita'l metge,
fa suca la muca, la Guenya,
no ho podrà resistí
 que fa cic, cic,
per ençà, per enllà
no ho podrà resistí.

Quant la deixen soleta
fa suca la muca, la Guenya,
li entra por de morí
 que fa cic, cic,
per ensà, per enllà
li entra por de morí.

Se'n va sota l'aixeta
fa suca la muca, la Guenya,
i s'hi fa a trot de tupí
 que fa cic, cic,
per ençà, per enllà
s'hi fa a trot de tupí.

I quant hi torna el metge
ni suca ni muca la Guenya,
la troba estesa allí,
 no fa cic, cic,
per ençà, per enllà;
la troba estesa allí.

La filla del marxant
La filla del marxant
diuen que és la més bella;
no és la més bella no,
d'altres n'hi ha sens ella.
 La van rondant
a la donzella,
la van rondant.

Si l'han treta a ballar
a la plaça novella,
el ballador li diu,
el ballador li deia.
   La van rondant
   a la donzella,
   la van rondant.

Amb l'aire de ballar
veig que aneu pesadeta;
la cintura vos creix
i el davantal curteija.
   La van rondant
   a la donzella,
   la van rondant.

El cotilló vermell
d'un pam no toca a terra
i porteu sense cordar
vostre gipó de seda.
   La van rondant
   a la donzella,
   la van rondant.

Balla que ballaràs,
un infant ne cau per terra,
la filla del marxant
s'ha perdut per massa bella.
   La van rondant
   a la donzella,
   la van rondant.

Bibliografia consultada

AMADES, Joan; PUJOL, Francesc (1936): «Diccionari de la dansa, dels entreme-
sos i dels instruments de música i sonadors». *Cançoner Popular de* Catalunya,
Vol.1. Barcelona: Fundació Concepció Rabell i Cibils. Romaguera.

AMADES, Joan (1982-1983): *Costumari Català,* Barcelona: Salvat, 5 vols (edi-
ció facsímil).

AYATS, Jaume; ORRIOLS, Xavier; PALOMAR, Salvador (2005): «La cançó». *Tra-
dicionari: Enciclopèdia de la cultura popular de Catalunya*, Vol.6. Barcelona:
Enciclopèdia Catalana.

CARRERA I ESCUDÉ, Marcel (2010): *Patacades. Ara va de bo senyor rector, ara va
de bo...Cadaqués (l'Alt Empordà), Sant Sebastià i Carnaval.* Festes.org, l'espai
on comença la festa. Associació Rebombori Digital [en línia], 29 de desem-
bre de 2010. Disponible a: http://www.festes.org/articles.php

FÀBREGAS, Xavier (1975): *Les formes de diversió en la societat catalana romàntica*, Barcelona: Curial.

FALCÓ IBÀÑEZ, Anaís (2011): *Patacades, parenostres i sardanes: documentació i anàlisi de la festa de Sant Sebastià de Cadaqués*, Projecte final d'etnomusicologia a l'Escola Superior de Música de Catalunya - Director: Joaquim Rabaseda. Curs 2010-2011. Digital [en línia] . Recurs consultable a la xarxa.

MASSOT I MUNTANER, Josep (2006): «Missió de recerca Pamira-Porta 1934». *Obra del Cançoner Popular de Catalunya: Materials. Memòries de missions de recerca per Joan Amades i Palmira Jaquetti.* Vol. XVI Barcelona: Publicacions de l'Abadia de Montserrat.

PUJOL, Josep (2004): *Sant Sebastià a Cadaqués* dins «La Vanguardia», 25-1-2004, 2.

RAHOLA, Gaietà (1927): *La patacada*, Sol Ixent (Cadaqués), número 89 (26-2-1927).

[RAHOLA], Àngel (1929): *Festa de Sant Sebastià: la tradició s'apropa. Sol Ixent* (Cadaqués), número 135. (30 de gener de 1929), 1-3.

— (1931): «L'ermita de Sant Sebastià». *Sol Ixent* (Cadaqués), número 183 (17 de febrer de 1931), 2-3.

ROBRENYO, Josep (1998): *Tres peces.* Barcelona: Proa.

SOLER I AMIGÓ, Joan (2006): «El calendari festiu». *Tradicionari: Enciclopèdia de la cultura popular de Catalunya*, Vol.5. Barcelona: Enciclopèdia Catalana.

SOLER I AMIGÓ, Joan (dir.) (2005): «Música, dansa i teatre popular». *Tradicionari: Enciclopèdia de la cultura popular de Catalunya*, Vol.6. Barcelona: Enciclopèdia Catalana.

Hye Kyung Jeong

Yangju Byeolsandae Nori:
el baile que habla por el pueblo

1. Una presentación general

Yangju Byeolsandae Nori es un baile popular enmascarado que se conserva en una zona de Corea del Sur, llamada Yangju, en donde los actores conversan, cantan y bailan.

El inicio de esta tradición data del siglo XIX[1], cuando la Dinastia Choseon (1392-1910) pasaba una etapa caótica. Se celebraba en fechas importantes del calendario agrícola y para los eventos de la oficina del Gobierno. Su escenificación tenía lugar en la cuesta de la montaña de *Bulgok*, donde se situaba el lugar de culto de la comunidad, llamado *Sajikgol* presidido por su templo *Sajikdang*. El *Sajikdang* era el lugar donde se conservaban las máscaras, el vestuario y los materiales de esta tradición. Este tipo de espacios sagrados varía de nombre según las zonas o los objetos de culto: *Guksadang, Seonghwangdang,* etc. El *Sajikdang* de Yangju ya no existe, como la mayoría de estos ámbitos cultuales. El baile se representaba también en otros pueblos de los alrededores de Yangju cuando el grupo de actores era invitado a ello.

2. La denominación identificadora

En coreano, *Yangju Byeolsandae Nori* (también escrito como *Yangjubyeolsandaenori*) constituye una única palabra con tres significados integrados que forman su identidad. En primer lugar, Yangju es el pueblo en donde hoy en día se conserva esta tradición. Hasta el siglo XIX esta población era una de las urbes más importantes en el norte de la provincia periférica de Seúl por que-

---

Goyang Global High School. Goyangsi, Corea del Sud.
[1] Yeonho SEO (1990), *Sandaetalnori* (en coreano), Seúl, Yeolhwadang, p. 32-35.

Fotografía 1.

dar en el paso hacia la capital desde las ciudades del norte, pero desde el siglo pasado perdió su relevancia.

En segundo lugar, de *Byeolsandae*, podemos extraer dos formas: *Byeol* que es un prefijo que indica, en castellano, «apartado» o «extra»; la forma *Sandae*,[2] que ahora solo se refiere a este tipo del baile enmascarado. Sin embargo, el uso de este término en los primeros documentos que conservamos y hasta el siglo XVII mantenía su significado original: «un lugar elevado como la montaña» (*San* significa «montaña», *Dae* significa «un lugar elevado»).

La fotografía 1 nos ofrece una imagen ejemplar de *Sandae*,[3] el montaje de la parte derecha parecido a una montaña pequeña y rocosa sobre ruedas. Este cuadro es la 7ª parte de *Bongsado*, que se halla en la Universidad de Minzu, Pekín, China. *Bongsado* es un libreto de 20 cuadros, documentado por un enviado chino llamado *A Ke Dun*. Se trata de ceremonias, paisajes y costumbres de Choseon durante su viaje por la Coronación del rey de Choseon, *Youngjo*, celebrada en el año 1725.[4]

En esta tradición, esta palabra [*Sandae*] designaba el fondo o la escena de la representación que organizaba el Palacio Real, que es el Gobierno del país. Desde la época del Rey Sejong (1397-1450), una institución vinculada al Palacio Real, denominada *Sandaedogam*, fue establecida con el propósito de orga-

[2] La primera referencia de la palabra remonta a 1310 insinuando la existencia de *Sandae* como montaje elevado para representaciones: Hyungho JEONG (2000), *Yangjubyeolsandaenori* (en coreano), Seúl, Hwasanmunhwa, p. 9.

[3] Kyung-wook JEON, *Hanryu y las artes escénicas tradicionales como el recurso creativo para las artes escénicas contemporáneas* (en coreano), Korean Studies Promotion Service en <http://ksps.aks.ac.kr/default/board_issue.php?md=V&idx=1395&startPage=21&search_key=&search_keyword>, [Consulta: 07-09-2014].

[4] Jinsil SA (2002), *Tradición de la Cultura de las Artes Escénicas* (en coreano), Seúl, Taehaksa, p. 177-178.

nizar las ceremonias de bienvenida con representaciones y espectáculos para los diplomáticos chinos. La institución se encargó de esta representación durante siglos, pero después de las invasiones japonesa y china (1592-1598, 1636-1637), el gobierno del país decidió encargar la representación a organizaciones privadas por los gastos que implicaba. Ante esta situación, los actores que pertenecían a *Sandaedogam* decidieron formar grupos autónomos para llevar a cabo sus espectáculos.

Desde estos momentos, *Sandae*, que hasta ese momento significaba «lugar elevado», incorpora un nuevo sentido para la población: denomina la representación vinculada a estos grupos de actores autónomos de la capital. Se supone que los actores de Hanyang utilizaron el término *Sandae* para insinuar la autoridad que otorgaba la ortodoxia y la excelencia de su arte.[5] Los nombres del baile enmascarado en la tradición popular muestran sus preferencias según las zonas. Por ejemplo, en la provincia de Gyeonggi a la que pertenece Yangju, existen estas tradiciones del baile con máscaras con el nombre de *Sandae*; en la provincia de Hwanghaedo, llevan otro sustantivo más fácil, *Talchum*: en coreano *Tal* se refiere a la máscara y *chum*, el baile; también hay más bailes tradicionales y similares con nombres diferentes como *Ogwangdaenori* o *Deulnoreum*.

La gente de Yangju invitaba a estos actores para las festividades, pero en ocasiones no podían acudir por las giras que tenían en otras provincias. Entonces la gente de Yangju decidió aprenderlo y celebrarlo por sí misma y así comenzó esta tradición del pueblo de Yangju. Por eso, la representación propia de Yangju acabó denominándose *Byeolsandae* para distinguirla de la representación original de estos grupos de actores de la capital.

En tercer lugar, en la palabra Yangju Byeolsandae Nori, la última parte, *Nori*, es el sustantivo del verbo *Nolda* (en castellano, «jugar»), que nos relaciona la representación con un aspecto lúdico. Sin embargo, en coreano *Nolda* también se utiliza para referirse a las actividades desarrolladas en los rituales chamanistas muy populares en las creencias populares y, en este sentido, *Nori* designa la capacidad curativa del ritual. En los rituales chamanistas, no sólo el sanador y el enfermo intervienen en el ritual, sino que los espectadores pueden participar al final del proceso a modo de juego. Por lo tanto, la forma *Nori*, en la denominación de esta representación tradicional de máscaras, implica la participación de los espectadores en el acto.

3. La estructura

3.1. El comienzo de la representación

Yangju Byeolsandae Nori comienza con una procesión musical por el pueblo, en la que los actores acuden a las casas pudientes, donde a cambio de un rito de buena fortuna reciben arroz o dinero. También, a través del cortejo, los actores anuncian el espectáculo y reciben ayuda material. Cuando llegan

---

[5] Yeonho SEO (1990), p. 25.

Fotografía 2.

al lugar de la representación, se celebra una ceremonia dedicada a los actores antepasados pidiéndoles su bendición para la buena ejecución del espectáculo, así como su bendición para los actores y las familias de los espectadores. Esta ceremonia se llama *Seomakgosa*, que significa ritual para iniciar una representación o un espectáculo. La foto 2 es una imagen de *Seomakgosa* de esta tradición.[6] *Gosa* indica este tipo de ceremonias que siguen·celebrándose en Corea para los comienzos de negocios. Por ejemplo, al comenzar una producción de cine o la construcción de un edificio con motivo de prevenir el mal y pedir la bendición y la protección.

3.2. *Una antología satírica de la realidad*

Yangju Byeolsandae Nori consiste en 8 actos[7] en los que se cuentan diferentes historias con personajes variados: unos personajes divinos, unos nobles y monjes budistas malos y abobados, dos chicas jóvenes, varios jóvenes de clase baja, dos esclavos que se burlan de su señor, una madre con su hija que se de-

---

[6] Fotografiada por Heongang Seo, *apud* Hyungho JEONG (2000), p.67.

[7] Las anotaciones dividen de forma diferente la representación, aquí presentamos una estructuración en 8 actos siguiendo las anotaciones más recientes del año 1958 y del 1968 : Hyungho JEONG (2000), p. 50-56.

Fotografía 3.

dican a la prostitución, un comerciante de zapatos con un mono, una familia desestructurada compuesta por un matrimonio de edad avanzada con un hijo pervertido que intenta violar a su hermana hechicera, etc. Se burlan de los monjes corruptos, satirizan a los nobles y muestran la realidad del momento, en donde se hace insostenible para la sociedad seguir el modelo estándar del confucionismo. Los actores escenifican las realidades en las que los deseos carnales del ser humano no hacen excepciones con los nobles ni con los religiosos: en la representación, los nobles y los monjes son representados con imágenes ridículas de lujuria. La foto 3 es una escena de un comerciante de calzado que intenta seducir a las amantes jóvenes de un monje budista que ha colgado los hábitos, viejo y en pecado.[8] También exponen la vida miserable del pueblo, de forma satírica. Al final de la representación acaban consolando al pueblo con un ritual chamánico propio de las creencias populares. La vida del pueblo está simbolizada por la vida y la muerte de una anciana infortunada. En la foto 4, se puede ver al chamán, que es la hija de la difunta.[9] La hechicera celebra una ceremonia para consolar al espíritu de su madre. La dura vida de la vieja y su muerte en la miseria aumentan la empatía de las clases populares. Estas historias son verdaderas burlas o sátiras de la clase alta por parte del pueblo y reflejan la realidad de la sociedad en el siglo XIX.

---

[8] Fotografiada por Heongang Seo, *apud* Hyungho JEONG (2000), p. 109.
[9] Fotografiada por Heongang Seo, *apud* Hyungho JEONG (2000), p. 134.

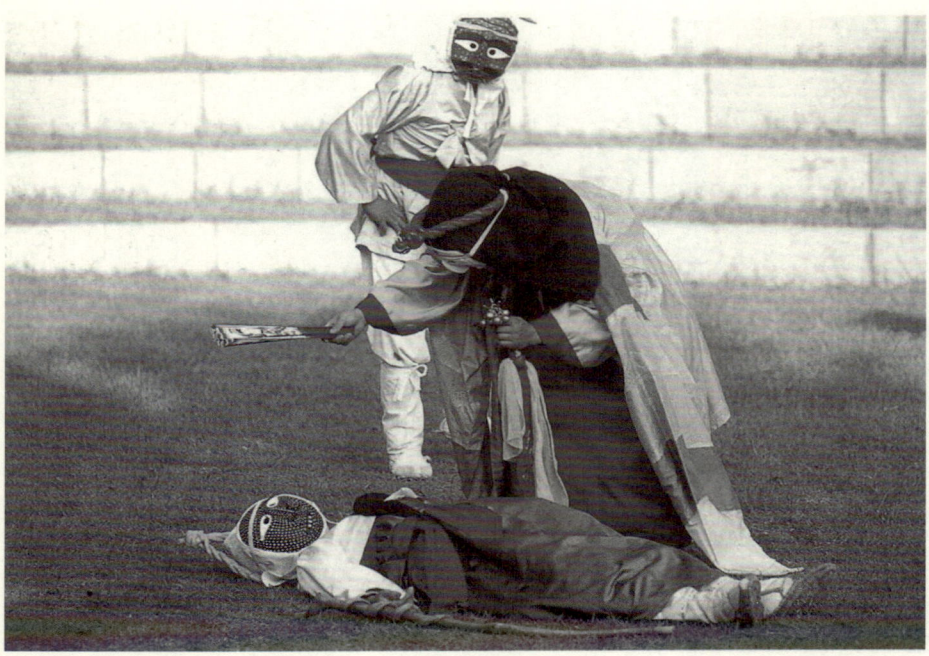

Fotografía 4.

3.3. Un final que reinicia la vida del pueblo

La representación concluye con un baile de todos los actores y los especta-dores, que se llama *Dwuitpuri*. El prefijo *Dwui-* equivale a «después» en cas-tellano y la palabra *puri* significa «quitar la represión, resolver problema o li-brarse de emociones negativas».

En la actualidad, el *Dwitpuri* es todavía muy común en Corea para acabar casi cualquier actividad comunal (por ejemplo, al finalizar un año académico, después de elaborar un proyecto colectivo, o cuando volvemos de un viaje en grupo, etc.). Puede ser una copa o una cena sencilla, pero para los coreanos es una fase importante, porque concluye el evento y también da comienzo a una vida en común de sus participantes.

4. La función social

Como hemos dicho anteriormente, una característica destacada de Yangju Byeolsandae Nori es la participación del espectador, como se extraía del uso de la forma *Nori*. Este baile se representa en un círculo, lo que provoca una pers-pectiva múltiple de los espectadores y contribuye a aportar una estética lúdica a la escena (como también nos remitía el término *Nori*). Durante los actos, el espectador comenta los hechos que les ocurren a los personajes, e incluso se burla de ellos, riendo y gritando. Sin embargo, en el *Dwitpuri*, se produce una especie de reconciliación entre los espectadores y los personajes, mediante un baile final en el que intervienen todos.

En el Yangju Byeolsandae Nori, los nobles aparecen caracterizados como personajes ingenuos, que sufren la burla constante del pueblo. Las figuras ridiculizadas de clase alta constituyen también una característica de la estética en las artes plásticas populares en el siglo XIX de Choseon: las pinturas con el tema del tigre fueron utilizadas para prevenir el mal en casa, pero la imagen del tigre provoca risas y aparece burlada por una urraca, que en Corea es un animal de buen agüero. La clase alta fue simbolizada por el tigre, y el pueblo por la urraca. Asimismo, los actores a menudo salen de su personaje y se dirigen a los músicos o a los espectadores como personas reales, como actores. Se produce, por lo tanto, un constante juego entre la ficción y la realidad, en el que se deja de idealizar la figura elevada del noble o del monje y se presentan en su rasa humanidad. En este sentido, el noble o el monje no pueden reprimir sus deseos sexuales como marca el estándar confucionista, de la misma manera que no puede hacerlo la clase baja. Así, el pueblo acaba reconociendo la humanidad de la clase alta, a través de la risa[10], e incluso puede aceptarlos como una parte de ellos mismos.

5. La conclusión

En conclusión, podemos decir que Yangju Byeolsandae Nori comienza satirizando la realidad del momento, es decir, la represión que el pueblo sufría en manos de la clase alta, pero termina apelando a la fuerza del pueblo e invitando a los espectadores (como parte del pueblo) a abandonar los malos sentimientos, que esa situación cruel provoca, para reiniciar la vida real con optimismo.

Nota bibliográfica

Hyungho JEONG (2000), *Yangjubyeolsandaenori* (en coreano), Seúl: Hwasanmunhwa.

Yong Soo KIM (1993), —Yangjubyeolsandaenori como un gesto social— (en coreano). *Estudios de la Cultura en Prensa* [Seúl: Universidad de Sogang], vol. 11.

— (2012), —Construcción de risas en Yangjubyeolsandaenori— (en coreano), *Estudios del Teatro Coreano* [Seúl], vol. 46, p. 47-95.

Jinsil SA (2002), *Tradición de la Cultura de las Artes Escénicas* (en coreano), Seúl: Taehaksa.

Yeonho SEO (1990), *Sandaetalnori* (en coreano), Seúl: Yeolhwadang.

---

[10] Yong Soo KIM (2012),. —Construcción de risas en Yangjubyeolsandaenori— (en coreano). *Estudios del Teatro Coreano* [Seúl], vol. 46, p. 47-95.

5. Balls d'argument religiós

Charlotte Huet

Los bailes de la pastorada leonesa

Este artículo pretende ahondar en la pastorada leonesa y sobre todo en los bailes que encontramos en este tipo de representación pastoril que solía, y suele a veces todavía, representarse durante la misa de nochebuena en varios pueblos leoneses. Más conocida por sus diálogos pastoriles y sus cánticos, la pastorada tiene, a primera vista, una apariencia más bien estática. De hecho, la pastorada leonesa fue el tema de mi tesis doctoral que defendí en la Universidad Complutense de Madrid en el año 2006 y durante mis investigaciones casi no me interesé por esta parte bailada que consideré como secundaria. Debo reconocer, al estudiarla ahora con más atención, que los bailes ocupan un lugar más importante de lo que pensaba en la pastorada leonesa. En este artículo, intentaré sacar a luz los bailes que pertenecían al núcleo de la pastorada, dejando de lado los bailes que fueron añadidos posteriormente a las representaciones para embellecerlas. Para completar esta exposición, animo a los lectores interesados a consultar en Internet las páginas web que les iré indicando y así contemplar algunos bailes de pastoradas.

1. Presentación de la pastorada leonesa

Para situarnos, empezaré diciendo que el área que abarca esta tradición corresponde en gran medida a toda la provincia de León (a excepción de su extremo oeste), al oeste de la provincia de Palencia, al norte de la provincia de Valladolid y al noreste de Zamora. Para darnos una idea de la extensión de esta tradición leonesa, he aquí el mapa que pude reconstituir durante mis investigaciones doctorales a partir de mis propias búsquedas y de las publicaciones de otros especialistas.

Universidad Católica del Oeste - Bretaña Norte.

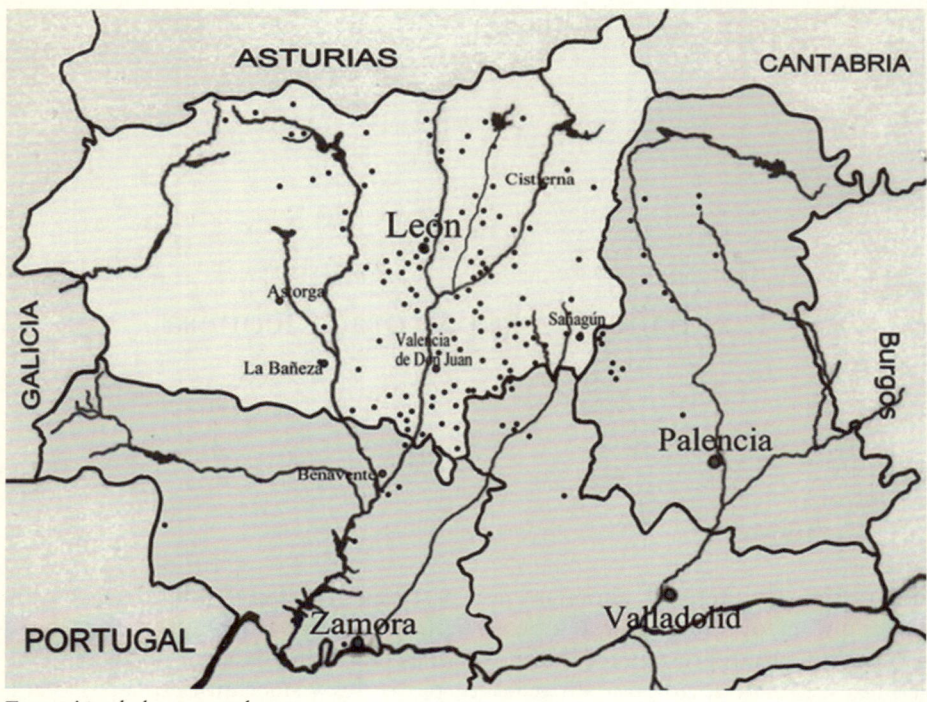

Extensión de la pastorada.

En cuanto a la estructura de la representación, es muy sencilla. Alternando diálogos hablados y partes cantadas, contempla una serie de escenas que son:

- La entrada de los pastores en la iglesia (cántico).
- Los anuncios del Ángel y los monólogos del Rabadán, el primer pastor en oír la voz del ángel.
- La protesta de los pastores que están dormidos y no quieren despertarse, y la escena de las migas.
- El tercer anuncio del Ángel y la reacción de los pastores que deciden ir a Belén.
- Los ofrecimientos en el Portal de Belén.
- La despedida de los pastores.

Los pastores empezaron a representar las primeras pastoradas leonesas en el interior de las iglesias, el 24 de diciembre y durante la misa del gallo. No obstante, no siempre estaba insertada en el acto litúrgico. En numerosos pueblos (como Gordaliza del Pino, Terradillos de Templarios, Joarilla de las Matas o Villahibiera), la pastorada empezaba una vez acabada la misa. Posteriormente, la pastorada pudo representarse fuera del templo: en Bercianos del Real Camino, Rucayo, Villamuñío, por ejemplo, se hacía en la plaza de la iglesia. Los pastores, después de pedir al cura que abra las puertas de la iglesia, entraban cantando por la nave central y paraban delante del altar mayor donde se tumbaban y fingían estar dormidos. Estaban ataviados con sus atuendos tradicionales: la zamarra (chaqueta de piel de oveja), los zajones (pantalones también de piel), la zurrona (mochila), los zuecos o choclos (zuecos con una suela de madera muy alta para proteger del frío), los cayados (o bastones) y una capa.

Representación teatral pastoril, los protagonistas y actores de la pastorada son todos hombres. No obstante, en varias versiones, aparecen pastoras y zagalas. Éstas no pertenecen al núcleo de la pastorada leonesa: no participan a la acción ni dialogan con los otros protagonistas. Añadidas a posteriori, les ha tocado desempeñar un papel de coro. Solamente participan, en algunas pastoradas, en el momento de los ofrecimientos. Estas mujeres que traían vistosidad a la pastorada se integraron tan bien en la representación que en los testimonios que hoy podemos recoger, muy pocas veces encontramos referencias a pastoradas sin presencia femenina.

En varios pueblos, esta representación viene llamada «corderada» recordando así la ofrenda de una cordera que los pastores solían hacer al Niño o, más a menudo, a la Virgen del pueblo al acabar la representación. El ofrecimiento de esta cordera no pertenecía al guión original de la pastorada. Fue añadido posteriormente por los pastores que aplicaron a la pastorada el esquema conocido de otras tradiciones suyas más antiguas. De hecho, pienso que el texto base de la pastorada fue escrito entre los siglos XVI y XVII, pero se acopló a una base ritual anterior en la que los pastores bailaban y cantaban en la iglesia antes de ofrecer una cordera al Niño Jesús. Luego, la pastorada siguió evolucionando con la incorporación de cánticos, de pequeños episodios sacados de villancicos famosos, de elementos copiados de otras tradiciones y alcanzó su forma definitiva en el siglo XVIII, cuando empezó a divulgarse por tierras leonesas.

Para representar la pastorada leonesa, los pastores-actores se apoyaban en la memoria de los pastores mayores (muchas veces los que habían sido ángel de niño y luego habían cambiado de papel mientras crecían en la obra), y también en los recuerdos de las personas que habían ayudado a poner en escena la pastorada (muchas veces el cura o el maestro del pueblo). A parte de la importancia de esta transmisión viva, la difusión y pervivencia de la pastorada leonesa se debe ante todo a la existencia de cuadernillos, muchas veces copiados de otros más antiguos, que recogen el texto dramático. En casi todos los pueblos donde hay constancia que se hizo una pastorada leonesa se encontró un cuadernillo, manuscrito o mecanografiado para los más modernos.[1]

2. En busca de los bailes de la pastorada leonesa

Para lograr identificar los bailes fundamentales de la pastorada leonesa, decidí concentrarme en el estudio de los cuadernillos y no en las representaciones actuales que, en muchos casos, han sido adornadas con costumbres sacadas

---

[1] Ver, entre otros muchos, los cuadernillos publicados por ALONSO PONGA y J. DÍAZ (1983); por TRAPERO (1982); o por MANZANO (1991). Más recientemente, MIÑAMBRES (2012) publicó un manuscrito originario de Cubillas de Rueda encontrado por casualidad en un mercadillo de León: *Pastoradas y autos de reyes de Cubillas de Rueda y otras obras*, León, Instituto Leonés de Cultura.

de otras tradiciones y otros bailes folklóricos. Las usaré solamente a modo de ilustración para darnos una idea de lo que podían ser los primeros bailes de la pastorada leonesa. En general, los manuscritos dan poca información acerca de la escenografía e interpretación de las obras. Algunos copistas, sin embargo, fueron un poco más precisos y nos dieron unas informaciones valiosísimas para entender los tipos de bailes que solían interpretar los pastores. Para identificarlos, me centré en cuatro cuadernillos, de épocas diversas. Dos son de los cuadernillos más antiguos que se han encontrado: el de Vega de los Árboles de mediados del siglo XIX[2] y el de Pardesivil de 1890, el más detallista[3]. Los demás son el texto de Aviados de 1917[4] y el manuscrito de Pedrún de Torío de 1945.[5]

2.1. El baile en cruz

Un baile, sobre todo, destaca por estar mencionado no sólo en una didascalia sino también en una parte del texto dialogado. Aparece en las cuatro piezas estudiadas y lo menciona Rabadán al acabar su larga adoración delante del Portal:

> ¡Toca el tamboril, Antón!
> ¡Chamorro la flauta!
> ¡Pascual el rabel!
> ¡Blas sonajas!
> ¡Gila y Menga, en lugar de adufes,
> tocar las panderetas!
> ¡y todos los demás, con castañuelas,
> hagamos mil cruzados y mudanzas![6]

Estos «cruzados y mudanzas» vienen llamados, en palabras de los copistas, «crucero» en Pedrún de Torío[7] y en Pardesivil, «cruzao» en Aviados,[8] «baile en cruz» en otros testimonios.[9] En el manuscrito de Vega de los Árboles, el copista dibujó la formación de los pastores:

> *Rabadán, Juan Lorenzo, Zagalón, Zagaleto, se pone[n] en cruz:*
> *Rabadán*
> *Juan Lorenzo Ángel Zagaleto*
> *Zagalón*

[2] Publicado en HUET (2004).
[3] Este manuscrito fue digitalizado y editado por la Fundación Saber.es, biblioteca digital leonesa, en 2011.
[4] Texto proveniente del libro de MANZANO 1991: 279-341.
[5] Este cuadernillo perteneció a Felipe Magdaleno y fue uno de los testimonios que le permitió reconstituir la pastorada que editó en 1962.
[6] Vega de los Árboles.
[7] Dice: «*Rabadán, Juan Lorenzo, Chamorro y Zagalón bailan el crucero en el medio y dan cuatro vueltas*».
[8] «*Es ahora cuando se baila el cruzao, y lo baila Rabadán, Juan Lorenzo, Chamorro y Zagalón, y el Ángel en el medio*».
[9] En Villanueva de las Manzanas o en La Unión de Campos por ejemplo.

En el manuscrito de Pardisivil, el autor nos describe con precisión el baile:

> *Ahora se colocan los cuatro pastores primeros en cuadro mirando al portal y el Ángel en el medio haciendo sus ....*[10] *adelante y atrás y a derecha y a izquierda colocándose delante Rabadán, detrás Chamorro, a la derecha Zagalón y a la izquierda Juan Lorenzo. Y todos los demás se ponen a un lado y al fin de cada verso (de los que se pondrán a continuación) cuando digan los otros pastores toquen las castañuelas empezarán a bailar y tocar las castañuelas los cuatro pastores y el Ángel sin cantar mientras bailan. Y bailarán en el mismo sitio que ocupan el primer golpe del baile y después a cada golpe de baile pasarán rápidamente del sitio de uno al de el otro de esta manera. Rabadán donde está Juan Lorenzo y Juan Lorenzo donde está Chamorro y así sucesivamente hasta que queda el Rabadán y los otros tres en el mismo sitio que empezaron el baile haciendo una reverencia cada vez que se mudan y sin volver nunca la trasera al portal y el Ángel siempre bailará en el medio del cuadro y bailarán un baile a cada verso que canten.*

Esta descripción coincide en gran parte con el «cruzao» que se sigue interpretando en la pastorada de Aviados. En la pastorada interpretada en 2010 en Barrillos de Curueño, podemos ver al Ángel en el medio, a los pastores que forman una cruz a su alrededor, que intercambian sus posiciones a cada toque de tambor y hacen cada vez una reverencia. El «cruzao» no ilustra ningún cántico, está solamente acompañado por los instrumentos de los pastores: tambor y castañuelas. Podemos notar una pequeña variante que probablemente no encontrábamos en las primeras pastoradas: dos pastoras también participan al baile[11].

Con esta danza, además de ofrecer un baile al Niño Jesús y así divertirlo, la propia cruz formada es una ofrenda y también un símbolo que podría alejar al diablo y proteger al Recién Nacido. Es la explicación que nos proporciona un auto navideño en el cual, además de los personajes habituales, también entra en escena el Demonio, figura que encontramos en muchos autos pastoriles de los siglos XVIII y XIX. Cuando llegan los pastores y el Demonio disfrazado de pastor al Portal de Belén, el autor indica:

> *Salen cantando, y baylando, y traen lo que han de ofrecer, y detrás Lauro, que trae el cayado de forma, que enmudeciendo al demonio, quede hecha una cruz*[12].

2.2. El baile de los ofrecimientos

Además de este baile en forma de cruz, tres de los cuatro manuscritos estudiados precisan cómo los pastores bailan durante la escena de los ofrecimientos. En Pedrún de Torío y en Aviados, después de ofrecer su humilde regalo (una

---

[10] Palabra indescifrable.
[11] Vídeo disponible en youtube: http://www.youtube.com/watch?v=yHnFlSKHzeM (min. 3:16 - 4:12) consultado el 15/08/2014.
[12] *Auto al Nacimiento del Hijo de Dios, intitulado: El monstruo de la sierra, y el pastor Ángel*, 16 pág., s.a.

manzana, unas nueces, queso, miel, un caldero, una zamarra,...), cada pastor baila delante del Niño. En el cuaderno de Pedrún leemos:

> *Este estribillo* Ay, que eres lindo... *lo canta cada uno después de hacer su ofrecimiento al mismo tiempo que danza delante del Niño y no le vuelve la espalda.*

En la pastorada de Pardesivil, los ofrecimientos se hacen al son del mismo cántico pero esta vez los pastores y las pastoras bailan todos a la vez durante el estribillo «ay que eres lindo».

> *Ahora bailan pastores y pastoras en dos filas cada uno en su sitio correspondiente como queda expresado de cara todos para el portal de belén. Un baile a cada uno de los versos siguientes y mientras bailan cantan todos el verso siguiente: «ay que eres lindo, ay que eres bello, tan de mi gusto, tan de mi afecto, yo por ti vivo, yo por ti muero, yo por ti muero».*
> *Al decir «tan de mi afecto» harán todos a un tiempo la venia y paran de bailar.*

Entonces cada pastor se acerca al Portal para hacer su ofrecimiento y vuelve luego a su sitio al lado de los otros pastores para bailar.

En las entrevistas que pude realizar durante mi trabajo de campo en el año 2004, también me hablaron de unos bailes que realizaban los pastores todos juntos en el momento de los ofrecimientos: En Gordaliza del Pino, en la pastorada que se hacía por los años cincuenta, en el momento de los ofrecimientos, «tocaban las castañuelas, las sonajas, las bombas y pitillos... Todos iban haciendo como un baile... Y después ofrecía otro».[13] En Villahibiera, por los mismos años, César se acuerda «de uno que ofrecía la corderina y cantaban cuando iban a ofrecer. Después todos los pastores bailaban. Los que no eran pastores se vestían de pastores. Una zamarra y unos zancos y esas cosas. Las castañuelas, bailaban. Yo era un chico cuando aquello».

2.3. Gallegada y Asturianada

Otro momento idóneo para ejecutar un baile es el final de la representación como ocurría en muchos autos navideños, que sean del siglo XVII o del XIX. En *El Soldado. Auto de la Natividad de Christo nuestro Señor*, acaba la obra «*con varios instrumentos, guitarra, adufe, sonajas, texuelas, morteruelo, como se usa en las aldeas, cada uno de por si, estandose quedos, sin tocar la musica, cantara una copla, y luego todos las canten, y baylen, con su tono, y bayle, relinchos, y algazara*».[14] Asimismo en *Los Pastorcillos, Ó sea el Nacimiento del Hijo de Dios* publicado en Gerona en 1843, al final de la obra, los pastores «*forman un agradable baile y al acabar cantan a coro lo siguiente: Pues con música sonora...*» (Anónimo 1843).

---

[13] Transcribo las palabras de Teresa García, de Gordaliza del Pino.
[14] Publicado en Gomez Texada de los Reyes 1661.

Las pastoradas leonesas que suelen incluir un baile final son las que presentan unos ofrecimientos secundarios llamados también ofrecimientos dialectales o *Gallegada* porque los pastores cantan sus ofrecimientos imitando un modo de hablar y una melodía gallega.[15] En el texto de Pardesivil, al final de la obra, los pastores bailan lo que el copista llama *el baile del último ofrecimiento*, es decir la Gallegada:

> *Se ponen todos pastores y pastoras en dos filas y el Ángel en medio entre Rabadán y Juan Lorenzo como en los primeros y a cada uno que ofrece bailan un baile en la forma siguiente. El que va a ofrecer vuelve bailando desde el portal sin volverle la trasera (como harán todos los demás) y los otros bailan en el sitio que cada uno ocupa el primer repique del tambor y después van andando los delanteros uno por cada lado y el Ángel por en medio y los traseros pa'lante por dentro haciendo una reverencia a cada pasadilla del tambor y todos llegarán hasta donde se colocan Rabadán y Juan Lorenzo de manera que cuando vayan para adelante irán por dentro y para atrás por fuera y el Ángel siempre por dentro y el que va a ofrecer bailará el tiempo que le sobre de volver del portal en el sitio de Rabadán o Juan Lorenzo hasta que llegue su compañero y después irá para atrás como todos los demás y las pastoras y zagalas bailan en su sitio sin correrse de un lado a otro tocando las panderetas y los pastores las castañuelas y mientras bailan cantan todos este verso : tantu del niñu...*

En la pastorada de Aviados representada en 2010, siguen algunas de estas pautas al interpretar la Gallegada: los pastores están colocados en dos filas con el ángel en el medio y van a ofrecer de dos en dos. Bailan todos durante el estribillo tocando las castañuelas y haciendo una reverencia cada vez que llegan delante del Portal de Belén.[16]

Resulta interesante comparar la coreografía de este pueblo con otra interpretación llevada a cabo esta vez por una compañía de bailes folklóricos. En el año 2012, bajo la dirección de Miguel Manzano, se representó en el Teatro Principal de Zamora la pastorada leonesa. La música y los cánticos fueron interpretados por el grupo vocal e instrumental de Castilla y León Alollano dirigido por el propio Miguel Manzano. Los bailes fueron interpretados por la asociación etnográfica Bajo Duero dirigida por Miguel Montalvo. Para crear las coreografías de los bailes, intentaron seguir las breves descripciones que encontraron en los cuadernillos recogidos por Miguel Manzano y se inspiraron de bailes folklóricos conocidos como, en el caso de la Gallegada, un baile que se baila en Sanzoles o Venialbo: el baile del Niño.[17]

---

[15] El musicólogo Miguel Manzano subraya que: «Quien compuso esta gallegada sabía muy bien lo que hacía, porque en este caso sí que es evidente que el gallego queda perfectamente simbolizado en el baile más representativo de su tierra, la *muñeira*, cuyo texto, el endecasílabo anapéstico o *de gaita gallega*, como se le denomina en la teoría del arte del verso, se acopla perfectamente a un ritmo y melodía que recuerdan, aunque cantados a ritmo lento, los dibujos melódicos del instrumento más simbólico de lo gallego: la gaita». En MANZANO 1991: 209.

[16] http://www.youtube.com/watch?v=TYoCOZHhtY4 (min. 2:54 – 5:02) consultado el 15/08/2014.

[17] El baile de la Gallegada que interpretaron en la Colegiata de Toro el 11 de enero de 2014 se puede ver en youtube: http://www.youtube.com/watch?v=d9_vO-EV50k (min. 1:02:24 – 1:06:58), consultado el 15/08/2014.

En varias pastoradas, encontramos otro cántico llamado Asturianada y muchas veces se confunden los dos. El texto de Aviados, de hecho, confunde Asturianada y Gallegada llamándolos ambos «Gallegada». Sin embargo son muy distintos. La Asturianada no imita como el cántico anterior la manera de hablar de los asturianos. La Asturianada suele empezar por los versos *En el portal de Belén, ¡qué prodigio y qué portento!, parió la Virgen María al Hijo de Dios eterno...* Su estribillo empieza por *Válgame nuestra Señora...* y podría ser una de las razones por las cuales se le da ese nombre: «Muchas canciones asturianas tienen ese mismo comienzo» señalan José Luis Alonso Ponga y Joaquín Díaz (1983: 246).

Otra diferencia: Si la Gallegada se bailaba en filas, la Asturianada se baila en corro. En el texto de Pardesivil, el copista precisa que los pastores bailan en corro alrededor del ángel, cogidos de la mano y dando poco a poco la vuelta. Dan a cada paso un golpe en el suelo con sus palos.

> *Ahora empieza la danza del modo siguiente. Se cierra el corro y agarrándose unos a otros de la mano colocándose por número como queda dicho primero Rabadán, segundo Juan Lorenzo y así sucesivamente hasta que el Zagaleto llega a agarrarse a la derecha del Rabadán, cada uno con su palo en la mano. Y las pastoras y zagalas también agarradas unas a otras en fila detrás de los pastores y el Ángel en el medio siempre de cara para el Rabadán y puestos en esta forma empieza la danza de la manera siguiente. Dan un paso adelante y otro atrás con el pie derecho todos a la vez dando a cada pisada un golpe con el palo en el suelo y cada vez que bajan el pie derecho levantan un poco el izquierdo para hacer mejor son y estos movimientos los harán pastores y pastoras todos a un golpe.*
>
> *Y el ángel cuando el rabadán de el paso atrás él también y cuando lo de adelante lo mismo (y mientras danzan irán dando la vuelta poco a poco quedando el Rabadán al fin para el lado del portal). Todo esto harán mientras cantan los versos siguientes:*
>   *Danza*
> *Canta Ángel, Rabadán y Juan Lorenzo:*
>   *Válgame Nuestra Señora*
>   *Válgame el divino verbo*
>   *Si esta Señora me valga*
>   *Válgame el divino verbo*

De nuevo, vamos a poder comparar dos versiones de este baile: el primero interpretado en un pueblo leonés, el segundo recreado por una compañía de baile. En la pastorada de Aviados, como lo indica el manuscrito de Pardesivil, se baila alrededor del ángel cogidos de la mano y con los cayados en mano dando poco a poco la vuelta pero, en esta versión, las pastoras bailan en el mismo corro que los pastores y no dan golpes en el suelo con los palos[18].

Para interpretar la Asturianada, la asociación etnográfica Bajo Duero se inspiró en la danza prima que se baila en Asturias.[19]

[18] http://www.youtube.com/watch?v=TYoCOZHhtY4 (min. 0:00 - 1:54) consultado el 15/08/2014.

[19] El baile de la Asturianada que interpretaron en la Colegiata de Toro el 11 de enero de 2014 se puede ver en: http://www.youtube.com/watch?v=d9_vO-EV50k (min 56:35 – 1:01:20), consultado el 15/08/2014

3. Los bailes pastoriles : similitud e influencia

Gracias a la información recopilada en los cuadernillos leoneses, podemos destacar los elementos principales de los bailes de la pastorada leonesa:

- Los pastores nunca dan la espalda al Niño.
- Hacen regularmente reverencias delante del Portal.
- Muchos bailes consisten en movimientos para adelante y para atrás.
- Los bailadores siguen los pasos marcados por los golpes de los bastones (o cayados) en el suelo y los instrumentos tocados por los pastores (panderetas y castañuelas sobre todo).
- El Ángel suele colocarse en medio de los pastores.
- Los pastores y las pastoras bailan de forma separada. Los bailes más espectaculares los hacen los pastores. En general las pastoras se quedan a un lado, cantando más que bailando.

Así pues, del estudio de los cuadernillos leoneses podemos deducir que los bailes interpretados durante la pastorada leonesa se pueden definir como bailes rituales repetitivos con movimientos hacia delante y hacia atrás ritmados por los cayados y los pies de los pastores. Así lo recordaba José María Antolines de Terradillos de Templarios, entrevistado en su pueblo durante mi trabajo de campo en 2004 y que tenía en la época 81 años. Había actuado en la última pastorada en el año 1941 (luego se recuperó en 1984) y recordaba que antes «sólo se cantaba y con las cachas pegando el suelo». Dos bailes derogan esta regla y por su puesta en escena un poco distinta resultan los más espectaculares de la pastorada leonesa: el baile en cruz y la Asturianada.

Los pastores leoneses no son los únicos en celebrar la Navidad con unas escenas teatrales incluyendo cánticos y bailes. Bien se sabe que las celebraciones del Officium pastorum dieron lugar en el ámbito rural y pastoril a numerosas celebraciones navideñas que se extendieron por toda España y pudieron, en algunos casos, conservarse. La pastorada comparte con otras tradiciones folklóricas navideñas ciertas características, heredadas de los antiguos dramas litúrgicos que pueden ser la presencia de verdaderos pastores que bailan en el templo, las coplas que cantan al Niño Jesús, el ofrecimiento de una cordera, unos diálogos de pastores, o bien todos estos elementos reunidos. No voy a enumerar aquí las otras manifestaciones pastoriles más o menos semejantes a la pastorada que se pudieron encontrar en España, solamente me interesa citar una tradición todavía viva que se celebra en un pueblo madrileño llamado Braojos.

La *pastorela* de Braojos es un testimonio interesante porque recuerda mucho los bailes de la pastorada leonesa no sólo porque los protagonistas son pastores vestidos con trajes tradicionales y porque ofrecen una cordera al Niño Jesús sino por su puesta en escena y los pasos realizados. Así encontramos un coro de mujeres vestidas con trajes folklóricos apartadas a un lado de la iglesia. Los pastores, como en la pastorada, llevan cayados y los usan para marcar los pasos de los bailes (golpean el suelo al empezar un nuevo baile). Están colocados en dos hileras y bailan hacia adelante y hacia atrás de cara al altar mayor.

Fotografía sacada por la autora en la iglesia de Braojos, el día 6 de enero de 2005.

En medio baila el mayoral de los pastores, «el zarrangón»; en la pastorada es el puesto ocupado por el Ángel.

Es muy probable que las primeras pastoradas leonesas contemplen este mismo tipo de baile muy sencillo, antes de que se adornen con otros tipos de danzas más vistosas como la Asturianada o el baile en cruz y sobre todo, en épocas más recientes, con bailes folklóricos provenientes de otras tradiciones.

De hecho, en los años ochenta, asistimos a una gran oleada de pueblos que decidieron rescatar su antigua pastorada que no se representaba desde hacía muchos años. Para hacer más atractiva la representación, muchas veces añadieron bailes, cánticos más modernos, trajes folklóricos. En Terradillos de Templarios, por ejemplo, cuando se recuperó la pastorada en 1984, hacía más de cuarenta años que no se representaba. Decidieron incorporar bailes a los cánticos y más pastoras vestidas con sus trajes tradicionales (antes solamente aparecían dos pastoras). Cuando pregunté por qué habían añadido bailes, Natividad Álvarez (que participó en 1984 como pastora) me contestó:

> Oye, se podría bailar, oye se podría hacer eso para que no quede tan soso. Pues así. (…)
> La última canción son 28 estrofas entonces para que no se aburre la gente, es mejor que vayan bailando. Es como el «mírale», es muy parado, muy soso. Si estás viendo bailar, pues te animas más.

Otros muchos pueblos siguieron pasos similares para rescatar y adornar su propia pastorada. Me interesa ahora detenerme solamente en un tipo de baile que fue añadido en algunas pastoradas y encajó tan bien con esta tradición pastoril que ahora muchos piensan que es un baile típico de la pastorada. Se baila

Fotografía del baile interpretado en 1996 en Saelices, prestada por Carlos Riol Fernández, actor de la pastorada.

en el momento de la adoración en Terradillos de Templarios pero también en Saelices de Payuelo, por ejemplo. El baile de las cachas es un baile de palos en el que los pastores van entrechocando sus cayados y dando vueltas.

Por ser un baile típicamente pastoril, se ha creído que era un baile característico de la pastorada leonesa. Sin embargo, como hemos podido comprobarlo antes, no lo es. Ha sido añadido posteriormente en algunas pastoradas y ahora, seguramente por su carácter más llamativo que los bailes habituales un poco monótonos, se suele incluirlo en recreaciones modernas de la pastorada. A modo de ejemplo, en youtube podemos encontrar el «paloteo de la pastorada» interpretado por el Colegio Marista Centro Cultural Vallisoletano en la localidad de Tudela de Duero en 2010.[20]

---

[20] http://www.youtube.com/watch?v=tMGmhus9uJQ, consultado el 15/08/2014.

Conclusión

En este recorrido por los bailes de la pastorada leonesa, hemos destacado las principales danzas que los pastores interpretaban en las iglesias leonesas. Entre escenas dialogadas y cánticos pastoriles, cuatro bailes se distinguieron, cada uno integrado a la pastorada de forma distinta: El baile en cruz, con muchos saltitos y movimientos rápidos, es un baile hecho para llamar la atención de un bebé, tal como lo había recomendado el Rabadán en su monólogo de adoración. En el momento de ofrecer los dones llevados al Niño Jesús, los pastores bailan delante de él. Manifiestan su alegría y también su respeto al no darle nunca la espalda y al hacer varias reverencias. Al final de la obra, cuando los pastores deciden ofrecer regalos aún más rústicos, se interpreta un baile también rústico: la Gallegada. En cuanto a la Asturianada, se baila para adornar un cántico y romper la monotonía de la representación.

Si queremos ahora establecer una cronología, diría que en las primeras pastoradas, los pastores debían bailar muy poco. Lo más probable es que efectuaban algunos pasitos en el momento de los ofrecimientos y poco más, al modo de la pastorela de Braojos. Luego, a lo largo del siglo XVIII, en las pastoradas donde se introdujo el monólogo de Rabadán, pudo aparecer el baile en cruz y lo mismo sucedió con el cántico *Válgame Nuestra Señora* y el baile de la Asturianada. Finalmente, cuando se añadieron en algunas pastoradas unos segundos ofrecimientos más rústicos, la Gallegada entró en escena.

El estudio de los cuadernillos leoneses permite asegurar que estos cuatro bailes ya estaban integrados a la pastorada leonesa a mediados del siglo XIX y que, probablemente, eran los únicos interpretados. Luego, cada pueblo pudo adornar su pastorada a su manera. Este afán por añadir nuevos bailes folklóricos, como el baile de las cachas, se propagó en los años ochenta cuando muchos pueblos tomaron la iniciativa de rescatar una tradición extinta desde hacía más de cuarenta o cincuenta años.

Bibliografía citada

ALONSO PONGA, José Luis; DÍAZ, Joaquín (1983). *Autos de Navidad en León y Castilla*. León: Santiago García editor.

ANÓNIMO. *Auto al Nacimiento del Hijo de Dios, intitulado: El monstruo de la sierra, y el pastor Ángel*. 16 pág. s.a. [al fin] *Hallarase este Auto, y otros diferentes en Salamanca, en la Imprenta de la Santa Cruz, assimismo Comedias, Historias, Entremeses, Romances y Estampas, calle de la Rua* (Biblioteca Nacional de España: T/1581).

ANÓNIMO (1843). *Los Pastorcillos, Ó sea el Nacimiento del Hijo de Dios*. Auto sacramental en 4 actos. Recogido y ordenado de los antiguos autos impresos, y modernos manuscritos que se han recopilado hasta el día, y coordinado su argumento con la mayor sencillez y exactitud para que pueda representarse hasta en los teatros de menos capacidad. Gerona: Imprenta y librería de J. Grases, editor. (Biblioteca Nacional de España: T/14248)

GOMEZ TEXADA DE LOS REYES, Cosme (1661). *El Soldado. Auto de la Natividad de Christo nuestro Señor*, en *Noche Buena. Autos al Nacimiento del Hijo de Dios. Con sus loas, villancicos, bayles, y saynetes para cantar al propósito.* Por el licenciado Cosme Gomez Texada de los Reyes, Capellan mayor de las Bernardas Descalças, y Patronazgo en S. Ildefonso de Talavera. A Don Ivan Phelipe de Cardenas Cordoua, y Verrio, Cavallero de la Orden de Clatrava, vezino, y Regidor de Talavera de la reyna. Dados a la estampa por Don Francisco Gomez Texada de los Reyes, hermano del autor, Regidor perpetuo de Talavera de la Reyna. Con Privilegio. En Madrid, por Pablo de Val. Año 1661. A porte de Santiago Martin Redondo, Mercader de Libros, en la calle de Toledo, junto a la Porteria de la Concepcion Geronima (Biblioteca Nacional de España: T/22427)

HUET, Charlotte (2004). «La tradición en un nuevo manuscrito teatral del ciclo navideño». *Cuadernos para Investigación de la Literatura Hispánica*, núm. 29, pp. 177-294.

MAGDALENO, Felipe (1962). *Teatro leonés: la «Pastorada» y Reyes Magos*. Libreto de Maximino Marcos y partitura de Felipe Magdaleno. León.

MANZANO, Miguel (1991). *Cancionero leonés*. Vol. III: *Cantos religiosos*. T. I: *Ciclo de Navidad*. León: Diputación Provincial.

MIÑAMBRES, Nicolás (2012). *Pastoradas y autos de reyes de Cubillas de Rueda y otras obras*. León: Cuadernos del Museo Etnográfico de León, Diputación Provincial de León, Instituto Leonés de Cultura.

TRAPERO, Maximiano (1982). *La Pastorada leonesa: una pervivencia del teatro medieval*. Estudio y transcripción de las partes musicales por Lothar Siemens Hernández. Madrid: Publicaciones de la Sociedad Española de Musicología.

Villancicos de Pardesivil. Pastorada de 1890 (2011). Copia de Ezequiel Getino. Edición digitalizada por la Fundación Saber.es, biblioteca digital leonesa.

Raimon Casals
Xavier Ferrando
Antoni Virgili

El Ball de Sant Crist de Salomó (1843-2014): evolucionar per mantenir-se

1. Introducció

Salomó és un poble situat a l'extrem septentrional de la comarca del Tarragonès, limita amb l'Alt Camp al nord i a ponent, mitjançant el riu Gaià, i amb el Baix Penedès a llevant. Com tots els pobles d'interior ha patit els efectes de l'èxode rural passant dels més de vuit-cents habitants entorn de l'any 1900, als poc més de cinc-cents a l'actualitat.

Salomó ha sabut mantenir dempeus una llarga tradició que afona les seves arrels a mitjan segle XVI. Això, en les darreres dècades, ha estat possible gràcies a les representacions d'un ball parlat, el *Ball del Sant Crist*, l'instrument més eficaç –bé que no l'únic– en la transmissió i difusió d'aquesta tradició.

El ball parlat, en totes les seves modalitats, és un gènere amb una forta empremta en la major part dels pobles del Camp de Tarragona (Bargalló, Palau 1991). Molts d'aquests balls s'han perdut, i molts altres han estat recuperats després de llargs parèntesis d'oblit. Salomó, en canvi, l'ha mantingut de manera ininterrompuda des que tenim proves objectives dels inicis de la seva escenificació. Aquesta comunicació posarà en relleu les circumstàncies i els factors que han fet possible aquesta realitat, malgrat l'escassa potència demogràfica del municipi i les dificultats derivades, en bona part, de la seva dimensió.

1. Els antecedents

La llegenda té els seus orígens en el que es denomina *drama d'origen* com a argument identitari (Roma 2014), que les fonts històriques permeten situar en unes dates properes a la meitat del segle XVI (Bernadas 1991). El relat barreja, en unes proporcions difícils de precisar, elements històrics amb d'altres de llegendaris, i explica que, davant la fam que patia la comarca per efecte

de les males collites, un mercader de Salomó, Josep Nin, va anar a Alger per comprar un carregament de blat. Mentre feia tractes amb el mercader magrebí va descobrir que tenia a casa seva la imatge d'un Sant Crist que Josep Nin va decidir adquirir com fos. No és el moment, aquí, descriure les tribulacions que va suposar el canvi de mans de la Imatge, i el seu posterior trasllat fins a les platges d'Altafulla i, després, a Salomó. És clar, però, que el protagonisme inicial de Josep Nin, el mercader, bascula d'una manera definitiva cap a la Imatge en el desenvolupament del relat. El contingut llegendari de la narració s'inscriu en el marc de la pugna per les imatges, documentada en altres casos,[1] i que té en el Sant Crist del Rescat de València (Gasco s.d.) el paral·lel més fidel amb el de Salomó.

Els avatars de l'odissea van fer del Crist de Salomó una icona miraculosa, el centre neuràlgic d'una tradició que es va escampar amb gran rapidesa i en un considerable radi d'acció per generar una intensa devoció que ultrapassava en molt el marc local. La primera data segura de pelegrinatges i romeries és de l'any 1613; la va dur a terme la Confraria de la Sang de Tarragona, que cercava protecció davant d'una plaga d'erugues que atacava els camps (Rovira et al. 1994). A l'altre extrem, els quatre cents bitllets de tren que es recolliren a l'estació de Salomó dels passatgers vinguts de Barcelona i Vilanova i la Geltrú amb motiu de la representació del *Ball del Sant Crist*, l'any 1925 (Bargalló, Palau 1991).

A nivell local, la gestió d'aquest esclat de devoció va recaure en la *Confraria del Sant Crist de Salomó*, instituïda i fundada l'any 1691, i sancionada pel bisbe

---

[1] Vegeu la ponència de Raül Sanchis en aquest mateix llibre.

de Barcelona (Gallofré, Virgili 1981). Ben segur, fou arran de les seves directrius que es va instituir la Festa Major en honor del Sant Crist el dia de la Invenció de la Santa Creu (3 de maig), i la Festa de la Santa Creu de Setembre. Poc després d'aquesta data es va aixecar la capella del Sant Crist (Bernadas 1991), a l'ala meridional del temple parroquial, una obra d'una dimensió artística per sobre de les possibilitats d'un poble com Salomó en unes circumstàncies normals. També devia ser la responsable del pas de la tradició oral a la narració literària.

3. La plasmació literària

El pas de la tradició oral a la literària es vehicula a través dels *Goigs del Sant Christo de Salamó*, l'edició més antiga dels quals s'ha de datar a mitjan segle XVIII (Torrell de Reus 1982). D'aleshores ençà se n'han publicat trenta-quatre edicions diferents: tres al segle XVIII, dinou al XIX i dotze al XX. La lletra versificada i musicada dels Goigs és la millor síntesi de la tradició en explicar, amb poques paraules, l'exaltació d'una imatge miraculosa.

La concreció literària definitiva fou la decisió de plasmar la tradició en un ball parlat, una tasca que s'encarregà al vallenc Marc Fuster (Marquet de la Dona), un conegut compositor d'aquest gènere literari (Palacín 1991). La versió més antiga del text és un manuscrit copiat l'any 1843 per Josep Cardona, secretari de l'Ajuntament de Salomó. Aquesta data, doncs, és la referència objectiva més antiga sobre l'origen de les representacions. Des de llavors, se n'han realitzat diferents versions, manuscrites i impreses, en català i en espanyol (Ferrando 1991), segons les circumstàncies que rodejaven les representacions.

4. Les representacions

La representació del *Ball del Sant Crist* assegura el manteniment de la tradició i la seva difusió. Aquest era, sens dubte, l'objectiu inicial: mostrar i fer pedagogia vers els centenars de pelegrins que acudien a pregar a la imatge el tres de maig, diada de la Santa Creu. No disposem de dades en relació als anys que es va representar durant la segona meitat del segle XIX. El primer terç del segle XX es va fer els anys 1901, 1911 i 1925; durant el franquisme, els anys 1939, 1940, 1954, 1965 i 1972. En el crepuscle de la dictadura, l'any 1972, el *Ball del Sant Crist* fou objecte d'una profunda modificació estructural com a representació, a partir de les directrius de l'Institut del Teatre de Barcelona (Virgili 1991; Bargalló, Palau 1991). Des d'aleshores, es representa anualment en un espai tancat: el temple parroquial.

Els factors i les circumstàncies que expliquen el manteniment l'evolució de les representacions són diversos: sociològics i personals, materials, històrics, etc., tots ells relacionats.

4.1. Factors sociològics

Els actors han estat i continuen sent la gent del poble. No hi ha una tradició teatral darrere; actors i balladors esdevenen artistes de manera espontània. El caràcter popular de les representacions és, doncs, inalterable. L'objectiu, però, ha canviat. La representació actual té per objectiu el manteniment d'un element patrimonial i cultural que dóna singularitat al poble i l'identifica. També ha suposat un canvi d'objectius vers els espectadors, ha passat d'exercir una funció pedagògica i d'adoctrinament adreçada als pelegrins, a una funció que té per objectiu mostrar una singularitat cultural a visitants, forasters i interessats en la cultura popular. El sentit de les representacions dels balls parlats hagiogràfics, i per descomptat el de Salomó, ha basculat del religiós al cultural.

4.2. Circumstàncies històriques i efemèrides

En l'etapa que les representacions eren intermitents, el que impulsava la posada en escena era algun esdeveniment especialment rellevant. Així fou en les representacions dels anys 1939 i 1940, just en acabar la Guerra Civil, quan les autoritats franquistes van aprofitar la representació com un acte de reparació per la destrucció de la capella i de la imatge, el juliol de 1936. O l'any 1965, que es va fer en relació als actes d'inauguració de la restauració de la Capella del Sant Crist. L'objectiu inicial de la del 1972 era inaugurar el pavelló del Casal Salomonenc, que s'havia de convertir en l'espai per a les representacions futures, cosa que no es va produir, com ja s'ha dit.

4.3. Promotors i col·laboradors

Els promotors han estat decisius en el manteniment del *Ball del Sant Crist*, fos quin fos el seu paper i la seva funció. Sens dubte, inicialment, qui s'encarregava de la promoció i organització eren els regents de la Confraria, com posa de manifest el fet que els assajos s'acostumaven a fer a la plaça Major, davant la casa d'un dels administradors; així va ser l'any 1925, segons el testimoni de Joan Pascual de ca l'Ermità, nascut l'any 1914.

Després de la Guerra Civil, les autoritats franquistes van compartir protagonisme amb els rectors de la parròquia. Una mirada superficial o des d'un context històric generalista podria fer pensar en una síntesi com a expressió del nacionalcatolicisme. Però això no va ser sempre necessàriament així. Els objectius dels dos alcaldes franquistes de Salomó, de la família Creus, i la dels diversos rectors en aquesta etapa van coincidir en la necessitat de posar en escena el Ball del Sant Crist, però no és gens clara la coincidència política. Mossèn Marçal Martínez, mossèn Joan Bagué i mossèn Joan Bernadas van ser homes amb una gran formació cultural que van veure en el ball del Sant Crist un instrument religiós i cultural i no pas polític. Marçal Martínez fou autor del text d'una passió i de les versions en espanyol i català del *Ball del Sant Crist* que es va representar entre 1939 i 1965, de la versió que es representa a l'actualitat, des de 1972, i compositor musical. Joan Bagué tenia vincles amb esbarts i fou el principal impulsor de la representació de l'any 1954. Joan Bernadas fou l'ànima de la restauració de la capella, l'any 1965, de la representació que van acompanyar aquells actes solemnes, autor del primer estudi documentat de la capella i activista cultural relacionat amb el catalanisme. Autoritats i capellans, doncs, tot i la diferència en els seus interessos, van coincidir en impulsar les representacions del *Ball del Sant Crist* i van contribuir poderosament en el seu manteniment.

A partir de les representacions de 1972, i ja en democràcia, es va produir una convergència d'interessos entre l'Ajuntament i persones relacionades amb el teatre i la cultura. No és injust de destacar dues persones que han tingut un paper clau en les representacions del *Ball del Sant Crist* en aquest període: l'alcalde Joan Boronat i Enric Reverté, salomonenc, però membre del Teatre Principal de Valls, que fou, juntament amb Josep Batalla, també del Principal, qui van establir els contactes amb l'Institut del Teatre de Barcelona, el resultat dels quals va desembocar en el format de les representacions actuals, com s'ha dit. Joan Boronat havia estat actor i director d'un grup de teatre local, l'Elenc Salomonenc, i ja com a alcalde, va fer les gestions amb el Departament de Cultura de la Generalitat de Catalunya amb la finalitat d'obtenir un reconeixement oficial del Ball. En aquesta situació, doncs, els interessos entre l'alcaldia i els animadors culturals foren comuns, però amb una diferència notable respecte de l'etapa precedent: cap més rector ha tingut una implicació tan estreta com la que van tenir els rectors de la dictadura amb el Ball. De fet els diferents rectors de l'etapa democràtica s'han limitat a acceptar, de més o menys grat, la cessió de l'església per a les representacions.

Cal destacar també, en l'apartat personal, la col·laboració de persones del poble amb una notable capacitat per dominar diferents camps de la tècnica, la

qual cosa ha permès assegurar el muntatge escènic amb relativament pocs recursos. Això ha estat així, des de l'any 1965, i en especial, des del 1972, quan la dimensió de l'espectacle ha adquirit una creixent complexitat, des del propi muntatge de l'escena, fins el dispositiu lluminotècnic i de so, una tasca l'ànima de la qual ha estat en Jordi Calvet. El disseny i la factura del vestuari s'ha hagut de professionalitzar. Així mateix, les exigències actuals en l'execució de l'espectacle també han fet imprescindible una direcció professional. Primer, només en el grup de dansa, però des de l'any 2010 s'ha unificat la direcció escènica en Raimon Casals com a «mestre del Ball».

4.4. La resposta popular

Sens dubte, el compromís de la gent del poble és el factor clau. Des de les representacions més antigues de les quals tenim notícies a través de testimonis orals, fotografies o textos, l'escenificació del *Ball del Sant Crist* requereix el concurs de no menys de cinquanta persones. Actualment, entre el cos de teatre, el de ball i els diferents col·laboradors, passa d'un centenar, una xifra que cal contextualitzar. Suposa gairebé la quarta part de la població de Salomó, i no hi ha família que no faci alguna aportació personal. Però sobretot, la representació requereix gent de totes les edats, i l'entrada d'infants en alguns papers facilita el relleu generacional amb el pas dels anys. Des de l'any 1972 s'han fet cent seixanta representacions. Sense aquesta resposta massiva hauria estat impossible arribar a aquesta xifra. I això es deu a un sentit de pertinença i d'identitat molt potent, que es mostra en els salomonencs residents, siguin d'origen o nouvinguts, però també entre aquells que hi estan relacionats per vincles fa miliars i que no fallen mai a la cita de Santa Creu. La població té molt assumit tant l'arrelament i el sentit de pertinença, com el fet que el *Ball del Sant Crist* és un símbol que identifica la població, i li dóna personalitat i singularitat com a element comú per sobre dels interessos individuals. Amb aquest suport, el *Ball del Sant Crist* és una realitat viva i de futur.

Un altre factor que pot haver contribuït en l'evolució i el manteniment del Ball ha estat el fet de no haver de competir amb altres elements de la cultura popular (com gegants i seguici, grup de diables, castells, etc.) que caracteritza la situació d'altres poblacions més grans. No és fàcil calibrar la importància d'aquest factor, ja que l'existència de diversos elements és proporcional al volum de població i la possibilitat de fornir recursos humans amb diferents interessos, segons gustos i preferència.

5. Conclusions: els reptes de futur

En síntesi, el *Ball del Sant Crist* no és un ball parlat recuperat; és un ball permanent des de la seva concepció, per història, i en constant evolució. En un futur, s'adaptarà a les necessitats i la voluntat de la gent; el realment important serà mantenir-lo sigui quin sigui el format. Tot el que fins ara s'ha exposat són les característiques que l'han portat a ser reconegut com a «Element Patrimonial d'Interès Nacional» per la Generalitat de Catalunya. El caràcter popular de les representacions, la continuïtat de la narració com a argument identitari (el *drama d'origen*), la seva singularitat, l'arrelament en la tradició i la resposta massiva d'un poble constitueixen l'essència, el fons i el caràcter de ball com a gènere, més enllà de les formes externes com són l'extensió escrita del relat, l'emplaçament de l'escena i la seva eventual itinerància o la seva ubicació. El contingut està, al nostre parer, per sobre del continent. Sense evolucionar, aquests elements culturals s'haurien extingit: el sentit religiós del missatge, el caràcter també religiós dels seus receptors i una execució on les dones no hi tenien cabuda no tindrien ressò en la societat actual. Si tot això ha canviat també poden canviar les formes.

Lluny de debats peregrins, allò que és vertaderament important és no perdre el desig de mantenir les tradicions com a senyals d'identitat dels pobles i, de retruc, del país. No creiem que en la cruïlla actual estiguem en condicions de rebutjar els instruments que ens reforcen com a poble davant l'agressivitat i la potència uniformitzadora de les cultures dominants.

6. Bibliografia

AUTORS DIVERSOS (1991). *El Ball del Sant Crist de Salomó*. Tarragona: El Mèdol.

BARGALLÓ, Josep; PALAU, Montserrat (1991). «El Ball del Sant Crist en el context del teatre popular català». A: AUTORS DIVERSOS. *El Ball del Sant Crist*, p. 43-72.

BERNADAS, Joan (1991). «El Crist de Salomó: tradició i història», A: AUTORS DIVERSOS. *El Ball del Sant Crist*, p. 107-140.

FERRANDO, Anna (1991). «El Ball del Sant Crist de Salomó». A: AUTORS DI-
VERSOS. *El Ball del Sant Crist*, p. 141-171.

GALLOFRÉ, Rafael; VIRGILI, Antoni (1981). *La Confraria del Sant Crist de Salo-
mó instituïda i fundada l'any 1691.* Patronat del Ball del Sant Crist de Salomó.

GASCÓ OLIAG, José. (Sense data). *El Santísimo Cristo del Rescate y los Medina.
Discurso leído en su recepción como director de Número del Centro de Cultu-
ra Valenciana.* València.

PALACIN, Albert. (1991) «Un teixidor vallenc, Marquet de la Dona, composi-
tor popular de balls». A: AUTORS DIVERSOS. *El Ball del Sant Crist*, p. 73-105.

ROMA, Josefina. (2014) «Festa i drama d'origen». *Caramella*, 31: 4-6.

ROVIRA, Jordi; RAMON, Salvador i DASCA, Andreu (1994). *Introducció a la Set-
mana Santa de Tarragona.* Biblioteca Tarraconense, núm. 9, Tarragona.

TORRELL DE REUS (1982). *Primera exposició monogràfica dels Goigs al Sant Crist
de Salomó. Catàleg bibliogràfic.* Barcelona.

VIRGILI, Antoni (1991) «Prefaci». A: AUTORS DIVERSOS. *El Ball del Sant Crist*,
p. 9-22.

VIRGILI, Antoni (2004). *Salomó.* Valls: Cossetània Ed.

Enric Garriga Martí

Experiència de la recuperació escènica i textual de balls parlats de tema religiós: la Riera de Gaià i la Pobla de Mafumet

1. Endrecem l'enunciat

Permeteu-me començar per endreçar i explicar l'enunciat que, si bé ja acompleix el fet, no s'ajusta prou definidament al que us vull explicar. És el que tenen els títols: que sintetitzen i resumeixen, però no sempre del tot ni exactament. Això és que jo havia presentat dues propostes de comunicació per separat, l'una dedicada a la reconstrucció dramatúrgica i escènica dels balls parlats de temàtica religiosa de la Riera de Gaià: el *Ball de Santa Margarida* (BSM), un ball estrictament hagiogràfic, i el *Ball de la Santa Creu* (BSC), un exemple de ball religiós votiu, com ho serien el *Ball del Sant Crist* (de Salomó), o el *Ball de la Verge de la Candela* (de Valls, amb un text i argument «sospitosament» semblants als del BSC). L'altra proposta era la que se centrava en el text del *Ball de la Viuda Judit* (BVJ) de la Pobla de Mafumet, de 1878, recuperat, transcrit i adaptat per a ser reconstruït; un llegat cultural d'aquest poble que, de moment, s'ha perdut i que haureu d'esperar al final d'aquesta intervenció perquè us reveli l'entrellat d'aquest petit misteri.

Aquests seran, doncs, el eixos de la meva comunicació, en aquest ordre, que és també l'ordre cronològic en què s'han succeït.

1.1 Sóc dual (o bipolar?)

I malgrat aquesta faceta de la meva feina en matèria de balls parlats, tota ella tan marcadament religiosa, i que és la que he vingut ha explicar, he de dir, per als qui no em coneguin i perquè ningú no s'enganyi, que el meus primers contactes amb els balls parlats vénen, sobretot, pels balls de diables, i el de Tarragona en particular, del qual sóc membre (re)fundador, i en el qual sempre m'he dedicat, entre d'altres coses, a la part més teatral del ball, textos i representació. De manera que a Tarragona sóc diable, però a fora vaig a temptar senyores de vida cristiana i recta moral religiosa, a veure què, com escau a un diable com cal. Sí, en els darrers vint i tants anys he anat de l'infern al cel i a l'inrevés constantment, segons èpoques de l'any.

Igualment la meva activitat teatral és així de multipolar: teatre popular tradicional català, teatre contemporani i d'investigació amb l'Aula de Teatre de la Universitat Rovira i Virgili i amb Zona Zàlata (ZZ), des de 1997, investigació i reconstrucció de teatre popular romà des de l'any 2000 amb l'Aula i ZZ per a Tàrraco Viva... Però, per a mi, tots aquests focus d'interès són vasos comunicants que es retroalimenten els uns altres, al capdavall i essencialment parlem de teatre.

1.2 Expliquem batalletes: com recomença tot

Si parlem cronològicament, per explicar com comença per a mi tot això, m'he de remuntar a la ja esmentada pràctica habitual en balls parlats amb el Ball de Diables de Tarragona (BDT) des del 1983, quan el vam recuperar, i al primer Congrés sobre els balls parlats a la Catalunya Nova (abril de 1990), on vaig presentar una proposta de dramatúrgia sobre el text del BSM de la Riera de Gaià de 1861, a partir de la gran quantitat d'acotacions que contenia. La comunicació, inicialment, em va servir per aprovar l'assignatura de teatre medieval que m'impartia Francesc Massip a un curs de postgrau de Teoria i crítica teatral a l'Institut del Teatre de Barcelona. Dic inicialment perquè allò va ser l'origen de bona part el que m'ha passat en els darrers quasi vint anys: a la primavera del 1996 em van trucar els de l'Agrupació de Balls Populars de la Riera, perquè volien recuperar el BSM i el Pep Bargalló i la Montse Palau me'ls van redireccionar, coneixedors de la susdita comunicació meva.

En aquells moments, al BDT feia pocs anys que havíem adoptat el text tradicional de la representació del *Ball de Sant Miquel i Diables*, per la qual cosa havíem reformulat l'actuació escènica a un model més tradicional, basant-nos en el del segle XIX , però adaptat a l'escenari, obrint les dues fileres tradicionals, en forma de ventall, definint l'espai del cel i el de l'infern. Amb tot això, uns quants membres del BDT havíem estudiat i observat documents i altres balls, i havíem debatut bastant l'aspecte dramatúrgic i escènic dels balls parlats històrics, amb el que se'n sabia del s. XIX com a punt de referència. A banda d'això, des de 1993 participava a l'Aula de Teatre de la URV com a alumne-actor i també fent aportacions dramatúrgiques i musicals amb espectacles com *El drac i la poncella (1994)* o *Recomane Estellés* (1996). Per cert, l'espectacle d'*El drac i la poncella*, en la seva versió més completa, incloïa també el BDT, amb tota la tropa de foc i els seus set pecats capitals, adscrits al bàndol primitiu i salvatge, enfrontats a les set virtuts del bàndol espiritual i religiós. El director escènic de l'Aula, Joan Pascual, també va col·laborar intensament en la renovació escènica del BDT, especialment en el treball de cos i veu dels diables; de fet, es va fer membre del Ball

Resumint, que quan els de la Riera em van demanar que els ajudés a reconstruir el BSM, amb aquest bagatge que anava apilonant, m'hi vaig atrevir. No es podia deixar passar una oportunitat com aquella de portar a la pràctica, en carn i os, aquella proposta de dramatúrgia escènica que tenia escrita i imaginada, però que mai havia cregut que pogués arribar a la pràctica. També vaig sospesar el fet que la proposta era idea meva, i si no ho feia jo, algú altre acabaria dirigint el ball —perquè estava clar que els «Margaritus» (com els vaig batejar després) volien tirar-ho endavant!— i vés a saber si aquella proposta meva hauria servit de res o què n'hauria quedat. «No, no —vaig pensar—, les paraules es demostren amb fets, he d'acabar el que vaig començar, portem les idees a la plaça!».

2. Els balls de la Riera de Gaià

I anem al gra: com vam afrontar, plantejar i resoldre el repte de Santa Margarida, primer, i el de la Sant Creu, subsegüentment, set anys més tard, amb pràcticament el mateix grup d'actuants i equip tècnic.

2.1 No sóc rata d'arxiu, sóc carn d'escenari

He de confessar que no sóc gens rata d'arxiu, de manera que la informació documentada sobre la representació dels balls parlats al segle XIX l'obtenia ja filtrada, seleccionada, elaborada i publicada (o inèdita) per gent que sí que s'ha pres la molèstia de rebuscar per arxius municipals i eclesiàstics i de recórrer escenaris i festes dels Països Catalans, per després deixar-ho endreçat i polit, per escrit.

Parlo d'experts com el tàndem Pep Bargalló-MontsePalau, Jordi Bertran, Josep M. Martorell i els rierencs Jordi Rius, Pere Sanz, Ricard Ramon i Pau Plana (perdoneu si me'n deixo algun). De les lectures de les seves publicacions i de les converses directes amb tots ells —i també de la meva experiència en balls de diables i en teatre físic, és clar—, anava perfilant dins del meu cap, sobre el paper i a les sales del Casal de la Riera —on anàvem assajant el BSM des de principis de 1997—, la reconstrucció del Ball en viu i en directe, en 3D real, com m'agrada dir.

Jo, que sóc més carn d'escenari que de biblioteca, veia clar que de bibliografia, estudis i estudiosos n'hi havia prou i força —i més encara a partir del Congrés de 1990—, i que la gran mancança continuava sent, precisament, passar del paper a l'escenari. I a això ens vam abocar. No em desagrada el treball de taula i papers, en matèria teatral, però sempre me'l plantejo enfocat al resultat escènic.

2.2 Dos models de reconstrucció

El treball amb els balls de la Riera ens ha portat ha establir, si en podem dir així, dos models de ball parlat històric. El primer, amb el BSM, en podem dir de reconstrucció del format de carrer itinerant, amb intenció de fidelitat a l'hipotètic model d'aquella segona meitat del XIX. El segon model, amb el BSC, és una evolució del primer i conseqüència d'haver de portar un model de carrer a un escenari a l'interior de l'església, per això el definim com a format d'interior d'església amb escenari. Val a dir que, en aquest segon cas, el determinant és que sigui d'interior i amb escenari; el fet que es realitzi dins l'església influeix en el to, les solemnitat, el component ritualista, però es podria representar igualment en una sala teatral convencional.

És el moment de recordar-vos que la millor manera d'entendre el que hem fet a la Riera amb els balls parlats és visionant-ne el documents en vídeo que es poden trobar fàcilment a la xarxa de xarxes. Del BSM podeu veure'n un vídeo bastant complet (46 min.) a la plataforma Vimeo (http://vimeo.com/2769232), i diversos vídeos complementaris, més o menys breus (d'entre 1 i 5 min.), al YouTube. Pel que fa al BSC, n'hi ha una versió completa (40 min.) de la representació de 2004 a Vimeo (http://vimeo.com/2813781) i una altra, també completa (42 min.), de la representació de 2009 a Youtube (http://www.youtube.com/watch?v=y1yBNpVqnSU).

2.2.1 Santa Margarida (format de carrer itinerant)

A pesar que, com he dit, prioritzo l'actuació de carn i os, amb el BSM vam haver de fer una fase de treball de taula i paper considerable, per arrencar, perquè els «Margaritus» tenien sis textos(!) del seu ball, de diverses èpoques (1860 —dos textos—, 1861, 1911, 1937 i 1955), uns en castellà i d'altres en català, els uns en forma de ball parlat, d'altres per fer a la italiana...

De tots aquests textos, jo havia utilitzat el de 1861 i un dels dos de 1860 per a la meva comunicació al Congrés de 1990 i la similitud entre els dos textos era enorme: eren pràcticament idèntics, i variaven una mica més en les acotacions. Després de comparar-les totes, vam optar per la versió més antiga, la de 1860 i, atesa la seva llargària, vam resumir-la i en vam seleccionar quatre blocs d'escenes principals. Vam voler mantenir la itinerància tradicional dels balls parlats i cadascun dels blocs es representava en un lloc diferent —que constituïa l'escenografia natural de cada escena—, encara que pròxims entre si, perquè els balladors no es cansessin excessivament amb els canvis d'un escenari al següent, ja que aquests es feien ballant, tal com pertoca.

També vam recuperar la cançó *Venid al campo* i la melodia de la *passada* gràcies a la memòria de la gent gran del poble, que recordava les representacions de 1955 (una a la italiana, en català i «actualitzada», i una altra com a ball parlat de carrer, en la versió castellana del s. XIX). El musicòleg rierenc Ricard Ramon —qui va ocupar-se de la direcció musical—, juntament amb sonadors tradicionals del poble, com Pau Plana —qui a partir del segon any va esdevenir Santa Margarida—, van trobar la resta de músiques que calien per reconstruir el Ball.

Vam ser el màxim de fidels al text —amb el seu castellà mal traduït del català al XIX, farcit de catalanades i amb aquella fonètica catalana de quan la gent no sabia gaire castellà— i a les acotacions, encara que pel que fa a la música, igual que vam reduir el text, també vam reduir el nombre de *passades* a les estrictament necessàries per separar escenes o marcar els salts de text que hi havia en algunes. I ens vam permetre alguna innovació com la de convertir la *lluita d'espases* de la tercera escena en un *ball d'espases*; de fet, tal com estava descrita la lluita a les acotacions aquest petit pas endavant era quasi obligat.

En aquest punt, cal parlar de la part ballada: no oblidem que, als balls parlats, la música i la dansa dels intèrprets són un element constitutiu fonamental. La feina coreogràfica va ser obra de l'enyorat Jaume Guasch Pujolà, director de l'Esbart Santa Tecla, de Tarragona. A patir de les músiques —les recuperades de la cançó i de la passada, i les retrobades, entre d'altres, al Costumari de Joan Amades—, el Jaume va dissenyar les diferents passades i balls: anada a plaça i canvi d'escenari, passada curta per posar-se a lloc, passada llarga (amb cop d'espases i sense) per canviar d'escena, llanto (detenció), professó, lluita-ball d'espases i el *sarindillo* dels diables, que va identificar amb els antics fandanguillos.

La música del ball, que s'interpretava en directe, va anar a càrrec, inicialment, de sonadors rierencs i tarragonins, però a partir de la sortida a Tarragona, per Sant Magí del mateix 1997, els Sonadors Bufalodre, de Valls, amb Cesc Sans al capdavant, van ser els acompanyants habituals, en formació de cobla de tres quartans, reforçada amb acordió diatònic en algunes ocasions. Pel que fa al vestuari, es va inspirar en els esbossos dibuixats al text de Joan Baldrich (1860) i al que es descriu als diversos textos; la seva confecció va ser obra col·lectiva de les mares i esposes dels balladors i d'altres dones del poble.

Després de la recuperació i de la bona acollida que va tenir la representació del *Ball de Santa Margarida*, tant al poble mateix com a la primera sortida a l'exterior, a Tarragona, els anys següents vam anar afegint-hi escenes, extretes dels textos de 1860 i 1861: tortura de la tina (1998), refrigeri (1999) i la presó amb les temptacions del diable (2000). Al final, l'espectacle va arribar als 75 minuts de durada, i això que continuava sent un «resum» del ball complet!

2.2.2 Santa Creu (format d'interior d'església amb escenari)

El 2003 portàvem set anys representant el BSM i els caps pensants de l'Agrupació de Balls Populars de la Riera em van plantejar que ja s'havia acomplert el seu cicle generacional amb la seva patrona, però tenien un altre compromís amb la tradició local: la recuperació d'un altre ball parlat històric del poble, el *Ball de la Santa Creu* (BSC), un ball parlat votiu on s'explica la curació miraculosa del poble de la Riera d'una epidèmia, l'any 1809, gràcies al vot del poble a la Santa Creu.

La tradició popular diu que el BSC ja es representava al segle XIX, però la versió que ens n'ha arribat fins és de l'any 1909, composta per Salvador Solé amb motiu de la celebració del primer centenari de l'epidèmia que l'originà, i transcrita per Maria Mestre, als seus 18 anys, l'abril de 1939, al final de la qual especifica «Qu'es va fer en el any 1.909 en la plasa, en el 14 de Setembre enrramats tots els carres, plasas, casas, y la nostra Iglesia, en la nostra venerada la Santa Creu». El recuperat text de Salvador Solé, gairebé perdut, s'edita juntament amb els *Apunts històrics de la Riera*, de Jaume Rafí (1985). La composició de Solé conserva tots els elements teatrals dels balls parlats tradicionals —

amb acotacions per a les passades i la música incloses—, excepte els personat-
ges dels diables, segurament exclosos del Ball a causa de la seriositat del tema.

El *Ball de Santa Creu* no és torna a representar fins a 75 anys després, l'any
1984, a càrrec del grup escènic de la Riera de Gaià Teatre del Pou, però adap-
tant-lo a la italiana, és a dir, per fer-lo a dalt d'un escenari, representació que
es va dur a terme en un enfustat a la plaça i els intèrprets van sortir a la pro-
fessó de la tarda. També es van afegir uns fragments nous al Ball, compostos
expressament per a la seva recuperació. El *Ball de la Santa Creu* es va represen-
tar amb aquest format els anys 1984, 1989 i 1994, cada cinc anys, com marcava
la tradició local. L'any 1999 ja no es va representar.

A la Riera de Gaià hi ha un sentiment de pertinença al poble arrelat i man-
tingut que fa que cada nova generació s'esforci a mantenir viu el seu patrimoni
folklòric històric, revifant-lo cíclicament. Així, la generació que va agafar les
regnes del Ball de Diables el 1991 —recuperat el 1987—, amb una edat que no
arribava als 20 anys de mitjana, i que hi va afegir la representació del ball parlat
centenari el 1997, el mateix any que va recuperar el BSM, havia de completar
el seu cicle generacional, com dèiem més amunt, recuperant el BSC de cara al
bicentenari que s'escauria el 2009. Per això van voler prepar-ho amb temps i a
consciència, i l'oportunitat i el moment idoni per provar-ho era el 2004: tots
havíem adquirit experiència i rodatge amb Santa Margarida, i havíem trobat
model de representació d'un ball parlat a la manera tradicional.

Amb el mateix equip tècnic —Jaume Guasch per a les coreografies, i jo mateix
a la direcció teatral— vam afrontar el repte. Vam decidir recuperar un format
de ball parlat —deixant de banda el model a la italiana, actualitzat, dels anys
80— i portar el ball a dins de l'església per donar-li solemnitat, recolliment,
accentuar-ne l'aspecte emotiu del vot de poble...

Però dins de l'església, ni que fos apartant els bancs de les fileres del centre
del creuer per situar l'espai de representació sota la cúpula, es feia difícil man-
tenir el format de dues fileres (i més tenint en compte que el públic estaria
assegut als bancs). Aixi que van posar-hi un enfustat baixet per facilitar-ne la
visibilitat del públic assegut i vam aplicar el mateix concepte que havíem utilit-
zat amb el BDT per representar el *Ball de Sant Miquel i Diables* a dalt de l'es-
cenari: obrir les dues fileres en ventall, de manera que l'espai escènic quedava
dividit pel centre de l'escenari: a l'esquerra, l'espai del poble, i a la dreta, el de
les autoritats, amb l'Ajuntament al capdamunt.

L'experiència prèvia del BSM, la majoria d'intèrprets del qual van ser-ho
després també del BSC, va facilitar força les coses, tant a l'hora de convèn-
cer el rector per deixar-nos-ho fer al temple (ja ens havíem guanyat la cre-
dibilitat durant set anys), com perquè els intèrprets que havien intervingut a
les representacions dels anys 80 —recordem-ho, a la italiana— que s'hi van
afegir repetint el seu paper d'aleshores, s'adaptessin sense gaire dificultats la
nou vell format. Vam mantenir l'hieratisme dels personatges que estan a l'es-
cenari quan no intervenen a l'escena, l'»entrada a l'escena» avançant-se des
de la filera estàtica i tornant-hi en «sortir d'escena», i els desplaçaments ritu-
alitzats dels personatges pels camins simbòlics de l'espai escènic que marca
la tradició ballparlada.

L'aprenentatge amb el BSM també ens va servir a l'hora d'integrar les músiques i passades que demanava el text de 1909 dins la dramatúrgia. Aquest cop, però, les passades no serien ballades, sinó que les passades curtes per tornar al lloc als canvis d'escena simplement es farien caminant, amb ordre i direccions marcades, i les passades llargues, que indicaven les anades i vingudes de les autoritats, principalment, per visitar malalts del poble o anar a buscar el rector o el jutge, es farien amb recorreguts ritualitzats i jerarquitzats per l'espai del poble o de les autoritats.

Amb el BSC vam buscar la solemnitat, contenció, seriositat, i emotivitat que el tema i la devoció que els rierencs senten per aquesta festa requerien. Per això hi vam integrar dos elements constitutius de la celebració de la Santa Creu cada any: el cant dels goigs de la Santa Creu que es canten a l'ofici solemne del migdia i la professó que es fa a la tarda pels carrers. L'aspecte musical havia de tenir molt de pes per pautar i també arrodonir el muntatge i va ser Sergi Guasch (músic i musicòleg, fill del coreògraf) qui va compondre els temes de l'entrada i sortida del Ball, el de la professó, tres variants per als tres tipus de passades que es necessitaven, i va fer els arranjaments per al septet de músics que interpretarien les peces (ell dirigia el conjunt i s'encarregava en directe de l'orgue, amb el qual s'interpreta la música dels Goigs de la Sant Creu): quartet de corda, flauta travessera, oboè i percussió.

Ja hem insistit en la solemnitat i caire ritual que li anàvem donant al BSC, per aquest motiu les coreografies que va idear el Jaume Guasch per a l'entrada i sortida del ball i la professó, van simplificar-se al màxim, amb un pas senzill i ritual, inspirat en els desplaçaments de les moixigangues del Camp de Tarragona, amb ciris a les mans, i jugant amb l'alternança entre dues i una filera. També vam ritualitzar el final de la professó —que transcorre per dins l'església—, quan torna a l'escenari pel passadís central i els personatges es distribueixen formant una creu: amb la creu processional al mig, elevada pel xiquet que la porta situat damunt dels genolls dels dos regidors, tots els personatges es posen de genolls i entonen els Goigs de la Santa Creu, moment en què tot el poble present s'hi afegeix. És un moment catàrtic del sentiment de col·lectiu que desperta la Festa de la Santa Creu en el poble de la Riera.

Pel que respecta al vestuari, es va optar per la senzillesa, tot basant-se en la moda documentada de principis del XIX. Els personatges haurien d'anar principalment amb camisa, faixa, pantalons o faldilles, mocador o barretina, i espardenyes. Les autoritats —alcalde, metge i jutge— portarien levita i armilla, camisa i corbata, i barret; el rector aniria amb sotana i barret; i l'agutzil, amb roba com la del poble, però amb capa llarga i llança, com a trets distintius del personatge. Utilitzaríem tons foscos, marrons, negres i grisos en general, especialment per al poble (inclosos els regidors i el secretari), però hi hauria una excepció amb el personatge de la Pepa, que surt al final de l'obra i anuncia la curació miraculosa del poble, que aniria vestida de blanc, simbolitzant la curació del poble i l'esperança.

L'atretzo i l'escenografia els vam reduir a la mínima expressió i tenint present que fos portable pels personatges: els ciris, amb forta càrrega simbòlica i dramatúrgica, bossa de calés, bossa i papers per al sorteig, bastó del vell Bernat, una senzilla creu processional; tres cadires al fons del centre de l'escena per a la reunió d'autoritats a la casa consistorial eren l'única escenografia que utilitzaríem i que ja eren presents al fons de l'escenari des del principi.

A grans trets —recordo que podeu visionar-ho fàcilment a la xarxa—, així vam reestrenar el BSC el 2004 i com que va agradar a tothom, actuants, públic i parròquia, aquesta generació de rierencs va adoptar aquest nou vell model com a propi i el vam repetir, millorant detalls i el que convingués, per a la solemne commemoració del bicentenari de la festa, el 2009, que va comptar amb la presència de l'arquebisbe en un dels dos passis que se'n van fer, ja que l'expectació era gran i amb un de sol, com al 2004, no hi hauria cabut tothom.

Aquest 2013, per tercera ocasió en aquest segle XXI, s'han fet novament dos passis del BSC i s'ha continuat cimentant el relleu generacional: alguns fills d'aquells «Margaritus» originals que rondaven el 20 anys quan van començar a fer de diable, van sortir fent de nens fa deu i cinc anys, i enguany ja han actuat fent de personatges del poble.

3. Epíleg

Fins aquí arriba l'experiència de reconstrucció dels balls parlats de temàtica religiosa de la Riera de Gaià, però la meva relació amb vides de santes i senyores religioses ha passat per alguns episodis més estrictament textuals.

3.1 Un festeig secret: Santa M. Magdalena

El cul inquiet de l'Agrupació de Balls populars de la Riera em va convidar a fer una xerrada a les jornades Gaià Folk —que organitzaven els primers anys d'aquest segle—, a la Nou de Gaià, el 2005, sobre el Ball parlat de Santa Maria Magdalena, patrona local. Vaig estudiar el text que me'n va fer arribar el Jordi Rius i el vaig comparar amb el del BSM de la Riera per posar de relleu similituds i possibilitats de reconstrucció. Va ser un flirteig breu que no va anar més enllà, però el 2011 la Nou de Gaià va recuperar el seu Ball, de la mà del director tarragoní Marc Chornet.

3.2 L'herència perduda de la Viuda Judit

El 2011, Enric Pascual, president de l'entitat Fira del Codony, dedicada a preservar les tradicions i costums populars de la Pobla de Mafumet, va rebre una llibreta que formava per del llegat de la família local Aymamí, coneguda com «Ca Sebastià», amb la transcripció completa del *Ball de la Viuda Judit* (BVJ) —que s'havia representat al poble a mitjan segle XIX i encara a principis del XX—, feta per Pablo Soler y Coll el 6 de gener de 1878. El avantpassats dels Aymamí havien format part d'aquest ball al segle XIX i a principis del XX i la transmissió oral familiar mantenia al record molts detalls de les darreres representacions. L'original va arribar a les meves mans a finals de 2011 perquè hi havia la intenció de recuperar-lo. La primera feina era transcriure aquell original escrit en un castellà macarrònic propi del balls parlats de finals del xix, com els textos més antics del BSM.

A finals de 2012 el projecte va prendre cos: es volia recuperar el Ball per a la festa del 13 de juliol de 2013, hi havia mitjans i el Grup de teatre La Corriola (del mateix poble) estava interessat i disposat a participar-hi. Calia fer la transcripció per no malmetre l'original i per poder-lo adaptar per a la representació. A més de fer la transcripció literal del manuscrit, en vaig fer una adaptació ortogràfica i sil·làbica que facilités la lectura als actors que se l'haurien d'aprendre, però sense «corregir-la», per no desfigurar aquell castellà macarrònic tan graciós.

A continuació, amb l'ajut de la versió del *Ball de la Viuda Judit* de la Pobla de Montornès de 1911 —recollida i analitzada per Jordi Morant i Clanxet i publicada al número 33 del Butlletí del Centre d'Estudis Altafullencs—, vaig establir una dramatúrgia del text, dividint-lo en escenes (51 en total), delimitant els espais escènics d'aquestes, la col·locació i els desplaçaments dels personatges... Finalment, a partir d'aquesta dramatúrgia, vaig fer una proposta de tria d'escenes per a la recuperació del Ball que es va quedar en 29 i amb la metiat de text —ja que no ens podíem excedir dels 30 o 40 minuts—, procurant mantenir la coherència del fil narratiu.

Havent consensuat la proposta de retall amb Miquel Fernández, que seria el director del muntatge, a principis de 2013 començaven els assajos, al maig es componia la música (Sergi Guasch dirigia l'equip de sonadors implicat), al juny s'organitzava la presentació, amb apadrinament pel *Ball de Turcs i Cavallets* de Tarragona, músics en directe, anada a plaça i representació del *Ball de la Viuda Judit* per primera vegada des de feia més d'un segle, al mateix lloc d'aleshores, documentat fotogràficament.

Però... «Quan el projecte ja estava estructuralment format i econòmicament cobert, l'Ajuntament de la Pobla de Mafumet no va voler donar-hi el seu suport ni volia permetre l'ocupació de via pública, al·legant que les festes al poble les organitza l'Ajuntament i no la Fira del Codony ni el grup de teatre. Els col·lectius implicats no enteníem res. Diverses van ser les sensacions, opinions i adjectius que va generar la posició dels representants del govern de l'Ajuntament entre molta gent de l'organització: indignació, estupor, perplexitat, incredulitat, pobresa intel·lectual, ignorància cultural, pena, ràbia, tristor..., molts esforços per a no res.», m'ho va resumir Enric Pascual. El projecte es va cancel·lar i l'herència de la Viuda Judit es va tornar a perdre.

Isidre Pastor i Batalla

Ressenya històrica del Ball parlat de Sant Joan de Rodonyà

Després de gairebé un segle, el mes de juny de l'any 2013, es tornava a representar el Ball Parlat de Sant Joan de Rodonyà. Ha estat gràcies a la voluntat popular que s'ha pogut portar a terme la restauració d'aquesta manifestació teatral que, anys ençà, havia arribat a ser una de les principals manifestacions artístiques i culturals d'aquesta població del Camp de Tarragona.

Amb la finalitat de disposar d'unes referències històriques que aportessin dades per la contextualització d'aquesta representació, s'ha portat a terme un exhaustiu treball de recerca i documentació. Tasca aquesta que ha estat cabdal per poder afrontar alguns dels aspectes bàsics que es requerien per treure de nou al carrer aquesta peça de teatre popular.

Els resultats d'aquesta recerca es recullen en el present document per tal d'oferir una primera aproximació al que ha esdevingut i és aquest ball parlat pel poble i pels habitants de Rodonyà.

Davant de les poques notícies, referències documentals i fonts bibliogràfiques que antuvi generaven aquest tipus d'esdeveniments populars, és perceptiu considerar que qualsevol dada de les localitzades pot oferir molta informació al respecte. És per això, que tant la recerca com l'exposició dels resultats ha estat plantejada amb la voluntat què serveixi per aprofundir en el coneixement i la rellevància social i cultural del ball.

Per aquest motiu, s'ha estimat pertinent portat a terme tant un buidatge bibliogràfic i documental sobre qualsevol referència relativa aquest espectacle, com la pròpia contextualització històrica de les dades obtingudes. Entenent que tan sols d'aquesta manera es podia afrontar un discurs històric coherent del què ha estat i significa la representació d'aquesta obra de teatre popular.

Així mateix, més enllà de la pròpia ressenya històrica sobre el *Ball Parlat de la degollació de Sant Joan Baptista* de Rodonyà, la sistematització d'aquesta recerca de caràcter local ha de permetre disposar d'evidències que possibilitin ser contrastades amb altres casos i poder així, avançar en el coneixement històric i social dels balls parlats.

Vista general de la plaça major de Rodonyà durant la representació del Ball Parlat de Sant Joan on es pot apreciar la gran quantitat de gent que s'aplegava a redós de l'entaulat on tenia lloc l'escena. (A. M. Galofré i Farré, 1895).

Contextualització religiosa i social

A l'extrem oriental del Camp de Tarragona, entre la riba del riu Gaià i la serralada que separa aquestes contrades del Penedès es localitza el lloc Rodonyà, just a tocar de l'antic camí ral de Vilafranca a Montblanc. Aquesta és una petita població que té els seus orígens en època medieval i què, al llarg dels segles, ha crescut a redós del seu castell. Com en tants d'altres pobles, l'eclosió del seu desenvolupament econòmic i social contemporani es consolidarà durant la primer meitat del segle XIX, amb l'impuls del conreu de la vinya i la nova realitat de les institucions municipals.

Igual de rellevant i transcendent va ser, també, el procés de transformació que van experimentar els principals referents eclesiàstics d'aquesta localitat; l'església i la parròquia. Per copsar l'abast i transcendència d'aquesta tessitura, cal remuntar-se fins a l'època de l'estructuració parroquial d'aquest territori. Període en què es constaten les primeres inquietuds dels seus habitants en relació a l'assistència al culte al lloc de Rodonyà. Controvèrsia que perdurà fins a tombar del segle XIX, moment en què els veïns, fent-se ressò d'aquest requeriment, endegaren el procés de reivindicació d'una parròquia pròpia, segregada de la de Puigtinyós. Terme parroquial al qual pertanyien des del segle XIII.[1] Aquest procés fou lent i llarg, però al final es resolgué favorablement el 29 de

---

[1] L'abast i repercussió que va tenir el procés de creació de la parròquia de Sant Joan Baptista de Rodonyà esdevé un fet que incidirà en l'esdevenir social i cultural que experimentà aquesta població a mitjans del segle XIX, tal com s'analitza a (Pastor 2006), treball on se'n presenta un estudi detallat.

desembre de 1'any 1867, data en què l'església de Sant Joan Baptista de Rodonyà fou declarada canònicament parròquia natural.

D'altra banda, el creixement demogràfic que havia experimentat aquesta població i atenent a la nova realitat parroquial, van comportar que fos necessària la construcció d'una nova església, en substitució de l'anterior que s'havia quedat petita per acollir als feligresos. L'any 1852 s'iniciaren els tràmits per sol·licitar del bisbat l'autorització per construir un nou temple. Amb tot, malgrat què des de l'any 1855 el temple ja estava quasi del tot erigit, a causa de les pròpies vicissituds socioeconòmiques per les que passava el país en aquests anys, les obres del nou temple parroquial es perllongaren fins ben entrada la segona meitat d'aquest segle. No és gens agosarat considerar que la conjuntura d'aquests dos factors fou propicia, en certa manera, a impulsar la instauració de la representació d'un ball parlat de caràcter hagiogràfic.

No en va, el paper dinamitzador tant de la nova església com de la parròquia és determinant per entendre el desenvolupament que arribarà a experimentar l'activitat social, i de retruc també, la política i l'econòmica de Rodonyà i el seu terme, durant la primera meitat del segle XIX.

Tota aquesta dinàmica parroquial estigué vinculada a un increment de la devoció per la figura del titular de l'església i patró d'aquesta població; Sant Joan Baptista. Fervor popular què, sens dubte, cal considerar com un dels principals detonants tant de la composició dels goigs en llaor del sant, com de l'impuls i consolidació de la representació hagiogràfica del ball parlat.

És en el marc d'aquesta realitat social, econòmica i eclesiàstica que es dona a Rodonyà a mitjans del segle XIX, la que propiciarà l'impuls i l'arrelament d'esdeveniments col·lectius, com ara els castells, les caramelles o el mateix ball parlat. En el seu conjunt, totes aquestes exhibicions, a partir d'aquest moment, es van anar popularitzant i arrelant amb força entre el veïnat, al igual que es constatat en molt d'altres pobles de la geografia tarragonina. Arribant aquestes a esdevenir un veritable referent social i cultural per a moltes de les poblacions del Camp de Tarragona.[2]

A Rodonyà, com arreu, aquest ressò social s'evidencia en fer-se notòria aquesta participació tant a l'hora d'aixecar castells com en el moment d'oferir-se per interpretar un paper en l'obra del ball parlat. Esdeveniments aquestes què, d'altra banda, també gaudiren de la implicació activa del conjunt de la població per tal de poder-se realitzat amb èxit. La seva popularitat va fer què, ben aviat, es convertissin en els principals reclams dels actes de celebració de la festa major.

El *Ball Parlat de la degollació de Sant Joan Baptista* de Rodonyà és un clar exponent d'aquest tipus de realitzacions de caràcter popular que es fan al carrer i què, com a tal, fou la gènesi i l'essència de l'afició a fer teatre que proliferà entre els habitants d'aquest lloc fins a mitjans del segle XX.

---

[2] La historiografia contemporània recent ha contribuït a aprofundir en el coneixement sobre molts i diversos aspectes d'aquestes tradicions teatrals de caràcter popular, esdevenint el 1er Congrés sobre Balls Parlats a la Catalunya Nova (Teatre Popular Català) el punt d'inflexió per la generalització del seu estudi i documentació com per la posada en valor d'aquest tipus de manifestacions. Dinàmica que ha estat especialment rellevant en relació als balls parlats del Camp de Tarragona en general i en concret de la part baixa del riu Gaià (Bargalló 1994)

Detall d'una escena de la representació del Ball Parlat de Sant Joan de Rodonyà, on aparei-
xen el conjunt d'actors que participaven a l'obra i les personalitats que presidien l'acte. (A.
M. Galofré i Farré, 1895).

L'obra del ball

És força versemblant considerar que la conjuntura per què passa Rodonyà en
aquest moment de mitjans del segle XIX, va ser propicia als factors que impul-
saren la consolidació de la representació del Ball Parlat de Sant Joan. I qui sap,
si també, ho va ser a l'hora de determinar la seva temàtica.

El ball és de temàtica hagiogràfica i, igual que passa amb els goigs, es fa res-
sò dels principals esdeveniments de la vida del patró de la parròquia, amb la
finalitat d'explicar-ho i difondre entre els feligresos. Tal com succeeix en mol-
tes de les poblacions petites del seu entorn proper, on es té constància de la
realització d'aquest tipus d'espectacles.

Malgrat que l'obra es va representar tradicionalment el 24 de juny, data de
la celebració del naixement del sant, aquesta es centra en l'episodi de la seva
degollació. A diferència del que é habitual en tots aquells balls parlats que es
representen aquest mateix dia de juny. Els quals tenen com a tema principal
d'altres episodis de la vida de Sant Joan Baptista.

Més enllà de la connotació religiosa i del significat devocional de l'obra, el
fet que l'argument de l'acció que es representa sigui la degollació del sant, pro-
picia, sens dubte, una posada en escena molt més espectacular i suggestiva per
als espectadors. A més, si es té en compte que un dels moments més àlgids de
representació és la coreografia de dansa que balla Salomé davant d'Herodes i
que precedeix a l'escena culminant de l'obra; el degollament de Sant Joan Bap-

tista. Tot això emfatitzat, tal com era costum en aquestes escenografies, pel fet que el repartiment de cada un dels personatges de l'obra, tant masculins com femenins, eren interpretats per homes veïns del poble. Circumstància què, en si mateixa, ja propiciava una certa expectativa sarcàstica entorn de l'obra, tal com ha perdurat en el record popular.

Pel que fa al text i l'autoria del manuscrit original del Ball de Sant Joan de Rodonyà, fins a la data, no se'n té constància de cap referència concreta. Tot i que es força plausible pensar que aquesta sigui obra d'algun dels prolífers autors d'aquest gènere residents a Valls. Com podria ser en Marc Fusté i Oliver, nat a Valls el 1801 i que fins al 1845 se l'hi atribueixen molts del text dels balls del camp de Tarragona.

Del text d'aquesta peça dramàtica en vers se'n té constància pel fet d'haver-se localitzat quatre còpies o versions en castellà. Molt probablement, en tots els casos, es tractaria d'una transcripció del llibret de l'obra original escrita en català.

A la mateixa església parroquial de Rodonyà es conserva una còpia mecanografiada del text del ball, que compte amb uns comentaris sobre l'escenografia. A la primera pàgina del document s'indica, escrit en català, que es tracta d'una còpia del text original feta per Pere Calaf Coll el 1882, any en què aquesta es va representar. Encara que al darrer full d'aquest mateix document es diu que l'any en qüestió fou el 1884.

L'única còpia manuscrita és la que s'ha conservat a cal Cantó de Rodonyà. Aquest exemplar, és idèntic a l'anterior, presentant també les mateixes anotacions en relació a l'autoria i la data de la còpia.

L'altre dels exemplars localitzats del text d'aquest ball també és una còpia mecanoscrita propietat de Josep Pons, de cal Sastre i que s'ha localitzat a cal Gitano de Rodonyà. El document no està datat, tot i que per la tipografia de la màquina d'escriure, sembla que és del mateix moment que les altres dos còpies que es conserven.[3]

Atenent aquest plantejament, es tracta de còpies o versions fetes, molt probablement a encàrrec, dels mateixos veïns del poble que havien d'interpretar algun dels papers de l'obra.

Com a curiositat, cal fer esment del fet que les dos còpies de l'any 1882 o 1884 s'hi recull la relació del repartiment de l'obra d'aquell any. Aquesta referència als actors permet identificar quins foren els veïns de la població què a les acaballes del segle XIX, van participar en la realització d'aquest ball parlat.

Un altre dels exemplars que se'n té noticia, és la còpia del text que va localitzar la gent de Baix a Mar de Torredembarra l'any 1963, a la rectoria de Vilardida. Troballa que es va fer amb motiu de voler representar novament el ball de Sant Joan. Ball en aquest lloc i que no s'havia tornat a realitzar des de les primeres dècades del segle XX. Aquest document es considera que és còpia autèntica de text de l'antic ball de Rodonyà. Es tracta de la versió en castellà

---

[3] Agraïm a Teresa Calaf, Joan Coll, Mn. Francesc Manresa i Mn. Lluís Simón la gentilesa per poder disposar d'aquestes còpies del llibret de l'obra, documents que han estat essencials per la realització del present treball i de la recuperació del ball.

Vista general de la plaça major de Rodonyà durant la representació del Ball Parlat de Sant Joan on es pot apreciar la gran quantitat de gent que s'aplegava a redós de l'espai on tenia lloc l'escena. (I. Pastor i Batalla, 2013).

que va fer un mestre anomenat Rodríguez i que sols es va interpretar una única vegada cap a l'any 1905.[4]

Les vicissituds de la representació

Encara que l'origen dels balls parlats es remunta a finals del segle XVIII, no és fins a la segona meitat del segle XIX, que es generalitzen les referències documentals a aquest tipus de manifestacions teatrals. Tal com passa en relació al Ball Parlat de Sant Joan de Rodonyà, del qual no se'n tenen dades documentals fins ben entrat aquest segle. Tot i així, la documentació històrica d'aquesta tradició és molt escassa i, a la vegada, està molt dispersa. D'altra banda, les poques notícies de què se'n té constància acostumen a ser genèriques i de caràcter puntual. Entre aquestes en destaquen les cròniques periodístiques que recullen la informació de les celebracions de les festes majors. Escrits que po-

[4] Tot aquest procés referent a la representació del Ball Parlat de Sant Joan a Baix a Mar, de Torredembarra ha estat documentat a (Comes 1999).

sen de manifest el ressò popular que tenien aquests espectacles com un dels principals esdeveniments dels actes principals.

Un episodi determinant per l'esdevenir d'aquest ball va ser el del canvi de data de la celebració de la festa major d'aquest poble. Els motius que s'argumentaren per justificar-ho van ser que les tasques del camp requerien, en aquells anys, molta més dedicació i esforç, tant per la sega i batre dels cereals com per les atencions que calia dispensar a la vinya. Ocupacions que, conseqüentment, anaven en detriment de les atencions que requerien els preparatius per l'organització dels actes festius. A la vegada, que el canvi de data possibilitaria disposar del temps que es requeria per què els actes tinguessin major solemnitat. Així fou com, atenent aquest plantejaments, a la sessió plenària de la junta municipal de Rodonyà, del dia 12 de maig de l'any 1916, es va acordar demanar al Bisbat de la Diòcesi de Barcelona que autoritzi el canvi de data de la celebració de la festa major[5]. Passant aquesta a celebrar-se el 29 d'agost, data de la degollació de Sant Joan Baptista, en lloc del 24 de juny, tal com s'havia fet des de temps immemorials. La sol·licitud fou acceptada pel bisbe i ja, des d'aquell mateix any, es va començar a celebrar la festa major de Rodonyà a finals d'agost.

El canvi de data de la festa major i la decadència que havien experimentat arreu els balls parlats des de finals del segle XIX, va comportar que aquest ball també es deixés de representar. Tal com ja havia succeït a les poblacions veïnes. No està de més, doncs, apuntar que és possible que un dels factors que va fer que les referències d'aquesta obra perduressin fins a les primeres dècades del segle XX, podia haver-hi estar deguda a la popularitat que en aquells anys assolí la temàtica del ball, arrel de l'èxit que va tenir per aquests anys l'estrena de l'opera Salomé.[6]

Més enllà del record de les darreres celebracions d'aquest ball parlat de Sant Joan, en bona part, la seva memòria s'ha preservat gràcies al treball de documentació que, cap als anys 30, varen portar a terme el folklorista Joan Amades i Gelats i el mestre Joan Bial i Serra. Tasca que va permetre que se'n registrés la seva existència i, a la vegada, que es preservés la tonada musical original pròpia d'aquest ball.

Tot i així, amb el pas del temps aquesta antiga tradició teatral va anar, progressivament, caient en l'oblit fins a perdre tota referència del que havia estat i significat pels habitants d'aquest poble la representació del *Ball Parlat de la degollació de Sant Joan Baptista* de Rodonyà.

La restauració

D'ençà de la dècada dels anys 80 del segle XX, s'ha generalitzat la posada en valor de l'entitat patrimonial que detenen aquest tipus de manifestacions del

---

[5] Fons Arxiu Municipal de Rodonyà. Actes (sessions) 1916, fol. 6r – 7r.

[6] *Salomé*, obra de teatre escrita per Oscar Wilde a finals de 1.891 que Richard Strauss la va compondre en 1.905 com a òpera, es va fer molt famosa en ser representada en els millors escenaris europeus i que Margarita Xirgu va popularitzar després de representar-la el 5 de febrer de 1910 al teatre Principal de Barcelona.

teatre popular. El terreny es va abonar per què es sorgiren i portessin a terme noves iniciatives per la recuperació dels balls parlats.

Entre la gent de Rodonyà sempre s'ha tingut una certa curiositat vers al seu ball parlat. Interès que no passava d'aquest grau d'afecció per les coses que són pròpies del poble. És a partir d'aquest notori interès sobre què havia estat i significat l'antic *Ball Parlat de la degollació de Sant Joan* de Rodonyà, que es va començar a considerar la possibilitat de restaurar aquesta antiga tradició teatral. I així va ser com l'any 2012, fruit d'una iniciativa col·lectiva, es va endegar el procés de restauració del Ball Parlat de la degollació de Sant Joan Baptista de Rodonyà. Projecte que va assolir el seu principal objectiu amb la recuperació d'aquesta peça teatral del patrimoni cultural i tradicional de la població.[7]

Amb la representació d'aquesta obra es recupera molt més que una tradició artística, que ha passat de generació en generació al llarg dels temps. Ara, novament, amb la implicació de gran part dels veïns del lloc, tal com abans havia estat, Rodonyà torna a fer teatre.

En qualsevol cas, més enllà d'aquest argumentari de marcat accent local, tota manifestació tradicional de caràcter popular esdevé, per si mateixa, un bé patrimonial tant del col·lectiu al qual es vincula com de la societat de què en forma part. És per això, que la recuperació i preservació de les tradicions culturals que ens són pròpies és, en si, un deure que té tot poble per tal de llegar-ho a les generacions futures.

Entenent que la Historia la fem entre tots, dia a dia, i que aquesta és cabdal per saber d'on venim i per com hem d'afrontar el demà, que la present ressenya històrica no se'n pot estar de fer referència al procés de recuperació d'aquest ball parlat. Iniciativa que, se'ns dubte, ha servit per escriure un capítol més d'aquest ball parlat així com de l'esdevenir social i cultural d'aquest poble.

Per tal de concloure aquesta noticia històrica, no ens queda més que restar a l'espera que el recorregut de les representacions del *Ball Parlat de Sant Joan* de Rodonyà segueixin el seu curs.

Bibliografia

Amades i Gelats, Joan (1986): *Costumari català. El pas de l'any.*. Vol. IV L'Estiu. ED, Salvat. Barcelona. p. 226-227.

Bargalló i Badia, Josep (1991-2005): *Balls i danses de les comarques de Tarragona.* Vol. 1 a 5. Diputació de Tarragona. Tarragona.

Bargalló Valls, Josep (1994): «Els Balls parlats i el seguici popular al Baix Gaià» *Estudis Altafullencs.* núm. 18. Centre d'Estudis d'Altafulla. Altafulla p. 72.

Comes Nolla, Gabriel (1999): *El ball de Sant Joan de Baix a mar.* Centre d'Estudis Sinibald de Mar. Torredembarra.

---

[7] Una síntesi dels aspectes socials del que ha estat i comportat el procés de participació col·lectiva que s'ha portat a terme amb la finalitat d'assolir la recuperació del Ball Parlat de Sant Joan de Rodonyà, es recull i detalla a (Pastor 2014).

PALAU, Montserrat; SUNYER, Magí (ed) (1992): *Els balls parlats a la Catalunya Nova (Teatre popular català)*. Tarragona: El Mèdol.

PASTOR I BATALLA, Isidre (2014): «La restauració del ball parlat de Sant Joan de Rodonyà. El ressò popular d'un procés de participació col·lectiva» *Caramella Revista de música i cultura popular*, núm. 31. juliol-desembre 2014, Carrutxa, Reus. p. 39-41.

PASTOR I BATALLA, Isidre (2006): «El procés de segregació de Rodonyà de la parròquia de Puigtinyós 1791-1867» *La Resclosa*, núm. 10. Centre d'Estudis del Gaià. Vila-rodona. p. 389-102.

PRAT, Enric i VILA, Pep (2004): *La degollació de Sant Joan Baptista. Un drama bíblic representat a Foixà*. Edició del centenari (1904-2004). Diputació de Girona. Girona.

S'acabà d'imprimir
al País Valencià
el dia 23 d'abril, diada de sant Jordi
de 2015.

actes de congressos

1. *Els catalans a Espanya, 1760-1914*. M. Teresa Pérez Picazo, Antoni Segura i Mas i Llorenç Ferrer i Alòs (eds.). Actes del Congrés «Els catalans a Espanya» (Barcelona, 21 i 22 de novembre de 1996), 504 pp.
2. *Sense memòria no hi ha futur*. Actes de les III Jornades de Joves Historiadors i Historiadores de la Universitat de Barcelona (Barcelona, 13, 14 i 15 de març del 2003), 400 pp.
3. *Fosses comunes i simbologia franquista*. Antoni Segura, Andreu Mayayo i Queralt Solé (eds.). Ponències de les Jornades, Barcelona, 9 i 10 d'octubre 2008, 382 pp.
4. *La guerra del Francès als territoris de parla catalana*. Núria Sauch Cruz (ed.). Jornades d'estudi, el Bruc (l'Anoia), 23, 24 i 25 de maig de 2008, Bicentenari de les batalles del Bruc, 564 pp.
5. *Autobiografies, memòries, autoficcions*. Joaquim Espinós, Dari Escandell, Isabel Marcillas i Maria Jesús Francés (eds.), 392 pp.
6. *Història local. Recorreguts pel liberalisme i el carlisme*, homenatge a Pere Anguera (I). Ramon Arnabat i Antoni Gavaldà (eds.), 506 pp.
7. *Projectes nacionals, identitats, i relacions Catalunya-Espanya*, homenatge a Pere Anguera (II). Ramon Arnabat i Antoni Gavaldà (eds.), 552 pp.
8. *II Congrés Català de Filosofia. Joan Fuster, in memoriam*. Enric Casaban i Xavier Serra (eds.), 552 pp.
9. *Els jocs en la història*. Carles Barrull Perna i Elena Espuny Arasa (eds.), 436 pp.
10. *Teatralitat Popular i Tradició*. Francesc Massip, Pere Navarro i Montserrat Palau (eds.), 376 pp.

recerca i pensament

1. Andreu MAYAYO I ARTAL: *De pagesos a ciutadans. Cent anys de sindicalisme i cooperativisme agraris a Catalunya (1894-1994)*. Pròleg de Josep M. Riera, 320 pp.
2. Josep GUIA I MARÍN: *De Martorell a Corella. Descobrint l'autor del* Tirant lo Blanc. Pròleg de Curt Wittlin, 304 pp.
3. Gil-Manuel HERNÀNDEZ I MARTÍ: *Falles i franquisme a València*. Pròleg d'Alfons Cucó, 416 pp.
4. Lluís DURAN: *Pàtria i escola. L'Associació Protectora de l'Ensenyança Catalana*. Presentació de Josep Termes, 422 pp.
5. Antoni QUINTANA I TORRES: *La Festa de l'Estendard. Cultura i cerimonial a Mallorca (segles XIV-XX)*. Presentació de Joan F. Mira, 308 pp.
6. Jill R. WEBSTER: *Per Déu o per diners. Els mendicants i el clergat al País Valencià*. Pròleg de Robert I. Burns, S. J., 204 pp.
7. José R. MODESTO ALAPONT: *A ús i costum de bon llaurador. L'arrendament de terres a l'Horta de València, 1780-1860*. Pròleg de Jesús Millan, 332 pp.
8. Agustí COLOMINES & Vicent S. OLMOS (eds.): *Les raons del passat. Tendències historiogràfiques actuals*, 308 pp.
9. José Alberto GÓMEZ RODA: *Política i poder local. Catarroja: un municipi valencià durant el primer franquisme*. Pròleg d'Ismael Saz Campos, 224 pp.
10. Alfons CUCÓ: *El valencianisme polític, 1874-1939*. Segona edició ampliada i revisada. Pròleg d'Emili Giralt i Raventós, 320 pp.

11. Dolores PLA BRUGAT: *Els exiliats catalans a Mèxic. Un estudi de la immigració republicana.* Proemi de Josep M. Solé i Sabaté. Pròleg d'Avel·lí Artís-Gener, 404 pp.

12. Pau VICIANO: *Els cofres del rei. Rendes i gestors de la batllia de Castelló (1366-1500).* Pròleg de Guy Bois, 204 pp.

13. Ernest LLUCH: *La via valenciana.* Segona edició. Pròleg, epíleg i bibliografia de Vicent Soler, 398 pp.

14. Núria SALES: *De Tuïr a Catarroja. Estudis sobre institucions catalanes i de la Corona d'Aragó (segles XV-XVII)*, 232 pp.

15. Josep PICH I MITJANA: *El Centre Català. La primera associació política catalanista (1882-1894).* Pròleg d'Agustí Colomines i Companys, 298 pp.

16. Albert BALCELLS & Enric PUJOL: *Història de l'Institut d'Estudis Catalans. Vol. I (1907-1942)*, 396 pp.

17. Immaculada DOMÈNECH SUBIRANAS & Federico VÁZQUEZ OSUNA: *La repressió franquista a l'àmbit local. Manlleu (1939-1945).* Pròleg d'Antoni Segura i Mas, 302 pp.

18. Enric PUJOL: *Història i reconstrucció nacional. La historiografia catalana a l'època de Ferran Soldevila (1894-1971)*, 370 pp.

19. Manuel ARDIT: *Creixement econòmic i conflicte social. La foia de Llombai entre els segles XIII i XIX*, 650 pp.

20. Miquel PÉREZ LATRE: *La Generalitat de Catalunya en temps de Felip II. Política, administració i territori.* Pròleg d'Ernest Belenguer, 332 pp.

21. Federico VÁZQUEZ OSUNA: *La rebel·lió dels tribunals. L'Administració de justícia a Catalunya (1931-1953). La judicatura i el ministeri fiscal.* Pròleg d'Antoni Segura i Mas, 320 pp.

22. Josep TERMES: *Misèria contra pobresa. Els fets de la Fatarella del gener de 1937: un exemple de resistència pagesa contra la col·lectivització agrària durant la Guerra Civil*, 288 pp.

23. James CASEY: *La terra i els homes. El País Valencià a l'època dels Àustria.* Pròleg de Manuel Ardit, 340 pp.

24. Ricard Camil TORRES FABRA: *Camp i política. La Falange en una comunitat rural valenciana (la Ribera Baixa).* Pròleg de Pelai Pagès, 252 pp.

25. Xavier FERRÉ I TRILL: *De la nació cultural a la nació política. La ideologia nacional d'Antoni Rovira i Virgili.* Pròleg d'Anna Sallés, 254 pp.

26. Josep PICH I MITJANA: *Valentí Almirall i el federalisme intransigent.* Pròleg de Marició Janué i Miret, 310 pp.

27. Santiago IZQUIERDO I BALLESTER: *República i autonomia. El difícil arrelament del catalanisme d'esquerres, 1904-1931.* Pròleg de Josep Termes, 226 pp.

28. James CASEY: *El regne de València al segle XVII.* Segona edició revisada, 318 pp.

29. Arnau GONZÀLEZ I VILALTA: *La nació imaginada. Els fonaments dels Països Catalans (1931-1939)*, 380 pp.

30. Òscar JANÉ I CHECA: *Catalunya i França al segle XVII. Identitats, contraidentitats i ideologies a l'època moderna (1640-1700).* Pròleg d'Antoni Simon i Tarrés i Jean-Pierre Amalric, 462 pp.

31. Sebastià GARCIA MARTÍNEZ: *El País Valencià modern. Societat, política i cultura a l'època dels Àustria.* Pròleg de Manuel Ardit, 336 pp.

32. Albert BALCELLS, Santiago IZQUIERDO & Enric PUJOL: *Història de l'Institut d'Estudis Catalans. Vol. II (De 1942 als temps recents)*, 506 pp.

33. Lluís DURAN: *Intel·ligència i caràcter. Palestra i la formació dels joves (1928-1939)*. Pròleg de Josep Termes. Epíleg de Josep Maria Solé i Sabaté, 394 pp.

34. Josep TERMES: *La catalanitat obrera. La República Catalana, l'Estatut de 1932 i el Moviment Obrer*, 334 pp.

35. Josep TERMES: *Història de combat*, 402 pp.

36. Giovanni C. CATTINI: *Historiografia i catalanisme. Josep Coroleu i Inglada (1839-1895)*. Pròleg de Jordi Casassas Ymbert, 292 pp.

37. Pau VICIANO: *Senyors, camperols i mercaders. El món rural valencià al segle XV*, 268 pp.

38. Llorenç FERRER I ALÒS: *Hereus, pubilles i cabalers. El sistema d'hereu a Catalunya*, 432 pp.

39. Xavier BOSCH BELLA: *L'energia elèctrica a Catalunya 1944-1958*. Pròleg d'Antoni Segura, 288 pp.

40. Arnau GONZÀLEZ I VILALTA: *Valencianistes a Catalunya. Actuació Valencianista d'Esquerra de Barcelona (1932-1939)*. Presentació de Vicent Partal, 50 pp.

41. Manuel PÉREZ NESPEREIRA: *La secessió catalana. Els corrents culturals europeus a la fi del segle (1872-1900)*. Pròleg de Jordi Casassas Ymbert, 230 pp.

42. Lluís MIRÓ I SOLÀ: *L'alba dels matiners. El procés dels trabucaires (Perpinyà, 1845-1846)*, 304 pp.

43. Queralt SOLÉ I BARJAU: *Els morts clandestins. Les fosses comunes de la Guerra Civil a Catalunya (1936-1939)*. Pròleg de Joan Villarroya i Font, 610 pp.

44. Sebastià GARCIA MARTÍNEZ i Vicent L. SALAVERT FABIANI: *L'ocupació franquista de la Universitat de València el 1939*. Pròleg de Salvador Albiñana. Edició i epíleg de Vicent Olmos, 160 pp.

45. Joan FUSTER: *Heretgies, revoltes i sermons. Tres assaigs d'història cultural*. Epíleg de Manuel Ardit, 228 pp.

46. Giovanni C. CATTINI: *Prat de la Riba i la historiografia catalana. Intel·lectuals i crisi política a la fi del segle XIX*, 362 pp.

47. Pau VICIANO: *Barres i corones. La bandera de la ciutat de València (segles XIV-XIX)*, 88 pp.

48. Paola LO CASCIO: *Nacionalisme i autogovern. Catalunya, 1980-2003*. Pròleg d'Agustí Colomines, 396 pp.

49. Carmel FERRAGUD DOMINGO: *La cura dels animals. Menescals i menescalia a la València medieval*, 254 pp.

50. Jordi CASASSAS YMBERT: *La fàbrica de les idees. Política i cultura a la Catalunya del segle XX*. Pròleg de Juan-José López Burniol, 318 pp.

51. Joaquim MARTÍ MESTRE: *Josep Bernat i Baldoví. La tradició popular i burlesca*, 396 pp.

52. Òscar JANÉ CHECA: *Catalunya sense Espanya. Ramon Trobat. Ideologia i catalanitat a l'empara de França*, 380 pp.

53. Xavier SERRA: *Història social de la filosofia catalana. La Lògica (1900-1980)*, 270 pp.

54. Albert TOLDRÀ I VILARDELL: *Mestre Vicent ho diu per spantar. El més enllà medieval*. Pròleg de Francisco M. Gimeno Blay, 372 pp.

4. Francesc ROCA: *El miracle europeu i la via asiàtica. Viatges entorn de la modernitat*, 206 pp.
5. Ricard PÉREZ CASADO: *Conflicte, tolerància i mediació. Onze conferències de l'Administrador europeu a Mostar*. Presentació de Javier Solana Madariaga, 86 pp.
6. Isaiah BERLIN: *Entre la filosofia i la història de les idees. Una conversa amb Steven Lukes*. Introducció de S. Lukes: «El singular i el plural», 104 pp.
7. J. GARCÉS, F. RÓDENAS, S. SÁNCHEZ i I. VERDEGUER: *Política social, exclusió i pobresa a Rússia*, 130 pp.
8. Pere MAYOR: *Un país amb futur. Converses amb Víctor G. Labrado*. Pròleg de Ramon Lapiedra, 2a ed., 124 pp.
9. Norbert BILBENY: *Política noucentista. De Maragall a D'Ors*, 160 pp.
10. Carles SANTACANA I TORRES: *El franquisme i els catalans. Els informes del Consejo Nacional del Movimiento (1962-1971)*, 2a ed., 148 pp.
11. Agustí COLOMINES I COMPANYS: *Testimoni públic. Política, cultura i nacionalisme*. Pròleg de Francesc-Marc Álvaro, 286 pp.
12. Andreu MAYAYO I ARTAL: *La ruptura catalana. Les eleccions del 15-J del 1977*, 286 pp.
13. Joan FUSTER: *De viva veu. Entrevistes (1952-1992)*. Edició a cura d'Isidre Crespo. Pròleg d'Enric Sòria, 456 pp.
14. Pilar PARCERISAS: *Art & Co. La màquina de l'art*. Pròleg de Manuel Guerrero, 208 pp.
15. Josep Lluís BLASCO: *La nau del coneixement*. Edició a cura de Jesús Alcolea i Xavier Sierra. Pròleg d'Enric Casaban i Tobies Grimaltos, 406 pp.
16. Jordi SEBASTIÀ: *El parany cosmopolita. Una mirada a les arrels ideològiques de la globalització*, 180 pp.
17. Simona ŠKRABEC: *L'atzar de la lluita. El concepte d'Europa Central al segle XX*, 280 pp.
18. Agustí COLOMINES & Vicent S. OLMOS (eds.): *Pensar la contemporaneïtat. Divuit converses sobre la història*, 362 pp.
19. Pau VICIANO: *El regne perdut. Quatre historiadors a la recerca de la identitat valenciana*, 176 pp.
20. Rodolf LLORENS I JORDANA: *Catalunya des de l'esquerra. Una lectura moderna i popular de la cultura nacional*. Edició a cura de Joan Cuscó i Clarasó, 174 pp.
21. Gemma SANGINÉS & Àngel VELASCO (eds.): *Identitats. Convivència o conflicte?*, 130 pp.
22. Albert MESTRES: *Història i tragèdia. A propòsit dels catalans jueus*, 220 pp.
23. Montserrat COMAS I GÜELL: *Víctor Balaguer i la identitat col·lectiva*, 264 pp.
24. Antoni FERRANDO (ed.): *El primer Congrés Internacional de la Llengua Catalana i el País Valencià. Els reptes del futur*, 274 pp.
25. Pilar PARCERISAS: *Barcelona Art/Zona. De l'avantguarda a les noves estratègies culturals*. Pròleg de Vicenç Altaió, 194 pp.
26. Doro BALAGUER: *L'esquerra agònica. Records i reflexions*. Pròleg de Francesc Pérez i Moragón, 264 pp.
27. Àngel VELASCO i Quim GIBERT (eds.): *Removent consciències. Transgressió cívica i fet nacional*. Pròleg de Susanna Barquín, 116 pp.